영남대학교
인문학
육성총서
• • • 31

역사 밖으로 나온 별쭝난 사람들【상권】- 진벌휘고속편
초판 발행 2023년 2월 15일
옮긴이 김혈조·송병렬·정은진·김봉남
최종호·김남규·양재성·박다원·이심권
디자인 정재완
펴낸곳 영남대학교출판부
펴낸이 서길수
출판등록 1975년 9월 5일 경산 제16-1호
주소 경북 경산시 대동 214-1
전화 053) 810-1801~3
FAX 053) 810-4722
홈페이지 book.yu.ac.kr
ISBN 978-89-7581-863-9 94810

값은 표지 뒷면에 있습니다.
잘못 만들어진 책은 바꾸어 드립니다.

역사 밖으로 나온 별쭝난 사람들 【상권】

-진벌휘고속편震閥彙考續編

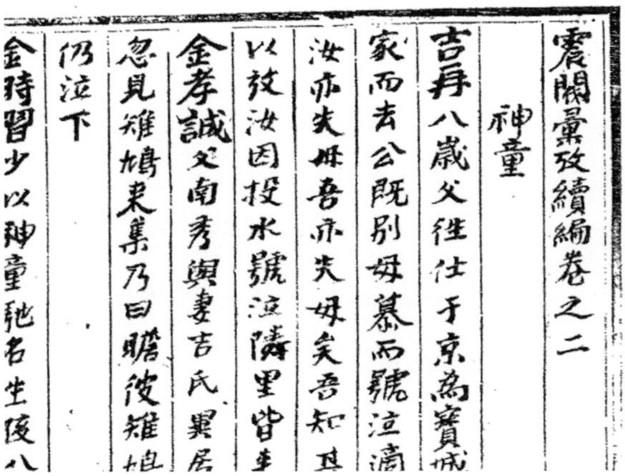
震閥彙考續編卷之二
神童
吉再八歲父徃仕于京為寶城
家而去公既別母慕而號泣適
汝亦失母吾亦失母矣吾知其
以放汝因投水號泣隣里皆
金孝誠父南秀與妻吉氏異居
忽見雉鳩來集乃曰睹彼雉
仍泣下
金時習少以神童馳名生後

김혈조·송병렬·정은진·김봉남

최종호·김남규·양재성·박다원·이심권 옮김

영남대학교출판부

서문

『진벌휘고속편』은 고려대 육당문고본 『진휘속고』에 이어 영남대 <한자문화연구소> 연구원들과 함께 글을 읽으며 번역을 해온 책이다. 고려대 육당문고본 『진휘속고』는 2018년 '영남대학교출판부'가 『스스로 역사가 될 수 없었던 사람들-진휘속고震彙續攷』로 출판하였다. 이어서 『진벌휘고속편』도 '영남대학교출판부'에서 출간하게 되었다.

이 책을 번역하게 된 것은 김혈조 교수가 "역사 속에 살며 활동했던 수많은 인물 중에서 그동안 그의 전기가 매몰된 인물을 오늘날 복원하고 이를 통해 역사의 생생한 실체에 다가가는 일이야말로, 모든 인물을 공평하게 다루고 인식해야 한다는 이른바 역사 기록의 민주화에 근접하는 작업이다."(서문, 『스스로 역사가 될 수 없었던 사람들』)라고 말했던 것과 같은 이유 때문이다.

번역하다가 눈길이 간 것은 소개되는 인물들의 특징이다. 이들은 당시 역사 속에 명망가나 사회적으로 권력이 있는 이들이 아니다. 평범한 인물이긴 했지만 다양한 재주꾼으로 살아간 조선 사회의 건강한 구성원들이다. 예를 들면, 「총기 있는 재주꾼才諝」(권 32) 편에 등장하는 '거문고 연주자 최생', 「용감한 천하장사들勇力」(권 33) 편에 등장하는 '석저 장군 김덕령', '구인후', '서후익', '김대인', '임구', 「대식가巨量」(권 34) 편에 등장하는 '정응두', '고형산', '김응사' 등이 이런 인물들이다.

거문고 연주자 최생은 조선 문종 때 사람으로 당대 최고의 서예가였던 안평대군보다 더 글씨를 잘 썼고 거문고 연주도 최고였다. 안평대군이 관찰사 등과 평양 대동강변의 연광정 연회를 개최했을 때 당대 평양 최고의 여가수[기생]와 협연을 하였다. 최생이 거문고를 연주하고, 여가수 기생이 노래를 한 것이다.

석저 장군 김덕령은 달리기를 잘해 달아나는 개를 금방 잡아채었다. 말을 잘 타서 말 탄 채로 작은 창문이 있는 방으로 들어갔다가 바로 되돌아 나오고, 누각 지붕에 올랐다가 미끄럼 타고 내려와 처마를 통해 방안으로 들어갔다. 그의 재주는 이 뿐이 아니라, 활로 호랑이 잡기, 백 근이 넘는 철퇴를 두 개씩 달고 다니기, 사나운 말길들이기 등이었다.

구인후는 높이뛰기와 승마에 탁월했다. 네 마리 소를 훌쩍 뛰어넘었고, 궁궐의 중문을 맨몸으로 가볍게 뛰어넘었다. 말도 잘 타서 말을 타고 달리다 문 앞에서 지붕으로 뛰어 올라갈 정도였다. 서후익은 힘이 좋아, 한 번에 네다섯 개의 강궁을 당겼고, 임구는 말을 번쩍 들어 마구간에 옮길 정도의 천하장사였다. 이들 뿐만 아니다. 대식가 정응두, 고형산, 김응사는 많이 먹는 것으로 이름이 났다.

오늘날 같은 시대라면 최생은 재즈 연주자가 되었거나, 세계적인 음악가가 되었을 것이다. 김덕령이나 구인회는 파쿠르(안전 장치 없이 지형과 사물을 이용하여 한 지점에서 다른 지점으로 이동하며 펼치는 곡예활동)의 대가이다. 올림픽 달리기, 높이뛰기, 승마 경기 등에 출전해서 금메달 몇 개는 쉽게 땄을 것이다. 서후익이나 임구는 역도나 레슬링, 종합격투기 또는 월드 헬스 스트롱맨 등과 같은 스포츠 대회에서 이름을 날렸을 것이다. 정응두, 고형산, 김응사는 조선의 푸드 파이터다.

이들은 조선의 양반사회에서는 소외된 인물들이다. 신분이 낮거나 업적이 크게 드러나지 못한 사람들이다. 그래서 재주나 능력은 컸어도, 쓰임은 작았다. 게다가 삶조차도 편안하지 못했으며 역사에서도 흔적 없이 사라질 뻔 했던 사람들이었다.

『진벌휘고속편』은 『진휘속고』를 번역하던 때에 그 존재를 알았다. 일본 동경대학교 아천문고阿川文庫에 전하는 도서다. 1968년 국회도서관이 편찬한 『한국고서종합목록』에 그 서목이 표제로 소개되었다. 이를 성균관대학교 한영규 교수가 일본에서 입수하여 학계에 소개하였다. 정은진 교수가 이를 알고 복사를 허락받았다. 영남대 한자문화연구소 사람들이 『진휘속고』를 번역하였기 때문에 『진휘속고』의 재편집 자료로 보이는 『진벌휘고속편』을 번역하게 되었다.

『진벌휘고속편』의 공동 번역 작업은<영남대학교 한자문화연구소>의 연구원들이 주축이 되었다. 고려대 육당문고본 『진휘속고』 번역을 주관하셨던 김혈조 선생님이 이 번역 작업에 참여해 주셨다. 덕분에 선생님 퇴직 전에 이 작업을 번역을 마칠 수 있었던 것을 감사드린다. 공동의 번역 작업은 일을 나누고 함께 한다는 즐거움이 있다. 그러나 각자의 번역 투가 다르다는 것이 하나의 흠이다. 연구원들이 모여서 이를 검토하고 수정을 거쳐서 번역을 완료하였지만, 부족한 점이 있다. 각자 자신이 맡은 부분에 대해 책임을 지기 위해 자신의 실명을 표기했다.

주전자의 물은 물이다. 그 물을 가열하여 수증기가 발생할 때 물 분자의 실체를 확인할 수 있다. 『진벌휘고속편』은 조선이라는 물이다. <영남대학교 한자문화연구소> 번역 작업과 <영남대학교출판부>의 출간은 물을 가열하여 수증기를 발생시키는 작업이다. 이를 통해 조선의 별쭝난 인물들을 만나 매우 즐거웠다.

2023년 1월

송병렬 쓰다.

차례

진벌휘고속편 상권

진벌휘고속편 중권

진벌휘고속편震閥彙攷續編 3

진벌휘고속편震閥彙攷續編 4

진벌휘고속편震閥彙攷續編 5

진벌휘고속편 하권

진벌휘고속편震閥彙攷續編 7

일러두기

1. 이 책은 일본 동경대학東京大學 아천문고阿川文庫에 소장된 『진벌휘고속편震閥彙攷續編』을 저본삼아 번역하고 역주를 붙인 것이다.

2. 번역은 원의를 충실히 전달하기 위해 축자역逐字譯을 기본으로 하였으며, 필요에 따라 의역한 부분도 있다. 독자의 편의를 위해 제목은 본문에 제시된 인물의 특징적인 부분을 발췌하여 달아두었다.

3. 번역문 뒤에 원문을 첨부하였으며, 원문 자체의 명백한 오자誤字나 누락 글자는 바로잡고 각주를 달아 이를 밝혀 두었다.

4. 주석은 중요 인물의 경우 본관本貫, 자字 호號, 저서著書, 대표 업적 등을 제시하였고, 본문에 언급된 단어 및 고사는 그 뜻을 상세하게 풀이해 놓았다.

5. 번역문의 끝에 번역자의 이름을 명시해 두었다.

6. 맞춤법과 띄어쓰기는 한글 맞춤법과 표준어 규정을 따랐다.

7. 이체자異體字의 경우 대표자代表字로 변경하여 표기하였다.

8. 중복 인물의 경우 최초 등장 시 주석을 달고 색인에 표기하여 용이하게 찾을 수 있도록 하였다.

9. 이 책에 사용된 부호는 다음과 같다.

『 』: 책명

「 」: 편명, 작품명

“ ” : 대화

‘ ’ : 인용, 강조

[ ] : 원주原註

○ : 원문

10. 원문이 결락되어 있는 경우 아래와 같은 부호를 사용해 표기하였다.

■■

진휘속편震彙續編

진벌휘고속편震閥彙考續編 해제

『진벌휘고속편 震閥彙攷續編』 해제[1]

『진벌휘고속편』의 구성방식

『진벌휘고속편』은 글자 자형이 방정한 해서楷書체로 총 7책으로 필사되었다. 필사체가 다양하므로 한 사람에 의해 이루어진 것이 아니라 여러 사람의 필사자가 존재했을 것으로 추정된다.[2] 또한 표지는 『진휘속편震彙續編』으로 표기되어 있으나 목차에는 『진벌휘고속편』으로 기록되어 있는 특징을 가진다. 아래는 표지와 목차이다.

<그림 > 표지

<그림 > 표지

1 본 해제는 박다원의 「『진벌휘고속편』 연구」(『민족문화논총』 77, 영남대학교 민족문화연구소, 2021.)을 재인용하되 부분 수정하였다.

2 모두 7책으로 되어 있는 『진벌휘고속편』의 필사자는 한 사람이 아닌 듯 3~4인의 필체가 일정치 않게 섞여 있다(한영규(2016), 「잡녹형雜錄型 인물지『진벌휘고속편震閥彙攷續編』연구」, 『한민족문화 연구』 55, 한민족문화학회, 134쪽 앞의 논문, 134쪽)는 주장은 참조가 될 만하다.

그림과 같이 표지에 '震彙續編'이라고 된 표기는 『진벌휘고속편』이 육당문고본 『진휘속고』와 『장지연전집』 2의 『진휘속고』와 관련성이 있다는 사실을 알려준다고 할 수 있겠다. 『진벌휘고속편』에는 두 『진휘속고』의 내용이 대다수 수록되어 있다. <奴隸> 편목의 '金忠補', <名畫> 편목의 '李宗準', '胥吏' 편목의 '李守謙' 등 다수의 『진휘속고』 조목들이 『진벌휘고속편』에 보인다.[3] 또한 『진휘속고』는 특정 인물을 길게 반복해서 서술하거나 어떤 인물을 한 줄 형태의 간략한 메모로 제시하기도 한다. 정확한 정보가 없을 때는 비워놓은 경우도 있다. 반면 『진벌휘고속편』은 인원수나 목차를 조정하여 번잡함과 부족함을 지양하고 통일성과 안정성을 추구하고자 했다.[4] 이를 통해 보면 『진벌휘고속편』은 두 『진휘속고』보다 비교적 완전한 형태를 지니고 있는 문헌이라고 할 수 있다.

먼저 책의 구성을 알기 쉬운 도식으로 나타내면 다음과 같다.

<도표 1> 『진벌휘고속편』[5] 의 구성>

<table>
<tr><td>제1책</td><td>권1: 성씨姓氏 1조목[6] 권2: 신동神童 147조목, 附 총명 7조목,
권3: 통재通才 115조목, 권4: 시가詩家 7조목-육당문고본(시인詩人),
附 필가筆家 2조목),
권5: 명화名畫 32조목-장지연(명화가名畫家)</td></tr>
</table>

3 최수은(2017), 앞의 논문, 5쪽, 최수은(2017), 「신발굴 인물지新發掘 人物志『震閥彙攷續編』研究」, 성균관대석사학위논문, 5쪽.

4 정은진(2017), 「고려대 육당문고본 『진휘속고震彙續攷) 고찰」, 『태동고전연구』 39, 태동고전학회, 13~14쪽.

5 編者未詳: 『震閥彙攷續編』 (東京大學 阿川文庫本). 『진벌휘고속편』에는 책과 권을 구분 없이 모두 '卷'으로 표기하고 있으므로 이를 '책'과 '권'으로 구분해서 표시한 한영규의 논의를 따르기로 한다.(한영규(2016), 앞의 논문, 135쪽.) 또한 진하게 밑줄 친 부분은 『진벌휘고속편』에만 등장하는 편목이고, 진하게 비스듬히 쓰인 부분은 『진벌휘고속편』과 장지연 『진휘속고』에 동일하게 등장하는 편목이며, 연하게 쓰인 부분은 『진벌휘고속편』과 육당문고본 『진휘속고』에 동일하게 나오는 편목이다.

제2책	*권6: 규영閨英 12조목-장지연(규범閨範),* **권7: 열녀烈女 5조목,** **권8: 빈어嬪御 5조목, 附 궁녀宮女 7조목, 권:9 별실別室 9조목,** ***권10: 창기娼妓 11조목-장지연(기妓)*** **권11: 상천常賤 9조목, 권12: 비사婢使 4조목**
제3책	**권13: 도류道流 87조목**
제4책	***권14:선가禪家 125조목-장지연(승僧), 여승女僧 5조목-장지연(니尼),*** **거사居士 2조목,** ***무녀巫女 10조목-장지연(무현巫現)***
제5책	**권15: 음률音律 29조목, 권16: 음양가陰陽家 44조목, 권17: 감여堪輿 31조목,** 권18: 복서卜筮 16조목[7]-육당문고본(복자(卜者), **권19: 상인相人 11조목, 附 상마相馬 2조목** 권20: 공장工匠 4조목-육당문고본(공장工匠)
제6책	권21: 충신忠臣 12조목-육당문고본(충신忠臣) 권22: 효자孝子 10조목-육당문고본(효자孝子) 권23: 공신功臣 7조목-육당문고본(공신功臣), 권24: 의술醫術 24조목-육당문고본(의원醫院), ***권25: 역관譯官 63조목-장지연(역관譯官),*** **권26: 부인富人 8조목,권27: 환관宦官 12조목, 부 궁노宮奴 13조목,** 권28: 겸인傔人 8조목-육당본(겸인傔人), 권29: 서리胥吏 12조목-육당본(서리胥吏), 권30: 천인賤人 13조목-육당본(천인賤人), 권31: 노예奴隸 16조목-육당본(사노私奴)
제7책	**권32:재서才諝 4조목,** ***권33:용력勇力 11조목-장지연(용력가勇力家),*** 권34:거량巨量 3조목-육당본(거량巨量), 권35:모초貌肖 4조목-육당본(초모肖貌), 권36:형괴形怪 7조목-육당본(형괴形怪), **권37:창우唱優 3조목, 부 담해談諧 1조목,** 권38:간교奸巧 4조목-육당문고본(간인奸人), 권39:귀신鬼神 15조목-육당문고본(귀신鬼神), 권40:난역(亂逆 10조목)-육당문고본(흉역凶逆), 권41:도적(盜賊 8조목)-육당문고본(도적盜賊)

6 성씨 조목은 내용 없이 성씨가 순서대로 나열되어 있으므로 1개의 조목으로 선정한다.
7 총 17 조목으로 구성되어 있으나 17번째 조목은 14번째 조목과 내용이 일치하며, 책 상단에 중출重出로 표기되어 있으므로 제외하기로 한다.

『진벌휘고속편』은 총 7책 41개의 편목과 9개의 부편목으로 구성되어 있다. 각 편목은 적게는 하나의 조목, 많게는 125조목으로 되어 있다. '성씨'와 '선가' 조목이 그 예라고 하겠다. 인물의 성명이 제시된 경우에는 인물의 성명을 먼저 기재한 뒤 내용을 서술했다. 성명이 제시되지 않은 경우에는 지명을 앞세워 기재하였다. 성명이 제시된 경우'道流'편목의 첫 조목인 '神志'처럼 먼저 이름을 기재한 후 인물에 대한 대략적인 서술이 더해졌다. 이름이 제시되지 않는 경우는 '加平儒生'처럼 지명을 제시하고 인물에 대해 서술했다. 또한 한 인물에 대한 서술이 끝나면 다음 행으로 옮겨 다른 인물을 서술하는 방식을 취하고 있다.

『진벌휘고속편』에 등장하는 인물은 단군시대의 인물인 '神志'를 시작으로 1854년에 사망한 '田畸'까지 다양한 시대를 아우르고 있다. 하지만 대부분은 조선 시대이고 그 중에서도 중기와 후기 인물에 집중되어 있다. 또한 주목해야 할 것은 1책 맨 첫머리에'성씨'편목을 배치한 것이다. 이것은 편저자가 인물 중심의 기록을 지향한다는 하나의 상징적 표시로 이해되기도 한다.[8] 또한 '신동', '총명', '통재', '음률', '음양가', '감여', '재서', '창우', '담해' 등의 편목을 『진벌휘고속편』에만 두고 있다는 점을 고려해 볼 때 편저자는 인간 능력을 중시하는 측면을 가지고 있는 것으로 생각된다.

또한 각 조목은 한 줄로 간략하게 제시되어 있는 것에서부터 긴 서사의 형태로 구성된 것까지 다양하다. 인용문헌이 제시된 경우도 있지만 제시되지 않은 경우도 많다. 때로는 여러 개의 인용문헌을 짜깁기하여 재구성한 조목도 보인다. 이러한 특징은 편저자가 단순히

8 한영규(2016), 앞의 논문, 136쪽.

있는 정보를 그대로 기록한 것이 아니라 자신의 의도에 맞게 재해석한 것이라고 여겨진다. 이러한 부분이 『진벌휘고속편』에서 주목해 보아야 할 점이라고 생각된다.

각 책의 구성을 대략적으로 살펴보자.

1책은 '성씨·신동, 附총명·시가, 附필가·명화'의 조목으로 구성되어 있다. '성씨'조목을 권1에 두고 있는데 이는 「東國諸姓」 498개를 운자 별로 나열해 놓은 것이다.[9] 권2의 '신동'편목은 길재에서부터 황사우까지 총 148조목으로 이루어져 있다. 많은 인물의 서술시 그들이 지은 시를 첨부하여, 그들이 지니고 있는 신동의 면모를 좀 더 부각시켰다. 일화를 제시하는 경우도 있다. 요절한 인물, 어무적과 같은 천민, 귀신이 붙어 시를 잘 지었던 박동자까지 다양한 인물들이 기록되어 있다. 하지만 다수는 상층의 인물이라는 특징을 가진다. 같은 권의 府인 '총명'편목은 김황강에서 허준까지 총 7조목을 다루고 있다. 권3의 '통재'는 김인후에서부터 이광까지 총 115명의 일화가 소개되어있다. 특히 이 조목은 짤막한 서술이 많은 것이 특징이다.

권4의 '시가'는 김충렬부터 백대붕까지 7조목으로, 각 인물의 일화만 제시되었을 뿐 그들의 명성을 짐작하게 하는 시는 보이지 않았다. 또한 『진휘속고』에 제시된 43조목에 크게 미치지 못한다. 같은 권 '필가'는 2조목이 제시되는데 이는 육당문고본 『진휘속고』와 『장지연전집』 2의 「진휘속고」에는 없는 편목이다. 권5 '명화'의 경우도 『장지연전집』 2의 「진휘속고」에는 180조목이나 등장하지만 『진벌휘고속편』에서는 31조목으로 축소되어 제시된다. 이를 미루어 볼 때 책의 편저자가 어떤 부분에 관심을 두고 있는지를 짐작해 볼 수 있다.

---

9 한영규(2016), 앞의 논문, 137쪽.

2책은 여성의 조목으로만 구성되었다. 권6의 '규영'에는 이구직의 아내인 김씨 부인을 시작으로 전필복의 아내인 최씨 부인까지 총 12조목에서 인물들이 제시된다. 특히 유몽인의 누이인 유씨 부인과 김천일의 아내인 김씨 부인은 당대에 흔하지 않았던 주체적인 삶을 살았던 인물로 보인다. 또한 김질의 부인인 정씨의 사나운 성격이 드러난 서술도 주목된다. '규영'이라는 틀에 여성을 가두지 않고 여성의 자유로운 개성을 드러내주고 있다. 권7의 '열녀'는 허응의 딸인 허씨를 시작으로 충숙 류관의 며느리인 신씨까지 5조목으로 구성되어 있다. 권8의 '빈어'는 경신군의 후가 된 고려 기비부터 의순공주까지 5조목이 제시된다. 같은 권의 府인 '궁녀'는 굴저로부터 한보향까지 총 7조목이 제시된다.

권9 '별실'은 선천 아전의 딸로부터 길정녀까지 총 9개의 조목으로 구성되었다. 여기서도 적극적인 여성상이 다수 등장한다. 권10 '창기'는 정향에서부터 욕심을 부리다 화를 당한 옥향까지 11조목이 제시되어 있다. 초반부에는 사랑과 관련된 인물이, 중반부에는 나라를 위해 목숨을 던진 인물, 후반부에는 화를 자초한 인물까지 다양한 인물들이 소개된다.

권11의 '상천'에는 낮은 신분의 여성이지만 재능을 발휘해 집안을 일으킨 인물, 수절한 인물, 나라에 돈을 기부한 인물 등이 제시된다. 권12의 '비사'에는 주인의 원수를 갚은 갑이에서부터 전씨의 여종까지 총 4조목이 제시된다. 특히 억울한 죽음을 당해 귀신이 된 두옥이가 자신을 죽음으로 내몬 자에게 복수하는 부분이 흥미롭다. 2책은 각 조목을 통해 여성의 신분을 드러내고 있으나, 그 안에 제시되고 있는 인물들은 신분에 구속되고 있지 만은 않다.

3책은 권13의 '도류'조목만으로 구성되어 있다. 이 조목은 다른 두

『진휘속고』에는 보이지 않는 조목이다. 단군시대 인물인 '신지'에서 '가평의 유생'까지 총 87조목이 제시된다. 특히 '전우치'와 전우치가 두려워한 '장도령'의 이야기가 길게 서술되어 있다. '장도령'조목의 서사에서는 요술을 부린다고 교만했던 전우치가 장도령을 보고 두려워하자, 사람들이 전우치에게 이유를 묻는 대목이 나온다. 이때 조선의 뛰어난 선인의 이름이 등장하는데 가장 뛰어난 인물은 장도령이고 그 다음은 정렴, 윤군평이라고 한 부분이 주목된다.

4책은 권14로 '선가·여승·거사·무녀'의 편목으로 구성되어 있다. '선가'의 첫 조목은 우리나라의 불교 전파과정과 여러 명의 승려들이 소개되고 있어 주목된다. 또한 '휴정'과 '무학대사'조목은 장편으로 서술되어 있다. 긍정적으로 인식되는 인물뿐만 아니라 부정적인 인물로 인식되는 '보우'와 '신돈' 등도 소개된다. '여승'은 사대부중으로부터 묘관까지 5조목이다. 여기서도 긍정적인 인물과 부정적인 인물이 모두 제시된다는 특징을 가진다. 또한 여승을 선가에 포함하지 않고 별도로 편목을 두고 있다는 것도 특이한 사항이다. '거사'는 서술이 길지 않은 2조목이다. '무녀'에서도 긍정적인 인물과 부정적인 인물이 모두 소개된다.

5책은 권15의 '음률', 권16의 '음양가', 권17의 '감여', 권18의 '복서', 권19의 '상인, 附상마', 권20의 '공장'편목으로 구성되어 있다. 먼저 '음률'편목은 가야금을 창시한 우륵, 현학금을 창시한 왕산악, 악기들, 음악과 음악가들, 놀이 등이다. 특히 아악을 완성시킨 박연의 이야기가 길게 서술되어 있다. '음양가'는 김암에서부터 '도류'에서 소개된 정렴, 정작을 비롯하여 김식까지 총 44조목이, '감여'는 도선으로부터 이광에 이르기까지 31조목이다. 여기서는 장편의 서사는 보이지 않고 특징적인 일화를 짤막하게 소개하고 있다. '복서'는 홍계관, 김륜으로부터 성종때 아무개까지 16조목이 제시된다. 특히 '조양래'조목은 장편 서사로 이루어져 있다. '상인'은 하륜, 김황광, 이광준으로부터 최계창까지 총 11조목, '상마'는 유정랑과 성자항 총 2조목이다. '공장'은 화포장, 이옥견, 이순신, 태풍손 등 총 4조목이다. 특히 이순신을 '충신'이나 '공신'편목에 실지 않고 '공장'편목에 실었다는 것에 주목해 볼 필요가 있다.

6책은 권21의 '충신', 권22의 '효자', 권23의 '공신', 권24의 '의술', 권25의 '역관', 권26의 '부인', 권27의 '환관, 附궁노', 권28의 '겸인', 권29의 '서리', 권30의 '천인', 권31의 '노예'의 편목을 가지고 있다. '충신'은 문덕겸으로부터 박준봉까지 총 14조목이 제시된다. '효자'는 박태성으로부터 김창구까지 총 10조목, '공신은'은 이양생에서 김중만까지 총 7조목이 소략하게 서술되어 있다. 특히 육당문고본『진휘속고』에 기재된 조목에 비해 '충신'은 31조목, '효자'는 21조목, '공신'은 6조목이 축소되어 나타난다. '의술'의 첫 번째 조목은 내의원 설치의 부조리에 대해 서술하고 있다. 그 뒤를 이어 정경선으로부터 안경창까지 기록되어 있다.

'역관'은 이준으로부터 이추까지 총 63조목이 제시된다. '부인'의 경우 한양 최고 갑부 한경록으로부터 김억까지 총 7조목이 제시된다. 이 중에서 거짓말에 속아 추남에게 딸을 시집보낸 부자의 이야기가 특징적이다. '환관'은 정동, 김처선으로부터 신숭강까지 총 12조목이 제시된다. '궁노'는 김소근으로부터 경종지에 이르기까지 총 13조목이 제시되는데 소략하게 서술되어 있다. '겸인'은 안수욱으로부터 배순까지 총 8조목이다. 이 가운데 '환난을 미리 대비한 피씨 겸인의 사위'조목이 가장 길고 흥미롭게 서술되어있다. 또한 이 항목은『진휘속고』의 조목보다 4조목이 추가된 경우이다. '서리'는 정애남으로부터 류성룡의 역리까지 총 12조목, '천인'은 신여가로부터 이계현까지 총 13조목으로 제시된다. 특히 낮은 신분으로 기이한 행적이나 뛰어난 재능을 보인 인물들이 기록되어 있다. '노예'는 반석평으로부터 홍세태, 허생의 노비를 비롯하여 철수에 이르기까지 총 16조목이 제시되는 데 노예임에도 불구하고 뛰어난 재능을 보이거나 모범을 보인 인물이 기록되어 있는 특징을 가진다.

7책은 권32의 '재서', 권33의 '용력', 권34의 '거량', 권35의 '모초', 권36의 '형괴', 권37의 '창우 附담해', 권38의 '간교', 권39의 '귀신', 권40의 '난역', 권41의 '도적'의 편목으로 구성되어 있다. 이 책에는 다양하고 특이한 재주를 지닌 사람들에 대한 기록이라는 것이 특징이다. '재서'에는 안평대군을 위해 자신의 재능을 감춘 최생, 진시황의 보물을 찾아 다른 사람에게 준 허생, 임경업에게 심양을 진격하라는 조언을 해준 이명립, 사랑하는 사람을 잊지 못하는 평양기생 등 총 4조목이 제시된다. 조목 수는 적으나 대체로 긴 서사를 가지고 있다. '용력'은 김덕령으로부터 안주의 선비까지 총 11조목이 제시된다.

'거량'은 정응두와 고형산, 김응사 등 3조목, '모초'는 박청, 유몽웅, 김귀봉 등 3조목이다. '형괴'는 이근으로부터 최석항에 이르기까지 4조목이 제시되는데 이 조목에는 부정적인 인물이 등장하지 않는다는 것이 특징이다. '창우'는 탐관오리를 연희로 풍자했던 광대들에서부터 웃음이 없는 김상헌을 웃음 짓게 한 박남, 모가비 등 3조목이 제시된다. '담해'는 푸대접하는 사람들에게 익살로 응수한 나그네들 1조목이, '간교'는 임금을 속인 정상, 교활하고 간사한 아전 송길, 이만강, 교활한 노비 정막개 등 4조목이 제시된다. '귀신'은 김석주의 영혼에서부터 전영달까지 총 15조목이다. '난역'은 유세창으로부터 홍경래까지 10조목이 실렸다. '도적'은 북협의 도적 괴수에서부터 웅피도에 이르기까지 총 8조목이 제시된다. '도적'의 편목은 육당문고본 『진휘속고』에서 보다 6조목 증가하는 특징을 가지고 있다.

『진벌휘고속편』의 50개의 편목 구성을 살펴보았다. 이 책의 구성은 이전의 잡록류 문헌에서 간헐적으로 보이던 이야기를 한 곳에 모아 놓았다는 점에서 매우 주목할 만하다.[10]고 하겠다. 특히 기존의 두 『진휘속고』에서 볼 수 없었던 '성씨', '신동', '총명', '통재', '필가', '열녀', '빈어', '궁녀', '별실', '상천', '비사', '도류', '거사', '음률', '음양가', '감여', '상인', '상마', '부인', '환관', '궁노', '재서', '창우', ' 담해' 등의 편목을 두고 있다는 사실은 특징이라고 할 만하다.

'성씨'를 운자의 순서에 따라 배열하고 있다것은 편저자가 계층 의식에서 벗어나려는 의도라고 생각된다. 즉 성씨의 高下를 두지 않겠다는 의도로 읽혀지기 때문이다. 또한 2책의 편목을 신분에 따라 나누어 제시하고 있다. 하지만 그 안에는 신분을 벗어나 자신의 능력과 기지를 발휘하는 역동적인 인물들이 담겨 있다. 이는 인간 본연의 가치에 대한 편저자의 존중이 드러난 부분이라고 보인다.

『진벌휘고속편』에는 역사적인 인물과 비역사적인 인물 모두를 다루고 있다.[11] 허생과 임꺽정과 같은 인물은 비역사적 인물을 대표한다. 편저자는 실존 인물에 국한하지 않고 인물 본연의 캐릭터에 집중했기에 이와 같은 특징이 드러난 것으로 보인다. 두 『진휘속고』에 없었던 편목을 추가한 것 또한 이러한 맥락에서 해석된다. 『진벌휘고

10 한영규(2016), 앞의 논문, 141쪽.

11 이순신·정선 같은 역사적 인물과 北峽魁賊·失姓氏 같은 무명의 비역사적 인물이 혼재되어 있는데, 이는 잡박한 인물 모음집이었던 『진휘속고』를 저본으로 한 데에서 기인하는 특성이다(한영규(2020), 앞의 논문, 123쪽.)라는 논의는 좋은 참고가 된다.

속편』은 각 편목의 구성을 통해 다양한 계층의 다양한 재주와 능력, 기이한 행적들을 모두 담아내려고 했다는 측면에서 의의를 지닌 문헌이다. 나아가 잡록류의 외연을 확장시켰다는 측면에서도 가치가 있어 보인다.

『진벌휘고속편』의 특징과 자료사적 가치

앞서 살펴 본 바와 같이 『진벌휘고속편』은 기존 두 『진휘속고』에는 보이지 않았던 편목들을 배치함으로써 인간 본연의 가치를 중시하였다. 또한 잡록류의 외연을 확장시킨 것으로도 보인다. 그렇다면 구체적으로 편목 구성을 통해 편저자가 드러내고자 한 『진벌휘고속편』의 특징은 무엇인지 작품의 내용을 통해 점검해 볼 필요가 있다.

1. 인물 능력의 다각화를 통한 개성 발굴

『진벌휘고속편』의 편저자는 인물의 특성을 다각적으로 고찰해 그들이 가진 개성을 발굴한 측면이 드러난다. 그 대표적인 인물로는 정렴, 남사고[12] 등이 그 예이다. 먼저 정렴의 경우는 '통재', '도류', '음

12 『진벌휘고속편』에는 육당문고본 『진휘속고』와 장지연 『진휘속고』에 제시되지 않는 '도류' 항목이 제시된다. 이 '도류' 항목과 관련하여 '음양가', '감여' 항목에서 동일한 인물이 제시된다. 김치金緻 또한 '도류'와 '음양가' 항목에서 모두 등장한다. '도류'에서는 살아서는 염라대왕을 만났으며, 죽어서는 염라대왕이 된 김치에 대해 서술한다. '음양가'에서는 자미성의 별자리와 사주를 통해 운명을 점치는 김치에 대해서 서술한다. 특히 자신의 아들로 태어난 김득신이 총명할 것을 점쳤으며, 인조반정으로 인조가 왕위에 오를 것이고 자신이 그로 인해 해를 입게 될 것이라는 것도 미리 알아 자신의 화를 면하게 했다는 내용이 서술되어 있다. 편저자는 '도류'의 인물들 중 다양한 능력을 겸비한 몇몇의 인물을 중심으로 그들의 능력을 다각화하여 각각의 개성을 드러내고자 하였다고 보인다.

양가'조목에서 그 기록을 찾을 수 있다. 각각의 조목은 동일한 서술이 존재하기도 하지만 조목 특성에 맞게 조금씩 서술을 달리 하고 있는 경우도 보인다. 본문 내용을 통해 확인하고자 한다.

'통재'

북창 정렴은 ①유불선 삼교에 관통하였다. 천문지리 의·복·율려·산수 및 외국 언어에 이르기까지 모두 배우지 않고 독학하여 통하였다. 특이한 ②술법을 가지고 있어서 능히 새나 짐승의 소리도 이해할 수 있었다. ③관직에 임명되자 항상 의학, 산학, 역학譯學의 세 교수를 겸하였다.[13]

'음양가'

북창北窓 정렴鄭䃁은 ①'유儒·불佛·도道 삼교를 훤히 꿰뚫었다. 천문天文·지리地理·의약醫藥·복서卜筮·율려律呂·산수算數 및 외국 언어도 모두 배우지 않고도 통달하였다. ②'천리 밖의 일이라 할지라도 생각만 하면 바로 알았다.[14]

'통재'와 '음양가' 조목에서 보이는 정렴의 능력이다. '통재'조목의 ①은 '음양가'조목의 ①'와 동일한 기록으로 파악할 수 있다. 하지만 ②와 ②'는 다르게 해석될 소지가 있다. 먼저 ②의 경우는 通才의 능력을 가진 정렴이기에 새나 짐승의 소리 또한 이해할 수 있다는 것으로 해석할 수 있다. 즉, '통재'의 능력적 측면을 강조한 것이다. ②'는

---

13 鄭北窓 通貫三敎 天文地理 醫卜律呂 筭數及外國言語 皆不學自通 有異術 能解鳥獸音 及授官 常兼醫筭象三學敎授 又陰陽道家音律

14 鄭北窓䃁 通貫三敎 天文地理醫藥卜筮律呂算數 及外國言語 皆不學自通 雖千里外事 無不念之卽知

'음양가'의 능력을 부각시키기 위함이라고 보인다. '도류'조목에 등장하는 정렴을 살핀다면 좀 더 명확하게 드러날 것이다.

'도류'

정렴의 호는 북창北窓이다. …(중략)… ①유儒·불佛·도道 삼교三敎를 두루 관통하였으며 천문·지리·의약·점술·음률·산수 및 외국의 언어까지 모두 배우지 않고도 절로 통달하였다. 비록 ②'천리 밖의 일이라도 생각하지 않음이 없었으며 생각만 하면 곧장 알았다.[15]

'도류'편목에서는 '음양가'에서 제시했던 ②'를 취해서 정렴의 인물됨에 대해 서술하고 있다. 이는 '도류'와 '음양가'사이에 공통된 부분이 있었기 때문이라고 생각된다. 더욱이 ②'를 강조하기 위해 두 가지 일화를 제시하고 있다.

증명사례

(1)언젠가 용인龍仁의 산사山寺에 있었는데, 산 아래에 십리 떨어진 마을 거리의 일을 마치 직접 보는 듯이 이야기 하여 확인해보니 모두 그의 말대로였다.[16]

(2)언젠가 고모 아무개 부인을 뵈러 갔는데, 부인이 말하기를, "종들에게 공물을 거두는 일로 영남에 종놈 하나를 보내었는데 기한이 지나도 돌아오지 않는구나. 도적이나 물난리 불난리 같은 생각지도 못한 화를 만나지는 않았나 싶어 걱정스러운 마음을 떨칠 수가 없구나."라고 하자 북창이

---

15 鄭磏 號北窓 …(中略)… 通貫三教 天文地理醫藥卜筮律呂筭數 及外國言語 皆不學自通 雖千里外事 無不念 念之卽知

16 嘗在龍仁山寺 山下十里閭巷間事 有若親見之 驗之皆然

말하기를, "제가 마땅히 그 놈의 행적을 두루 훑어보겠습니다."라고 하니, 부인은 우스갯소리를 한다고 생각하였다. 북창은 곧장 앉은자리에서 목을 뻗어 남쪽을 바라보더니 조금 있다가 알리기를, "이 놈이 막 새재[鳥嶺]를 넘었으니 다른 근심거리는 없겠습니다. …(중략)… 북창이 말한 것과 한 치도 사실과 어긋남이 없었다. 『천예록天倪錄』에 나온다.[17]

증명사례 (1)과 (2)는 천리 밖의 일을 볼 수 있는 정렴의 능력이 담긴 기록이다. 편저자는 『천예록』 소재 기록을 첨부해 정렴의 능력을 부각했다. 또한 정렴이 뛰어난 '도류'였다는 사실을 강조하기 위해 아래와 같은 또 다른 기록인 어우야담의 서술을 덧붙였다.

항상 한 방에 거처하며 단약을 만들며 불 조절하는 방법에 공력을 기울였다. 어떤 손님이 이르렀는데, 막 한참 추운 겨울이어서 한기를 견딜 수가 없었다. 북창은 앉은자리 곁에 있는 차가운 쇳조각을 집어 겨드랑이 아래에 끼워 따뜻하게 하였다. 조금 있다가 꺼내어 손님에게 주었는데, 화롯불처럼 따뜻해서 땀이 흘러 등을 흠뻑 적셨다. 또 어떤 사람이 고질병을 앓아 여러 달 침과 약을 써도 도무지 나아지지 않았다. 북창이 앉은자리 위의 한 움큼 관초菅草를 집어 손으로 비비고 입으로 불어 따뜻하게 하여 복용하게 하니 병이 곧 나았다.[18]

---

17 嘗往謁姑母某夫人 夫人曰 以臧獲收貢事 送奴嶺南 過期不還 恐遭盜賊水火意外之患 不勝憂念云云 北窓曰 姪當望見其行矣 夫人謂之以戲談 北窓卽於席上 引領南望良久 告曰 奴今踰鳥嶺 無他憂矣 …(中略)… 與北窓所告無一差爽矣出天倪錄

18 常居一室 治鍊丹火候之法 有客至 方盛冬不耐寒 北窓取坐傍冷鐵片 挾之腋下以熨之 頃之出與其客 如烘爐之燠 汗流洽背 又有人患痼疾 累月針藥俱不瘳 北窓取坐席上一掬菅草 手摩口煖 使服之 病立愈

이를 통해 편저자는 각 편목에 걸 맞는 정렴을 서술하고자 한 것으로 판단된다. 인물의 특성을 다각도로 살펴 그 인물이 지니는 개성을 발굴하고 극대화 시키는 것이다. 정렴을 '통재', '도류', '음양가' 편목에 모두 서술하고 있는 것도 이러한 이유에서다. 다시 말해 각 편목에서는 정렴이 '통재' 또는 '도류' 혹은 '음양가'라는 각각의 인물로 부각될 수 있도록 다양한 자료를 편목에 맞게 재배치하였다는 것을 알 수 있다.

남사고 또한 세 편목에서 제시된다. 남사고가 제시된 편목은 '도류', '음양가', '감여'이다. 편찬자는 정렴과 마찬가지로 남사고의 능력을 다각화하여 여러 인용문헌을 재배치함으로써 남사고가 각각의 편목에 부합하는 인물로 서술하고 있다. 먼저 '감여'조목에 나타난 남사고의 면모이다.

<감여>

남사고南師古의 호는 격암이다. ①언젠가 기이한 사람에게 비결을 얻어서 천문, 풍수, 점술의 분야에 밝게 되어 말하는 일이 대부분 기막히게 들어맞았다. ②봉래 양사언에게 전수해준 몸을 보호할 수 있는 열 곳의 명승지에 관한 비기가 있다. 첫 번째는 풍기의 금계촌으로 고을 북쪽 소백산 아래 물이 갈라지는 곳이다. …(중략)… 열 번째는 합천 가야산 남쪽 만수동인데 이곳은 모두 난리를 당하여 몸을 보전할 수 있는 곳이라고 한다.[19]

먼저 밑줄 친 ①은 남사고의 뛰어남을 드러내는 부분이다. 특히 천

19 南師古 號格菴 嘗從異人得眞訣 洞曉象緯堪輿占驗家 言事多奇中 有所授楊蓬萊十勝保身地秘記 第一 豊基金鷄村 在郡北小白山下兩水上 …(中略)…第十 陜川伽倻山南萬壽洞 此皆當亂保身之地云

문, 풍수, 점술 분야를 제시한 것은 감여가 이들 분야와 관련성을 가지고 있기 때문으로 생각된다. ②를 통해서는 남사고의 예지력을 드러내주고 있다. '감여'편목에 부합하는 남사고가 되기 위해서는 열 곳 정도의 명승지를 알고 있는 인물로 제시되어야 한다. 다음은 남사고의 예지력을 증명하는 사례들이다.

증명사례

(1)선조 을해년(1575) 무렵에 동인과 서인이 분당되기 시작하였는데, 격암이 "한양의 동쪽에는 낙봉이 있으니 말[馬]들이 각[各]각 마음을 달리할 것이고, 서쪽에는 안현이 있으니 변혁한 뒤에 안정될 것이다."라고 말했는데, 대개 한양의 산세를 근거로 하여 말한 것이다. 후에 동인들은 또 나뉘어 남인과 북인이 되었고, 북인은 또 나뉘어 대북과 소북이 되었으며, 계해년(1623)에 광해군이 폐위되자 서인들이 떨쳐 일어났다. 격암이 또 말하기를, "북쪽에는 백악산이 있으니 백 가지 악이 갖추어져 있고, 남쪽에는 종남산 있으니 남쪽에서 끝마칠 것이다."라고 했으니, 대개 대북파가 광해군을 그르치게 만들고 광해군이 제주에서 죽을 것을 예언한 말이다.[20]

(2)퇴계 이황의 장례식에 격암이 와서 그 산소터를 보고는, "이 산소터의 영향으로 앞으로 220여년 내에 후손들이 번성하기 시작해서 과거급제자와 높은 벼슬아치들이 나올 것이다."라고 했다. 퇴계의 후손 이세사가 과연 그 시기에 맞게 문과에 급제해서 옥당에 들어갔고, 이세태와 이세택이 그를 이었으며, 후손들이 거의 수백 명이었다.

---

20 宣廟乙亥之際 東西始分黨 格菴曰 東有駱峯 人各異心 西有鞍峴 革而後安 蓋據京城山勢而言也 後東人又分爲南北 北人又分爲大小北 而癸亥光海廢 西人振作 又曰 北有白岳 百惡俱備 南有終南(國終于南) 蓋大北誤光海 而光海終于濟州

편저자는 증명사례를 제시해 남사고의 ‘감여’능력을 드러내고 있다. 물론 다른 능력도 뛰어난 그였지만 ‘감여’편목에서는 풍수지리에 대한 그의 재능이 더욱 부각된다. 다음은 ‘음양가’편목에 서술된 남사고의 면모이다.

<음양가>

격암남사고는『주역』에 조예가 깊었으며 역상 및 감여·명수·복서·상법을 환히 깨달았다. 언젠가 기이한 승려에게 비결을 전수받아 현묘한 이치를 환히 보았다. 그가 말한 일들은 신비하게 들어맞는 일이 많아서 사람들에게 신이한 사람이라 불렸다.[21]

밑줄친 부분은 ‘음양가’ 편목에 중 남사고를 부각하기 위한 서술로 보인다. 주역에 조예가 깊었다는 것은 음양의 원리를 꿰뚫어 천지의 이치를 앎을 의미한다. 때문에 이 부분은 ‘음양가’편목에 부합하는 남사고의 면모를 제시한 것이다. 다음의 증명사례들 역시 ‘음양가’로서의 면모를 배가 시킨다고 생각된다.

명종 말년에, “사직동에 왕의 기운이 쌓여있다.”라고 말하였는데, 선조가 덕흥군의 저택에서 나와 대통을 계승하였다. 또, “나라에 조만간 반드시 큰 난리가 있을 것이다. 만약 용의해[辰年]에 나는 난리라면 그래도 구원할 수 있겠지만, 뱀의 해[巳年]라면 구원할 수 없을 것이다.” 라고 말하였는데, 임진년에 과연 왜놈의 침입이 있었다. …(中略)… 이와 같은 일들을 이루다

21 南格菴師古 邃於易 洞曉易象 及堪輿命數卜筮相法 嘗從異僧受秘訣 洞見玄機 言事多神驗 世稱神異人

거론할 수 없을 정도이다.[22]

'음양가'는 하늘과 땅의 기운을 잘 알아서 앞일을 잘 내다보는 사람이다. 그는 천지의 기운을 살핀 후 문정왕후의 죽음을 내다보았다. 김윤신이 이를 의심했으나 1년 후 남사고가 틀리지 않음을 깨달았다는 내용이다. '도류' 편목에서 편저자는 '감여'와 '음양가'부분의 남사고 관련 서술을 '도류'의 면모가 가장 잘 드러날 수 있는 내용으로 취합하여 제시하고 있다.

(1)남사고는 자가 경초이고 호가 격암이며 울진사람이다. 힘써 배워서 역학에 조예가 깊었고 천문과 풍수, 명수를 환하게 깨우쳤다. 누차 진사시에 합격하였으나 과거에 끝내 급제하지 못하였다.[23]

(2)젊은 시절 책상자를 지고 울진 불영사에 들어가다가 도중에 전대를 지고 길가에 서 있는 한 중을 만났다. 중이 남사고에게 말하기를, "소승이 바랑을 지고 먼 길을 가기 어렵습니다. 짐을 선비가 타고 계신 말에 실어 주시겠습니까?"라고 하니 남사고가 흔쾌히 허락하고 이어서 함께 길을 갔다. 절에 도착하여 중과 함께 부용봉을 유람한 뒤 드디어 소나무 그늘에서 함께 마주앉아 장기를 두었다. …(중략)… 중이 말하기를,"가르쳐 볼 사람만한 사람이로다."라고 하였다. 이어서 비결을 건네주며 말하기를, "그대는 비범한 골격을 지녔으니 도를 배우고 행실을 닦으면 속세를 훌쩍 벗어날 수 있을 터이니 마땅히 힘써야 할 것일세."라고 하였다. 말이 끝나

22 明廟末 言社稷洞有王築 宣廟自德興邸 出承大統 又言國家早晚必有大亂 若在辰年 則猶可救 巳年 則不可救也 壬辰果有倭寇 …(中略)… 如是者 不可殫擧 이 부분은 申欽, 『象村稿』 권55, 『漫稿』 제6, 「春城錄」에 南師古를 참고한 내용으로 보인다.

23 南師古 字景初 號格菴 蔚珍人 力學 邃於易 洞曉乾象及堪輿命數 屢捷鄕解 竟不第

자 간 곳을 알지 못하였다. 남사고가 이로부터 현묘한 이치를 환하게 알고 말하는 것마다 모두 기이하게 들어맞았다.[24]

(3)언젠가 영남을 유람할 때에 문득 하늘을 보고 크게 놀라 말에서 떨어지더니 말하기를, "우리나라를 해칠 사람이 오늘 태어났구나!"라고 하였다. 훗날 들으니 풍신수길이 이날 태어났다고 한다. 집이 선사현에 있었고 남다른 방술을 지녔다. 언제가 영주를 지난 적이 있었다. 장맛비가 비로소 개고 흰 구름이 소백산 아래에 비껴 있었다. 바라보고 기쁜 기색이 있자 어떤 이가 이유를 물으니 대답하기를, "이것은 상서로운 구름이다. 앞으로 병란이 일어날 터인데 산 아래 사는 사람은 안전할 것이니 풍기와 영주가 바로 복지로다."라고 하였다. 훗날 왜구가 조령을 경유해 갔는데 풍기와 영주는 조령과 겨우 백리 남짓 떨어져 있었지만 왜구가 끝내 침입하지 않았다.[25]

(4)언젠가 어버이 장례를 치를 때였다. 문득 "후손이 없는 묫자리로다."라고 하고는 열 차례나 옮겨 보았는데 모두 좋지 못한 곳이었다. 이에 크게 통곡하고 더 이상 이장하지 않았다. 훗날 과연 후사가 없었다. 언젠가 동해를 바라보더니 탄식하기를, "우리나라의 우환이 이제부터 한창 일어날 것이다."라고 하였는데 바로 풍신수길이 태어난 날이었다.[26]

(5)『어우야담於于野談』에 다음과 같은 기록이 있다. 남사고가 언젠가 강릉에 있을 때였다. 고을 사람들에게 말하기를, "올해 반드시 큰 병란이 있

---

24 少時 負笈往佛影寺 路遇一僧負橐立道傍 謂南曰 貧道難負遠行 願以所負 托措大所乘 南欣然許之 仍與偕行 至寺 與僧偕遊芙蓉峯 遂與對博松陰…(중략)…僧曰 是可教也 因授以秘訣曰 君非凡骨 學道修行 可以遐擧 宜勉之 言訖不去處 南自是洞見玄機 言事皆奇驗

25 嘗遊嶺南 忽仰天大驚墜馬曰 害我國之人 今日生矣 後聞乎秀吉 是日生云 家居仙槎縣 有異術 嘗過榮川 宿雨初收 白雲橫帶於小白山下 望之有喜色 人問之 曰此祥雲也 兵亂將作 在山下者得安 豊基榮川 卽福地也 後倭寇由鳥嶺 豊榮距鳥嶺 纔百餘里 而倭終不入

26 嘗葬親 輒曰 穴無嗣 移之至十 皆不吉 乃大哭而不移 後果無嗣 嘗望東海而歎曰 我東之憂從此殷矣 卽秀吉始生之日也

을 것인데 이곳 사람들은 씨도 남지 않을 것이다. 잘 피하도록 하라."라고 하였다. 사람들이 평소 남사고가 신통한 예지가 있음을 알고 있었기 때문에 양양과 간성사이로 피난하였다. 그해 역병이 크게 퍼져 죽은 사람을 다 기록할 수가 없어서 온 고을이 텅 비게 되었다. 남사고가 돌아와 말하기를, "나의 술법이 신통치 못하다고 할 만하구나. 역병을 병란이라 했으니."라고 하였다.[27]

(6)또 강릉 고을 가운데 선비 최운부가 과거에 급제하여 어버이를 위해 잔치를 열려고 하였다. 남사고가 고을 사람들에게 말하기를, "자네들은 가서 보아야 할 것이네. 이 고을에는 앞으로 30년 동안 이런 경사가 없을 것이네."라고 하였다. 뒷날 이오가 비로소 과거에 급제하였는데 마침 31년이 지난 해였다.[28]

(7)언젠가 서울에 왔을 때 참판 정기원이 유년시절 어른을 따라 남사고를 만났다. 훗날 다시 가보니 방안에서 큰 소리로"정수재가 왔는가?"라고 묻더니 기뻐하며 반갑게 뛰어나와 맞이하였다. 정기원이 괴이하게 여겨 물어보니, 남사고가"나는 그대가 올 것을 미리 알고 있었네."라고 하더니 이에 벽에 써놓은 글을 가리켰는데, "아무개 날에 아무개 인물이 온다."라고 적혀있었다.[29]

(8)가정 정묘년(1567)에 남사고가 남산 잠두봉에 올라가 바라보고 놀라 탄식하더니 한참 뒤에 말하기를,"어찌 이리도 왕의 기운이 미약한가?"라

---

27 於于野談曰 南師古嘗在江凌 謂邑人曰 今年必有大兵 此地人 靡有孑遺 謹避之 邑人素知南之有神算 避於襄杆之間 其年癘疫大熾 死者不可勝記 一邑蕭然 師古歸曰 吾之術 可謂粗矣 謂疫爲兵 又江陵邑中 儒士崔雲溥登第 爲親將開慶宴 南謂邑人曰 爾輩須往觀之 此邑三十年間 無此慶 後李璈始發第 適三十一年矣 嘗來京師

28 鄭參判期遠 幼時從長者見師古 後再往 自內高聲問曰 鄭秀才來耶 顚倒出迎 鄭怪問之 師古曰 吾預知君來 乃指壁上書曰 某日某物來云

29 嘉靖丁卯 師古登南山蚕頭 望見驚歎 良久曰 是何王氣索然 俄而乃曰 移在社稷洞 未幾明廟昇遐 無嫡嗣 迎宣祖于社洞潛邸 丁丑年 蚩尤旗出 長與天等 師古預知有壬辰之亂云

고 하였다. 잠시 뒤에 말하기를,"기운이 사직동으로 옮겨갔구나."라고 하였다. 얼마 지나지 않아 명종이 승하하고 왕위를 물려받을 적자가 없어서 사직동 잠저에서 선조를 왕으로 맞이하였다. 정축년(1577)에 치우기가 나타났는데 길게 하늘에 뻗어있었다. 남사고가 이를 보고 임진왜란이 일어날 것을 미리 알았다고 한다.

(1)의 밑줄 친 부분을 통해서는 남사고가 원래 지닌 재능이 뛰어났음을 제시한다. (2)는 '도류'편목에 걸맞게 '도류'의 인물이 된 경위에 대해서 서술하고 있다. (3)은 '음양가'의 면모를 (4)는 '감여'의 면모를 제시하는 부분이라고 하겠다. (5)는 '도류'로서 스스로 책망하는 남사고의 면모를 통해 남사고의 인물됨을 드러내고 있다. 다시 (6), (7), (8)을 통해서는 남사고가 '도류'로서의 뛰어난 재능을 지녔다는 것을 부각하고 있다.

정렴과 남사고라는 인물은 각각 '통재, 도류, 음양가', '도류, 감여, 음양가'라는 세 편목에 걸쳐 제시되었다. 각각의 편목에서 드러난 면모를 통해 편찬자가 정렴과 남사고를 각 편목에 해당하는 인물로 의도적으로 서술하고 있음을 알았다.[30] 인용 자료의 경우 다양한 인용 자료를 활용하여 그들의 능력이 각 편목에 더 잘 부합될 수 있도록 배치하고 재구성했다.

2. 다양한 인물의 부각을 통한 인간 본연의 가치 고양

『진벌휘고속편』은 다양한 인물을 각 편목에 등장시켰다. 앞서 살

---

30 『震彙續攷』를 계승하여 『진벌휘고속편』을 편찬하면서 '道流' 분야에 큰 의미를 부여한 것이며 아울러 그 도류에 속하는 사람들을 의미 있는 존재로 새롭게 인식하였다(임완혁(2019), 앞의 논문, 168쪽)는 좋은 참조가 된다.

폈듯이 편저자는 각 인물이 편목에 부합될 수 있도록 내용을 재구성하기도 했다. '신동', '통재', '총명'[31] 편목은 상층의 인물이 대다수를 차지하고는 있으나 하층의 인물들 또한 기록하여 인간 존중 및 인간 본연의 가치를 고양한 측면이 두드러진다. 2책은 여성만으로 구성되었으며 편목을 통해 신분이 제시된다. 하지만 조금 더 깊이 들어가 살펴보면 신분 고하 여부에 관계없이 각각의 여성 인물들은 자신의 개성대로 삶을 살아가고 있었다. 또한 '재서', '창우', '담해'[32] 항목을 통해 인간 능력을 문면에 내세워 서술함으로써 인간 가치를 고양한 측면이 보인다. '도적' 항목에서도 악인만을 제시하지 않고 의로운 도적의 이야기를 실어 인간 가치를 고양한 측면이 드러난다.

여기서는 인간 본연의 가치를 고양한 측면이 두드러지는 2책의 여성들을 중심으로 살펴보고자 한다. 신분이 높은 계층으로 분류 될 수 있는 '규영'과 낮은 계층으로 분류될 수 있는 '상천' 편목의 여인들을 통해 편저자의 의도를 규명하겠다.

먼저 '규영'조목에 등장하는 유몽인의 누이이자 학곡 홍서봉의 어머니 유씨 부인과 '상천'조목에 등장하는 이기축의 부인이다.

<규영>

(1)어린 시절 동생 유몽인이 수학을 함에 옆에서 몰래 기억하고 외워서 경전과 역사에 박통하고 문장이 세상에 뛰어났다.

---

31 '신동' 항목의 어무적魚無迹은 천민임에도 어릴 적 재주와 명성이 뛰어났다고 기록하고 그가 지은 시를 제시해 '신동'의 면모를 부각한다. '통재'와 '총명'의 항목들도 짤막한 서술로 각 인물이 항목에 부합되는 인물로 서술하고 있다

32 '창우' 항목에서 탐관오리의 행태를 연희로 풍자해 임금에게 보임으로써 세포를 면제하도록 하게 한 광대들의 조목이 나온다. 이들 이야기는 '창우'라는 재능을 백성들을 위해 발휘한 인물을 제시함으로써 신분을 넘어선 인간 본연의 가치를 드러냈다고 하겠다. '재서'와 '담해' 또한 이러한 맥락에서 이해될 수 있다.

(2)매번 부인 유씨는 초하루와 보름이 되면 반드시 제문을 지어 읽고서 제를 올린 다음 즉시 불살라 버렸다. 율정의 아우 졸옹 홍성민이 옆에서 들어보니 제문의 기운이 비장하고 간절하면서도 엄격하여 감히 제문을 보자고 청하지 못하였다.

(3)학곡이 일찍이 부친을 잃자, 부인이 직접 스스로 가르치며 학문의 과정을 엄격이 독려하고, 조금이라도 소홀히 하면 피가 나도록 때렸다.

(4)노년에 독서당을 지나다가 올라 구경하였는데, 수직소의 늙은 노파가 전해져 오는 옥배를 꺼내 보이며 말하기를 "문인학자가 아니시면 이 잔에 마시지 못합니다."라고 하였다. 이에 부인이 웃으며 말하기를 "내 비록 부인이지만 시아버지와 남편, 시동생과 내 자식, 그리고 조카가 모두 독서당에 선발되었거늘 어찌 나만 유독 이 잔에 마시지 못하겠는가?"라고 하였다. 듣는 사람들이 전하여 미담으로 여겼다.

(5)인조 임금이 그 어머니들의 장수를 기리며 풀솜과 면화씨 각각 세 근을 특별히 하사하였다. 유씨 부인은 시에 대한 감식안을 가지고 있었다. 집안 아이들이 어려서 지은 시를 보고 그 아이가 곤궁할지 현달할지를 예측하였다.

(6)선조 때에 성균관에서 과거시험을 열었다. 과거시험을 마치고 부인의 조카 류황이 인사를 드리러 왔을 때 부인이 시제를 물었다. 그리고 말했다. "후한 때에 두 명의 정중이 있었는데 '선비 정중'인지 '내시[환관] 정중' 인지 모르겠지만, 이는 필시 선비 정중일 것이다."류황이 놀라워 했다.

(7)광해임금이 통치할 때 그의 생모인 공빈 김씨의 사당을 받들 곳이 없어서 임시로 효경전 낭저에 임시로 신위를 안치하였다. 부인의 조카 류심은 부인의 말대로 추존해서 봉하여 능을 만들고 대비의 호를 내릴 것을 주청하였다. 한결같이 부인의 말대로 하였다.

(8)광해군 집권 초기에 중국의 조사 웅화熊化가 사신으로 왔다. 종사관 아

무개가 근심하며 말했다. "우리나라에 아마도 화재가 있을 것이다." 이 말을 들은 자는 무슨 말인지 몰랐으나, 부인이 그 말을 듣자 이렇게 말했다. "그런 일이 『시인옥설』에 보이는데, '能火'의 뜻을 취한 것이다." 얼마 있다가 송도에서 사백 여채의 집이 평양에서는 천 여채의 집이 열흘 안에 다 타버렸다. 부인의 넓은 학식과 선견지명이 이와 같았다.

<상천>

(1)글을 읽고 영민한 가게의 딸이 노둔하고 힘만 센 이기축에게 시집간다.

(2)부모님께 자금을 얻어 한양 장동에 집을 사고 술을 팔았는데 술맛이 좋아 생계를 꾸려 나갈 수 있었다.

(3)『사략』 첫 권을 가지고 와서 '이윤이 태갑을 폐하고 동궁에 가두다'편에 표를 하여 기축에게 신무문 밖 소나무 그늘에 가서 사람들에게 배우기를 청하라고 이른다.

(4)기축이 사람들을 데리고 오자 그녀가 술과 안주를 차려놓고 기다리면서 공들이 의논하는 일을 이미 알고 있으니 자신의 집에 와서 의논하라고 일러준다.

(5)일이 승평부원군 김류와 연평부원군 이귀는 거사를 일으켜 창의문으로 들어갈 때 기축이 장군목을 꺾어서 들어갈 수 있었다. 일이 평정 된 후 기축은 2등 공신이 된다.

유씨 부인과 이기축 아내의 일화이다. 유씨 부인은 (1)에서와 같이 동생의 공부를 듣고 남몰래 공부하여 역사와 경서에 능통했으며, (2)에서처럼 뛰어난 제문을 짓는 능력을 가졌다. (3)처럼 남편이 죽자 그를 대신하여 아이를 교육할 수 있었으며, (4)처럼 시를 듣고 그 아이의 미래를 예측할 수도 있는 예지력을 가진 인물이었다. (5)와 (6),

(7), (8)처럼 박식하여 곤궁에 처한 조카를 구해줄 수 있는 능력도 지니고 있었다는 것도 알 수 있다. '상천'조목의 이기축의 부인은 유씨 부인만큼 학문적 성향을 드러내지는 못하고 있지만 (1)을 통해 알 수 있듯이 글을 읽을 수 있었으며 남편을 스스로 선택할 수 있는 인물이었다. (2), (3), (4), (5)를 통해서는 여인이 예지력을 가진 인물이라는 것을 알 수 있다. 그 능력을 통해 아둔하고 힘만 센 남편 이기축을 2등 공신의 자리에 오르게 했다. 이 두 조목을 통해 비록 서술된 내용에서 차이를 조금 보이고는 있지만 여성이라는 사회적 제약을 자신의 방법으로 극복하고 적극적으로 살아간 인물들이라는 것을 알 수 있었다. 그럼에도 불구하고 두 인물 모두는 자신이 스스로 사회에 개입하여 적극적으로 활동하지 못했다. 두 여성은 모두 남성을 통해 자신의 기지를 펼치는 데 그쳤다는 것이 한계라고 할 수 있다.

편저자가 다양한 여성 인물을 제시해 인간존중, 인간의 본질적 가치를 고양[33] 하고자 했다는 추정을 확인해보기 위해 '규영'과 '상천'에서 유씨와 이기축의 아내와는 다른 삶을 보여주는 두 자료를 살펴볼 필요가 있는 것으로 보인다. 다음 자료는 각각 '규영'과 '상천'조목인 정씨 부인과 아전의 아내이다.

<규영>

정씨는 상락군 김질의 부인이다. (1)성격이 질투가 심하고 사나웠다. 김공이 소실을 들이려고 했으나 부인이 꺼려져서 감히 하지 못했다. (2)성종

33 『진벌휘고속편』 2책 권 9의 '별실'에는 '失姓女' 기록이 있다. 이것은 『동상기찬』 권 5, 보유 편에 '李統制顯達'이란 표제로 실려 있다. 이처럼 남성을 내세운 『동상기찬』과 여성을 내세운 『진벌휘고속편』은 매우 대조적이다(한영규(2020), 앞의 논문, 106쪽)라는 논의는 좋은 참고가 된다.

이 그 말을 듣고 부인 정씨를 불러 들여서 꾸짖었다. “투기는 부인의 악행이니 국법에 사형에 해당 되니 그대는 마땅히 고치도록 해라. 그렇지 않으면 이것을 먹고 자진하도록 해라.”
임금의 위엄이 매우 무서웠다. 이에 내시에게 명하여 한 그릇의 약을 내렸다. 부인이 무릎을 꿇고 울며 말했다.(3)“신첩이 살아서 보고 싶지 않은 사람을 보느니 차라리 이것을 마시고 죽는 게 낫습니다.” 드디어 그것을 다 마셨다. 그러나 그것은 독을 타지 않은 술이었다. (4)임금이 상락군을 불러서 충고했다. “경의 아내는 어찌할 수 없는 사람이니 그대는 감히 다른 마음을 먹지 않도록 해라.”[34]

<상천>

(1)강석창姜碩昌이 선산의 부사로 있을 때 한 아전에게 곤장 벌을 주다가 죽인 일이 있었다. 아전 아내의 나이가 아직 서른이 안 되었는데도 미모와 지조가 있었다. (2)강석창이 임기가 다 되어 돌아가는데 아전의 아내가 몰래 뒤를 따라서 한양에 들어갔다. 그 집 문까지 따라가 종이 되기를 청하였다. 강석창 집안에서 아무 것도 모른 채 그녀를 노비로 받아들였다. (3)아전의 부인은 민첩하고 지혜로웠으며 그들의 마음에 들게 하기를 게을리하지 않았다. 강석창이 크게 믿고 아꼈다. 그녀로 하여금 모든 일을 오로지 맡게 하였다. 아전의 부인이 이미 (4)신임을 얻게 되자 몰래 저주술법을 행하였다. 얼마 안가 강석창이 죽고 그의 자녀들도 여럿이 죽었다. (5)오랜 뒤에 그 집에서 그녀가 묻어 놓은 물건을 찾아냈지만, 그 집 사람들은 누가 한 일인지를 알 수가 없었다. 아전 부인이 스스로 남편의 복수

34 鄭氏 金上洛礩夫人 性妬悍 公欲卜姓 而憚不敢 成廟聞之 命招夫人 責曰 妬忌夫人惡行 法當死 卿宜改之 否則飮此自盡 天威震怖 仍命中使 宣賜一椀藥 夫人跪泣曰 臣妾 與其生見不欲見之人 寧飮此而無知 遂盡飮之 乃不毒之酒也 上召諭上洛曰 卿妻不可化 卿勿生他意

를 하기 위해서 한 일이라고 말하였다. 강씨 집안에서 드디어 그녀를 죽였다.[35]

앞선 자료는 정씨 부인, 뒤의 자료는 아전의 아내에 대한 서술이다. 정씨 부인은 투기가 심해 남편이 괴로웠다는 것, 아전의 아내는 저주의 술법으로 사람을 죽였다는 것이 잘못된 행동으로 비춰질 수 있다. 하지만 편저자는 두 인물을 각각 긍정적으로 평가되는 인물과 동일 선상에 두고 제시하고 있다. 또한 정씨 부인의 경우 죽음을 무릅쓰는 결단력을 보임으로써 임금에게 자신의 존재를 인정받게 된다. 남편의 복수를 위해 그 집안 사람들을 죽였으며, 이후 그 죄를 스스로 발설하고 죽음으로써 강인한 결단력과 추진력을 내보였다.

즉 이들 자료를 통해 편저자는 긍정적 인물이냐 부정적 인물이냐에 초점을 두지 않았음을 알 수 있다. 각 편목에 등장하는 인물들은 긍정적 인물의 비중이 높기는 하지만 부정적으로 비춰질 수 있는 인물 또한 제시했다. 이는 편저자의 인식이 드러난 부분이라고 생각한다. 비록 몇 사람에 국한되어 살피기는 했으나 편저자가 여러 인물군을 제시하였으며 각 인물들의 개성을 존중하고 인정하고자 한 태도를 보였다는 것을 알 수 있었다. 인물들이 편저자에 의해 각각 편목에 부합되는 인물로 재창조되었다는 것 또한 알 수 있다고 하겠다.[36]

---

35 善山吏妻 姜碩昌爲善山府使 苔殺一吏 吏之婦 年未三十 有容操 及碩昌解歸 潛踪隨以入洛 踵門乞爲婢 姜家不知而納之 婦敏慧不怠甚適其意 姜大信愛之 使之專管諸事 婦旣得親近 潛行咀呪之術 未幾碩昌沒 而子女多死焉 久後其家得其瘗物 莫知其誰爲也 婦自言其爲夫報讐之故 姜家遂殺之

36 일화 또는 정보의 편성과 배치의 과정에 '수용과 해체', '첨가와 윤문'의 방식을 자유자재로 사용함으로써, 자료를 인용하면서도 대상에 국한되지 않고 새롭게 인물을 형상화하였다고 할 수 있다. 이런 모습은 종합 인물지 편찬 태도로서 주목되어야 한다(임완혁(2019), 앞의 논문, 189쪽)라는 논의는 참고할 만하다.

때문에 『진벌휘고속편』은 조선후기 서민의식의 성장을 보여주는 좋은 자료적 가치를 지닌다고 하겠다.[37] 나아가 각 인물 군들의 개성을 존중하는 태도를 통해 인물들에 대한 편견과 오해의 틀을 문학이라는 장르를 통해 타파하려 했다는 데서 문학적 가치를 가지고 있는 문헌이다.

37 신분의 높고 낮음을 의식하지 않으며, 긍정적인 인물과 부정적인 인물을 구별하지 않고 모두 기록한 측면은 인간 본연의 가치를 중시하는 사고에서 비롯되었다고 보인다. 이러한 사고는 인간 본연의 가치를 인식했던 지점인 조선후기 서민의식의 성장으로 말미암은 것이라고 생각된다.

진휘속편震彙續編 1

진벌휘고속편震閥彙考續編

진벌휘고속편震閥彙考續編 권1

우리나라의 여러 성씨들

정조正祖 기유년(1789)에 『동국여지승람東國輿地勝覽』을 수정 보충하였는데, 한성부漢城府 호적戶籍의 여러 성들을 검토하여 형암炯菴 이덕무李德懋가 운목韻目의 기준에 따라 기록하였으나, 관향貫鄕은 번다하여 다 기록하지 못한다.

東國諸姓 正宗己酉 修輿地誌 檢漢城府帳籍諸姓 炯菴李德懋以韻編次而貫鄕繁不能記

-동운東韻 12성 : 홍洪·풍馮·공公·궁宮·공空·퉁㣚[『자서字書』에 글자가 없고 속음俗音은 '퉁'이다][1]·공工·궁弓·동童·동東·충充·통通

-동운冬韻 6성 : 용龍·종鍾·동佟·종宗·옹邕·동冬

-강운江韻 3성 : 방邦·방龐·강江

-지운支韻 13성 : 지池·피皮·기奇·추追·기箕·지知·사司·시施·이伊·자慈·자玆·비丕·사師

-미운微韻 2성 : 위韋·비非

-어운魚韻 8성 : 서徐·여余·어魚·제諸·여餘·여廬·어於·허虛

-우운虞韻 14성 : 오吳·노盧·유兪·주朱·호胡·도都·소蘇·부夫·노蘆·우虞·우于·호湖·오烏·수輸

---

1 원주로 원문은 '字書無 俗音퉁'으로 되어 있다.

-제운齊韻 4성 : 제齊·규奎·비鞞·서西

-가운佳韻 1성 : 시柴

-회운灰韻 6성 : 최崔·배裵·매梅·괴槐·내來·뇌雷

-진운眞韻 12성 : 진陳·신申·진秦·신辛·빈賓·순荀·빈彬·신莘·인仁·은銀·진眞·춘春

-문운文韻 5성 : 문文·은殷·운雲·군群·운芸

-원운元韻 9성 : 손孫·원元·문門·온溫·탄呑·논論·원袁·은恩·돈敦

-한운寒韻 8성 : 한韓·반潘·안安·간干·간竿·반盤·단檀·단單

-산운刪韻 2성 : 반班·간間

-선운先韻 21성 : 전全·권權·현玄·전田·천千·선宣·견甄·변邊·전錢·선先·천遷·연延·연連·연燕·견堅·전專·천天·천芉·연年·선鮮·연蓮

-소운蕭韻 2성 : 요姚·요要

-효운肴韻 1성 : 포包

-호운豪[2]韻 4성 : 조曹·고高·모毛·도陶

-가운歌韻 5성 : 하河·나羅·다多·아阿·화禾

-마운麻韻 4성 : 차車·화花·마麻·사沙

-양운陽韻 26성 : 장張·황黃·강姜·방方·양梁·양楊·창倉·창昌·왕王·강康·강强·당唐·장章·방房·양陽·상嘗·상相·장莊·양良·강羌·장長·양襄·상商·창菖·황皇·창蒼

-경운庚韻 9성 : 명明·성成·정程·평平·팽彭·정貞·경庚·형荊·경京

-청운靑韻 6성 : 영靈·정丁·형邢·정廷·청靑·성星

-증운蒸韻 10성 : 승承·승勝·승僧·승昇·증曾·응應·빙氷·승升·홍弘·능能

-우운尤韻 8성 : 유劉·주周·추秋·모牟·구仇·구丘·유由·모矛

2 豪 : 원문에는 '毫'로 되어 있으나 대표 운자인 '豪'로 바로잡았다.

-침운侵韻 9성 : 김金·임任·임林·음陰·금琴·심尋·금禁·심深·임壬

-담운覃韻 1성 : 감甘

-염운鹽韻 4성 : 염廉·엄嚴·염閻·점占

-함운咸韻 3성 : 남南·범凡·함咸

-동운董韻 2성 : 동董·공孔

-종운腫韻 1성 : 봉奉

-지운紙韻 6성 : 이李·사史·수水·기起·사使·사仕

-어운語韻 2성 : 허許·여呂

-우운麌韻 8성 : 우禹·노魯·호扈·두杜·유庾·오午·수豎·무武

-제운薺韻 3성 : 계啓·미米·예禮

-회운賄韻 4성 : 내乃·채采·매母·해海

-진운軫韻 2성 : 민閔·윤尹

-완운阮韻 1성 : 반飯

-한운旱韻 1성 : 탄憚

-산운潸韻 2성 : 간簡·판板

-선운銑韻 4성 : 편扁·선善·연軟·건件

-조운篠韻 2성 : 조趙·표表

-호운皓韻 2성 : 호好·노老

-가운架[3]韻 1성[4]

-마운馬韻 4성 : 마馬·사舍·먀乜[속음이 '먀'이다][5]·하夏

-양운養韻 4성 : 장蔣·앙仰·낭浪·광廣

-경운梗韻 4성 : 경景·정井·병秉·영永

---

3 架 : 원문에는 '哿'로 되어있으나 대표 운자인 '架'로 바로잡았다.

4 1성 : 여기에는 성이 기록되어 있지 않다.

5 원주로 원문은 '俗音먀'로 되어 있다.

-유운有韻 3성 : 유柳·수守·부阜

-침운寢韻 1성 : 심沈

-담운琰韻 1성 : 엄奄

-염운豏韻 2성 : 범范·범範

-송운送韻 4성 : 공貢·봉鳳·옹瓮·동凍

-송운宋韻 1성 : 송宋

-치운寘韻 7성 : 지智·계季·이異·사泗·자自·수穗·수遂

-미운未韻 1성 : 위魏

-어운御韻 2성 : 며旀 [『자서字書』에 글자가 없고 속음은 '며'이다][6]·초楚

-우운遇韻 6성 : 구具·노路·우遇·소素·고庫·도度

-제운霽韻 5성 : 예芮·계桂·계契·위衛·예裔

-태운泰韻 5성 : 태太·애艾·채蔡·태泰·내奈

-괘운卦韻 1성 : 개介

-대운隊韻 1성 : 채菜

-진운震韻 8성 : 인印·진晉·순舜·신愼·진震·순順·준俊·신信

-원운願韻 3성 : 돈頓·만萬·헌憲

-한운翰韻 4성 : 단段·판判·탄炭·한漢

-산운霰韻 2성 : 변卞·편片

-소운嘯韻 3성 : 소邵·소召·초肖

-호운號韻 1성 : 호號

-개운箇韻 1성 : 좌佐

-마운禡韻 4성 : 가賈·야夜·화化·가價

-양운漾韻 5성 : 상尙·장將·창唱·왕旺·장壯

---

6 원주로 원문은 '字書無 俗音며'로 되어 있다.

-경운敬韻 4성 : 정鄭·경慶·맹孟·정正

-유운宥韻 3성 : 후后·부富·구句

-염운艶韻 1성 : 염念

-옥운屋韻 8성 : 육陸·목睦·복卜·국鞠·복伏·복復·목木·독獨

-옥운沃韻 3성 : 옥玉·촉燭·독篤

-각운覺韻 4성 : 박朴·탁卓·탁濯·학學

-질운質韻 2성 : 길吉·필弼

-물운物韻 1성 : 울鬱

-월운月韻 3성 : 왈曰·골骨·발發

-갈운曷韻 1성 : 갈葛

-설운屑韻 5성 : 설薛·결決·설偰·설雪·철哲

-약운藥韻 4성 : 곽郭·곽霍·작雀·학鶴

-맥운陌韻 4성 : 백白·석石·석昔·석釋

-석운錫韻 2성 : 궉鴌[봉鳳의 고자古字로 속음俗音은 '궉'이다][7]·적狄

-직운職韻 4성 : 국國·묵墨·직直·직稷

-집운緝韻 1성[8]

-엽운葉韻 2성 : 섭葉·업業

-복성複姓 7성 : 동방東方·사공司空·서문西門·선우鮮于·황보皇甫·남궁南宮·독고獨孤[이상 모두 407성이다.][9]

『동국여지승람東國輿地勝覽』에 지금 호적과 비교하여 더 기록되어 있는 것을 별도로 아래에 기록하니, 성씨가 옛날과 지금을 비교할 때

---

7 원주로 원문은 '鳳古文 俗音궉'으로 되어 있다.

8 1성 : 여기에는 성이 기록되어 있지 않다.

9 원주로 원문은 '以上凡四百七姓'으로 되어 있다.

유무有無가 같지 않음을 알 수 있다.

[輿地勝覽 較今帳籍加錄者 另載于下 可驗氏姓古今有無之不同]

-동운東韻 2성 : 옹翁·몽蒙

-지운支韻 1성 : 시時

-우운虞韻 3성 : 주珠·구瞿·오吾

-제운齊韻 2성 : 혜嵇·제堤

-회운灰韻 2성 : 태台·태苔

-원운元韻 2성 : 번藩·원原

-한운寒韻 2성 : 환桓·단端

-선운先韻 2성 : 원員·건蹇

-소운蕭韻 1성 : 표標

-가운歌韻 3성 : 나那·하何·화和

-마운麻韻 2성 : 화華·과瓜

-양운陽韻 6성 : 장莊·양揚·장萇·양涼·방芳·상桑

-경운庚韻 2성 : 영榮·경卿

-청운靑韻 1성 : 형刑

-증운蒸韻 2성 : 등登·승乘

-우운尤韻 1성[10]

-침운侵韻 1성[11]

-우운麌韻 3성 : 보甫·부斧·오伍

-호운皓韻 1성 : 초草

-경운梗韻 1성 : 경耿

---

10 1성 : 여기에는 성이 기록되어 있지 않다.

11 1성 : 여기에는 성이 기록되어 있지 않다.

-유운有韻 1성 : 부部

-송운宋韻 1성 : 종種

-치운寘韻 1성 : 위位

-우운遇韻 3성 : 부傅·고固·부附

-소운嘯韻 1성 : 요尿

-경운徑韻 1성 : 영甯

-유운宥韻 1성 : 우祐

-함운陷韻 1성 : 범汎

-옥운屋韻 3성 : 육六·욱郁·곡谷

-옥운沃韻 2성 : 곡曲·녹綠

-질운質韻 3성 : 필畢·율律·실實

-물운物韻 1성 : 물物

-월운月韻 1성 : 갈碣

-설운屑韻 1성 : 별別

-약운藥韻 2성 : 택澤·탁拓

-맥운陌韻 6성 : 석席·백柏·택宅·익益·책冊·혁赫

-석운錫韻 1성 : 적翟

-직운職韻 4성 : 익翌·칙則·역力·극克

-집운緝韻 1성 : 입入

-복성複姓 2성 : 사마司馬·영호令狐[이상 모두 79성이다.][12]

도곡陶谷 이의현李宜顯[13]의 『도곡총설陶谷叢說』에 298성이 실려 있는

12 원주로 원문은 '以上凡七十九姓'으로 되어 있다.

13 이의현李宜顯(1669~1745) : 본관은 용인龍仁, 자는 덕재德哉, 호는 도곡陶谷이다. 1694년 인현왕후 복권을 기념하는 별시에 급제하여 여러 관직을 역임하였다. 문집

데, 간혹 호적과 『동국여지승람東國輿地勝覽』에 수록되지 않은 것이 있어서 아래에 초록抄錄해 싣는다.

李陶谷宜顯叢說 載二百九十八姓 而間有帳籍輿覽所未錄者 今抄載焉

-동운東韻 : 풍酆
-동운冬韻 : 공龔
-강운江韻 : 쌍雙
-지운支韻 : 사思·미彌
-회운灰韻 : 태台·재才
-가운歌韻 : 아牙
-지운紙韻 : 궤几
-유운有韻 : 수壽
-엽운葉韻 : 섭聶
-복성複姓 : 부여扶餘·석말石抹[이상 모두 13성이다.][14]

호적과 『동국여지승람東國輿地勝覽』과 『도곡총설陶谷叢說』을 모두 합하면 499성이 된다.

總帳籍輿覽叢說 爲四百九十九姓

『도곡집』이 있다.
14 원주로 원문은 '以上凡十三姓'으로 되어 있다.

신라新羅·고구려高句麗·백제百濟·고려高麗의 기성奇姓

• 숙씨

『동국통감』에 "신라 애장왕哀莊王의 어머니 숙씨叔氏는 내물왕奈勿王 13세손 김숙명金叔明의 딸이다. 동성同姓을 피하기 위해 아버지의 이름 '숙叔'자를 따서 씨氏로 삼았다."고 하였다.

叔氏 東國通鑑 新羅 哀莊王母 叔氏 奈勿王 十三世孫 金叔明之女也 嫌其同姓 以父名叔爲氏

• 정씨

『동국통감』에 "신라新羅 애장왕哀莊王의 비妃는 정씨貞氏다."고 하였다.

貞氏 東國通鑑 新羅 哀莊王妃 貞氏

• 대실씨

『동국통감』에 "고구려高句麗 대무신왕大武神王 15년에 비류부장沸流部長 추발소鄒勃素에게 성姓 대실씨大室氏를 내려주었다."고 하였다.

大室氏 東國通鑑 高句麗 大武神王十五年 賜沸流部長鄒勃素姓大室氏

• 송씨

『동국통감』에 "고구려 유리왕瑠璃王 비妃는 다물후多勿侯 송양松讓의 딸이다."고 하였다.

松氏 東國通鑑 瑠璃王妃 多勿侯 松讓女

• **극씨**

『동국통감』에 "고구려 주몽朱蒙이 마의麻衣를 입은 재사再思에게 성 극씨克氏를 내려주었다."고 하였다.

克氏 東國通鑑 高句麗 朱蒙 賜麻衣再思姓克氏

• **중실씨**

『동국통감』에 "고구려 주몽이 납의衲衣을 입은 무골武骨에게 성 중실씨仲室氏를 내려주었다."고 하였다.

仲室氏 東國通鑑 朱蒙 賜衲衣武骨姓仲室氏

• **소실씨**

『동국통감』에 "고구려 주몽이 수조의水藻衣를 입은 묵거默居에게 성 소실씨少室氏를 내려주었다."고 하였다.

少室氏 東國通鑑 朱蒙 賜藻衣默居姓少室氏

• **낙씨**

『동국통감』에 "고구려 대신무왕大神武王 5년에 부여왕扶餘王 대소帶素의 종제從弟가 항복하자 왕王으로 봉하여 연부椽部에 두고, 그의 등에 낙絡자가 있기 때문에 성 낙씨絡氏를 내려주었다."고 하였다.

絡氏 東國通鑑 高句麗 大武神王 五年 扶餘王 帶素從弟 投降 爲王置椽部 以其背有絡文 賜姓絡氏

• 예씨

『동국통감』에 "고구려 시조始祖가 부여에 있을 때에 예씨禮氏에게 장가들어 유리類利를 낳았다."고 하였다.

禮氏 東國通鑑 高句麗 始祖 在扶餘 娶禮氏 生類利

• 을지씨

『동국통감』에 "고구려 영양왕嬰陽王 때에 을지문덕乙支文德이 있었다."고 하였다.

乙支氏 東國通鑑 高句麗 嬰陽王時 有乙支文德

• 연개씨

『동국통감』에 "고구려 연개소문淵蓋蘇文[15]이 영류왕榮留王을 시해했다."고 하였다.

東國通鑑 高句麗 泉蓋蘇文 弑榮留王

• 화씨와 치씨

『동국통감』에 "고구려 유리왕瑠璃王에게 두 여희女姬가 있었는데 화

---

15 연개소문淵蓋蘇文 : 원문에 중국 사서에 당나라 고조 이연李淵의 휘諱를 피하기 위해 천개소문泉蓋蘇文으로 기록하였기 때문에 연개소문으로 표기한다.

희禾姬와 치희雉姬이다."고 하였다.

禾氏雉氏 東國通鑑 高句麗 瑠璃王 有二姬曰 禾姬雉姬

• **북씨**

『만성통보萬姓統譜』에 "북北은 고구려高句麗의 성姓이다."고 하였고, 『정자통正字通』에도 인용하였다.

北氏 萬姓統譜 北高句麗姓也 正字通 亦引之

• **사선씨**似先氏

『만성통보』에 "사선씨似先氏는 본래 고려高麗[중국 사람들은 고구려를 고려라고 한다]의 유민이다. 당唐 나라 무덕武德 중엽에 사선영문似先英問으로 우효위대장군右驍衛大將軍을 삼았다."고 하였다.

似先氏 萬姓統譜 似先氏 本高麗[中國人 以高句麗爲高麗]遺種 唐武德中 似先榮問爲右驍衛大將軍

• **부여씨**

『동국통감』에 "부여씨扶餘氏는 백제의 성姓인데 계통이 고구려와 함께 부여에서 나왔기 때문에 씨氏를 삼았다."고 하였다.

扶餘氏 東國通鑑 扶餘氏 百濟姓 以系與高句麗同出扶餘 故爲氏

• **부유씨**

『만성통보』에 "백제의 부여씨扶餘氏가 음이 변전되어 부유씨鳧臾氏가 되었다."고 하였다.

萬姓統譜 百濟之扶餘 音轉爲鳧臾氏

• **흑치씨**

『만성통보』에 "흑치상지黑齒常之는 백제의 서부西部 사람이다."고 하였다.

黑齒氏 萬姓統譜 黑齒常之 百濟 西部人也

• **사씨·연씨·협씨·진씨·해씨·골씨·목씨·구씨**

사씨沙氏·연씨燕氏·협씨劦氏·진씨眞氏·해씨解氏·골씨骨氏·목씨木氏·구씨苩氏 이 8성은 『북사北史』에 백제의 대족大族이라고 하였다.

『만성통보』에 "상곡上谷[16]의 백제 8성은 그 하나가 진眞이다. 한漢나라의 진우眞祐는 태위장사太尉長史였고 진흠眞欽은 태의령太醫令이었으며 진현토眞玄菟는 셈[算]을 잘했다."고 하였다.

살펴보니, 협劦은 『북사北史』에 "역力 셋을 합해 협劦을 만들었는데 음은 협協이다."고 하였고, 『만성통보』에는 "조刁 셋을 합해 여劦를 만들었는데 음은 여黎이다."고 하였으니, 어느 것이 옳은지 모르겠다. 그러나 『자서字書』를 살펴보면 도刀 셋을 합한 여劦가 있고, 조刁 셋을 합한 여劦는 없으니, 도刀 셋이 합한 글자의 음이 여黎라면 아마도 조

16 상곡上谷 : 중국 진나라 때, 내몽골 자치구 연경현燕京縣에 두었던 군郡이다.

刁 셋을 합한 글자는 잘못 된 듯하다.

구苩는 『북사北史』에 "초艹 아래에 구臼로 구苩를 만들었다."고 하였다. 『만성통보』에는 "초艹 아래에 백白으로 백苩을 만들었는데 음은 구舊이고 백苩의 음은 백白이다."고 하였다. 『운회韻會』에 "백제에 백씨苩氏가 있다."고 하였으니, 마땅히 초艹 아래에 백白을 따라야 한다.

沙氏 燕氏 劦氏 眞氏 解氏 骨氏 木氏 苩氏 此八姓 北史 百濟大族也 萬姓統譜 上谷百濟八姓 其一曰 眞 漢眞祐 太尉長史 眞欽 太醫令 眞玄菟 善算案劦北史 從三力作劦 音協 萬姓統譜 從三刁作刕 音黎 未知孰是 然考字書有三刀之刕 無三刁之刕 三刀者 音黎 則恐譌爲三刕 苩北史 從艹下臼作苩 萬姓統譜 從艹下白作苩 音舊 苩音白 韻會曰 百濟有苩氏 則當從艹下白

- **문씨**

『씨족서氏族書』에 "문사명門思明은 인천仁川 사람으로 정종靖宗 때에 어사중승御史中丞이었다."고 하였다.

門氏 氏族書 門思明 仁川人 靖宗時 御史中丞

- **아씨**

『씨족서』에 "아응시牙應時는 명종明宗 때에 중랑장中郎將이었다."고 하였다.

牙氏 氏族書 牙應時 明宗時 中郎將

• **빈씨**

『씨족서』에 "빈우광賓于光은 수성壽城 사람으로 과거에 장원하였으며, 또 제과制科에 합격하여 한림학사翰林學士를 지냈고 필법筆法으로 세상에 이름이 났었다."고 하였다.

賓氏 氏族書 賓于光 壽城人 魁科 又中制科 翰林學士 筆法名世

• **풍씨**

『씨족서』에 "풍순지酆順之는 정종靖宗 때에 감찰어사監察御使였다."고 하였다.

酆氏 氏族書 酆順之 靖宗 監察御史

• **이씨**

『씨족서』에 "이응보異應甫는 현종顯宗 때에 좌복야左僕射였다."고 하였다.

異氏 氏族書 異應甫 顯宗時 左僕射

• **승씨**

『씨족서』에 "승우본僧牛本은 고종高宗 때에 도령태사都領太史였다."고 하였다.

僧氏 氏族書 僧于本 高宗時 都領太史

• **태씨**

『씨족서』에 "태집성太集成은 고종高宗 때에 사공司空을 수직守職[17]하였다."고 하였다.

太氏 氏族書 太集成 高宗時 守司空[17]

• **간씨**

『씨족서』에 "간유지簡有之는 충렬왕忠烈王 때에 중랑장中郎將이었다."고 하였다.

簡氏 氏族書 簡有之 忠烈王時 中郎長

• **추씨**

『씨족서』에 "추적秋適은 충렬왕 때에 좌사간左司諫이었다."고 하였다.

秋氏 氏族書 秋適 忠烈王時 左司諫

• **범씨**

『씨족서』에 "범영부凡永富는 신우辛禑(우왕) 때에 문화안집사文化安集使였다."고 하였다.

凡氏 氏族書 凡永富 辛禑時 文化安集使

17 수직守職 : 품계는 낮으나 직위는 높은 관직을 이르던 말이다. 보통 그 관직 앞에 수守를 붙인다.

• **지씨**

『씨족서』에 "지채문智蔡文은 봉주鳳州 사람인데 현종顯宗 때에 우복야右僕射였다."고 하였다.

智氏 氏族書 智蔡文 鳳州人 顯宗時 左僕射

• **야씨**

『씨족서』에 "야선사夜先思는 충렬왕 때에 좌부승지左副承旨였다."고 하였다.

夜氏 氏族書 夜先思 忠烈王時 左副承旨

• **흔씨**

『씨족서』에 "흔적신昕迪洙은 예천醴泉 사람이다. 고려 호장高麗戶長 출신으로 보승保勝의 별장別將이었는데 5세손世孫 섬暹이 충목왕忠穆王의 휘諱를 피하여 어머니의 성姓을 따라 권씨權氏)가 되었으며, 벼슬은 검교예빈정檢校禮賓正이었다."고 하였다. 살펴보니 섬暹은 바로 수헌睡軒 권오복權五福[18]의 5세조이다.

昕氏 氏族書 昕迪洙 醴泉人 高麗戶長 保勝別將 至五世孫暹 避忠穆王諱 從母姓爲權氏 官檢校禮賓正 案暹卽權睡軒五世祖也

---

18 권오복權五福(1467~1498) : 본관은 예천醴泉, 자는 향지嚮之, 호는 수헌睡軒이다. 김종직의 문인이며, 무오사화 때 처형되었다.

• 어씨

『성호사설星湖僿說』에 말하기를, "선왕조先王朝 때 거룻배가 표류하다가 서해안西海岸에 닿았는데 배 안에 4세 된 아이가 있었다. 대장 유혁연柳赫然[19]이 집에서 기르다가 조정에 아뢰어 성姓을 어씨魚氏로 주었으니 그 배 안에 고기그물이 있었기 때문이다. 그 자손이 무과武科에 합격하여 변방의 장수가 되었으니 지금의 진해震海·진연震淵 등이 그 자손이다."고 하였다.

僿說曰 先王朝 魚舠来泊西海 有四歲兒 柳大將赫然 家育之 白於朝 賜姓魚氏 以舠中有魚網故也 子孫武擧爲邊堡將者 今之震海震淵等 是也

• 특이한 성씨들

형암炯菴 이덕무李德懋의 『앙엽기盎葉記』에 이르기를, "근래에 낭처호浪處浩·낭세룡浪世龍·이재풍異在豐이 모두 무과武科에 합격하여 변방 장수가 되었고, 태명철太命喆이 사용司勇이 되었는데, 다 매우 드문 성씨이다. 낭씨浪氏는 야인野人으로서 귀화歸化한 자의 후예이고, 이씨는 『고려사高麗史』에 이응부異膺夫가 있고, 태씨太氏는 발해국渤海國 대大씨의 후예이다. 유생儒生의 과거에 합격한 명단에 공영국公榮國이라는 사람이 있으니, 역시 특이한 성이다. 명 나라에는 공내公鼐라는 사람이 있으니, 시호는 문개文介이다.

우리나라의 특이한 성 중에 가장 특이한 성들을 지금 기록한다. 『자휘字彙』에, "유㚰의 음은 유紐로 성姓이다. 고려高麗 때 있었다."고 하였다. 그러나 살펴보니 『자휘』에 비록 유㚰의 성姓이 실려 있지만,

19 유혁연柳赫然 : 호는 야당野堂이다. 우포도대장右捕盜大將·훈련대장訓鍊大將·공조판서工曹判書 등을 역임하였다.

관향貫鄕이 어딘지는 듣지 못했다. 광주廣州에 왁 성을 가진 사람이 있는데, 그들 스스로 그 음이 와臥와 억憶 반절反切[속음은 '왁'이다]이라고 한다. 그러나 『자휘』에, "왁闖의 음은 오塢로 작은 문이다."고 하였으나 왁 자가 없으니, 본래 틈闖 성으로 왁闖으로 잘못된 것이 아니겠는가? 연안延安에 횡遇 성이 있는데, 그 음은 훤暄과 응應의 반절[속음 '횡' 이다] 이나 『자서字書』에는 없다. 『강화지江華志』에, 할⿱吉力 성이 실려 있는데 『자서』에는 할劼자가 있다. 음은 할轄이고 『설문說文』에 "삼간다[愼]"는 뜻으로 되어 있고 『서경書經』 「주고酒誥」에는, "여할비은헌신汝劼毖殷獻臣[너는 은의 좋은 신하들을 힘써 삼가라]이라는 구절이 있으니, 할⿱吉力자는 혹 할劼자를 세로로 쓴 것이 아니겠는가? 흥양興陽의 목동牧童에 불㇏ 성이 있는데, 본관은 밀양密陽이고 음은 뼘이다. 후암厚菴 이만운李萬運이 지금 『문헌비고文獻備考』를 증수하면서 나(이덕무)에게 특이한 성을 물어왔기에 이것으로 답하였다.

우리나라 벽성僻姓 가운데 소⿱石牛씨가 있는데, 음은 소小이고 뜻은 없다. 소⿱石牛자는 석石자 아래 우牛자이기 때문에 음이 소小이다.[속음은 '쇼' 이다] 세속에서 우牛를 '쇼'라 하기 때문이다. 그러나 『성원姓苑』에 석우石牛씨가 있으니, 이는 곧 복성複姓이다. 소⿱石牛씨는 본래 석우石牛씨였으나 합하여 소⿱石牛씨가 된 것인가? 『금사金史』 우리말 풀이에, "석말石抹은 중국 성 소蕭이다."고 하였다. 살펴보니 석말石抹은 혹 석말石末이라 칭하기도 하니, 말末자가 잘못 우牛로 되어 합쳐져 소⿱石牛자로 되었고 이로 인해 음이 소蕭로 된 것인가? 소蕭 역시 속음이 '쇼'이다.

우리나라에 궉鷮 성姓이 있는데 그 음音이 권權과 억億의 반절反切이다.[속음俗音은 궉이다] 그리고 선산善山에 궉씨촌鷮氏村이 있는데 대체로 선비가 많다. 그 글자가 매우 드문 벽자僻字인데다가 음 또한 괴이하기 때문에 사람들이 혹 곽씨郭氏를 조롱하여 궉씨鷮氏와 같은 족보라고 하였으니, 그 음이 서로 가깝기 때문이다. 우리나라에서 창조한 글자라고도 하는데 잘못된 말이다. 살펴보니 『정정편해訂正篇海』[장흔張忻이 지었다]에, "궉䲰의 음은 봉鳳이다."고 하였고, 『오음정운五音正韻』[주동朱董이 지었다]에는, "궉䲰은 고문古文으로 봉鳳자인데, 궉씨들은 궉자의 음의音義를 알지 못하여 대수롭게 여기는 듯하다."고 하였다.

李炯菴 盎葉記曰 近日有浪處浩 浪世龍 異在豊 俱登武科 爲邊將 太命喆爲司勇 皆僻姓也 浪氏 野人向化者之裔 異氏 高麗史有異膺夫 太氏 渤海國太氏之後 儒生科試榜 有公榮國 亦奇姓也 明有公鼐 謚文介 我國奇姓中最奇氏 今錄之 字彙 妞音紐 姓也 高麗有之 案字彙 雖載妞姓 而未聞爲何貫廣州有閪姓人 自稱音卧億切[諺音왁] 字彙 閪音塢 小門而無閪字 無乃本閪姓而譌爲 歟 延安有遇姓 音喧應切[諺音훵] 字書無之 江華志 載㔽姓 字書有劼字 音轄 說文 愼也 書酒誥 汝劼毖殷獻臣 㔽字之或劼字之縱結歟 興陽牧子 有乀姓 貫密陽者 音뼘 李厚菴萬運 方增修文獻備考 訪余以奇姓 以此應之 我國僻姓 有硸氏 音小 無義 硸字石下牛 故音小[諺音쇼] 俗以牛爲쇼故也然姓苑有石牛氏 卽復姓也 硸本石牛氏 而合爲硸氏歟 國史國語解 石抹 漢姓曰蕭 按石抹 或稱石末 末字譌作牛字 合爲硸字 而因音蕭歟 蕭亦諺云쇼我國有䲰姓 音權億切[俗音궉] 善山有䲰氏村 蓋多士夫 字甚稀僻 音亦詭異故人或嘲郭氏 與䲰同譜 以其音相近也 亦以爲東方創造之字 非也 按訂正篇海[張忻撰] 䲰音鳳 五音正韻[朱董撰] 䲰古文鳳 䲰氏 似不識䲰字之音義 却是平常

『자휘字彙』에 이르기를 "'성姓'이라는 것은 생生이니 이것으로 조祖와 부父가 상생하여 비록 백세라도 이 성이 바뀌지 않는다. '족族'이라는 것은 속屬이니 그 자손들과 함께 서로 이어지는 것이고 방손旁孫과 지손支孫은 별속別屬이니 각자 씨가 된다. 살펴보니 천자天子가 태어난 생명체에게 성을 하사하기 때문에 왼쪽에 '생生'을 썼고, 신녀神女가 하늘과 통하여 자식을 낳기 때문에 왼쪽에 '여女'를 붙인다."고 하였다.

字彙曰 姓者生也 以此爲祖父之相生 雖百世 而此姓不改 族者屬也 與其子孫共相聯屬 其旁支別屬 則各自爲氏 按天子因生賜姓 故從生 神女感天而生子 故從女

<김남규>

진벌휘고속편震閥彙考續編 권2

천재소년들神童

• 자라 시로 어머니를 그리워한 신동

길재吉再[20]가 8세 때에 그의 아버지가 개경에 가서 벼슬을 하였는데, 보성지방의 판관이 되었을 때였다. 어머니가 따라가면서 박봉으로 기르기가 어려워 그를 외가에 맡겨두고 갔다. 공이 이별한 뒤에 어머니를 사모하여 눈물을 흘리며 울부짖었다. 하루는 남계南溪로 가서 노닐며 돌 자라를 잡아 다음과 같이 불렀다.

자라야 자라야
너도 어머니를 잃었느냐
나도 어머니를 잃었도다
내가 너를 삶아 먹을 줄 알건만
어머니 잃은 것이 나와 같으니
너를 놓아주노라

鱉乎鱉乎　　汝亦失母乎
吾亦失母矣　　吾知其烹汝食之

---

20 길재吉再(1353~1419) : 본관은 해평海平, 자는 재보再父, 호는 야은冶隱·금오산인金烏山人이다. 이색·정몽주와 함께 고려의 삼은三隱으로 불린다. 그의 문하에서는 김숙자金叔滋등 많은 학자가 배출되어, 김종직金宗直·김굉필金宏弼·정여창鄭汝昌·조광조趙光祖로 그 학통이 이어졌다. 저서로는 『야은집冶隱集』과 『야은속집冶隱續集』이 있으며, 그밖에 그의 언행록인 『야은언행습유록冶隱言行拾遺錄』이 전해지고 있다.

汝之失母猶我也　　是以放汝

라고 하며 물에 던져주고 울부짖으니, 이웃 마을에서 모두 와서 끌어안고 감동하여 울었다.[21]

吉再 八世 父往仕于京 爲寶城判官 母赴而以祿薄難養 屬于外家而去 公旣別母 慕而號泣 適遊南溪得石鼈作歌曰 鼈乎鼈乎 汝亦失母 吾亦失母矣 吾知其烹汝而食之 汝之失母猶我也 是以放汝 因投水號泣 隣里皆來抱而感泣焉

• 비둘기 시로 부모를 그리워한 신동

김효성金孝誠[22]의 아버지 김남수金南秀는 아내 길씨吉氏와 따로 살았다. 효성의 나이가 4,5세가 되었을 때 여종이 안고 뽕나무 아래에 서 있었는데, 한 쌍의 비둘기가 와서 모여드는 것을 보고는

저 한 쌍의 비둘기를 보라
암수 함께 날아가는 도다
우리 부모는 각각 동쪽과 서쪽에 계시니 어째서 인가

瞻彼雙鳩　　雌雄竝行

21 이 이야기는 이긍익李肯翊의 『연려실기술燃藜室記述』 제1권, 태조조고사본말太祖朝故事本末 「고려수절제신부高麗守節諸臣附」에 수록되어 있다.

22 김효성金孝誠(1585~1651) : 본관은 광주廣州, 자는 행원行源이다. 1615년 이이첨李爾瞻의 사주를 받은 정조鄭造·윤인尹訒·이위경李偉卿 등이 인목대비仁穆大妃를 폐하려 하자 고부천高傅川·김태우金太宇 등 24인과 함께 정조·윤인·이위경 등 3인의 목을 벨 것과 귀양 가 있는 이원익李元翼을 다시 부를 것을 주청하였다가 길주吉州로 유배당하고 뒤에 진도로 이배되었다. 오랜 외직생활 동안 선정을 베풀어 청빈한 목민관으로 이름을 떨쳤으며 강직한 성품의 소유자였다.

吾父母各在東西　　　何耶

하고는 이내 울었다.[23]

金孝誠 父南秀 與妻吉氏異居 孝誠年四五歲 女奴抱立桑樹下 忽見雉鳩來集 乃曰 瞻彼雙鳩[24] 雌雄竝行 吾父母各在東西 何耶 仍泣下

• 3세 신동 김시습

김시습金時習[25]은 소싯적에 신동으로 이름을 날렸다. 태어난지 8개월 만에 스스로 글자를 알았다. 3세 때에 글을 엮을 줄 알아 '복숭아꽃 붉고 버들 푸르러 3월이 저물었는데, 구슬이 푸른 바늘에 꿰였으니 솔잎에 이슬이로구나.[桃紅柳綠三月暮 珠貫青針松葉露]' 등의 구절을 지었다. 5세 때에는 『중용中庸』과 『대학大學』을 읽었는데, 정승 허조許稠[26]가 보고는

"나는 늙었으니, 너는 마땅히 '노老'자로 시구를 지어라."

라고 하니 그 소리에 응하여

---

23 이 이야기는 이긍익李肯翊의 『연려실기술燃藜室記述』 제3권, 세종조고사본말世宗朝故事本末 「세종조명신世宗朝名臣」에 수록되어 있다.

24 쌍구雙鳩 : 원문에는 '치구雉鳩'로 되어 있으나 이긍익李肯翊의 『연려실기술燃藜室記述』을 참고하여 '쌍구雙鳩'로 수정하였다.

25 김시습金時習(1435~1493) : 본관은 강릉江陵, 자는 열경悅卿, 호는 매월당梅月堂·동봉東峰·청한자淸寒子·벽산碧山이다. 시호는 청간淸簡, 법호는 설잠雪岑이다. 신동·신재神才로 이름이 높았다. 저술로 『금오신화金鰲新話』·『매월당집梅月堂集』등이 있다.

26 허조許稠(1369~1439) : 본관은 하양河陽, 자는 중통仲通, 호는 경암敬菴이다. 『소학小學』과 『중용中庸』을 즐겨 읽었고 효행이 지극했으며, 강직한 성품을 지녔다. 특히, 유교적 윤리관을 보급해야 하는 조선 초기에 태종·세종을 도와 예악제도를 정비하는데 크게 공헌하였다.

늙은 나무에 꽃이 피었으니 마음은 늙지 않았네.

老木開花心不老

라고 하자, 허공許公이 무릎을 치며 탄식하기를,
"참으로 신동이구나.[27]"
라고 하였다.
세조가 불러 삼각산三角山 시를 시험하니 다음과 같이 지었다.

우뚝 솟은 삼각산은 푸른 하늘을 꿰뚫었으니
오르면 북두성 견우성을 딸 수 있으리라
봉우리가 구름과 안개를 일으킬 뿐 아니라
능히 한양을 만세토록 편안케 하네

東聳三峯貫太淸　　登臨可摘斗牛星
非徒嶽岫興雲霧　　能使王都萬世寧[28]

金時習 少以神童馳名 生孩八月 自能知書 三歲能綴文 作桃紅柳綠三月暮 珠貫靑針松葉露等句 五歲讀庸學 許相國稠見之曰 余老矣 汝宜以老字作句 應聲對曰 老木開花心不老 許公擊節嘆曰 眞神童 英廟召試 三角山詩 詩曰 東聳三峯貫太淸 登臨可摘斗牛星 非徒嶽峀興雲霧 能使王都萬世寧

27 이 이야기는 『해동야언海東野言』 2 「성종成宗」에 수록되어 있다..
28 이 이야기는 이수광의 『지봉유설芝峯類說』 권13 문장부文章部 6 「동시東詩」에 수록되어 있다.

• 어릴 때 남달리 출중했던 허종

허종許琮[29]은 어릴 때 남달리 출중하여 보통 아이들과 같지 않았다. 열 두세 살 때에 함께 놀던 아이들과 절에 가서 글을 읽었는데, 어느 날 한밤중에 도적이 와서 아이들의 옷과 신발을 모두 훔쳐 갔다. 다음날 아침 아이들은 두려워하며 흩어져 갔지만 공은 홀로 확고히 흔들리지 않으며 베개를 높이하고 누워 붓을 들고 벽에 쓰기를,

> 이미 내 옷을 빼앗아 갔을지라도
> 내 신은 훔치지 않았어야 할 것인데
> 이미 옷도 훔쳐 가고 신발도 훔쳐 갔으니
> 가만히 생각해 보니 도선생이 가져간 것이 아니겠구나

> 旣奪我之衣兮　　宜吾鞋之莫偸
> 旣奪衣又奪鞋兮　　竊爲盜先生不取也

라고 하자 듣는 사람들이 이미 그가 평범한 사람이 되지 않을 것임을 알았다.[또 「통재通才」편에 보인다.][30]

許琮 少時奇偉 不類凡兒 十二三歲時 與同隊小兒 上寺讀書 一日夜半 盜來盡偸諸兒衣鞋而去 翌朝諸兒皆恐怖散去 公獨確然不動 高枕而臥 取筆書

---

29 허종許琮(1434~1494) : 본관은 양천陽川, 자는 종경宗卿·종지宗之, 호는 상우당尙友堂이다. 문무를 겸비해 국방과 문예에 큰 공을 남겼고, 의학에도 조예가 깊어 내의원 제조內醫院提調를 겸임하였다. 천문·역법에도 조예가 깊었다. 윤호尹壕 등과 『신찬구급간이방新撰救急簡易方』을 편찬하였다. 문집으로는 『상우당집尙友堂集』이 있고, 편서에는 『의방유취醫方類聚』를 요약한 『의문정요醫門精要』가 있다.

30 이 이야기는 『해동야언海東野言』2 「성종成宗」에 수록되어 있다.

壁曰 旣奪我之衣兮 宜吾鞋之莫偸 旣奪衣又奪鞋兮 竊爲盜先生不取也 聞者已知其非凡器 [又見通才]

• **이규보**

이규보李奎報[31]는 호가 백운거사白雲居士이며 9세 때에 문장에 능하여 신동으로 불렸다.

李奎報 白雲居士 九歲能文號稱神童

• **조간**

조간趙簡[32]이 어릴 때 어떤 사람이

일필휘지 뒤에 벼루 맡에 검은 구름 엉기고
硯上黑雲揮筆後

라고 한 구절을 부르자 조간이 소리에 응하며

꽃 떨어질 때 뜰 앞에는 붉은 비 내리누나
庭前紅雨落花時

---

31 이규보李奎報(1168~1241) : 본관은 황려黃驪, 초명은 인저仁氐, 자는 춘경春卿, 호는 백운거사白雲居士·백운산인白雲山人·삼혹호선생三酷好先生이다. 9세부터 글짓기에 능했고 경사經史, 백가百家, 노불老佛의 문헌들을 모두 섭렵하여 한번 읽으면 기억하는 기발한 재사才士였다. 저서로 『동국이상국집東國李相國集』, 『백운재집白雲齋集』 등이 있다.

32 조간趙簡 : 본관은 김제金堤이다. 1279년 문과에 장원으로 급제하여 서적점녹사書籍店錄事에 보임되었다. 시문에 뛰어나 조선 영조 때 유광익柳光翼의 『풍암집화風巖輯話』에도 수록되어 있다.

라고 하니 사람들이 모두 기이하게 여겼다[33]

趙簡幼時 人唱一句曰 硯上黑雲揮筆後 簡應聲曰 庭前紅雨落花時 人皆奇之

• 양사언에게 극찬을 받은 이한음

한음漢陰 이덕형李德馨[34]은 11세 때에 글을 지어 사람들을 놀라게 하였고, 12세 때에 장편長篇과 대작大作을 붓 가는 대로 도도히 썼다. 14세 때에 봉래蓬萊 양사언楊士彦[35]이 그에게 들러 서로 손을 잡고 산수 사이를 노닐었는데, 양공이 율시 한수를 읊조리자 공이 화답하기를,

넓은 들판 저녁 햇살 엷게 퍼지고
맑은 물 산 그림자 많도다

野闊暮光薄　　水明山影多

33 이 이야기는 송내희宋來熙, 『금곡선생문집錦谷先生文集』 권18, 행장行狀 「고려문하시중좌정승조공상록高麗門下侍中左政丞趙公狀錄」에 수록되어 있다.

34 이덕형李德馨(1561~1613) : 본관은 광주廣州, 자는 명보明甫, 호는 한음漢陰·쌍송雙松·포옹산인抱雍散人이다. 어려서부터 재주가 있고 침착했으며, 문학에 통달해 어린 나이로 양사언楊士彦과 막역한 사이였다 한다. 어렸을 때 이항복과 절친한 사이로 기발한 장난을 잘해 많은 일화가 전해진다. 글씨에 뛰어났고, 저서로는 『한음문고漢陰文稿』가 있다.

35 양사언楊士彦(1517~1584) : 본관은 청주淸州, 자는 응빙應聘, 호는 봉래蓬萊·완구完邱·창해滄海·해객海客이다. 형 양사준楊士俊, 아우 양사기楊士奇와 함께 글에 뛰어나 중국의 삼소三蘇(소식·소순·소철)에 견주어졌다. 아들 양만고楊萬古도 문장과 서예로 이름이 전한다. 해서楷書와 초서草書에 뛰어났으며 안평대군安平大君·김구金絿·한호韓濩와 함께 조선 4대 서예가로 일컬어진다. 특히 큰 글자를 잘 썼다고 전한다. 문집으로 『봉래집蓬萊集』이 있다.

라고 하니 양사언이 탄식하며

"그대는 나의 스승이다."

라고 하였다. 이로부터 공의 화려한 명성이 더욱 드러났다.[36]

李漢陰 十一歲 吐辭驚人 十二歲 長篇大作 信筆滔滔 十四歲 楊蓬萊來過 相携 遊水石間 楊公占一律 公和之曰 野闊暮光薄 水明山影多 楊歎曰 君我師也 由是公之華聞彌彰

• 글재주로 사람들을 놀라게 한 김사암金思菴

사암思菴 김정국金正國[37]은 8세 때에 글을 지으면 사람들을 놀라게 하였다. 그러자 이웃에 어린아이들을 가르치던 선생이 문득 공을 가르치지 않으면서 말하기를,

"내가 감히 너의 스승이 될 수 있겠느냐?"

라고 하였다.[38]

○7,8세 때에 같이 놀던 이웃 아이들과 장난을 쳤는데, 이웃 아이들이 서로 장난치기를,

"예부터 지금까지 천하에 차마하지 못하는 바가 있으니 애석히 여

---

36 이 이야기는 정경세鄭經世, 『우복집愚伏集』 20권, 행장行狀 「한음이공행장漢陰李公行狀」에 수록되어 있다.

37 김정국金正國(1485~1541) : 본관은 의성義城, 자는 국필國弼, 호는 사재思齋·은휴恩休이다. 성리학과 역사·의학 등에 밝았다. 저서로는 시문집인 『사재집』을 비롯하여, 『성리대전절요性理大全節要』·『역대수수승통지도歷代授受承統之圖』·『촌가구급방村家救急方』·『기묘당적己卯黨籍』·『사재척언思齋摭言』·『경민편警民篇』 등이 있다.

38 이 이야기는 박순朴淳, 『思菴先生文集』 권5, 부록附錄 「시장諡狀 이항복찬李恒福撰」에 수록되어 있다.

길 만한 것은 서시西施[39]와 옥진玉眞[40]이라고 하니, 공이 곁에서 그 말을 반박하며

"공자孔子와 안연顔淵을 묻은 것이 참으로 애석할 따름이거늘, 어찌 나라를 기울게 한 요사스러운 여인을 묻은 것을 애석해 하는가?"

라고 하여 고을의 장로들이 듣고는 크게 웃었다. 이 이야기가 지금까지 전해져 미담으로 여기고 있다.[41]

金思菴 八歲 吐辭驚人 隣有訓蒙者 却不敎曰 吾敢爲爾師哉 ○七八歲時 與同隊隣兒嬉戲 隣兒相與戲曰 古今天下 有所不忍 而可惜者 埋西施玉眞 最可惜耳 公從傍折之曰 埋孔子顔淵 眞可惜耳 何惜於埋傾國妖姬耶 鄕中長老 聞之大笑 流傳至今 以爲美談

•「삼도부三都賦」를 지은 이계은李溪隱

계은溪隱 이정립李廷立[42]은 11세 때에 간이簡易 최립崔岦[43]에게 『한서

39 서시西施 : 월越나라의 미녀이다. 월나라의 왕 구천句踐이 오吳나라에 망한 뒤 서시를 오나라 왕 부차夫差에게 보내자, 부차가 그녀에게 반하여 국사國事를 돌보지 아니하여 결국 구천과 범려范蠡의 침공을 받아 망했다.

40 옥진玉眞 : 당 현종의 귀비貴妃 양태진楊太眞의 별호이다. 그는 곧 양국충楊國忠의 사촌 누이로 재색이 뛰어나서 현종의 총애를 독차지했다가, 안녹산安祿山이 반란을 일으켰을 때 현종과 함께 피란하여 마외역馬嵬驛에 이르러 관군으로부터 책망을 당하고 목매어 죽었다.

41 이 이야기는 김정국金正國, 『사재집思齋集』 권4, 「척언摭言」에 수록되어 있다.

42 이정립李廷立(1556~1595) : 본관은 광주廣州, 자는 자정子政, 호는 계은溪隱이다. 1582년 대제학 이이에게 추천되어 이덕형李德馨·이항복李恒福과 함께 경연經筵에서 『통감강목通鑑綱目』을 시강해 삼학사三學士의 한 사람으로 칭송을 받았다. 저서로는 『계은집溪隱集』이 있다.

43 최립崔岦(1539~1612) : 본관은 통천通川, 자는 입지立之, 호는 간이簡易·동고東皐이다. 빈한한 가문에서 태어났으나 굴하지 않고 타고난 재질을 발휘했다. 중국에 갔을 때에 중국문단에 군림하고 있던 왕세정王世貞을 만나 문장을 논했다. 그 곳의 학자들로부터 명문장가라는 격찬을 받았다. 글씨에도 뛰어나 송설체宋雪體에 일가를 이

漢書』를 배웠는데 최립이 항상 당세의 제 일류라고 칭찬하였다. 13세 때에 「삼도부三都賦」를 지어 사암思菴 박순朴淳을 뵈었는데, 사암이 큰 그릇으로 여겨 이름이 드디어 크게 떨쳐졌다. 세상에서 말하기를

'이씨 집에 문장을 잘 짓는 아이가 있어 공경대부들이 모두 한번 보기를 원했다.'

라고 한다.[44]

李溪隱 十一歲 受漢書于崔簡易 簡易嘗稱以當世第一流 十三 以三都賦謁於思菴 思菴大器之 名遂大振 世言李家有文章兒 公卿大夫皆願一見

• **이서화**李西華 **행원**行遠

서화西華 이행원李行遠[45]은 8세 때에 글을 잘 짓고 큰 글자를 잘 썼다.

李西華行遠 八歲能屬文書大字

• **산수도**山水圖 **절구를 지은 신동 신항**

신항申沆[46]은 고원위高原尉이다. 나이 7,8세 때에 부친인 삼괴공三魁公

루었다. 문집으로는 『간이집簡易集』이 있다.

44 이 이야기는 『계은유고溪隱遺稿』 부록附錄 「묘지 이항복墓誌 李恒福」에 수록되어 있다.

45 이행원李行遠(1592~1648) : 본관은 전의全義, 자는 사치士致, 호는 서화西華이다. 어려서부터 재주가 뛰어나고 기량이 넓어 많은 사람들이 대기大器로 지목하였다. 1647년 우의정에 오르고 이듬해 사신이 되어 청나라로 들어가던 도중 병을 얻어 평안도에서 죽었다. 그림을 잘 그렸으며 지방관으로 나갔을 때 민심을 무마하고 세금을 격감하는 등 치적이 많았으며, 일생을 가난하게 지냈으므로 청백리에 뽑혔다.

46 신항申沆(1477~1507) : 본관은 고령高靈, 자는 용이容耳이다. 어려서부터 총명하여 7, 8세에 글을 읽은 지 몇 해 만에 『시경』을 배우고, 『황산곡집黃山谷集』을 외우는데 한자도 틀림이 없었다. 중종반정 후 반정에는 가담하지 않았으나 원종공신原從功臣 1등에 책봉되고 봉헌대부奉憲大夫에 올랐다.

신종호申從濩[47]가 산수도山水圖를 내어 절구를 짓게 하니 말이 떨어지자마자 다음과 같이 썼다.

물은 푸르고 모래는 밝아 가을 기운 높고
계절 따라 이동하는 기러기 떼 갈대밭으로 내려오도다
다시 아득히 펼쳐진 안개비를 보노라니
푸른 산 털끝만한 작은집 우리 집이로다

水碧沙明秋氣高　　隨陽征雁下叢蘆
更看煙雨蒼茫外　　一髮青山是我家

삼괴공이
"이 아이는 훗날 반드시 대가가 될 것이다."
라고 하였다.[뒤의 「통재通才」·「음률音律」 편에도 나온다.][48]

申沆 高原尉 年纔齠齕 三魁公從濩 命題山水圖絶句 卽應聲書曰 水碧沙明秋氣高 隨陽征雁下叢蘆 更看煙雨蒼茫外 一髮青山是我家 三魁公曰 此兒他日必作大家[又見通才音律]

---

47 신종호申從濩(1456~1497) : 본관은 고령高靈, 자는 차소次韶, 호는 삼괴당三魁堂이다. 1486년 『여지승람』을 정정하여 『동국여지승람』으로 다시 찬술해내는 데 참여하였다. 1496년 병환을 무릅쓰고 정조사正朝使가 되어 명나라에 갔다가 이듬해인 1497년에 돌아오던 중에 개성에서 죽었다. 문장과 시·글씨에 뛰어났다. 저서로 『삼괴당집三魁堂集』이 있다.

48 이 이야기는 권별權鼈, 『해동잡록海東雜錄』 권4 「신항申沆」에 수록되어 있다.

• 공북해에 비견된 이태연

이태연李泰淵[49]은 총명하기가 남달라 말을 배울 나이에 이미 문자를 깨우쳤다. 그가 시어를 내면 사람들을 많이 놀라게 하여 당시 사람들이 그를 공북해孔北海[50]에 비견하였다.[52]

李泰淵 聰悟絶倫 能言而已曉文字 出語多驚人 時人比之孔北海焉

• 홍유손에게 인정받은 최수성

최수성崔壽峸[52]은 8,9세 때에 시를 지을 줄 알았다. 홍유손洪裕孫[53]이 보고는

"이 아이는 곧 세속 밖의 사람이니 마땅히 산수 자연 속에 있어야

---

49 이태연李泰淵(1615~1669) : 본관은 한산韓山, 자는 정숙靜叔, 호는 눌재訥齋이다. 1661년 전라도관찰사에 이어 승지·병조참의를 지내고, 1666년 경상도관찰사를 거쳐 1668년 대사간·이조참의를 지내고, 이어 평안도관찰사를 지냈다.

50 공북해孔北海 : 공융孔融(153~208)을 가리킨다. 노魯나라 사람으로 자는 문거文擧이다. 공자孔子의 20세손이며, 태산도위太山都尉 공우孔宙의 아들이다. 어려서부터 기이한 재주가 있었고 성실하며 학문을 좋아했다. 시문詩文에 능해서 건안칠자建安七子중 일인이 되었다. 명明나라 사람 장부張溥가 『공북해집孔北海集』을 편집했다.

51 이 이야기는 송시열宋時烈, 『송자대전宋子大全』 권169 「평안감사이공신도비명 병서平安監司李公神道碑銘 幷序」에 수록되어 있다.

52 최수성崔壽峸(1487~1521) : 본관은 강릉江陵, 자는 가진可鎭, 호는 원정猿亭·북해거사北海居士·경포산인鏡浦山人이다. 남탄현南炭峴에 집을 마련해서 원숭이를 길들여 함께 살았으며 원정이라는 아호는 그것에서 연유하였다. 기묘사화 때 친구들이 당하는 것을 보고 벼슬을 아예 포기하고 술과 여행, 시서화詩書畫, 음악으로 일생을 보냈다. 문장·시·서화·음률이 모두 뛰어난 절세의 기재奇才로 평가되었으나 유작은 알려져 있지 않다.

53 홍유손洪裕孫(1431~1529) : 본관은 남양南陽, 자는 여경餘慶, 호는 소총篠叢·광진자狂眞子이다. 가세가 청빈하였으나 기질이 방달放達하여 얽매임이 없었다. 남양 태수가 그의 문장에 능한 것을 보고 이역吏役을 면제시켰다. 76세에 처음으로 처를 맞아들여 아들 하나를 얻어 지성至誠이라 이름하였다. 저서로는 『소총유고篠叢遺稿』가 있다.

할 인물이다.[54]"

라고 하였다.[「음률音律」·「음양陰陽」·「통재通才」 편에도 나온다.]

崔壽峸 八九歲 知爲律句 洪裕孫見之曰 此子乃風塵外物 宜置丘壑中[又見音律陰陽通才]

• **화로를 읊은 시로 극찬받은 김우생**

김우생金祐生[55]은 글자를 깨우치고 입을 열면 사람들을 놀라게 하였다. 아버지인 죽헌공竹軒公 김운보金云寶가 언젠가 무릎 위에 앉히고 화로를 가리키며 시를 지어보라 하였더니, 곧장 다음과 같이 대답하였다.

누가 하수가의 질그릇을 가지고
몸을 화덕왕火德王[56]으로 만들었는가

---

54 구학丘壑 : 일구일학一丘一壑의 준말이다. 이는 동진東晉의 화가 고개지顧愷之의 고사와 관련이 있다. 고개지는 사곤謝鯤이 암석 사이에 있는 그림을 그렸다. 이에 사람들이 그 까닭을 묻자 "사곤이 구학에 뜻을 둔 것은 자신이 유량庾亮보다 낫다고 했으니, 그 사람은 마땅히 구학에 두어야 한다.[謝云一邱一壑, 自謂過之, 此子宜置邱壑中.]"라고 했다. 이로부터 '구학'은 은자의 거처로 인식되었다.

55 김우생金祐生(1372~1457) : 본관은 상산商山, 자는 문숙文叔, 호는 양산陽山이다. 사서구경四書九經에 통달하였다. 성삼문成三問·박팽년朴彭年 등과 교유하였다. 1456년에 사육신사건에 연루되었으나 정인지鄭麟趾의 도움으로 화를 면하였다. 1457년 단종이 죽었다는 소식을 듣고 자결하였다. 저서로는 『가례연의家禮衍義』 2권과 『훈몽요어訓蒙要語』 2권이 있다.

56 화덕왕火德王 : 『십구사략十九史略』 권1 「태고太古」 첫머리에 천황天皇, 지황地皇, 인황人皇의 설명이 실렸는데, 원문은 다음과 같다. "천황씨는 목덕木德으로 왕이 되어 인월寅月로 정월을 삼아 다스림을 베풀지 않고도 저절로 감화되었으니, 형제 12인이 각각 1만 8천 세를 다스렸다. 지황씨는 화덕火德으로 왕이 되어 형제 11인이 각각 1만 8천 세를 다스렸다. 인황씨는 형제 9인이 구주를 나누어 다스렸으니, 무릇 150세대에 도합 4만 5600년이다.[天皇氏 以木德王 歲起攝提 無爲而化 兄弟十二人 各一萬八千歲 地皇氏 以火德王 兄弟十一人 亦各一萬八千歲 人皇氏 兄弟九人 分長九州 凡一百五十世 合四萬五千六百年]"

誰將河濱陶　　　　　身爲火德王

죽헌공이 크게 칭찬하고 그가 큰 그릇이 될 인물임을 알았다.[57]

金祐生 識字 能開口驚人 大人竹軒公嘗置膝上 指火爐命製 卽對曰 誰將河濱陶 身爲火德王 竹軒公大賞之 知其遠器

• 시 짓는 귀신이 붙은 박동자朴童子

만력萬曆 갑진년(1604) 사이에 성주星州 사람 박립朴雴이 아들을 낳았다. 6·7세 때에 『사략史略』 초권을 읽었고, 시詩·부賦·사륙四六·행문行文은 통하지 않는 것이 없어서, 모두 경전과 제자백가의 말을 인용하였다. 승지承旨 박수홍朴守弘[58]이 그의 이름을 듣고 달려가 보고는, 앞 시내의 살얼음을 가리키며 시를 짓게 하였는데, 아이가 말이 떨어지자마자 곧장 다음과 같이 읊었다.

어제 밤 용왕이 앞 시내에 모여
푸른 물결 위에 옥으로 된 돗자리 펼쳐놓았네
새벽이 되자 한 돗자리 바빠 거두지 못했으니
해가 중천에 뜨면 반드시 걷어 돌아가리라

---

57 이 이야기는 홍양호洪良浩, 『이계집耳溪集』 권34 묘지명墓誌銘 「승지양산금공묘지명 병서 承旨陽山金公墓誌銘 幷序」에 수록되어 있다.

58 박수홍朴守弘(1588~1644) : 본관은 밀양密陽, 자는 언유彦裕이다. 1627년 정묘호란이 일어나자 인조를 강화로 호종하였으며, 난 후에 자진하여 금구현령金溝縣令으로 나가 민심을 수습하고 전쟁 복구에 힘썼다. 그 뒤 예조참의·평양부서윤·지평持平·장령掌令·온성부사를 역임하고 다시 병조참지·좌부승지·형조참의를 지낸 뒤 경주부윤으로 부임, 임기를 마치고 상주에서 죽었다.

昨夜龍王會前溪　　碧波之上玉席鋪
曉來一筵忙未撤　　白日當天必捲歸

겨우 열 살을 넘겨 죽었으니 아마도 시를 짓는 귀신이 붙었을 것이다. 이 시는 기이하되 오래가지 못할 상을 볼 수 있을 것이다.[『잠곡수필潛谷隨筆』에 나온다.]

朴童子 萬曆甲辰年間 星州士人朴雲生子 六七歲 讀史略初卷 詩賦四六行文 無所不通 盡用經傳諸家之語 朴承旨守弘 聞其名 馳往見之 指前溪薄氷命題 兒卽應聲曰 昨夜龍王會前溪 碧波之上玉席鋪 曉來一筵忙未撤 白日當天必捲歸 纔踰十齡而化 蓋接魔者也 此詩亦可見奇而不久之象也[潛谷隨筆]

• 재주가 일찍 이루어졌던 이홍남

이홍남李洪男[59]은 어릴 때에 재주 있다는 이름이 있었다. 어떤 어른이 반달을 가리키며 '어魚'자로 운을 불렀는데, 곧장

산허리에 희미하게 해어모양의 반달이 떠오르고
半壁依俙出海魚

라고 읊었다. 또 '저蛆'자로 부르니 다시 곧장

59 이홍남李洪男(1515~1572) : 본관은 광주廣州, 자는 사중士重, 호는 급고자汲古子이다. 1538년 문과에 급제, 공조좌랑工曹佐郞을 지내고 사가독서賜暇讀書를 한 뒤, 1546년 문과중시文科重試에 급제했다. 1561년 공조 참의工曹參議에 기용, 1569년 앞서 동생을 무고했던 사실이 드러나 삭직削職되었다. 저서로는 『급고유고汲古遺稿』가 있다.

맑은 그림자 희미하게 술을 비추네

薄將清影照浮蛆

라고 읊었으니 그의 재주가 일찍 이루어진 것이 이와 같았다.[60]

李洪男 兒時有才名 長者指半月呼韻魚字 卽應曰 半壁依俙出海魚 又呼蛆字 復卽對曰 薄將清影照浮蛆 其才之早成如此[61]

• 9세에 시를 지은 권시

탄옹炭翁 권시權諰[62]가 9세 때에 지은 「그림자[影]」시는 다음과 같다.

한 걸음 움직일 때마다 너는 벌써 따라와

은미한 마음 가는 곳 너는 응당 알겠구나

슬픔과 기쁨, 근심과 즐거움에도 너는 나의 짝이 되고

굽고 곧고 바르고 삐뚤어져도 너는 나의 스승이 될지어다

一步動時爾已隨　　微心去處爾應知

---

60 이정형李廷馨의 『동각잡기東閣雜記』 하권 「본조선원보록本朝璿源寶錄」2에 이 시가 수록되어 있고, 어떤 사람이 지은 것인지 모른다고 되어 있으나, 『진휘속편』의 내용을 통해 볼 때 이홍남이 지은 것으로 보인다.

61 이 이야기가 이정형李廷馨, 『지퇴당집知退堂集』 권9 「동각잡기곤東閣雜記坤 본조선원보록本朝璿源寶錄 중종中宗」에 보이고, 이홍남李洪男, 『급고유고汲古遺稿』 권 하 습유拾遺 「咏新月 慕喬先生呼韻 十一歲作」에 수록되어 있다.

62 권시權諰(1604~1672) : 본관은 안동安東, 자는 사성思誠, 호는 탄옹炭翁이다. 어려서부터 총명하고 지행志行이 절이絶異하여 사람들이 안자顔子에 비유하였다. 9세 때 이미 훌륭한 시를 지었으며, 15세에 이기지설과 사칠지변四七之辨에 정통하였다. 저서로는 『탄옹집炭翁集』 7책이 있다.

悲歡憂樂爾爲伴　　曲直正邪爾作師[63]

權炭翁諰 九歲有影詩曰 一步動時爾已隨 微心去處爾應知 悲歡憂樂爾爲伴 曲直正邪爾作師

• 7세 왕발에 비견된 허관

허관許灌의 호는 지지당知咫堂이다. 8세 때에 승보시陞補試[64]에 발탁되었는데 시험관이 그가 베껴 쓴 것이라 의심하여[65] 운자를 불러 시 짓기를 시험하였더니, 곧장 다음과 같이 응대하였다.

과거시험[66]이 막 끝나 화려한 자리에 올랐으니
구구하게 하필이면 신선을 생각했으랴
이 때의 호방한 흥취 그대는 기억하라
기러기[67]는 남으로 날아 만리의 하늘로 갈 것이니

---

63 이 시가 권시權諰, 『탄옹선생집炭翁先生集』 권1 시詩 「영影 구세작九歲作」에 수록되어 있다.

64 승보시陞補試 : 고려·조선시대 국학생에게 보인 승급시험을 말한다.

65 차술借述 : 과거시험에서 다른 사람의 글을 그대로 빌어 제출하는 일로 과거시험의 부정행위 중의 하나였다.

66 백전白戰 : 글을 쓰는 사람들끼리 서로의 글재주를 겨루는 싸움을 말한다. 송宋 나라 구양수歐陽脩가 처음 시도했던 것으로서, 예컨대 눈[雪]에 대한 시를 지을 경우 눈과 관련이 있는 학鶴·호皓·소素·은銀·이梨·매梅·로鷺·염鹽·동곽東郭 등 어휘의 사용을 금하는 것이다. 그 뒤에 다시 소식蘇軾이 빈객들과 함께 이를 회상하며 시도해 본 적이 있는데, 그때의 시 가운데 "당시의 규칙을 그대들 준수하라. 손으로만 싸워야지 무기를 잡으면 안 될지니.[當時號令君聽取 白戰不許持寸鐵]"라는 구절이 있다. 『소동파시집蘇東坡詩集』 권34 「취성당설聚星堂雪」

67 빈안賓雁 : '기러기'를 달리 이르는 말로 해마다 가을에 왔다가 봄에 떠나는 데서 유래한다.

白戰纔休上綺筵　　區區何必念神仙
此時豪興君須記　　賓雁南飛萬里天

시험관이 손을 잡고 놀라고 감탄하며,

"옛날 7세 왕발王勃의 명성을 들었더니, 오늘 8세의 허관을 보는구나."

라고 하고는 매우 칭찬하고 인정하였으며 넉넉히 상을 내렸다.

許灌 號知咫堂 八歲擢陞補試 考官疑其借述 呼韻試賦 卽應而對曰 白戰纔休上綺筵 區區何必念神仙 此時豪興君須記 賓雁南飛萬里天 考官執手驚嘆曰 昔聞七歲王勃之名 今見八歲許灌 極加獎許 賞賚優厚

• 구름으로 연구를 지은 어무적

어무적魚無迹[68]은 어릴 때 매우 재주 있다는 명성이 있었다. 아버지를 따라 새벽에 절을 지나게 되었는데, 산에서 구름이 나오는 것을 보고 연구聯句를 지어보라 하였더니 바로 다음과 같이 읊었다.

푸른 산이 손님이 이르는 것에 놀라
머리에 백운관을 썼구나

青山驚客至　　頭戴白雲冠

---

68 어무적魚無迹 : 본관은 함종咸從, 자는 잠부潛夫, 호는 낭선浪仙이다. 어머니가 관비임에도 불구하고 아버지의 교양을 물려받아 어려서부터 한문을 익힐 수 있었다. 시詩의 재능은 뛰어났으나 신분제도 때문에 과거에 응시하지 못했고 불우하게 살았다. 『속동문선續東文選』과 『국조시산國朝詩刪』에 그의 시가 실려 있다.

[『청강시화淸江詩話』에 나온다.][69]

魚無迹 兒時甚有才名 隨父曉過僧寺 見山出雲命作聯 卽應曰 靑山驚客至 頭戴白雲冠[淸江詩話]

• 8세에 시를 지은 홍명구

나재懶齋 홍명구洪命耉는[70] 어려서부터 영특하고 뛰어나 8세 때에 시를 지을 줄 알았다. 그때 집이 오성鼇城 이항복李恒福[71]이 사는 인근 마을에 있었다. 하루는 아이들과 그 동산에 가서 놀았는데 상공相公이 불러 시를 짓게 하였다. 이에 공이 즉시 다음과 같이 읊었다.

상국께선 한가하여 일이 없으신가요
꽃과 버들을 심을 줄만 아시나니

相國閑無事　　惟知種花柳

---

69 이 이야기는 이제신李濟臣, 『청강선생 후청쇄어淸江先生鯸鯖瑣語』 「청강선생 시화淸江先生詩話」에 수록되어 있다.

70 홍명구洪命耉(1596~1637) : 본관은 남양南陽, 자는 원로元老, 호는 나재懶齋이다. 1627년 직강을 거쳐 교리·이조좌랑·좌부승지 등을 역임하였다. 병자호란이 일어나자 자모산성慈母山城을 지키다가, 1637년 죽음을 무릅쓰고 싸워 적 수백 명을 살상한 끝에 전사하였다.

71 이항복李恒福(1556~1618) : 본관은 경주慶州, 자는 자상子常, 호는 백사白沙·필운弼雲·청화진인淸化眞人·동강東岡·소운素雲이며 오성鼇城은 그의 봉호이다. 어렸을 때, 이덕형李德馨과 돈독한 우정을 유지하여 오성鰲城과 한음漢陰의 우정과 해학이 얽힌 일화가 오랫동안 전해오게 되었다. 임진왜란, 정유재란 당시 5번이나 병조판서에 오를 만큼 선조의 신임을 받았으며, 전란 후에는 그 수습책에 힘썼다. 저서로는 『백사집白沙集』·『사례훈몽四禮訓蒙』 등이 있다.

오상鼇相이 머리를 쓰다듬으며,

"네가 능히 이 늙은이를 부끄럽게 만드는구나. 너는 앞으로 재상이 되면 이 늙은이처럼 하지 말거라."

라고 하였다.[택당澤堂 이식李植이 지은 「홍공행장洪公行狀」에 나온다.][72]

洪懶齋命耉 幼而穎秀 八歲能詩 時家住鼇城近隣 一日 與群兒往遊其園 相公呼使賦詩 公卽應曰 相國閑無事 惟知種花柳 鼇相拊頂曰 爾能令老夫有愧 爾卽爲宰相 無若此翁也[出澤堂撰洪公行狀]

• 14세에 급제한 김대덕

김대덕金大德[73]은 7세 때에 이미 학문을 알아 문장을 지었다. 또 예서를 잘 써서 세상에서 신동이라 일컬었다. 14세 때에 과거에 급제하였는데 글솜씨가 과거 시험장에서 으뜸이었다.[74]

金大德 七歲已知學作爲文章 又善書隷 世稱神童 十四中科 筆冠一場

• 거미시를 지은 윤증

명재明齋 윤증尹拯[75]이 어릴 때 거미를 읊은 시는 다음과 같다.

---

72 이야기는 이식李植, 『택당선생별집澤堂先生別集』 권9 행장行狀 「평안도관찰사증리조판서홍공행장平安道觀察使贈吏曹判書洪公行狀」에 수록되어 있다.

73 김대덕金大德(1577~1639) : 본관은 광산光山, 자는 득지得之, 호는 소봉蘇峯·이안당易安堂이다. 병자호란 때 남한산성이 포위되자 척화신斥和臣들을 적에게 압송하자는 주장에 반대, 왕의 동의를 얻어 화를 부를 소지를 없앴으며, 참판이 되었다. 초서·예서의 글씨에 뛰어났다.

74 이 이야기는 이경석李景奭의 『백헌선생집白軒先生集』 권48 묘지墓誌 「형조참판금공묘지명刑曹參判金公墓誌銘」에 수록되어 있다.

75 윤증尹拯(1629~1714) : 본관은 파평坡平, 자는 자인子仁, 호는 명재明齋·유봉酉峰이다. 효종 말년 학업과 행실이 뛰어난 것으로 조정에 천거되었고, 1663년 공경公卿과

거미가 매달려 거미줄 치니
가로지른 다음엔 아래로 위로
잠자리야 너를 위해 말하노니
조심하여 처마 앞으로 향하지 말거라

蜘蟵結網罟　　横截下與上
爲語蜻蜓子　　愼勿簷前向

포저浦渚 조익趙翼[76]이 듣고 기특해하며 이르기를,
"이 아이가 마음을 확충한다면 대단히 어진 사람이 될 것이다."
라고 하였다.[77]

尹明齋拯 幼時咏蜘蟵詩曰 蜘蟵結網罟 横截下與上 爲語蜻蜓子 愼勿簷前向 浦渚聞而奇之曰 此子充其志 仁不可勝用矣

삼사三司가 함께 그를 천거하여 이듬 해 내시교관內侍教官에 제수되고 이어서 공조랑·사헌부지평에 계속 제수되었으나 모두 사양하고 부임하지 않았다. 저서로는 『명재유고明齋遺稿』·『명재의례문답明齋疑禮問答』·『명재유서明齋遺書』 등이 있다.

76 조익趙翼(1579~1655) : 본관은 풍양豊壤, 자는 비경飛卿, 호는 포저浦渚·존재存齋이다. 김육金堉과 함께 대동법大同法 시행을 적극 주장하였다. 『곤지록困知錄』·『중용주해中庸註解』·『대학주해大學註解』·『서경천설書經淺說』 등을 지어 효종에게 바쳤다. 예학禮學에 밝았으며, 음률·병법·복서卜筮에도 능하였다. 저서에 『포저집浦渚集』·『서경천설書經淺說』·『역상개략易象槪略』 등이 있다.

77 이 이야기는 윤동원尹東源, 『암선생유고庵先生遺稿』 권3 가장家狀 「조고문성공가상祖考文成公家狀」에 수록되어 있으며, "甫十餘歲 已誦詩書 涉獵子史 幼時嘗有詠蜘蟵詩曰 蜘蟵結網罟 横截下與上 爲語蜻蜓子 愼勿簷前向 浦渚趙公聞而奇之曰 此子充其志 仁不可勝用矣" 시는 윤증尹拯, 『명재선생유고明齋先生遺稿』 권1 시詩 「영주망 유시작詠蛛網 幼時作」에 수록되어 있다.

• 기이한 재주를 지녔던 김상성

김상성金尙星[78]은 6세 때에 글을 지을 줄 알았고, 8세 때에 금강산에 들어가 승려에게 준 시가 있는데 사람들 입에 오르내린다. 13세 때에 금수정金水亭을 노닐며 「금수정기金水亭記」를 지으니, 곤륜昆崙 최창대崔昌大[79]가 무릎을 치며 칭찬하기를,

"기이한 재주로다, 기이한 재주로다."

라고 하였다.

金尙星 六歲能屬文 八歲入楓嶽有贈僧詩 膾炙人口 十三遊金水亭 作金水亭記 崔昆崙擊節稱之曰 奇才奇才

<양재성>

• 다섯 살에 연구를 지었던 김인후

하서河西 김인후金麟厚[80]는 5세 때 능히 연구聯句를 지을 수 있었는데 그 내용은 다음과 같다.

---

78 김상성金尙星(1703~1755) : 본관은 강릉江陵. 자는 사정士精, 호는 도계陶溪·손곡損谷이다. 어려서부터 글을 잘 지었으며, 13세 때 영평永平의 『금수정기金水亭記』를 지어 신동이라는 평을 들었다. 문장에 능하였으며, 특히 소장疏章을 잘 지어 당대에 이름이 높았다.

79 최창대崔昌大(1669~1720) : 본관은 전주全州, 자는 효백孝伯, 호는 곤륜昆侖이다. 제자백가諸子百家와 경서에 밝아 당시 사림에게 추앙을 받았으며, 글씨에도 능하였다. 저술도 많이 있으나 대부분 산일散佚되고, 『곤륜집昆侖集』 20권 10책 만이 전하여지고 있다.

80 김인후金麟厚(1510~1560) : 본관은 울산蔚山, 자는 후지厚之, 호는 하서河西·담재湛齋이다. 천문·지리·의약·산수·율력律曆에도 정통하였다. 1545년 인종이 죽고 곧이어 을사사화가 일어나자, 병을 이유로 고향인 장성에 돌아가 성리학 연구에 전념하였다. 저서로는 『하서집河西集』·『주역관상편周易觀象篇』·『서명사천도西銘事天圖』·『백련초해百聯抄解』등이 있다.

우주는 넓고 아득하니 대인이 사네.

宇宙洪荒大人居

6세 때 객이 이르기를

"절구 시를 지어보지 않겠는가?"

라고 하고 이에 하늘을 가리켜 시제로 삼으니 공이 이에 운을 청하여 대답하기를

모양이 둥글어 지극히 크고 또 현묘함을 다했으니
넓고 빈 것이 땅의 주변을 둘렀구나
하늘이 휘장처럼 덮어 그 사이에 만물을 포용하는데
기 나라는 어찌 하늘 무너져 땅과 이어질까 걱정했는가

形圓至大又窮玄　　浩浩空空繞地邊
覆幬中間容萬物　　杞國何爲恐頹連

라고 하였다.

필법 역시 기이했으므로 사람들이 모두 놀라고 감탄하며 신동으로 불렀다.

8세 때 전라도 관찰사 조원기趙元紀[81] 공이 불러 보고서 특이하다 여기고는 무릎 위에 앉히고서 연을 부르기를

---

81 조원기趙元紀(1457~1533) : 본관은 한양漢陽, 자는 이지理之, 호는 돈후재敦厚齋이다. 사관史官으로 재직 중 임금이 생존시에는 아무도 열람할 수 없게 되어 있는 사초史草를 연산군이 보고자 제출을 명하였으나 이에 불응하여 파직되었고, 곧 복직되어 봉상시첨정奉常寺僉正이 되었다. 조카 조광조의 명성이 지나치게 높아 심히 근심하며 편지를 보내어 경계하였다. 저서로는 『조문절공유고趙文節公遺稿』가 있다.

완산에 이틀을 묵으며
배꽃 정원의 풍경을 만끽했도다

信宿完山　　　飽梁(梨)園之風景

라고 하니, 공이 말이 떨어지자마자 대답하기를

풍패에 머무르며
매화 정자의 달빛을 실컷 보는구나

留滯豊沛　　　饜梅亭之月光

라고 하였다.

조공이 또 말하기를

아이의 시와 글씨는
이백, 두보, 왕희지의 무리요

兒郎詩筆　　　李杜王羲輩

라고 하니, 공이 또 곧장 대답하기를

선생의 일을 처리함은

소신신과 한연수[82]의 무리라네

先生處事　　　召吉延壽羣

라고 하였다.

또 말하기를

오백년의 운[83]이 이미 지나갔으니
하늘은 반드시 성인이 일어남을 기다리네

五百年之運已過　　　天必待聖人之興

라고 하니, 공이 또 대답하기를

수천 년에 황하가 막 맑아졌으니
땅에서는 응당 세상의 호걸이 태어날 것이라네

數千載之河方淸　　　地應生命世之傑

라고 하였다.

조원기 공이 '장성기동長城奇童, 천하문장天下文章'을 제목으로 삼아 온 도내의 유생에게 시험했다.[「통재通才」, 「음률音律」, 「음양陰陽」 편에도 보인다.]

---

82 소신신召信臣·한연수韓延數 : 두 사람은 모두 한나라 시대의 지방 수령으로서 백성에게 은혜로운 정치를 하여 이름이 있었다.

83 오백년의 운 : 유교에서는 세상의 운수가 오백 년에 한 번씩 바뀐다는 말이 있다.

金河西麟厚 五歲能屬聯句 有曰 宇宙洪荒大人居 六歲 客謂曰 盍作小詩仍指爲題[84] 公乃請韻以對曰 形圓至大又窮玄 浩浩空空繞地邊 覆幬中間容萬物 杞人何爲恐頹連 筆法亦奇 人皆驚歎 以神童稱 八歲時 按使 趙公元紀召見異之 置膝上呼聯曰 信宿完山 飽梁(梨)園之風景 公應聲對曰 留滯豊沛 饜梅亭之月光 趙公又曰 兒郎詩筆 李杜王羲輩 公又卽對曰 先生處事 召吉延壽輩 又曰 五百年之運已過 天必待聖人之興 公又對曰 數千載之河方淸地[85]應生命世之傑 趙公以長城奇童 天下文章爲題 以試一道儒生[又見通才音律陰陽]

· 여섯 살에 구절을 지었던 서거정

사가四佳 서거정徐居正[86]은 6세 때 구절을 지어서 사람들이 신동이라 일컬었다. 8세 때 외할아버지 양촌陽村 권근權近[87]을 모시고 청하기를 "옛사람 중에 일곱 걸음 만에 시를 지었다고 하는데 정말 그럴까 하고 아직 의심하는 사람들이 있는데 저는 다섯 걸음 만에 시를 지어

---

84 『하서선생집부록河西先生全集附錄』, 권1, 「가장家狀」에 비슷한 이야기가 실려 있는데, "因指天而爲題 先生乃請韻以呼曰 形圓至大又窮玄 浩浩空空繞地邊 覆幬中間容萬物 杞人何爲恐頹連"의 내용이 보이는 것으로 보아 진휘속편에서는 天이 빠진듯하다.

85 地 : 원문에는 빠져 있으나 『하서집』에 의거해 보충하였다.

86 서거정徐居正(1420~1488) : 본관은 대구大丘, 자는 강중剛中·자원子元, 호는 사가정四佳亭·정정정亭亭亭이다. 학문이 매우 넓어 천문天文·지리地理·의약醫藥·복서卜筮·성명性命·풍수風水에까지 관통하였다. 저술로는 시문집으로 『사가집四佳集』이 전한다. 공동 찬집으로 『동국통감東國通鑑』·『동국여지승람東國輿地勝覽』·『동문선東文選』·『경국대전經國大典』·『연주시격언해聯珠詩格言解』 등이 있고, 개인 저술로, 『역대연표歷代年表』·『동인시화東人詩話』·『태평한화골계전太平閑話滑稽傳』·『필원잡기筆苑雜記』·『동인시문東人詩文』 등이 있다.

87 권근權近(1352~1409) : 본관은 안동安東, 초명은 권진權晋, 자는 가원可遠·사숙思叔, 호는 양촌陽村·소오자小烏子이다. 성리학자이면서도 사장詞章을 중시해 경학과 문학을 아울러 연마했다. 학문적 업적은 주로 『입학도설入學圖說』과 『오경천견록五經淺見錄』으로 대표된다. 저서로는 시문집으로 『양촌집陽村集』 40권을 남겼다.

보겠습니다."

라고 하니 권공이 매우 기이하게 여기고는 하늘을 가리켜 시제를 삼아 운을 부르고는 시 지을 것을 명하니 말이 떨어지자마자 대답하기를

> 모양은 둥글고 지극히 크고 넓어서 이름하기 어렵고
> 땅을 싸고서 빙빙 돌며 스스로 부지런히 운행하네
> 휘장처럼 중간을 덮어 만물을 용납하는데
> 어찌 기나라는 무너지고 기울 것을 두려워했는가

> 形圓至大蕩難名　　包地回旋自健行
> 幬覆中間容萬物　　如何杞國恐頹傾

라고 하니, 양촌 권근이 감탄하여 칭찬하기를 그치지 않았다.

徐四佳居正 六歲屬句 人稱神童 八歲 陪外翁權陽村 請曰古人七步成詩尙似疑也 請以五步成章 權公大奇之 指天爲題 呼韻命賦 應聲對曰 形圓至大蕩難名 包地回旋自健行 幬覆中間容萬物 如何杞國恐頹傾 陽村歎賞不已

• 열 살 이전에 사서를 통달했던 김정

충암冲菴 김정金淨[88]은 아직 10세가 되지 않았는데 이미 사서와 일경을 통달했다. 6세 때 아버지 장암공 김효정金孝貞이 모란꽃을 시제

88 김정金淨(1486~1521) : 본관은 경주慶州, 자는 원충元冲, 호는 충암冲菴·고봉孤峯이다. 관료 생활을 하면서도 성리학에 대한 학문 정진을 게을리 하지 않았다. 또한, 시문에도 능했으며 새·짐승 등의 그림도 잘 그렸다. 저서로는 『충암집冲菴集』이 있다.

로 시를 지어보라 하였더니 즉시 입으로 부르기를

서울의 많은 집들
모란꽃 향기를 다투네
빛깔은 양귀비의 모습을 빌렸고
향기는 한수韓壽[89]의 옷을 나누었네
비취빛 엉기니 안개가 언뜻 따뜻해지고
붉음이 적시니 이슬이 마르기 시작하네
봄날이 계속되리라 믿지 말아라
내일 아침에는 너도 시들터이다

洛陽多甲第　　姚魏鬪芳菲
色借楊妃貌　　香分韓壽衣
翠凝煙乍煖　　紅潤露初晞
莫信春長在　　明朝事已非

라고 하였다.

장암공이 크게 놀라고 기특하게 생각했으나 끝에 두 구절에 이르러 기뻐하지 않으며 말하길

"맑으면서도 신묘하고 빼어나면서도 슬프니 반드시 그 뜻을 행하

89 한수韓壽 : 진晉 나라 도장道場 사람으로 미모가 있었는데, 사공司空 가충賈充의 아전이 되었다. 가충의 딸 오수가 한수를 보고 좋아하여 저녁에 한수를 불러 들여 기향奇香을 주었다. 이 기향은 서월西越에서 조공한 것으로 사람이 한 번 품으면 한 달이 지나도 향기가 없어지지 않았는데 황제가 가충에게만 준 것을 그 딸이 훔쳐서 한수에게 주었다. 가충이 이 일을 알고 한수를 사위로 삼았다는 고사가 있다. 『진서晉書』 卷40 「가충전賈充傳」

고 장수를 누릴 수 없을 것이다. 그러나 우리 집을 창대히 하고 죽어서도 이름을 남길 자는 반드시 이 아이일 것이다."라고 하였다.[「연보年譜」에 나온다.]

金沖菴淨 未十歲 已通四書一經 六歲 大人壯菴公 命賦木丹 卽口呼曰 洛陽多甲第 姚魏鬪芳菲 色借楊妃靨 香分韓壽衣 翠凝煙乍煖 紅潤露初晞 莫信春長在 明朝事已非 壯菴公大加驚異 至末句不悅曰 淸而神秀而哀必不能行其志 享其壽而昌大 吾門死而留名者 必此兒也[年譜]

• 일곱 살에 시를 지었던 한충

송재松齋 한충韓忠[90]이 7세 때였다. 그의 할아버지 감목공監牧公 한지韓智가 길가의 장승을 가리켜 그에게 시를 짓게 하였더니 응하기를

> "장승아! 지나가는 나그네들을 몇 명이나 보았느냐"
> 長生幾閱行行客

라고 하였다.

12세 때는 글 짓는 재주가 날로 발전하여 생원시에 응시하고자 했으나 아버지가 그의 나이가 어린 것을 이유로 말렸다. 한충이 억지를 부린 이후에 이에 노복과 함께 과거 시험장에 들어가게 했다. 고시관이 그가 어리고 연약함을 어여삐 여기고 그의 영특하고 빼어남을 사랑하여 운을 부르고 시를 짓게 하니 말이 떨어지자마자 시를 지으니

---

90 한충韓忠(1486~1521) : 본관은 청주淸州, 자는 서경恕卿, 호는 송재松齋이다. 율려律呂·음양陰陽·천문·지리·복서卜筮에 능하였다. 저서로는 『송재집松齋集』이 있다.

지켜보던 자들이 놀라고 감탄하여 신동이라 여겼다.[91]

韓松齋忠 七歲其祖監牧公 指路傍堠 使爲聯句 應曰 長生幾閱行行客 十二歲 文思日進 欲赴監試 父以其年少止之 強而後乃令老僕偕入場 考官憐其稚弱 愛其穎秀 呼韻命詩 應聲以對 觀者驚歎 以爲神童

• 태어나면서부터 남달랐던 정구

한강寒崗 정구鄭逑[92]는 태어나면서 남다른 자질이 있었다. 처음 글을 배움에 문득 글자의 뜻을 깨달았고 말을 연이어 구절을 지었는데 말의 뜻이 사람들을 놀라게 했다. 7·8세에 대학과 논어를 배워 이미 대의를 통달해서 신동이라 불렸다.[「통재通才」·「음양陰陽」편에도 보인다.]

鄭寒崗逑 生有異質 始學書 輒了文義 聯言爲句 詞意驚人 七八歲 受大學論語 已通大義 謂之神童[又見通才陰陽]

• 매우 총명했던 권주

권주權柱는 총명했다. 보자마자 바로 기억했다. 8세 때 사서를 읽었고 10세 때에 경사에 통달했으며, 13세 때는 사람들을 놀라게 하는 글을 지었다.

---

91 유사한 내용이 『귀록집歸鹿集』, 권17, 「송재선생시상松齋先生諡狀」과 『월사집月沙集』, 권52, 「증이조참판송재한공행장贈吏曹參判松齋韓公行狀」에도 보인다.

92 정구鄭逑(1543~1620) : 본관은 청주淸州, 자는 도가道可, 호는 한강寒崗이다, 경학經學을 비롯하여 산술算術·병진兵陣·의약·풍수에 이르기까지 여러 분야의 학문에 정통하였고, 특히 예학禮學에 밝았으며, 당대의 명문장가로서 글씨도 뛰어났다. 『오선생예설五先生禮說』·『심경발휘心經發揮』·『성현풍범聖賢風範』·『경현속록景賢續錄』·『수사언인록洙泗言仁錄』등 많은 저서를 남겼다.

權柱悟 聰悟一覽輒記 八歲 讀四書 十歲通經史 十三 有驚人語

• 세조가 시를 짓게 했던 홍유손

홍유손洪裕孫은 5세 때 서울에 갔는데 여러 공경대부들이 기특한 아이로 칭찬하지 않음이 없어서 세조가 불러 별전에서 보고는 그에게 시를 짓게 했다.[또 아래에 보인다.]

洪裕孫 五歲至京師諸公卿大夫 莫不稱奇童 光廟召見別殿 令賦詩[又見下]

• 아홉 살에 시를 지었던 안명세

안명세安名世[93]는 9세 때 두견화를 꺾어서 연적에 꽂아두었는데 그의 아버지가 두견화를 제목으로 삼아 시를 짓게 하였더니 곧장 한 절구를 완성하였다.

두견화 한 송이
푸른 산속에서 왔구나
연적에 남은 생애를 의지하니
타향에 있는 나그네와 같구나

杜鵑花一萼　　來自碧山中
硯滴生涯寄　　他鄕旅客同

라고 했는데, 아버지가 보고서 눈물을 흘렸다. 시의 의취意趣가 슬

93 안명세安名世(1518~1548) : 본관은 순흥順興, 자는 경응景應(慶應)이다. 박영朴英의 문하에서 수학하였다. 1544년 별시문과에 병과로 급제하여 예문관검열 등을 지냈다..

프고 괴로워 자못 크게 현달할 기상이 아니었기 때문이었다. 후에 과연 젊은 나이에 과거에 급제하여 벼슬이 한림翰林에 이르렀으나 연산군 때에 화를 입었다.

安名世 九歲 以杜鵑花摘揷硯滴 其父命題賦詩 卽成一絶曰 杜鵑花一尊 來自碧山中 硯滴生涯寄 他鄕旅客同 父見之泣 知其意趣悽苦 殊非遠達之象故也 後果妙年登科 宦至翰林 燕山朝被禍

• 영특했으나 요절했던 성세순

성세순成世淳은 추구를 겨우 배우고서 이미 시를 짓는 것을 알았고 맹자를 겨우 읽고서 또한 글 짓는 것을 알아서 글 짓는 생각이 마치 물이 솟아나는 듯했다. 「산에 거처하다」라는 시에 이르기를

> 아침나절 흰 구름 따라 짝하여 나갔다가
> 저녁에는 밝은 달을 따라 돌아오네
>
> 朝伴白雲去　　　暮隨明月來

라고 하였다.

「벌목하는 것을 보다」라는 시에 이르기를

> 가을 깊어지니 구름 낀 산속에
> 나무꾼이 도끼를 메고 가네
> 나무 베는 소리 쩡쩡 울리고
> 웃옷 벗고 영차 소리 치는구나

秋深雲山中　　　樵人荷斧去.
伐木聲丁丁　　　祖裼呼耶許

라고 하였다.

「영남으로 떠나는 친척을 전송하다」라는 시에

전별하는 문 앞 버들가지 얽혀있고
갈 길은 멀고 멀어 천암만학이로다
뒷날 영남 고을에서 서로 그리워할 제
두견새 소리 속에 푸른 고개 높구나

臨送門前綰柳條　　　千巖萬壑路迢迢
南鄉他日相思處　　　蜀魄聲中碧嶺高

라고 하였다.

「겨울날 눈이 녹아 날이 따뜻하다」라는 시는 다음과 같다.

동짓날 양의 기운 생겨서 흙 기운이 녹으니
갠 날 좋아하는 거위와 황새가 멀리 공중에 오르네
지관池館에 눈 녹아 봄날인가 했더니
산남은 아직 10월 바람이 분다네

冬至陽生土氣融　　　喜晴鵝鸛上遙空

雪消池館疑春日　　正是山南十月風

이 시들은 모두 어렸을 때 입으로 읊은 것이다. 호는 죽헌竹軒이며 15세에 요절했다.[94]

成世淳 纔學推句 已知作詩 纔讀孟子 亦知作文 文思如湧水 山居詩云 朝伴白雲去 暮隨明月來 見伐木詩云 秋深雲山中 樵人荷斧去 伐木聲丁丁 袒裼呼耶許 送親戚向嶺南詩 臨送門前綰柳條 千巖萬壑路迢迢 南鄕他日相思處 蜀魄聲中碧嶺高 冬日雪消氣暖詩曰 冬至陽生土氣融 喜晴鵝鸛上遙空 雪消池館疑春日 正是山南十月風 此皆幼穉時 口號者也 號竹軒 十五夭

• 열세 살에 요절했던 성세걸

성세걸成世傑은 성간成侃의 아들이다. 영민하여 시에 능했다. 13세에 요절했다. 언젠가 사람들을 따라서 수거동水車洞에 놀러 갔다가 지은 시가 있는데 이르기를

두 시냇물 뱀처럼 굽이치고
숲과 계곡 깊숙하여 그윽한 흥취 많다네
그대에게 권하노니 오늘 실컷 마시지 않는다면
이 흐드러진 산의 꽃들을 어찌하리

二溪流水回青蛇　　林壑窈窕幽興多
勸君今日不痛飮　　奈此爛熳山花何

---

94 유사한 내용이 『용재총화慵齋叢話』 4권에 실려 있다.

라고 하였다. 당시에 기동奇童이라 불렸다.

成世傑 侃子 英敏能詩 十三夭 嘗隨人遊水車洞 有詩云 二溪流水回靑蛇 林壑窈窕幽興多 勸君今日不痛飮 奈此爛熳山花何 時稱奇童

• 할아버지에게 구절을 알려주었던 김천령

김천령金千齡[95]이 아이였을 때이다. 할아버지의 무릎 위에 안겨 있었는데 어떤 손님이

구름 걷힌 하늘 가 보름달 외롭고
雲收天際孤輪月

라는 구절을 얻어 그의 할아버지에게 대구를 잇게 했다. 할아버지가 아직 대답을 못하자 공이 이에 자기 할아버지의 어깨를 치며,

"어찌 잔잔한 강 가운데 일엽편주
風定江心一葉舟

라고 하지 않으십니까"라고 하였다.

가득히 앉아있던 사람들이 크게 그를 기특하게 생각했다.[『청강시화淸江詩話』에 나온다.][96]

---

95 김천령金千齡(1469~1503) : 본관은 경주慶州, 자는 인로仁老이다. 학문이 뛰어나고 언동이 강직하며, 정사에 민활하여 촉망을 받았다. 『성종실록成宗實錄』의 편찬에 참여하였다. 청빈한 대간으로 칭송을 받았으나, 1503년 35세로 요절하였다.

96 유사한 내용이 「청강선생후청쇄어淸江先生鯸鯖瑣語」에 실려 있다.

金千齡 兒時 抱在祖父膝上 有客得句曰 雲收天際孤輪月 使其祖屬對 祖公未及對 公乃拍其祖肩曰 何不曰 風定江心一葉舟乎 滿座 大奇之[淸江詩話]

· **하응림**

하응림河應臨[97]은 나이가 겨우 10세 때 기동으로 일컬어졌다. 어른이 죽순으로 시제를 삼아 운을 불러서 그를 시험하니 말이 떨어지자마자 대답하기를

평지에는 문득 송아지 뿔이 생기고
바위 사이에는 막 숨어있던 용이 허리를 펼치네
어찌하면 너를 잘라 대금을 만들어
태평행락의 곡조를 연주할 수 있으랴

平地忽生黃犢角 巖間初展蟄龍腰
安能折爾爲長笛 吹作太平行樂調

라고 하였다.

소년이 되어서 과거에 급제하여 한때에 재주 있는 자를 말하면 반드시 공을 최고로 삼았다. 언젠가 「서교에서 객을 보내며」라는 시에

허겁지겁 서교에서

97 하응림河應臨(1536~1567) : 본관은 진주晋州, 자는 대이大而, 호는 청천菁川이다. 문장이 뛰어나서 조선 중기의 학자들 중에 선망의 대상이 되었으며, 송익필宋翼弼 등과 함께 8문장으로 일컬어졌다. 그는 항상 면학에 힘쓰는 한편 송나라 소식蘇軾의 문장을 사숙하였으며, 시詩와 서書는 물론 그림 솜씨도 뛰어났다.

봄바람에 술한잔 마시는구나
청산엔 사람 보이지 않는데
해 저물어 홀로 돌아가는구나

草草西郊別　　春風酒一盃
青山人不見　　斜日獨歸來

라고 하였다.

시를 이해하는 사람들은 그가 그리 장수하지 못하리라는 것을 알았는데, 과연 얼마 되지 않아 죽었다.[『어우야담於于野談』에 나온다.]

河應臨 年甫 十歲以奇童稱 長者以竹筍爲題呼韻以試之 應聲對曰 平地忽生黃犢角 巖間初展蟄龍腰 安能折爾爲長笛 吹作太平行樂調 及其少年登第 一時言才者 必以公爲首 嘗送客西郊詩曰 草草西郊別 春風酒一盃 青山人不見 斜日獨歸來 識者知其年壽不遠 未幾歿[於于野談]

• 우홍적

우홍적禹弘績은[98] 일찍이 재주 있다는 이름이 있었다. 7세 때 어른이 노老와 춘春자로 그에게 연구를 짓게 하였더니 곧장 대답하기를

노인의 머리 위 눈은
봄바람 불어도 사라지지 않네

---

98 우홍적禹弘績(1564~1592) : 본관은 단양丹陽, 자는 가중嘉仲, 호는 장곡長谷이다. 시詩로써 이름이 있었다. 1592년 임진왜란 때 죽었다.

老人頭上雪　　　　春風吹不消

라고 하였다.

뭇 사람들은 그를 기특하다 여겼는데, 시를 이해하는 자들은 마음 속으로 그가 요절할 것을 알았다.

禹弘績 早有才名 七歲 長者以老與春字 使爲聯 卽對曰 老人頭上雪 春風吹不消 衆皆奇之 識者黙知其夭折

• **나세찬**

송재松齋 나세찬羅世纘은[99] 8세 때 소학을 읽더니 「새 버선을 신다」라는 시에

새해에 새 버선을 신으니
날씨는 차지만 추위를 모르네
이것은 누구의 은혜인가
어머니의 은혜가 태산 같구나

新歲着新襪　　　　歲寒不知寒
借問是誰恩　　　　母恩若泰山

라고 하였다.

---

99 나세찬羅世纘(1498~1551) : 본관은 금성錦城, 자는 비승丕承, 호는 송재松齋이다. 두 차례의 장원급제로 문명을 떨쳤으며, 권신을 서슴지 않고 탄핵하는 기개가 있었다. 저서로는 『송재선생유고松齋先生遺稿』 4권이 있다.

「활 쏘는 과녁을 보다」라는 시에

장사가 가을 달 같은 활을 당기니
웅장한 바람 소매 속에 생기네
우레같은 과녁 소리에 산 아래 흔들리니
별도 떨어지고 흰 구름도 기우네

壯士彎秋月　　雄風袖裏生
雷聲山下動　　星落白雲傾

라고 하였다.

羅松齋世纘 八歲讀小學 着新襪有詩曰 新歲着新襪 歲寒不知寒 借問是誰恩 母恩若泰山 觀射帿有詩曰 壯士彎秋月 雄風袖裏生 雷聲山下動 星落白雲傾

• 권호문

권호문權好文은[100] 나면서부터 총명했다. 8세 때 지은 시에

창이 밝으니 해가 떠오른 것을 알겠고
산이 희니 구름 생기는 것 알겠도다

---

100 권호문權好文(1532~1587) : 본관은 안동安東, 자는 장중章仲, 호는 송암松巖이다. 이황李滉을 스승으로 모셨으며, 같은 문하생인 유성룡柳成龍·김성일金誠一 등과 교분이 두터웠고 이들로부터 학행을 높이 평가받았으며, 만년에 덕망이 높아져 찾아오는 문인들이 많았다. 『송암집松巖集』이 있으며, 작품으로는 경기체가의 변형형식인 「독락팔곡獨樂八曲」과 연시조인 「한거십팔곡閑居十八曲」이 『송암집』에 전한다.

窓明知日上　　　　山白見雲生

라고 하였다. 자라서 퇴계의 문하에서 공부했다.

權好文 生而穎悟 八歲有詩曰 窓明知日上 山白見雲生 及長 受學于退溪門

• 김류

승평부원군 김류金瑬는[101] 7, 8세 때에 능히 문자를 이해했다. 어른이 연구를 짓게 하니 응하여 곧장 대구를 짓기를

군대 소리 천지를 움직이네
軍聲動天地

라고 하니 보는 사람들이 그가 큰 그릇이 될 것을 알았다.

金昇平瑬 七八歲 能解文字 長者命聯句 應口卽對曰 軍聲動天地 見者知其爲遠器

• 4, 5세에 시를 지은 조우인

조우인曹友仁은 일찍 어버이를 잃었지만 총명하고 슬기로웠다. 4, 5세 때 시를 지을 수 있었는데 대구를 잇기를

---

101 김류金瑬(1571~1648) : 본관은 순천順天, 자는 관옥冠玉, 호는 북저北渚이다. 문장은 기력氣力을 숭상하고 법도가 엄격했으며 시·율도 역시 정련청건精鍊淸健(세련되고 맑으면서 건실함)하였다. 글 또한 기묘해 공경公卿의 비문을 많이 썼다. 저서로는 『북저집北渚集』이 전한다.

구름은 푸른 산의 머리를 가두고
안개는 저녁 강의 허리를 갈랐네

雲囚碧山首　　　　煙割暮江腰

라고 하였다. 사람들이 신동이라 불렀다.[「통재通才」편에도 보인다.]

曹友仁 早孤聰慧 四五歲 能賦詩 屬對曰 雲囚碧山首 煙割暮江腰 人稱神童[又見通才]

• 4세 때 책을 읽은 이산해

아계鵝溪 이산해李山海는[102] 4세 때 책을 읽을 수 있었고 6, 7세 때는 시를 짓고, 큰 글자를 쓰고, 병풍과 족자를 쓸 수 있었다. 서울에 이름을 떨쳐 신동으로 불렸다.

8세 때 짓기를

첫 번째 개가 짖으니 두 번째 개가 짖고
세 번째 개가 또한 따라서 짖네
아이의 말이 '산 너머 거울 같은 달 같은데
뜰 가득 나무 그림자가 하늘하늘 비칩니다.'라고 하네

---

102 이산해李山海(1539~1609) : 본관은 한산韓山, 자는 여수汝受, 호는 아계鵝溪·종남수옹終南睡翁이다. 어려서부터 총명해 신동으로 불렸으며, 특히 문장에 능해 선조조 문장팔가文章八家의 한 사람으로 불렸다 한다. 서화도 잘해 대자大字와 산수묵도山水墨圖에 뛰어났으며, 용인의 「조광조묘비趙光祖墓碑」와 안강의 「이언적묘비李彦迪墓碑」를 썼다. 저서로 『아계집鵝溪集』이 있다.

一犬吠二犬吠　　三犬亦隨吠
童言山外月如鏡　　滿庭樹影閑婆娑

라고 하였다.

또 「하나의 껍질에 세 개의 밤」을 읊은 시에

한 집에 세 자식이 생겼는데
둘째는 양 얼굴이 평평하네
바람을 따라 앞뒤로 떨어지니
아우라 하기도 어렵고 또한 형이라 하기도 어렵네

一家生三子　　中有兩面平
隨風先後落　　難弟亦難兄

라고 하였다.

5세 때 책을 읽으며 밥 먹는 것을 잊었는데 숙부 토정土亭 이지함李之菡[103]공이 책 읽기를 그치고 밥을 기다리게 하니 시를 짓기를

배를 주리는 것도 근심이거늘 하물며 마음을 주림에랴
식사가 늦는 것도 근심이거늘 하물며 배움이 늦음에랴

---

103 이지함李之菡(1517~1578) : 본관은 한산韓山, 자는 형백馨伯·형중馨仲, 호는 수산水山·토정土亭이다. 서경덕徐敬德의 문하에서 공부하여 경사자전經史子傳에 통달하였고, 수리數理·의학·복서卜筮·천문·지리·음양·술서術書 등에도 달통하였다. 전국의 산천을 두루 다니며 명당과 길지를 점지하였으며, 『농아집聾啞集』을 저술하여 어진 자에게 전하여 난을 구제하는 데 도움이 되도록 하였다. 문집으로는 『토정유고土亭遺稿』가 전한다.

집이 가난해도 오히려 마음 다스리는 약이 있으니
모름지기 마음속에 달 밝을 때를 기다리네

腹飢猶悶況心飢　　食遲猶悶況學遲
家貧尙有治心藥　　須待靈臺月明時

라고 하였다.

○ 이산해의 아들 이경전慶全[104]이 9세 때 아버지 이산해가 안고서 무릎 위에 올려두고 그에게 눈앞의 경치를 시로 짓게 하니

첫 번째 개가 짖으니 두 번째 개가 짖고
세 번째 개가 또한 따라서 짖으니
사람 때문이냐? 범 때문이냐? 바람소리 때문이냐?
아이의 말이 '산달은 정히 촛불 같은데
뜨락 가운데엔 오직 차가운 오동나무 소리만 울립니다.'라고 하네

一犬吠二犬吠　　三犬亦隨吠
人乎虎乎風聲乎　　童言山月正如燭
半庭惟有鳴寒梧

104 이경전李慶全(1567~1644) : 본관은 한산韓山, 자는 중집仲集, 호는 석루石樓이다. 1623년 인조반정이 일어나자 서인들에게 아첨하여 생명을 보전하고 주청사奏請使로 명나라에 가서 인조의 책봉을 요청하였다. 이어 한평부원군韓平府院君에 진봉되고, 1637년에 장유張維·이경석李景奭 등과 함께 삼전도三田渡의 비문 작성의 명을 받았으나 병을 빙자하고 거절하였으며, 1640년 형조판서를 지냈다. 문필이 뛰어나 이름이 높았으며 저서로는 『석루유고石樓遺稿』가 있다.

라고 하였다.

또「항주도」시에 이르기를

버드나무 한들거리는 십이교十二橋
푸른 못의 봄물은 정히 아득하네
주렴으로 치장한 누각에선 달 뜨기를 기다리고
강가에선 집집마다 자줏빛 통소를 부네

楊柳依依十二橋　　碧潭春水正迢迢
粧樓珠箔待新月　　江畔家家吹紫簫

라고 하였다.

李鵝溪山海 四歲 能讀書 六七歲 能作詩 書大字書屛簇 名振都下 稱神童 八歲作一犬吠二犬吠三犬亦隨吠 童言山外月如鏡 滿庭樹影閑婆娑 又咏一殼三栗詩 一家生三子 中有兩面平 隨風先後落 難弟亦難兄 五歲時 讀書忘食 叔父土亭公 令輟讀待食 作詩曰 腹飢猶悶況心飢 食遲猶悶況學遲 家貧尙有治心藥 須待靈臺月明時 ○子慶全九歲 鵝翁抱置膝上 使作卽景詩 詩曰 一犬吠二犬吠三犬亦隨吠 人乎虎乎風聲乎 童言山月正如燭 半庭惟有鳴寒梧 又杭州圖詩曰 楊柳依依二十橋 碧潭春水正迢迢 粧樓珠箔待新月 江畔家家吹紫簫

• 이호민

오봉五峯 이호민李好閔은[105] 총명함이 매우 뛰어났다. 7세 때 경사에 통달했다. 언젠가 2백 명의 이름이 적힌 방을 보고 그 이름을 기억했는데 한 사람도 틀리지 않았다.

李五峯好閔 聰穎絶倫 七歲通經史 嘗一覽二百人榜 記其名不錯一人

<이심권>

• 차천로가 아이 때 지은 시

오산五山 차천로車天輅[106]가 아이였을 때, 돌을 잘라 만든 다리를 보고 다음과 같이 읊었다.

푸른 산은 우임금의 도끼[107]에 날아갔고
흰 돌은 진시황의 채찍[108]에 떨어졌네

青山飛禹斧　　　白石落秦鞭

---

105 이호민李好閔(1553~1634) : 본관은 연안延安, 자는 효언孝彦, 호는 오봉五峯·남곽南郭·수와睡窩이다. 문장에 뛰어났다. 특히 임진왜란 때에는 왕명으로 각종 글을 작성하였는데 그가 지은 교서敎書는 내용이 간절하고 표현이 아름다워 보는 이의 감동을 자아냈다고 한다. 그러나 교서 등의 글보다는 한시에 뛰어나다는 평을 들었다. 저서로는 『오봉집五峰集』이 있다.

106 차천로車天輅(1556~1615) : 본관은 연안延安, 자는 복원復元, 호는 오산五山·귤실橘室·청묘거사淸妙居士이다. 특히 시에 능해 한호의 글씨, 최립崔岦의 문장과 함께 '송도삼절松都三絶'이라 일컬어졌다. 아버지 식, 아우 운로雲輅와 함께 세인世人으로부터 '3소三蘇'라 불렸다. 가사歌辭와 글씨에도 뛰어났다. 저서로 『오산집五山集』·『오산설림五山說林』 등이 있다.

107 우임금의 도끼 : 중국 하夏나라 우禹 임금이 천하의 물길을 다스릴 적에 이 도끼로 용문산龍門山을 끊어 물길을 통하게 하였다. 고사는 『회남자淮南子』에 나온다.

108 진시황의 채찍 : 진시황秦始皇이 채찍으로 돌을 때려 옮겼다는 고사에서 나온 말이다. 진시황이 석교石橋를 놓아 바다에 나가 해 뜨는 것을 보고자 하였다. 이에 신인神人이 돌을 굴려 바다를 메우는데, 돌이 빨리 구르지 않자 채찍으로 돌을 때리니 돌에서 피가 났다고 한다. 고사는 『삼재약기三齊略記』에 나온다.

차천로의 시인으로서의 위상은 이미 여기서 시작되었다.[『지봉유설芝峯類說』에 나오고, 이 책의 「통재通才」편과 「음양陰陽」편에도 보인다.]

車五山天輅 兒時 見伐石作橋 有詩曰 靑山飛禹斧 白石落秦鞭 其地步 已肇於此[芝峯類說 又見通才陰陽]

• 아이 때부터 시를 잘 지은 김철근

절우당節友堂 김철근金鐵根[109]은 어렸을 때부터 총명하고 슬기로웠다. 7세에 시 짓기를 잘해 한양 사람들의 칭찬이 자자하였다.

金鐵根節友堂 幼而聰慧 八世 能作詩 洛下艶稱

• 시를 잘 지어 명문가의 사위가 된 오도일

서파西坡 오도일吳道一[110]은 6세에 큰 형이 운자를 불러주니, 곧바로 응구첩대하여 다음과 같이 읊었다.

규規와 구矩는 모난 것과 둥근 것을 맡고
해와 달은 음과 양을 나누네
나라 다스림은 백성을 편안히 함에 달려있고
임금이 밝은 것은 신하가 어짊에 달려있네

---

109 김철근金鐵根(1678~1728) : 본관은 광산光山, 자는 석심石心이다. 아버지는 김항수金恒壽이다. 1719년증광시에 합격하여 생원이 되었다.

110 오도일吳道一(1645~1703) : 본관은 해주海州, 자는 관지貫之, 호는 서파西坡이다. 특히 문장에 뛰어나 세칭 동인삼학사東人三學士라 하였으며, 술을 좋아하여 숙종으로부터 과음의 경계를 받았다. 저서로는 『서파집西坡集』이 있다.

規矩任方圓　　日月分陰陽
國治在民安　　君明繫臣良

7세에는 벽 사이에 걸려 있는 산수도를 보고 다음과 같이 읊었다.

산은 높지만 오르기 어렵지 않고
물은 깊지만 신발이 빠지지 않네
또한 낙락장송은
바람이 불어도 잎이 떨어지지 않네

山高不難登　　水深不溺屐
又有長松樹　　風吹葉不落

어렸을 때, 아이들을 따라 뛰어놀다가 장동長洞[111]의 물가 누각에 이르렀는데 당시 한 무리의 이름난 관리들이 모여 있었다. 그들은 오도일의 용모가 수려하고 깨끗한 것을 보고 물었다.

"너는 누구 집 아이냐?"

"저는 바로 추탄공 오윤겸吳允謙[112]의 손자입니다. 공들은 추탄공을

111 장동長洞 : 종로구 통의동·효자동·창성동에 걸쳐 있던 마을로서, 원래 이곳에 창의문이 있으므로 해서 창의동이라 하던 것이 변해서 장의동이 되고, 이것이 줄어 장동으로 된 것이다.

112 오윤겸吳允謙(1559~1636) : 본관은 해주海州, 자는 여익汝益, 호는 추탄楸灘·토당土塘이다. 외직에 있으면서 평강현과 경성부의 민폐를 다스려 정치를 잘한 수령守令으로 명성을 얻었다. 덕업의 수양에만 힘쓸 뿐 사장詞章에는 뜻을 두지 않았으나, 문장은 평이하면서도 조리가 있고, 시는 맑으면서도 운율에 어긋남이 없었다고 한다. 저서로는 시문과 소차를 모은 『추탄문집楸灘文集』을 비롯해 『동사일록東槎日錄』·『해사조천일록海槎朝天日錄』 등이 전하고 있다.

모르십니까?"

"시를 지을 줄 아느냐?"

"만약 큰 술잔으로 한 잔 마시는 것을 허락한다면 가능합니다."

그가 즉시 술잔을 들어 술을 따라 주면서 운자 세 자를 불러주니, 오도일은 곧바로 다음과 같이 시를 지었다.

나무 끝에는 술 취해 누워있는 오정일吳挺一[113]

소나무 아래엔 시를 읊는 류도삼柳道三[114]

樹頭醉臥吳挺一　　松下吟詩柳道三

여러 사람들이 어른의 이름을 사용한 것을 나무라자, 오도일은 말했다.

"두 사람이 모여 세 자의 운자를 내니, 어찌 그렇게 하지 않을 수 있겠습니까?"

한 자리에 앉아 있던 사람들이 모두 모골이 송연하였다.

또 언젠가 다음과 같은 시구를 지었다.

구름도 수심에 찬 구의산九疑山[115]에서 천고의 일을 바라보는데

---

113 오정일吳挺一(1610~1670) : 본관은 동복同福, 자는 두남斗南, 호는 구사龜沙이다. 경기도의 관찰사·도승지·이조참판·대사헌·형조판서·호조판서 등을 지냈다. 1660년 도승지로서 『효종실록』의 편찬에 참여하였다.

114 유도삼柳道三(1609~?) : 본관은 진주晉州, 자는 여일汝一, 호는 산암散庵이다. 단천 군수로 있으면서 소송을 간결히 처리하고 민생을 잘 보살펴 선정을 베풀었기 때문에 왕이 하사하는 옷의 겉감과 안감[表裏]을 받기도 하였다. 헌납·동부승지·우승지 등을 지냈다. 시에도 명망이 높았다.

115 구의산九疑山 : 중국 호남성 영원현 남쪽에 있는 아홉 봉우리의 산을 말한다. 일명

물 가득한 삼상三湘[116]에는 만리에 가을이 펼쳐져 있네

雲愁九疑目千古　　　水滿三湘秋萬里

송곡 조복양趙復陽[117]이 오도일을 매우 기특하게 여겨, 마침내 사위로 삼았다.

吳西坡道一 六歲 伯氏呼韻 公卽應口曰 規矩任方圓 日月分陰陽 國治在民安 君明繫臣良 七歲 賦壁間山水圖曰 山高不難登 水深不溺履 又有長松樹 風吹葉不落 幼時 逐童隊遊戱 至壯洞水閣 時一隊名官會集 見公容貌秀潔 問爾誰家兒 公對曰 我乃楸灘公之孫也 公背不識楸灘爺耶 諸人又問 能作詩乎 答曰 若許飮一大白則可矣 卽擧觴屬之 以三字呼韻 應口對曰 樹頭醉臥吳挺一 松下吟詩柳道三 諸人責其用長者名 答曰 兩人相會 以三字出韻 安得不爾 一座悚然 又嘗有一句曰 雲愁九疑目千古 水滿三湘秋萬里 松谷趙公 大奇之 竟有東床之選

• 세 살 때 석류를 묘사한 율곡 이이

율곡 이이가 세 살일 때 외할머니가 석류를 잡고 물었다.

"이 물건은 무엇과 많이 닮았느냐?"

율곡은 곧바로 대답했다.

창오산蒼梧山이라고도 하는데, 옛날 순舜 임금의 무덤이 있다. 그의 이비二妃인 아황娥皇과 여영女英이 남편의 무덤을 바라보며 슬피 울다가 소상강瀟湘江에 빠져 죽었다.

116 삼상三湘 : 중국 장사부長沙府에 있는 소상瀟湘·증상蒸湘·원상沅湘의 세 강을 말한다.

117 조복양趙復陽(1609~1671) : 본관은 풍양豊壤, 자는 중초仲初, 호는 송곡松谷이다. 우참찬·대제학·이조판서·예조판서를 역임하였다. 저서로『송곡집松谷集』이 있다.

"붉은 가죽 주머니 속에 부서진 붉은 구슬이 들어있습니다."

이에 사람들이 모두 율곡을 기특하게 여겼다.

율곡이 7세에 지은 「화석정花石亭」시는 다음과 같다.

숲속 정자에 가을이 이미 저무니
시인의 마음은 끝이 없구나
멀리 흐르는 물은 하늘과 닿아 푸르고
서리 맞은 단풍잎은 햇빛을 향하여 붉네
산은 외로운 달을 토해내고
강은 만 리의 바람을 머금고 있네
변방 기러기는 어느 곳으로 날아가나
울음소리가 저녁 구름 속에서 끊어졌네

林亭秋已晩　　騷客意無窮
遠水連天碧　　霜楓向日紅
山吐孤輪月　　江含萬里風
塞鴻何處至　　聲斷暮雲中

말을 배우면서 바로 문자를 알았으며, 7세에는 「진복창전陳復昌傳[118]」을 지었다.

118 진복창陳復昌(?~1563) : 본관은 여양驪陽, 자는 수초遂初이다. 윤원형의 심복으로 을사사화 때 횡포한 짓을 했다. 교활한 성품과 어머니의 행실까지 방종하여 더욱 지탄을 받았으나 문장과 글씨에는 뛰어나 「역대가歷代歌」·「만고가萬古歌」 등의 시가를 남겼다.

李栗谷 三歲 外王母持石榴問曰 此物甚似 卽應曰 紅皮囊入碎紅珠 人皆奇之 七世 花石亭詩曰 林亭秋已晩 騷客意無窮 遠水連天碧 霜楓向日紅 山吐孤輪月 江含萬里風 塞鴻何處至 聲斷暮雲中 學語便知文字 七歲 著陳復昌傳

• 아이 때 먹에 대해 읊은 김구

김구金構[119]는 아이였을 때 먹에 대한 시를 읊었다. 운자를 불러주니 곧바로 다음과 같이 지었다.

옻칠한 몸은 예양과 같고
검은 등은 악비와 같네[120]
수양산 백이·숙제 같은 천고의 절개로
시인들의 시에 몇 번이나 들어왔던가

漆身同豫讓　　涅背似岳飛
首陽千古節　　幾入騷人詩

당시 사람들이 매우 솜씨가 있다고 칭찬하였다.[『현호쇄어玄湖瑣語』에 있고, 이 책의 「통재通才」편에도 보인다.]

金構 兒時 咏墨詩 呼韻卽應曰 漆身同豫讓 涅背似岳飛 首陽千古節 幾入

119 김구金構(1649~1704) : 본관은 청풍淸風, 자는 사긍士肯, 호는 관복재觀復齋이다. 임금의 위엄에 굽히지 않았고, 의리에 따라 처신했으므로 임금의 총애와 모든 사람의 존경을 받았다. 『육도六韜』등 병서와 도가류道家類에 정통했으며, 문장이 뛰어나고 글씨가 힘찼다. 글씨로는 고성高城에 있는 「백천교중창비百川橋重創碑」와 선산에 있는 「김주신도비金澍神道碑」가 있다.

120 검은~갈네 : 『송사宋史』「악비전岳飛傳」에 의하면, 송나라 장군 악비岳飛는 자신의 등에 '진충보국盡忠報國'이라는 글을 새겼다고 한다.

騷人詩 時稱大有步趣[玄湖瑣語 又見通才]

· **열세 살에 수천 자의 대책문을 지은 조귀명**

동계 조귀명趙龜命[121]은 태어나서 7세 되던 해에 스스로 문장의 뜻을 이해하였다. 13세에는 과거 시험장에 나아가 대책大策을 작성함에 곧바로 수 천자의 글을 완성하였다. 둘러서서 보고 있던 사람들이 혀를 내두르며 상서로운 사람이라고 칭찬하였다.

趙東溪龜命 生七歲 自通文義 十三 赴禮圍 對大策 立就數千言 觀者堵立嘖舌稱之以瑞物

· **아홉 살에 등불과 화로를 읊은 류정원**

류정원柳正源[122]은 5세에 글을 지을 수 있었다. 9세에는 작은 할아버지 마천공磨泉公 류대시柳大時[123]가 등잔 아래에서 화롯불을 쬐며 류정원에게 시를 짓게 하니, 류정원은 그 말이 떨어지자마자 다음과 같이 읊었다.

---

121 조귀명趙龜命(1693~1737) : 본관은 풍양豊壤, 자는 석여錫汝·보여寶汝, 호는 건천자乾川子·동계東谿이다. 경서經書는 물론 사서史書를 비롯하여 제자백가諸子百家의 서적에 이르기까지 두루 섭렵하였으며, 문학에 심취하여 초사楚辭에서 당송대가唐宋大家들의 문장을 두루 탐독하였다. 『노자老子』·『장자莊子』등과 각종 불서佛書에도 상당한 조예를 가졌다. 문집으로 『건천고乾川藁』, 『동계집東谿集』이 있다.

122 류정원柳正源(1703~1761) : 본관은 전주全州, 자는 순백淳伯, 호는 삼산三山이다. 젊어서 제자백가諸子百家를 섭렵했고, 천문天文·지지地志·음양陰陽 등을 비롯해 병률兵律·도가道家에 깊이 침잠했으나, 유학의 본지는 사서삼경에 있음을 깨닫고, 그것을 깊이 탐구하였다. 경학에 능하고 여러 학자들의 주석에도 밝아 으뜸가는 경연관으로 영조와 여러 신하들의 신임을 받았다. 문집으로 『삼산문집』, 저서로 『역해참고易解參攷』·『하락지요河洛持要』가 있다.

123 류대시柳大時(1657~1739) : 본관은 전주全州, 자는 자유子猷, 호는 마천磨泉이다.

등불은 사방을 낮처럼 밝혔고

화로는 온 자리에 봄을 바치네

燈開四壁晝　　　　爐獻一座春

마천공이 몹시 탄복하며 칭찬하였다.[「통재通才」편에도 보인다.]

柳正源 五歲 能屬文 九歲 叔祖磨泉公 燈下膝爐 命公占句 公應聲曰 燈開四壁晝 爐獻一座春 磨泉公 極加歎賞[又見通才]

· 왕발보다 낫다는 칭찬을 받은 이명기

이명기李命夔[124]는 4,5세에 글을 지을 줄 알았으며, 시문을 지으면 문득 사람들을 놀라게 하였다. 15세에 문예가 이미 이루어졌다. 경상도 관찰사가 경상도 전체에서 재주가 뛰어난 이들을 모아 포산苞山[125]에서 재주를 시험해보았는데, 이명기가 소년으로 시험장에 들어가서 왕발王勃[126]의 「등왕각서」를 본떠서 글을 지어 비로소 1등을 차지하였다. 관찰사가 탄복하며 칭찬하기를,

"왕자안王子安[127]도 그를 능가하지 못할 것이다."

라고 하였다.

---

124 이명기李命夔(1653~1716) : 본관은 벽진碧珍, 자는 성필聖弼, 호는 청옹聽翁이다. 1677년 진사가 되었고, 1713년 문과에 급제하였다.

125 포산苞山 : 현풍현(지금의 대구 달성군 현풍면·논공면·구지면·유가면 일대)의 옛 별호이다.

126 왕발王勃(647~674) : 초당의 문인으로 자는 자안字安이다. 6세부터 문장을 잘 지었고, 9세 때에는 안사고가 주를 단 『한서漢書』를 읽고 그 오류를 지적했다고 한다. 양형·노조린·낙빈왕과 함께 시문으로 명성을 떨쳤으며, '초당4걸'로 일컬어졌다.

127 왕자안王字安 : 중국 초당의 문인 왕발의 자字이다.

李命夔 四五歲 能屬文 出語輒驚人 甫成童 文藝已成 嶺伯就一路才俊 試藝于莅山 公以童子入 倣滕閣序爲文 遂居前列 方伯嘆賞曰 王子安不足過也

• 열한 살에 「영남루서」를 지은 이진징

이진징李晋徵은 연안 사람 이엄李淹의 손자이다. 11세에 「영남루서嶺南樓序」를 지어 세상에 알려졌으나 19세에 요절하였다.

李晋徵 延安人淹孫 十一歲 作嶺南樓序 行于世 十九夭

• 열 살에 홍수를 보고 시를 지은 이선원

이선원李善源[128]은 덕수 사람이다. 10세에 지은 시 「홍수를 보고」에 다음과 같은 구절이 있다.

이 천개의 작은 도랑들을 거두어
보태어 사해의 많은 물을 이루었네

納此千渠細　　添成四海多

동명 정두경은 다음과 같이 칭찬하였다.
"필력이 웅건하고 뛰어나서, 금강산과 같은 풍채와 골격이 있다."

李善源 德水人 十歲 作觀漲詩 有納此千渠細添成四海多之句 鄭東溟 稱

128 이선원李善源(1632~1684) : 본관은 덕수德水, 자는 경보敬甫이다. 문사文詞에 능하여 젊어서 이름이 널리 알려졌다. 성균관 전적·직강, 사간원 정언, 영평永平·문의文義의 현령 등의 내외직을 역임하였다.

之曰 筆力雄逸 有東岳風骨

• 어릴 때 눈을 읊은 이춘원

구원 이춘원李春元[129]은 6세에 글을 지을 수 있었다. 하루는 집안의 문집에 이춘원이 눈을 읊은 시가 있었는데, 그 시가 매우 기이하고 뛰어났다. 자리에 앉은 사람들이 혀를 내두려며 경탄하였고, 그가 뒷날에 문장으로 이름을 드러낼 것임을 알았다.

李九畹春元 六歲 能屬文 一日 家集賦雪語 甚奇逸 座中 嘖嘖驚賞 知其他日以文顯名也

• 어릴 때부터 시·서·화에 뛰어났던 이시담

이시담李時聃[130]은 6세에 큰 글자를 잘 썼고, 오언시를 잘 지었다. 또 그림을 잘 그렸는데, 매화·대나무·포도는 뛰어난 격조가 있어서 충정공忠定公 이귀李貴가 그를 매우 사랑하였다.

李時聃 六歲 能作大字及五言詩 又能畵 梅竹葡萄有奇格 忠定公鍾愛之

---

129 이춘원李春元(1571~1634) : 본관은 함평咸平, 자는 원길元吉, 호는 구원九畹이다. 일찍이 남양의 홍지성洪至誠에게 글을 배웠고, 뒤에 박순朴淳이 영의정을 그만두고 영평永平에 은거할 때 그를 찾아가 다시 배우니 단연 학문에 두각를 나타내었다. 저서로 『구원집九畹集』이 있다.

130 이시담李時聃(1584~1665) : 본관은 연안延安, 자는 현충玄忠, 호는 사우당四友堂이다. 부임하는 곳마다 선정하여 명관이라는 평을 들었으며, 순창·능주 등지에 선정비가 세워졌다. 어렸을 때부터 그림과 글씨에 뛰어난 재간을 발휘하였으며, 오언시를 특히 잘 지었다.

• 아홉 살 때 100구 시부를 지은 오대관

오대관吳大觀[131]은 타고난 성품과 재능이 어릴 때부터 영리하고 영특하였다. 9세에 100구의 시부詩賦를 지었고, 11세에는 이경二經[132]과 사서四書를 이해하였으며, 17세에는 소과와 대과에 합격하였는데, 삼장三場[133]에서 해액解額[134]을 얻었다.

吳大觀 材性 夙悟雋絶 九歲 作百句詩賦 十一歲 通二經四書 十七 中大小解三場

• 어릴 때 불어난 강물을 읊은 이존오

석탄 이존오李存吾[135]는 10여 세에 「불어난 강물」이라는 시를 지었다.

큰 들은 모두 물속에 빠졌는데
높은 산만 홀로 가라앉지 않았네

大野皆爲沒　　　　高山獨不降

지식인들이 뛰어난 솜씨라고 하였다.[136]

---

131 오대관吳大觀(1711~?) : 본관은 동복同福, 자는 경숙敬叔, 호는 현계玄溪이다. 1732년 10월 정시문과에 장원으로 급제하였다. 관직은 병조좌랑에 이르렀다.

132 이경二經 : 『서경書經』과 『역경易經』 또는 『시경詩經』과 『서경書經』을 말한다.

133 삼장三場 : 과거 시험의 초장初場·중장中場·종장終場을 가리킨다.

134 해액解額 : 초시初試에 합격하여 회시會試에 응시할 자격을 얻은 사람을 가리킨다.

135 이존오李存吾(1341~1371) : 본관은 경주慶州, 자는 순경順卿, 호는 석탄石灘·고산孤山이다. 1366년 우정언이 되어 신돈辛旽의 횡포를 탄핵하다가 왕의 노여움을 샀으나, 이색李穡 등의 옹호로 극형을 면하고 장사감무長沙監務로 좌천되었다. 저서로는 『석탄집石灘集』 2권이 있다.

136 전녹생田祿生의 『야은일고壄隱逸稿』 권6, 「존모록尊慕錄」에 유사한 내용이 수록되

李石灘 年十餘 賦江漲詩云 大野皆爲沒 高山獨不降 識者 異之

• 어릴 때 시를 지어 칭찬받은 조욱

용문龍門 조욱趙昱[137]은 어렸을 때부터 말을 하면 번번이 사람을 놀라게 하였다. 나이 10여 세에 한강에 배를 띄우고 노는데, 문사들이 많이 모여 그에게 시를 짓게 하니, 곧바로 다음과 같이 지었다.

청산은 곳곳마다 서 있고
한수는 유유히 흘러가네
높고 넓은 산수 사이에
누가 내 마음 알아줄 자인가

青山面面立　　漢水悠悠下
峩洋山水間　　誰是知音者

자리에 앉은 사람들이 모두 탄복하며 칭찬하였다.[138]

趙龍門昱 自幼時 語輒驚人 年十餘 泛舟漢江 文士多會 令作詩 即應曰 青山面面立 漢水悠悠下 峩洋山水間 誰是知音者 一座歎賞

어 있다.

137 조욱趙昱(1498~1557) : 본관은 평양平壤, 자는 경양景陽, 호는 용문龍門이다. 벼슬을 단념하고, 조광조趙光祖·김식金湜을 사사하면서 학문연마에 힘썼다. 당시 사람들이 조욱 형제를 정호程顥·정이程頤 형제에 비겨 칭송하였다. 시문과 서화에 능하였으며, 서경덕徐敬德·이황李滉 등 당대의 명사들과 교유하였다. 저서로는 『용문집龍門集』이 있다.

138 이제신李濟臣의 『청강선생시화淸江先生詩話』에 유사한 내용이 수록되어 있다.

• **어렸을 때 강가에서 시를 지은 정작**

고옥 정작鄭碏[139]은 어렸을 때 어른을 따라 강가 누각에서 놀다가, 모래 사이에서 두 개의 흰 물건이 한들거리며 오는 것을 보았다. 어떤 사람은 사람이라 하고 어떤 사람은 백로라고 하였다. 문득 젓대 소리를 듣고 비로소 그것이 사람이라는 것을 알았다. 어른이 그에게 시를 짓게 하니, 곧바로 다음과 같이 읊었다.

아득히 보이는 모래 위의 사람
처음엔 두 마리 백로인 줄 알았네
바람 맞으며 문득 젓대소리 듣는데
쓸쓸히 강 위 하늘은 저물어가네

遠遠沙上人　　初疑雙白鷺
臨風忽橫笛　　寥落江天暮

[『어우야담於于野談』에 나오고, 「통재通才」편에도 보인다.]

鄭古玉碏 兒時 隨長者遊江閣 見沙間有兩白物依依而來 或曰人也 或曰鷺也 忽聞橫笛之聲 始覺其爲人 長者使之賦詩 卽應聲曰 遠遠沙上人 初疑雙白鷺 臨風忽橫笛 寥落江天暮[於于野談 又通才]

---

139 정작鄭碏(1533~1603) : 본관은 온양溫陽, 자는 군경君敬, 호는 고옥古玉이다. 평소 학문에 정진하던 그는 선조 때 벼슬이 이조좌랑에 이르렀으나 아버지의 과거 전력이 세인의 지탄을 받게 되자 술로 세월을 보냈다. 그러나 평소 시를 즐겨 주선酒仙의 칭호을 얻기도 하였고, 특히 서예에 뛰어나 초서와 예서를 잘 썼다. 포천 현감을 지낸 형 정렴鄭䃞과 함께 의술에 뛰어나서 1596년에는 『동의보감』편찬에 참여하기도 하였다. 벼슬은 사평司平에 이르렀다.

• 어렸을 때 보름달 시를 지은 윤결

윤결尹潔[140]이 어릴 때 그의 아버지가 대보름 등불을 구경하며 시를 지어보라 하자,

> 장성 대성 반짝반짝 빛나는 것이
> 일층 이층 삼사층이로구나

> 長星大星爛爛然　　一層二層三四層

라고 읊어서, 시 짓는 재주가 있음을 알게 되었다.[『淸江詩話』에 나온다.]

尹潔 兒時其父於燈夕觀光 命作詩 詩曰 長星大星爛爛然 一層二層三四層 知其有詩才[淸江詩話]

• 시를 잘 지어 재상의 사위가 된 홍언필

묵재 홍언필洪彦弼[141]은 어렸을 때, 이웃에 사는 재상 송질宋軼[142] 집 안의 여자 아이종을 따라 놀다가, 송질의 집 난간 아래까지 들어가게 되었다. 재상이 불러 오게 하여 물었다.

---

140 윤결尹潔(1517~1548) : 본관은 남원南原, 자는 장원長源, 호는 취부醉夫·성부醒夫이다. 유구琉球에 표류하였던 박손朴孫의 경험담을 토대로 『유구풍속기琉球風俗記』를 저술하였다.

141 홍언필洪彦弼(1476~1549) : 본관은 남양南陽, 자는 자미子美, 호는 묵재默齋이다. 갑자사화에 연루되어 진도로 귀양 갔다가 중종반정 이후 사면되어 지평·헌납 등을 지냈고, 후에 형조판서·병조판서·호조판서·대사헌·우의정·좌의정에 올랐다. 몸가짐이 검소하고 화려한 것을 좋아하지 않아 청빈하기로 유명하였다.

142 송질宋軼(1454~1520) : 본관은 여산礪山, 자는 가중可仲이다. 성종 때 문과에 급제하여 중종반정 때 정국공신靖國功臣이 되어, 여원군礪原君에 봉해졌고 이후 우의정, 좌의정, 영의정에 임명되었다.

"누구 집의 자제인가? 이처럼 제멋대로 돌아다니는 것을 보니, 배우기를 좋아할 리가 없겠구나. 만약 시를 지을 줄 안다면, 죄를 용서해주겠다."

라고 하고 재상은 곧바로 경운硬韻[143]을 운자로 불러주었다. 홍언필은 말이 떨어지자마자 즉시 시를 지었다.

동군東君[144]도 90일이 되면 죽는다는 말을 듣고
가는 봄 슬퍼하는 여인은 눈물을 한 되나 흘리네
꽃을 탐하는 미친 나비를 어찌 꾸짖으십니까
재상의 풍류는 작기가 등나라와 같습니다

聞道東君九十薨　　惜春兒女淚盈升
妬花狂蝶何須責　　相國風流小似滕

재상이 탄복하고 칭찬하며 이에 사위로 삼았다.[145] [『어우야담於于野談』에 나온다.]

洪默齋彦弼 童年 逐隣居宋相國軼家童婢 至欄下 相國招致問 誰家子 放浪若是 其不學可知 如能賦詩 可以贖罪 仍呼硬韻 公應口卽書曰 聞道東君九十薨 惜春兒女淚盈升 妬花狂蝶何須責 相國風流小似滕 相國歎賞 仍爲

143 경운硬韻 : 근체시를 지을 때 운자 수가 적은 운을 가리키는 말로, 착운窄韻이라고 한다. 경운에 해당하는 운자는 미微·문文·산刪·청青·증蒸·담覃·염鹽 등이 있는데, 이 시는 증운蒸韻으로 지은 것이다.

144 동군東君 : 본래 태양신을 가리키는 말로 사용되었으나, 후에 봄을 주관하는 신의 이름으로 쓰였다.

145 이 이야기는 편자·편찬연대 미상의 한문야담집 『성수패설醒睡稗說』에도 자세히 수록되어 있다.

• 아이 때 조부 채수와 시를 주고받은 채무일

일계逸溪 채무일蔡無逸[146]이 나이 겨우 5, 6세 때의 일이다. 그의 조부 용재慵齋 채수蔡壽[147]가 무일을 안고 누워서 장난삼아 한 구를 지었다.

> 손자는 밤마다 책을 읽지 않는구나
>
> 孫兒夜夜讀書不

무일은 말이 떨어지자마자 즉시 시를 지었다.

> 할아버지는 아침마다 술을 많이 마신다네
>
> 祖父朝朝飮酒猛

또 눈 내리는 중에 채수가 무일을 업고 가다가 한 구를 지었다.

> 개가 달려가니 매화꽃이 떨어지네
>
> 犬走梅花落

---

146 채무일蔡無逸(1496~1546) : 본관은 인천仁川, 자는 거경居敬. 호는 일계逸溪이다. 할아버지는 정국공신 지중추부사 채수蔡壽이다. 이조정랑·헌납·한성서윤 등을 지냈다. 경사經史와 역易에 정통할 뿐만 아니라 서화·음률·의학·복서卜筮에도 뛰어나 명성이 높았다. 특히 중종대에 선비로서 그림을 잘 그리는 사람이 매우 많았는데, 그 중에서도 풀벌레 그림에는 가장 저명하였다.

147 채수蔡壽(1449~1515) : 본관은 인천仁川, 자는 기지耆之, 호는 나재懶齋이다. 사람됨이 총명하고 박람강기하여 천하의 서적과 산경山經·지지地誌·패관소설稗官小說에까지 해박하였다. 음악에도 조예가 깊었으며, 시문에는 특히 뛰어나 어려서부터 문예로 이름을 얻을 정도로 당대의 재사였다. 저서로『나재집懶齋集』2권이 있다.

말이 아직 끝나지도 않았는데, 무일은 즉시 응대하였다.

닭이 지나가니 대잎이 만들어졌네
鷄行竹葉成

[『어우야담於于野談』에 나오고, 「통재通才」편과 「음양陰陽」편에도 보인다.]

蔡逸溪無逸 年纔五六歲 其祖慵齋壽 抱而臥 戱作一句曰 孫兒夜夜讀書不 無逸卽應聲對曰 祖父朝朝飮酒猛 又於雪中 負無逸而行 作一句曰 犬走梅花落 語未卒 卽對曰 鷄行竹葉成[於于野談 又見通才陰陽]

• 아이 때 시를 지어 칭찬받은 홍귀달

허백당 홍귀달洪貴達[148]이 어렸을 때 부친이 시를 짓게 하였다. 홍귀달은 곧바로 다음과 같이 지었다.

새가 꽃나무 가지 위에 앉으니,
어떤 가지는 움직이고 어떤 가지는 움직이지 않네

鳥坐花枝上　　　或枝動不動

식견 있는 사람들은 '혹或'자를 문장가가 될 습성이라 하였다.[『청강

148 홍귀달洪貴達(1438~1504) : 본관은 부계缶溪, 자는 겸선兼善, 허백당虛白堂·함허정涵虛亭이다. 1498년 무오사화 때에 왕의 실책을 10여 조목에 걸쳐 간諫하다가 미움을 사서 좌천되었으며, 갑자사화 때에 모함을 입어 처형되었다. 문장이 뛰어나고 글씨에도 능했으며, 성격이 강직해 부정한 권력에 굴하지 않았다. 저서로는 『허백정문집虛白亭文集』이 있다.

시화淸江詩話』에 나온다.]

洪虛白貴達 幼時 長者命作詩 卽應曰 鳥坐花枝上 或枝動不動 識者 以或字爲文章氣習云[淸江詩話]

• 어릴 때부터 학식이 뛰어난 김계휘

황강 김계휘金繼輝[149]는 4세에 저절로 책을 읽을 줄 알았고, 8세에는 문리文理가 크게 통하였다. 13세에는 경기 도회시都會試[150]에 참가하였고, 15세에는 경전과 역사서와 제자백가서를 널리 궁구하였다.

金黃崗繼輝 四歲 自知讀書 八歲 文理大通 十三歲 叅京圻都會試 十五 博極經史諸子

• 여덟 살에 눈을 읊은 이영

이영李嶸[151]은 8세에 「눈을 읊다」라는 시를 지었다.

밤이 아닌데 천리에 달빛이 밝고

---

149 김계휘金繼輝(1526~1582) : 본관은 광산光山, 자는 중회重晦, 호는 황강黃崗이다. 일찍이 경서와 사서 등을 폭넓게 읽었으며, 문장에도 뛰어났다. 우리나라의 산천·마을·도로·성지 등의 형세와 전술적인 문제점, 농작물의 생산 현황, 각 지방의 전통·연혁·씨족 원류 등을 두루 파악해 기록으로 남겼으나, 임진왜란 때 소실되었다.

150 도회시都會試 : 조선시대에 지방유생의 학업장려를 위하여 실시한 시험을 가리킨다. 조선 성종 대에는 경상도·전라도·충청도는 각 5인, 그 나머지는 3인을 선발하는 것으로 법제화되었다.

151 이영李嶸(1560~1582) : 본관은 전주全州, 자는 중고仲高이다. 태어날 때부터 영민하여 배울 때 스승이 부지런히 가르치지 않았고, 약관弱冠에 이미 경전經傳의 대의大義에 통달하였다. 효성이 지극하였으며, 이이李珥·성혼成渾과 학문적 교유를 나눌 정도로 경전에 밝았다. 23세의 나이로 세상을 떠났다.

봄이 아닌데 온 집에 꽃이 피었네
자국 하나가 하늘과 땅 사이에 있으니
성 위의 굶주린 까마귀라네

不夜月千里　　非春花萬家
一痕天地內　　城上有飢雅

이영의 조부인 이장李璋은 문과에 급제하여 좌랑이 되었는데, 11세에 명나라 사신 교병과 이야기를 나누었다. 이영의 아들 이인룡李人龍[152]은 10세에 「승려의 시축에 적다[題僧軸]」라는 시를 지었는데, 다음과 같다.

외로운 스님 한수를 건너
아침에 장안 시내로 들어왔네
어찌 흰 구름 속에 누워있지 않고
풍진세상 속을 돌아다니는가

孤僧渡漢水　　朝入長安市
何不臥白雲　　來往風塵裏

[『수미청사脩眉清史』에 나온다.]

李嶸 八歲 咏雪詩曰 不夜月千里 非春花萬家 一痕天地內 城上有飢雅 ○祖璋文佐郎 十一歲 與華使較辯語 ○子人龍 十歲 題僧軸詩曰 孤僧渡漢水

---

152 이인용李人龍(1575~1606) : 자는 몽득夢得이다. 익안대군益安大君의 8대손으로 이영李嶸의 아들이다.

朝入長安市 何不臥白雲 來往風塵裏[脩眉淸史]

• 여덟 살에 반달을 읊은 이홍미

이홍미李弘美[153]는 용주龍洲 정익경鄭翼卿[154]의 외손인데 17세에 요절하였다. 문장을 잘 지어 12세에 「한도부漢都賦[155]」를 지어 온 세상에 이름을 전파하였다. 8세에 반달을 가리켜 제목으로 삼고 운을 불러주며 시를 짓게 하니, 말이 떨어지자마자 응대하여 다음과 같이 지었다.

반쪽 이지러진 하얀 달 빛이 온전치 않으니
뭇 별들 성대하게 저물녘에 빛을 다투네
거울이 두 쪽으로 나뉘어 모두 날아 가버리면
어느 하늘에서 따로 한 조각 빛을 비추려나

半缺氷輪影不成　　衆星磊落暮爭光
鏡分兩端雙飛去　　別有何天一片明

[『소화시평小華詩評』에 나온다.]

李弘美 鄭龍洲翼卿外孫 十七夭 能文章 十二歲 著漢都賦 傳播一世 八歲

---

153 이홍미李弘美(1632~1651) : 어려서부터 총기가 남달라 3세 때 이미 한자漢字를 꽤 많이 알았다. 12세 때 「한도송漢都頌」을 지었는데, 수천 자나 되는 글을 단숨에 지으므로 함께 자리하였던 창계滄溪 임영林泳과 명곡明谷 최석정崔錫鼎이 붓을 놓고 정신없이 바라보았다는 일화가 전한다. 그때부터 신동이라고 소문이 자자하였으나 요절하였다.

154 정익경鄭翼卿(1595~?) : 본관은 온양溫陽, 자는 가원可遠, 호는 창랑滄浪이다. 1629년 기사별시시에 과거에 급제하였다.

155 한도부漢都賦 : 『소화시평』에는 '한도송漢都頌'으로 되어 있다.

有指半月爲題者 呼韻令賦 卽應聲對曰 半缺氷輪影不成 衆星磊落暮[156]爭光 鏡分兩端雙飛去 別有何天一片明[小華詩評]

<김봉남>

• 5세 신동 김곡자

김곡자金谷子는 어렸을 때부터 보통이 아니었다. 5, 6세에 사람들을 놀라게 하는 말을 할 수 있어서 세상 사람들이 신동으로 불렀다. 약관의 나이에 요절하니 사람들이 형邢 땅의 군실君實(사마광)에 견주었다.

金谷子 自幼時異常 五六歲 能出驚人語 世號神童 弱冠而夭 人比邢君實

• 말보다 먼저 문자를 알게 된 황준량

황준량黃俊良은 호가 금계錦溪이다. 태어나면서 특이한 기질이 있었다. 말을 배우지 아니하고서도 문자를 알았다. 말을 하면 곧 사람들을 놀라게 하여 기이한 신동으로 일컬어졌다.

黃俊良 號錦溪 生有異質 未學語知文字 出語卽驚人 以奇童稱

• 9세에 시로 이름난 허봉

허봉許篈은 9세에 '금전화金錢花'를 지은 시에

조화공의 화로 가에 공력이 많은데
주조하여 나온 돈 한 모양의 꽃이네

156 모暮 : 이 책에는 莫으로 되어 있으나, 『소화시평』에 의거하여 '暮'로 정정하였다.

반냥 5전錢은 다만 스스로 귀하게 여기며
오히려 가난한 사람 도울 줄 모르네

化工爐上用功多　　鑄出金錢一樣花
半兩五銖徒自貴　　不知還解濟貧家

라고 하였다. 아! 봉황 처음 날 때부터 오색이고, 악와渥洼[157]의 말은 신마神馬 어렸을 때부터 땀과 피를 흘리는 말이 되었다. 처음부터 문장을 알아 저절로 타고난 재주가 있으니 배워서 이를 수 있는 바가 아니다.[『소화시평小華詩評』에 나온다.]

許篈 九歲賦金錢花詩曰 化工爐上用功多 鑄出金錢一樣花 半兩五銖徒自貴 不知還解濟貧家 噫 丹山之鳥五色於初生 渥洼之馬汗血於作駒 始知文章 自有天才 非學力所可致也[小華詩評]

• 8세에 운자에 따라 즉답한 이항복

백사白沙 이항복李恒福은 8세에 정헌공定獻公이 검劍과 금琴 두 글자로 짝 구를 짓게 하니, 소리가 떨어지자마자 대답하기를,

칼에는 대장부의 기상이 있고
거문고에는 천고의 변함없는 마음이 갈무리 되었네

劍有丈夫氣　　琴藏千古心

157 악와渥洼 : 중국 감숙성 안서현에 있는 강이름으로 전설적으로 신마神馬가 생산되는 곳이다.

라고 하였으므로, 들은 이들이 대성大成할 것을 알았다.

李白沙恒福 八歲 定獻公 命以劍琴作騈句 應聲對曰 劍有丈夫氣 琴藏千古心 聞者 知其大成

• 9세에 선재로 불려 진 최전

양포楊浦 최전崔澱은 세상 사람들이 선재仙才라 일컬었다. 9세 때에 율곡을 따라 파주坡州에서 서울로 돌아올 적에, 율곡이 말 위에서 운韻을 부르며 시 짓기를 명하였다. 이에 즉시 응답하였는데, 그 시는 다음과 같다.

나그네 걸음 어이 그리도 느린가
시내 다리에 어둠 깃듦 걱정도 않네
푸른 산 한 조각 구름이
강 위에 퍼져 비를 내리네

客行何太遲　　不畏溪橋暮
青山一片雲　　散作江天雨

[「음률音律」과 「음양陰陽」편에도 보인다.]

崔楊浦澱 世稱仙才 九歲 從栗谷 自坡州返京 栗翁馬上呼韻命賦 卽口對曰 客行何太遲 不畏溪橋暮 青山一片雲 散作江天雨[又見音律陰陽]

• 어려서 도백을 놀라게 한 정인홍

정인홍鄭仁弘[158]은 어렸을 때에 산사山寺에서 글을 읽었다. 도백道伯이 마침 이르러 「작은 소나무」라는 제목의 시를 짓게 하니 곧바로 응대하여 말하기를

> 수척의 어린 소나무 옛 탑의 서쪽에 있는데
> 탑은 높고 소나무 짧아 서로 같지 않네
> 옆 사람 소나무 키 작다고 비웃지 마소
> 뒷날에 소나무는 높고 탑은 도리어 낮게 될거요

> 數尺稚松古塔西　　塔高松短不相齊
> 傍人莫笑稚松短　　他日松高塔反低

라고 하니 도백이 크게 기이하게 여겼다. 뒷날 퇴계 선생이 이를 듣고 웃으며,

"시는 기이하나 이기기를 힘쓰려는 뜻이 있어 애석하다."

라고 했다. 또한 「소치는 아이」의 시에 다음과 같이 말했다.

> 짧디 짧은 도롱이 두 팔뚝 드러내고
> 푸석 푸석 짧은 머리 두 어깨 가렸네

---

158 정인홍鄭仁弘(1536~1623) : 본관은 서산瑞山, 자는 덕원德遠, 호는 내암來庵이다. 1573년 학문과 덕행을 인정받아 황간현감으로 발탁되어 선정을 베풀었다. 제용감정 등을 지내고 임진왜란 때 합천에서 의병을 모아 합천, 성주, 대구 등지에서 활동하며 왜병을 격퇴하여 영남 의병장의 호를 받았다. 전란 종결 후 대사헌, 중추부동지사, 공조참판 등을 거쳐 우의정과 좌의정을 거쳐 영의정에 이르렀고 서령부원군瑞寧府院君에 봉군되었다. 저서로 『내암집來庵集』이 있다.

저녁 햇살 황소 등에 걸터앉았는데
넓은 들에 비 지나가도 모르고 졸기만 하네

短短簑衣露兩臂　　重重小髮掩雙肩
斜陽壓着黃牛背　　雨過平原睡不知

鄭仁弘 兒時讀書山寺 道伯適到命題小松 卽應口對曰 數尺稚松古塔西 塔高松短不相齊 傍人莫笑稚松短 他日松高塔反低 道伯大奇之 後日 退溪聞之笑曰 詩則奇矣 而有務勝之意 可惜也 又牧童詩曰 短短簑衣露兩臂 重重小髮掩雙肩 斜陽壓着黃牛背 雨過平原睡不知

• 7세에 설죽시로 유명해진 허회

허회許淮는 7세에 설죽시雪竹詩를 읊어 석주石洲 권필權韠[159], 동악東岳 이안눌李安訥[160]과 이름을 나란히 했다. 시문詩文이 청고淸苦하여 고옥古玉 정작鄭碏과 함께 칭송을 받았다. 호는 어은漁隱이다

許淮 七歲咏雪竹詩 與石洲東岳齊名 詩文淸苦 與古玉並稱 號漁隱

---

159 권필權韠(1569~1612) : 본관은 안동安東, 자는 여장汝章, 호는 석주石洲이다. 성격이 자유분방하고 구속받기 싫어하여 벼슬하지 않은 채 야인으로 일생을 마쳤다. 시재가 뛰어나 자기성찰을 통한 울분과 갈등을 토로하고, 잘못된 사회상을 비판 풍자하는 데 주목할 만한 성과를 거두었다. 저서로 『석주집石洲集』과 한문소설 「주생전周生傳」이 현전한다.

160 이안눌李安訥(1571~1637) : 본관은 덕수德水, 자는 자민子敏, 호는 동악東岳이다. 18세에 진사시에 수석합격했으나 동료들의 모함을 받자 관직에 나갈 생각을 버리고 오직 문학 공부에 열중했다. 두보杜甫의 시를 만 번이나 읽었다고 하며 시를 지을 때 하나의 글자도 가볍게 쓰지 않았다고 전한다. 특히, 당시唐詩에 뛰어나 이태백李太白에 비유됐고 서예 또한 뛰어났다. 저서로는 『동악집東岳集』 26권이 있다..

• **7세에 시 잘 짓기로 소문난 송익필**

구봉龜峯 송익필宋翼弼[161]은 7, 8세에 시상이 맑고 뛰어났다.

산가山家 초가집에 달빛은 들쭉날쭉

山家茅屋月參差

이라는 시구가 있다.

宋龜峯翼弼 七八歲 詩思清越 有山家茅屋月參差之句

• **어려서 시로 놀라게 한 정곤수**

서강西崗 정곤수鄭崑壽[162]는 어려서 아버지를 따라 마을 잔치에 갔다가 앉아 있는 손님 중에 갓에 꽃이 있는 것을 보았다. 이에 곧 한 수를 읊어 이르기를,

겨울 잔치에 꽃 꽂으니 머리 온통 봄이로세

插花冬宴一頭春

161 송익필宋翼弼(1534~1599) : 본관은 여산礪山, 자는 운장雲長, 호는 구봉龜峰이다. 송익필은 재능이 비상하고 문장이 뛰어나 아우 송한필宋翰弼과 함께 일찍부터 문명을 떨쳤고, 명문자제들과 폭넓게 교유하였다. 특히 예학禮學에 밝았다. 시는 이백李白을 표준으로 했고, 문장은 좌구명左丘明과 사마천司馬遷을 위주로 하였다. 자신의 학문과 재능에 대한 자부심이 강하여 스스로 고대하게 행세하였다. 저서로는 시문집인 『구봉집龜峯集』이 전한다.

162 정곤수鄭崑壽(1538~1602) : 본관은 청주淸州, 자는 여인汝仁, 호는 백곡柏谷·경음慶陰·조은朝隱이다. 1566년에 김굉필金宏弼의 사적·시문과 그에 관한 다른 선비들의 글을 모아 이황에게 보냈으며, 이황은 주로 그것들을 바탕으로 『경현록景賢錄』을 편찬하였다. 일찍이 수령 역임 시 학문 진흥과 사풍士風 진작에 힘썼으며, 임진왜란 당시의 대명외교에 큰 역할을 했다. 저서로 『백곡집柏谷集』 4권 4책이 전한다.

라고 하니, 한 자리에 앉은 모든 사람이 감탄하였다.

鄭西崗崑壽 幼從大人 往里中宴 見坐客冠花 卽口占曰 插花冬宴一頭春 一座歎異

• 어려서 희우시로 이름난 조석윤

낙정樂靜 조석윤趙錫胤[163]은 어렸을 때에 희우시喜雨詩를 지었는데, 그 시는 다음과 같다.

> 비를 바라도 비는 오지 아니하더니
> 비 오니 백성이 기쁘구나
> 백성의 기쁨은 비가 와서이니
> 나는 백성들이 기뻐함을 기뻐하네

> 望雨雨不來　　雨來蒼生喜
> 蒼生喜雨來　　我喜蒼生喜

라고 하니, 보는 사람들이 그가 높은 벼슬에 이를 것을 알았다.

趙樂靜錫胤 兒時作喜雨詩曰 望雨雨不來 雨來蒼生喜 蒼生喜雨來 我喜蒼生喜 見者 知其遠到

---

163 조석윤趙錫胤(1606~1655) : 본관은 배천白川, 자는 윤지胤之, 호는 낙정재樂靜齋이다. 오래도록 문형文衡을 장악하고 대간의 지위에 있었으며 성균관의 책임도 맡고 있었다. 그러나 일을 당하여 진언하기를 피하지 않아 때로 왕의 뜻에 거슬려 남북으로 귀양 갔으나 소신을 굽히지 않는 이정개결怡靜介潔[온화하면서 조용하고 절개가 있으면서 깨끗함]한 인물로 당시 사림들의 추앙을 받았다. 저서로 『낙정집樂靜集』이 있다.

• 신동으로 불려 진 이수광

지봉芝峯 이수광李睟光[164]은 어렸을 때부터 굳이 가르치지 않아도 말을 하면 그대로 글이 되었다. 하루는 눈[雪]을 소재로 시를 짓게 하니, 공이 대답하기를,

뜰 앞에 달 있어도 소나무엔 그림자 없고
난간 밖에 바람 없어도 대나무엔 소리 있네

庭前有月松無影　　　檻外無風竹有聲

라고 하여 당시에 신동으로 불렸다.

李芝峯睟光 兒時不煩提誨 吐口成章 一日令作雪詩 對曰 庭前有月松無影 檻外無風竹有聲 時稱神童

• 6세에 시를 지은 박미

분서汾西 박미朴瀰[165]는 (6세에)

---

164 이수광李睟光(1563~1628) : 본관은 전주全州, 자는 윤경潤卿, 호는 지봉芝峯이다. 관직에 나아가 중요한 관직을 모두 지냈으며, 세 차례나 명나라에 사신으로 다녀올 정도로 관료로서의 역할을 충분히 하였다. 언제나 강직하면서도 온화한 입장을 유지하여 그 시대의 성실하고 양식 있는 관료이자 선비로서의 자세를 지켰다. 저서로는 『지봉집芝峯集』이 있다.

165 박미朴瀰(1592~1645) : 본관은 반남潘南, 자는 중연仲淵, 호는 분서汾西이다. 1638년 동지겸성절사冬至兼聖節使로 청나라에 다녀온 뒤 금양군錦陽君으로 개봉改封되었다. 어려서부터 문예에 능하였고, 특히 서도에서 일가를 이루었다. 서법은 중국의 오흥吳興을 따랐다.

잔속에 꽃 그리니 술 또한 향기롭네

盃中畵花酒亦香

라는 시구詩句가 있다.[166]

朴汾西瀰 盃中畵花酒亦香

• 7세에 서당의 폐쇄를 막으려한 서기

고청孤靑 서기徐起[167]는 7세에 마을 서당에서 배웠다. 장차 서당을 없애려할 때 스승에게 시를 지어 드렸는데, 그 시는 다음과 같다.

서당 오래도록 헐지 마소서

나로 하여금 성인의 글 배우게 한다오

書堂長勿毁　　　使我讀聖書

[「통재通才」편에도 보인다.]

徐孤靑起 七歲 學于里中書堂 將罷 作詩呈于師曰 書堂長勿毁 使我讀聖書[又見通才]

---

166 송시열(1607~1689)의 『송자대전宋子大全』에 "公於文藝天得也, 六歲, 有杯中畫花酒亦香之句"라는 내용이 있다.

167 서기徐起(1523~1591) : 본관은 이천利川, 자는 대가待可, 호는 고청초로孤靑樵老·구당龜堂·이와頤窩이다. 어려서부터 학문에 전념하여 제자백가諸子百家는 물론 기술의 이론까지 통달하였으며, 선학禪學을 좋아하였다. 특히, 이지함을 만나면서 비로소 유학儒學이 정도正道임을 깨닫게 되었다. 홍주洪州와 지리산·계룡산 근처로 거처를 옮겨 다니면서 오로지 학문과 강학에만 전념하였다. 저서로는 『고청유고孤靑遺稿』가 있다.

• 9세에 「만고부」를 지은 우진택

우진택禹震澤은 9세에 「만고부萬古賦」를 지었는데 사람들이 자안子安 왕발王勃[168]에 견주었다.

禹震澤 九歲 作萬古賦 人比王于安

• 신동으로 불려 진 류곤수

류곤수柳鵾壽[169]는 칠송거사七松居士로 어린 나이에 이징李徵, 손억孫億[170]과 함께 신동으로 나란히 칭송을 받았다. 이징李徵과 손억孫億은 모두 일찍 죽었다.

柳鵾壽 七松居士 童年 與李徵 孫億 並以神童稱 孫李皆早歿

• 7세에 독학으로 신동이 된 박동자

박동자朴童子는 고양촌사의 첨사 박세구朴世矩의 아들이다. 7~8세 때 학문學文에 독실한 뜻을 두었다. 사우師友도 없이 책을 읽어 스스로 큰 뜻을 이해했다. 책을 가지고 오랫동안 산사에 깃들어 살았다.

---

168 왕발王勃(650~677) : 중국 당나라의 시인으로 자는 자안字安이다. 초당사걸의 한 사람으로 시와 변문騈文에 뛰어났다. 특히 5언 절구에 뛰어났다.

169 류곤수柳鵾壽(1557~1593) : 본관은 문화文化, 자는 정로靜老이다. 1579년 사마시司馬試에 생원 3등으로 합격하였으나 대과에는 합격하지 못하였다. 이조낭관吏曹郎官 이항복李恒福이 그를 추천하여 사포서별제司圃署別提에 제수되었으나 1592년 임진왜란壬辰倭亂을 만나 아들과 함께 죽었다.

170 이항복이 쓴 유곤수의 묘지에 "당시 수재 이징李徵과 수재 손억孫億이 같은 명성으로 배출어 번갈아 가며 형제가 되어 예원藝苑에 조용히 재주를 드러내니 사람들이 바라보기를 양형揚炯·왕발王勃·노조린盧照鄰·낙빈왕駱賓王처럼 하되 기국과 식견은 그보다 뛰어나다 함으로 내가 당시에 흔연欣然히 사모思慕하여 대붕이 높이 날기를 상상하며 자주 날아 머리로 땅을 치기를 바랐었다."라는 내용이 보인다.

무릇 술작述作함이 있었는데 이를 보는 자가 탄복하며 모두 신동이라 칭송했다. 점차 자라면서 지조가 있어 부모가 성취를 기대했다. 15세에 이르러 산사로부터 내려와 별도로 한 방에 거처하며 책을 읽었다. 하루는 가다가 보니 머리를 깎아 민머리가 되었다. 묵묵히 한마디 말이 없었고 손으로 벽 사이의 글 한 구절을 가리키며 말하기를

머리털을 깎는 것은 더러운 세상을 떠나려는 것이고
수염을 남겨두는 것은 장부임을 나타내려는 것이라네

削髮逃塵世　　　　遺髥表丈夫

라고 하더니 얼마 있다가 눈을 감고 죽었다. 그가 초고草稿로 지은 바는 죽음에 임하여 다 모아 불살라 버렸고 다만 '읍옥泣玉[옥을 안고 울다]'의 오언시 한편과 매죽당기梅竹堂記 한편은 우연히 불타지 아니하고 남아 있다. '읍옥泣玉'의 시는 다음과 같다.

지극한 보배는 세상에 드물게 나타나기에
뭇 사람들이 쉽게 알기 어렵다네
밖을 보아도 안은 볼 수 없는데
누가 능히 옥과 돌을 구별하랴
쪼개어야 빛이 절로 나타나
비로소 여러 사람 눈 놀라게 할 수 있다네
비장한지 몇 년 만에 알려졌나
팔리는 것은 바랄 바 아니네
화씨는 무엇을 하는 자이기에

이를 안고 부질없이 피눈물 흘렸나
오래지 않아 알게 될 터이니
아름다운 자질 있음을 믿을 수 있을 것이네
어찌 타인에게 보임을 기필할 필요 있겠나
구차하게 비싼 가격을 요구하였나
모든 사람 비록 돌이라 하여도
이 옥이 어찌 옥이 아니겠는가
진실로 각각 만나는 때가 있는데
아, 부질없이 스스로 애석해 하네
아는 자를 가리지 않고 바쳤으니
남들이 아니면 곧 너의 실수라네
너의 실수를 어찌 남에게 탓하랴
다리 세 번 베임이 마땅하노라

至寶稀世出　　衆人未易識
見外不見內　　誰能辨玉石
剖之光自顯　　始可駭衆目
祕藏知幾年　　見售非所欲
和氏何爲者　　抱之空血泣
未旣自知之　　可信有美質
豈必見於人　　苟要光價發
萬口雖云石　　爾玉寧非玉
遇固各有時　　嗟爾枉自惜
不擇知者獻　　非人卽爾失
爾失何尤人　　宜見足三刖

사재思齋 김정국金正國[171]이,

"격조가 비록 지극하지는 않으나 14~15세의 어린 아이로서 다다를 바가 아니다."

라고 했다. 그의 글이 기록하지는 않는 것 중에 또한 기이한 시문이 많다.[『척언摭言』에 나온다.][172]

朴童子高陽村舍 朴僉使世矩之子 七八歲時 篤志學文 無師友受讀書 自通大義 負笈長寓山寺 凡有述作 見之者歎服 皆稱神童 漸長有志操 父母冀其成立 至十五歲 自山寺下來 別處一房讀書 一日往見則手削頭髮盡禿 默無一言 以手指壁間書一句曰 削髮逃塵世 遺髯表丈夫 有頃 閉目而絶 其所作草藁 臨死盡取而焚之 只有泣玉五言詩一篇 梅竹堂記一篇 偶在不燬 其泣玉詩曰 至寶稀世出 衆人未易識 見外不見內 誰能辨玉石 剖之光自顯 始可駭衆目 祕藏知幾年 見售非所欲 和氏何爲者 抱之空血泣 未旣自知之 可信有美質 豈必見於人 苟要光價發 萬口雖云石 爾玉寧非玉 遇固各有時 嗟爾枉自惜 不擇知者獻 非人卽爾失 爾失何尤人 宜見足三刖 思齋曰 格雖未至 非十四五童子所及也 記多不錄 亦奇文也[出摭言]

• 어려서 석류 시로 이름난 김자암

김자암金自菴[173]은 어렸을 때 석류石榴로 시를 짓게 하니 곧장 대답하

---

171 김정국金正國(1485~1541) : 본관은 의성義城, 자는 국필國弼, 호는 사재思齋·은휴恩休이다. 기묘사화로 삭탈관직되어 고양高陽에 내려가 팔여거사八餘居士라 칭하고, 학문을 닦으며 저술과 후진교육에 전심, 많은 선비들이 문하에 모여들었다. 성리학과 역사·의학 등에 밝았다. 저서로는 시문집인 『사재집思齋集』을 비롯하여, 『성리대전절요性理大全節要』·『역대수수승통지도歷代授受承統之圖』·『촌가구급방村家救急方』·『기묘당적己卯黨籍』·『사재척언思齋摭言』·『경민편警民篇』 등이 있다.

172 김정국金正國의 『사재집思齋集』「척언摭言」에 유사한 내용이 보인다.

173 김구金絿(1488~1534) : 본관은 광산光山, 자는 대유大柔, 호는 자암自庵·삼일재三一

여 말하기를

어찌하여 어리석은 서역의 장사꾼처럼
배 가득 아름다운 구슬을 숨겨두었나

如何賈胡愚　　　　滿腹藏明珠

라고 하니, 한자리에 있던 사람들이 기이하게 여겼다.

金自菴幼時 以石榴爲題 卽對曰 如何賈胡愚 滿腹藏明珠 一座奇之

• 10여세에 월교교로 이름난 이명한

백주白洲 이명한李明漢[174]이 10여세 때에 백사白沙 이항복李恒福[175]이 와서 그를 보고 '궁성농추사宮聲弄秋思'란 글제로 시를 짓게 하니, 바로 그 자리에서 시를 지어 올렸으니, 다음과 같다.

齋이다. 일찍부터 성리학 연구에 전념해 학문 실력이 조광조趙光祖와 겨눌만했다 한다. 음률에도 능통했으며 글씨에도 뛰어났다. 서체가 매우 독특해 '인수체仁壽體'라고 했다. 저서로는 『자암집自庵集』, 유품으로는 『자암필첩自庵筆帖』·『우주영허첩宇宙盈虛帖』과 예산 소재의 「이겸묘지李謙墓誌」 등이 있다. 또 단가 3수와 「화전별곡花田別曲」이 문집에 전한다.

174 이명한李明漢(1595~1645) : 본관은 연안延安, 자는 천장天章, 호는 백주白洲이다. 1643년 이경여李敬輿·신익성申翊聖 등과 함께 척화파로 지목되어 심양瀋陽에 잡혀가 억류되었다. 아버지 이정구李廷龜, 아들 이일상李一相과 더불어 3대가 대제학을 지낸 것으로 유명하다. 병자호란 때 심양까지 잡혀갔던 의분을 노래한 시조 6수가 전한다. 저서로 『백주집白洲集』 20권이 있다.

175 이항복李恒福(1556~1618) : 본관은 경주慶州, 자는 자상子常, 호는 백사白沙·필운弼雲·동강東岡이다. 오성부원군鰲城府院君에 봉군되어 이항복이나 백사보다는 오성대감으로 널리 알려졌다. 특히 죽마고우인 한음 이덕형李德馨과의 기지와 작희作戲

교교한 달빛 산창에 어리고

돌 누각이 가을의 생각을 움직이네

청려 지팡이를 세워두고 길게 휘파람 부는데

사립문에 사람의 그림자가 있구나

月皎皎兮山窓　　動石樓之秋思

植藜杖而長嘯　　人有影於柴扉

이에 백사가 매우 칭찬하였다. 이 때문에 이름이 더욱 드러났다. 한 번은 오봉五峯[176] 이호민李好閔에게 일이 있어 갔더니 오봉이 기뻐하며

"그대가 월교교月皎皎를 지은 사람인가."

라고 하였다

李白洲明漢 十餘歲 李白沙來見 以宮聲弄秋思爲題 使賦 卽地製呈曰 月皎皎兮山窓 動石樓之秋思 植藜杖而長嘯 人有影於柴扉 白沙甚奬之 以此名益彰 嘗造李五峯門 五峯欣然曰 君賦月皎皎者耶

• 12세의 무명 동자

옛날 12세 동자童子가 산중 집에서 자며 지은 시에,

에 얽힌 많은 이야기로 더욱 잘 알려진 인물이다. 저술로는 1622년에 간행된 『사례훈몽四禮訓蒙』 1권과 『주소계의奏疏啓議』 각 2권, 『노사영언魯史零言』 15권과 시문 등이 있으며, 이순신李舜臣충렬묘비문을 찬하기도 하였다.

176 이호민李好閔(1553~1634) : 본관은 연안延安, 자는 효언孝彦, 호는 오봉五峯·남곽南郭·수와睡窩이다. 문장에 뛰어났다. 특히 임진왜란 때에는 왕명으로 각종 글을 작성하였는데 그가 지은 교서敎書는 내용이 간절하고 표현이 아름다워 보는 이의 감동을 자아냈다고 한다. 그러나 교서 등의 글보다는 한시에 뛰어나다는 평을 들었다. 저서로는 『오봉집五峰集』 16권이 있다.

유인幽人[177]의 집에서 잠을 자니
속객의 마음 더없이 맑아지네
문 앞엔 시냇물 흐르고
처마 귀엔 파란 산 섰도다
만년의 지조 찬 국화에 의탁하고
한가한 심정 거문고로 풀도다
솔바람이 이 뜻을 아는 양
불다말다 하며 나의 시에 화답하네

夜宿幽人宅	彌淸俗客心
門前流水在	簷角碧峯臨
晩節依寒菊	閑情托素琴
松風如有意	斷續和孤吟

라고 했다.

十二歲童 宿山家詩曰 夜宿幽人宅 彌淸俗客心 門前流水在 簷角碧峯臨 晩節依寒菊 閑情托素琴 松風如有意 斷續和孤吟[178]

• 10여 세에 시의 재능을 보인 윤계선

윤계선尹繼善[179]은 호가 파담坡潭으로 시에 대한 재능이 있었다. 10여

---

177 유인幽人 : 속세俗世를 피해 조용히 사는 사람을 뜻한다.

178 이덕무李德懋의 『청장관전서靑莊館全書』, 「이목구심서耳目口心書」,에 유사한 내용이 실려 있다.

179 윤계선尹繼善(1577~1604) : 본관은 파평坡平, 자는 이술而述, 호는 파담坡潭이다. 성품이 탁월하고 큰 뜻이 있어 함부로 남에게 영합하지 않았다. 문장이 뛰어나 붓을 잡으

세에 이웃 어른이 운자를 불러 시를 짓게 하면서 '첨尖'자를 압운하니 곧바로 대답하기를,

여우 시랑의 턱밑살처럼 커서
세상의 공명도 쥐의 털처럼 뾰족해 이루기 어렵네

人間事業狼胡大　　世上功名鼠毛尖

라고 하였다. 나이 19세에 정시庭試에 장원하였는데 주색酒色에 빠져 요절하여 끝내 재주를 펴지 못했으니 애석하도다.[『국당배어菊堂俳語』에 나온다.]

尹繼善 號坡潭 有詩才 十餘歲時 隣丈呼韻賦詩押尖字 卽對曰 人間事業狼胡大 世上功名鼠毛尖 年十九 魁庭試傷於酒色而夭 竟不究其才 惜哉[菊堂俳語]

• **어린 나이에 시로 소문난 이응기**

이응기李應麒[180]는 태어나면서 매우 영특했다. 겨우 이를 갈 어린 나이에 동주東洲 성제원成悌元[181]에게 수업하며 「기영세이도箕潁洗耳圖」에

면 그 자리에서 만여언萬餘言을 지었으며, 특히 사륙변려문四六騈儷文을 잘 지었다.

180 이응기李應麒(1530~1588) : 본관은 전주全州, 자는 정서廷瑞이다. 1581년 평산부사 재임 중에 황해도구황어사黃海道救荒御史 김응남金應南으로부터 사무에 태만하다 하여 탄핵을 받기도 하였다. 그 뒤 장악원정을 거쳐 공주목사·해주목사 등을 역임하였다.

181 성제원成悌元(1504~1559) : 본관은 창녕昌寧, 자는 자경子敬, 호는 동주東州이다. 성리학을 깊이 연구하여 정통하게 되었으며, 한편 지리학·의학·복술 등을 배우고 벼슬을 싫어하였다. 만년에 이르러 유일遺逸로써 보은 현감을 지낼 때 산수를 즐기며, 하는 일이 없는 듯 하여도 직무에는 충실하였고 그 혜택이 백성에까지 미쳤으며, 정년

대한 시를 짓기를,

> 물중에도 기영箕潁의 물과 같은 물 있다면
> 그 물이 이 물을 씻으리
>
> 水中若有水　　　　水亦洗其水

라고 하였다. 성제원成悌元이 이를 크게 기이하게 여겼다. 신유년에 문과文科에 급제하여 성균악정成均樂正이 되었다.

李應麒 生而篤穎甫齕 受業于成東[182]洲 作箕穎洗耳圖詩曰 水中若有水 水亦洗其水 東洲大異之 辛酉丈科樂正

• **7세에 백일장에서 장원한 양팽손**

양팽손梁彭孫[183]은 어려서부터 영민하였다. 7세에 백일장에서 장원을 하니 고을 수령이 팽손을 보고서 기이하게 여겨 자신의 서실에 머물기를 권했다. 이에 공公이 일어나서 절을 하고 사양하며 말하기를,

"공무를 보는 곳은 같은 고을에 사는 사람으로 거처할 곳이 못됩니다."

라고 했다. 감사監司가 순시하다가 이곳에 이르러 불러 보고는 '천

이 되어 공주의 옛 집으로 돌아와 은거하였다. 저서로 『동주유고東州遺稿』가 있다.

182 東 : 원문에는 '李'로 되어 있으나 오류로 보여 바로잡았다.

183 양팽손梁彭孫(1488~1545) : 본관은 제주濟州, 자는 대춘大春, 호는 학포學圃이다. 항상 『소학』·『근사록』 등으로 처신의 지침을 삼았고, 당시 신진 사류의 한 사람으로 활약하였다. 회화에도 일가견을 보여 안견安堅의 산수화풍을 계승하였다. 작품으로는 「산수도」 1점이 전하며, 저서로는 『학포유집學圃遺集』 2책이 전한다.

지일월天地日月'의 내용으로 짓기를 명하여 재능을 시험하니 곧바로 종이와 붓을 청하여 글로 응대하기를,

하늘과 땅처럼 넓은 나의 도량
해와 달처럼 밝은 나의 식견

天地爲吾量　　日月爲吾明

라고 하니, 감사가 놀라고 기이하게 여겨 직접 글을 써서 권장하기를

바다 학의 자태요
가을 달의 정기로다
뒷날 용문에 올라
꽃다운 이름 크게 펼치리라

海鶴之姿　　秋月之精
他日龍門　　大闡芳名

이로부터 한 고을에서 양신동梁神童으로 칭송되었다.

梁彭孫 自幼穎達 七歲魁白日場 邑宰見而奇之 勸留書室 公起拜而辭曰 公堂非邑子所宜居 監司巡到 召見 命題 天地日月以試才 卽請紙筆書對曰 天地爲吾量 日月爲吾明 監司驚方異之 手書獎之曰 海鶴之姿 秋月之精 他日龍門大闡 芳名永垂 自是一道稱梁神童

• **10세에 김시습을 놀라게 한 홍유손**

홍유손洪裕孫은 10세에 사가四佳 서거정徐居正을 알현하였다. 당시에 매월당梅月堂 김시습金時習[184]이 자리에 있었다. 서거정이 운자를 부르며 한 연구聯句를 지을 것을 명하니,

푸른 산과 물 우리 집의 일인데
밝은 달 맑은 바람은 누가 주장했는가

青山綠水吾家事　明月淸風孰主張

라고 하였다. 김시습이 놀라며 말하기를
"비록 나라도 이같이 지을 수 없다."
라고 했다. 이는 또한 앞 김시습 조에도 나온다.

洪裕孫 十歲 謁徐四佳 時梅月堂在座 四佳呼韻 命賦其一聯曰 青山綠水吾家事 明月淸風孰主張 梅月驚曰 雖余不得如此 又上

• **6세에 문장을 지은 이정구**

월사月沙 이정구李廷龜[185]는 태어난 지 8개월 만에 말을 배울 수 있어

---

184 김시습金時習(1435~1493) : 본관은 강릉江陵, 자는 열경悅卿, 호는 매월당梅月堂·청한자淸寒子·동봉東峰·벽산청은碧山淸隱·췌세옹贅世翁, 법호는 설잠雪岑이다. 시문은 청수淸邃하고 호탕豪宕하여 율시律詩, 오언고풍五言古風 등에 자유자재하여 격식에 구애받지 않았다. 중국 초나라의 굴원이 억울하고 비분한 마음을 토로한 장편 서정시인 「이소離騷」를 즐겨 암송하였다. 저서로 『매월당집梅月堂集』등이 있다.

185 이정구李廷龜(1564~1635) : 본관은 연안延安, 자는 성징聖徵, 호는 월사月沙·보만당保晩堂·치암癡菴·추애秋崖·습정習靜이다. 유년시절부터 남다른 문학적 자질을 보였다. 중국어에 능하여 어전통관御前通官으로 명나라 사신이나 지원군을 접대할 때

서 곧 문자를 알았다. 6세에 능히 문장을 지을 수 있었다. 매번 한편을 지을 때마다 전하여 암송되어 사람들을 놀라게 하니 칭찬하여 신동이라 했다. 태어난 지 8개월 만에 일어나 걸었고 말을 배울 때부터 문자를 알았다. 6세 때 유모가 그를 안고 문밖에 앉아 있는데 술 취한 사람이 앞 시내의 다리를 건너는 것이 보였다. 그때 버들개지가 날리고 피리 소리가 들렸다. 공公이 그 광경을 말하는데 그 말이 마치 가곡歌曲과 같았다. 유모가 기이하게 여겨 의정공議政公 이계李啓에게 알렸다. 의정공이 묻기를,

"네가 이 일을 가지고 시구를 지을 수 있겠느냐?"

라고 하니, 공이 즉시 응답하기를,

부축 받아 건너는 작은 다리 저편에
버들개지 다투어 어지러이 날리네
어디서 들려오나 몇 가락 피리 소리
불어와 술 취한 귀를 깨우네

扶過小橋外　　楊花爭亂飛
何處數聲笛　　吹來醒醉耳

라고 하였다. 또 공자公子가 술에 취해 지나가는 것을 보고는 시구를 짓기를

에 조선 조정을 대표하며 중요한 외교적 활약을 했다. 그의 문장은 장유張維·이식李植·신흠申欽과 더불어 이른바 한문사대가로 일컬어졌다. 저서로 『월사집月沙集』 68권 22책이 전한다.

금수레 바퀴는 향초를 밟고
백마 탄 낭군은 술 취해 가네

金輪踏香草　　　　白馬郎醉去

라고 하니, 세상에서 신동神童이라 하였다.

李月沙廷龜 生八月 能學語 便識文字 六歲能屬辭 每一篇出 傳誦驚人 稱爲神童 生八月 能行走 自學語 知文字 六歲 姆抱坐門外 見醉人過前橋 時楊花飛 笛聲起 公語其事 言如歌曲 姆奇之 語議政公 議政公問曰 汝能以此爲詩乎 公應口對曰 扶過小橋外 楊花爭亂飛 何處數聲笛 吹來醒醉耳 又見公子醉過 作句曰 金輪踏香草 白馬郎醉去 世稱神童

<최종호>

• 어린 시절부터 시재가 뛰어났던 박엽

박엽朴燁[186]이 8세에 대설大雪을 읊었는데 이러하다.

손바닥 같기도 하고 다시 방석 같은 눈
바람 따라 쌓였다 다시 흩날리네
창에는 그림자 없는 달빛을 머금었고
숲은 향기 없는 꽃을 토해내네

---

186 박엽朴燁(1570~1623) : 본관은 반남潘南, 자는 숙야叔夜, 호는 약창葯窓이다. 내외內外직에 역임하여 가는 곳마다 치적을 올렸다. 북호北胡들의 동정을 잘 알고 방비하였으므로 그들이 감히 연변을 침범하지 못하였다. 권신 이이첨李爾瞻을 모욕하고도 무사하리 만큼 명성을 떨쳤으나 인조반정 후 부인이 광해군의 인척이었다는 이유로 그를 두려워하는 훈신勳臣들에게 학정虐政의 죄로 사형당했다.

산 위에는 옥으로 굴을 이루었고
인간 세상엔 구슬로 집을 만들었네
이지러진 달로도 온통 희게 물들이니
차가운 나무에는 굶주린 까마귀만 있구나

如手復如席　　隨風覆更斜
窓含無影月　　林吐不香花
山上瓊爲窟　　人間玉作家
一痕能染白　　寒樹有飢鴉

10살 때에 이웃집에 갔는데, 주인이 집에 없자 벽에 다음과 같이 써 두었다.

주인은 산위의 산이요[출타하셨고 出]
나그네는 입속의 입이로다[발길을 돌리네 回]

主人山上山　　客子口中口

[「통재」편에도 보인다.]

朴燁八歲 咏大雪曰 如手復如席 隨風覆更斜 窓含無影月 林吐不香花 山上瓊爲窟 人間玉作家 一痕能染白 寒樹有飢鴉 十歲往隣家 主人不在 題壁曰 主人山上山 客子口中口[又見通才]

• 5세부터 신동으로 알려진 차은로

차은로車殷輅[187]는 차식車軾[188]의 장자였다. 5세에 능히 글을 지어 신동으로 유명했다. 9세에 장난으로 기와 조각을 던지다가 잘못하여 이웃집 장독에 떨어지게 되었는데, 그 집 사람 말투가 매우 불손하였다. 이에 차은로는 유수留守 한두韓㞳[189]에게 하소연하였는데, 한두는 차은로가 뉘집 자식인지 물어서 알고는 그가 곱고 어린 것을 어여삐 여겨서 앞으로 다가오라고 하였다. 당시는 가뭄이 매우 심하였던 터라, 가뭄을 걱정하는[悶旱] 것으로 제목을 삼아 운을 부르고 읊으라고 하였다. 말이 떨어지자마자 다음과 같이 대답하였다.

> 구름 무지개가 부질없이 하늘을 덮었으나
> 마른 논은 거북 등처럼 갈라졌네
> 노나라에서 무당을 불태우던 날이요[190]
> 함양에서 손톱을 깎던 해일세[191]

---

187 차은로車殷輅(1563~?) : 본관은 연안延安, 자는 덕여德轝·여빙汝憑, 호는 일제당日躋堂이다. 선조 때 무과에 급제하여 임진왜란 때 평양을 공격하는 왜적 500여 명과 전투하여 공을 세웠다. 청도군수淸道郡守를 역임하였다. 1597년에 경기도 호위군으로 종형從兄 차은진車殷軫과 함께 선발되었다.

188 차식車軾(1517~1575) : 본관은 연안延安, 자는 경숙敬叔, 호는 이재頤齋이다. 중앙관직으로는 성균관·호조·예조·봉상시·교서감·승문원 등의 좌랑·주부·교리·교감을, 지방관직으로는 통진·항주·해주·평해·고성의 현감·군수를 역임하였다. 경사에 널리 통했으며, 특히 문장에 능하였다고 한다. 아들 차천로·차운로와 더불어 송나라의 삼소三蘇인 소순蘇洵·소식蘇軾·소철蘇轍에 비유되기도 하였다.

189 한두韓㞳(1501~1558) : 본관은 청주淸州, 자는 사앙士仰이다. 중종 때 문과에 급제하여, 명종 1551년 동지사冬至使가 되어 명나라에 다녀왔고, 이듬해 개성부유수가 되었다.

190 노나라에서~날이요 : 기우제의 형식의 하나로 섶나무 위에 무당을 올려놓고 불을 질러 태운 것을 말한다. 『좌전』·「희공」에 관련 내용이 보이다. 춘추 시대 노나라 희공僖公 23년 여름에 큰 가뭄이 들자 공이 무당을 태우려 하였다.

191 함양에서~해일세 : 전조翦爪는 손톱을 자른다는 뜻인데, 기우祈雨를 뜻하는 말

雲霓空蔽天　　　龜背坼乾田
魯國焚巫日　　　咸陽剪爪年

한두는 무릎을 치며 칭찬과 탄식을 자아냈고, 종이와 붓을 상으로 주고는 그 이웃집 사람을 벌주었다. 뒤에 차식을 보고 말하기를

"그대 아들의 재주는 매우 뛰어나니 모름지기 잘 가르치고, 시를 지어 사람들에게 전하게 하지 말게나. 내 마땅히 손녀에게 장가들게 하겠네."

라고 하였다.

어려서는 뛰어난 재주가 있어서, 10세 이전에 고문과 운부 등 여러 책을 다 읽었다. 시학이 크게 이루어져 입에는 항상 시를 읊조리고 있었다. 16세에 진사 초시에 합격했으나 병으로 회시에는 미처 나가지 못하였고, 17세에 요절하였다.

그의 부친 차식이 일찍이 고을 사람 10여명과 계를 결성하였는데 차은로는 이런 시를 지었다.

오백 년 도읍 중에 으뜸가는 고을 개성
선비들 계를 이루니 가장 좋은 놀이일세
삼짇날 들풀 밟아 긴 낮을 보내고
중양절엔 국화 띄워 늦은 가을 읊조리네

로 사용된다. 은殷나라 탕 임금 때 7년의 큰 가뭄이 들었는데, 태사太史가 점치기를 "마땅히 사람을 희생으로 하여 빌어야 한다.[當以人禱]"라고 말하였다. 탕 임금이 "내가 청하는 것은 백성을 위함이니, 만일 반드시 사람을 희생으로 하여 빌어야 한다면 내가 스스로 그것을 감당하겠다.[吾所爲請者民也, 若必以人禱, 吾請自當.]"라고 하고, 드디어 재계하여 손톱을 자르고 머리카락을 잘라 희생을 삼았다는 고사가 있다. 『사략史略』에 나온다.

굽이진 물에 잔 띄우는 것[192] 어찌 부러워할 것이며
용산龍山에서 모자 날리는 것도[193] 또한 짝하기 어려워라
양생송사養生送死[194]에 별다른 부족함 없으니
인간 세상의 기쁨과 슬픔 다 얻었다오

五百王都第一州　　儒林修禊最佳遊
踏靑三月消長晝　　泛菊重陽咏晩秋
曲水流觴何足羨　　龍山落帽亦難儔
養生送死當無欠　　做得人間樂與憂

12세 때에는 부친 차식이 황주黃州[195] 통판이 되었는데, 그의 손님을 전송하는 시[196]는 이러하다.

영빈관迎賓館[197]에서 그 얼마나 연회를 즐겼고
광원루廣遠樓[198]에 자주 올랐다네

---

192 굽이진~것 : 진晋나라 왕희지王羲之의 난정蘭亭 유상곡수流觴曲水를 말한다. 곧 물굽이를 만들어 놓고 둘러앉아 잔을 물에 띄워서 잔이 물결 따라 마시면서 그 잔이 자기 앞에 오기 전에 시 같은 것을 짓는 놀이이다.

193 용산龍山에서~것도 : 진晋나라 사람 맹가孟嘉가 용산龍山에서 열린 중앙절의 연회에서 너무 즐거워 땅에 모자가 날리는 지도 몰랐다는 고사이다.

194 양생송사養生送死 : 어버이를 생전에 봉양하고 사후에 장사 지내는 것을 말한다. 『맹자孟子』·「이루 하離婁下」에 "살아 계실 때 봉양하는 것은 큰일에 해당한다고 할 수 없다. 오직 돌아가셨을 때 장례를 모시는 것이 큰일에 해당될 수 있다.[養生者不足以當大事 惟送死可以當大事]"라는 말이 있다.

195 황주黃州 : 황해도 북쪽에 있는 군이다.

196 손님을~시 : 『택당집』 권5, 「권주부겹만사權主簿韐挽詞」가 전한다.

197 영빈관迎賓館 : 황해도 황주목의 객사에 있던 손님을 맞이하던 건물이다.

198 광원루廣遠樓 : 황해도 황주목의 객사 동쪽에 있던 누정이다.

하루아침에 운수雲樹[199]를 이별하니
산은 푸르고 물만 공연히 흐르네

幾宴迎賓館　　頻登廣遠樓
一朝雲樹別　　山碧水空流

車殷輅 軾長子 五歲能屬文 以神童著名 九歲戲擲瓦礫 誤落隣家醬甕 其人有不遜語 車訴于留相韓嵂 韓問知爲某之子 愛其美少 使之前 時亢旱 以悶旱爲題 呼韻命賦 應聲對曰 雲霓空蔽天 龜背坼乾田 魯國焚巫日 咸陽剪爪年 韓公擊節稱歎 賞以楮毫 治其隣人 後謂軾曰 君兒才太奇 須晦[200]之 勿令作詩傳諸人 吾當妻以孫女 幼有逸才 十歲前 盡讀古文韻府群書 詩學大成 常諷在口 十六中進士初試 病未赴會試 十七夭逝 其父嘗與鄕黨十餘人結禊 殷輅有詩曰 五百王都第一州 儒林修禊最佳遊 踏青三月消長晝 泛菊重陽咏晩秋 曲水流觴何足美 龍門落帽亦難儔 養生送死皆無欠 做得人間樂與憂 十二歲時父爲黃州通判 其送客詩曰 幾宴迎賓館 頻登廣遠樓 一朝雲樹別 山碧水空流

• 9세에 지은 권겹의 송도회고시

초루草樓 권겹權韐[201]은 9세에 송도회고시松都懷古詩를 지었다.

---

199 운수雲樹 : 벗을 그리워하는 마음을 뜻하는 말로, 두보杜甫의 「춘일억이백春日憶李白」의 "위수 북쪽엔 봄 하늘에 우뚝 선 나무, 강 동쪽엔 저문 날 구름.[渭北春天樹江東日暮雲]"에서 유래한다.

200 원문에는 '회誨'로 되어 있으나, 『오산설림초고五山說林草藁』을 참고하여 '회晦'로 수정하였다.

201 권겹權韐(1562~1643) : 본관은 안동安東, 자는 여명汝明, 호는 초루草樓이다. 시와 문장에 능통하여 이름이 높았으며, 음보蔭補로 종부시주부宗簿寺主簿가 되었다. 아우 권필權韠이 당시 집권하고 있던 대북파의 음모로 유배 가던 도중에 죽었다. 그

밝은 달은 이전 왕조의 빛이요
싸늘한 종소리는 고국의 소리라네
남쪽 누각에 시름겹게 홀로 있자니
낡은 성엔 저녁 연기 피어오르네

雪月前朝色　　寒鍾故國聲
南樓愁獨立　　殘郭暮煙生

[위의 시는 기생 황진이 시에 또 실려 있다.] 뛰어난 곡조로 한 시대에 회자되었다.

뒤에 택당澤堂 이식李植[202]이 권겹의 만사를 썼는데 이러하다.

송도를 회고한 「설월한종고국시雪月寒鍾故國詩」
9살의 좋은 구절 세상에 알려졌구나
풍진을 두루 겪을 땐 시류의 무리에게 공허했고
강호에 돌아와선 주색을 즐겼네
주머니 속엔 육도六韜[203]를 지니고 누더기 걸쳤고
책상 위엔 금단金丹[204] 비결祕訣 있으나 머리 백발이라

후 벼슬에서 물러나 시문으로 세월을 보냈다. 저서로는 『초루집草樓集』이 있다.

202 이식李植(1584~1647) : 본관은 덕수德水, 자는 여고汝固, 호는 택당澤堂·남궁외사南宮外史이다. 1618년 폐모론이 일어나자 정계에서 은퇴하여 경기도 지평砥平 낙향했다. 그 후에 남한강변에 택풍당澤風堂을 짓고 오직 학문에만 전념했다. 이식은 문장이 뛰어나 신흠申欽·이정구李廷龜·장유張維와 함께 한문사대가로 꼽혔으며 그의 문하에서 많은 문인과 학자가 배출됐다. 문집으로는 『택당집澤堂集』이 전하는데 한시의 모든 갈래에 두루 능숙했고 많은 작품을 남겼다.

203 육도六韜 : 주周나라 여상呂尙이 지었다는 『육도六韜』라는 병서兵書 중의 한 권이다.

204 금단金丹 : 선인仙人과 도사道士가 만드는 장생불사약長生不死藥을 말한다.

오히려 『오두연주집五竇聯珠集』[205]에 그 시편詩篇 남아

사후에도 높은 이름 길이 전하리라

雪月寒鍾故國詩	九齡佳句世間知
風塵歷抵空時輩	江海歸來有酒色
囊裏虎韜方擁褐	案頭丹訣鬢成絲
猶應五竇聯珠集	不廢高名死後垂

權草樓韐 九歲作松都懷古詩曰 雪月前朝色 寒鍾故國聲 南樓愁獨立 殘郭暮煙生[又載妓黃眞詩] 以絶調膾炙一時 後澤堂挽之曰 雪月寒鍾故國詩 九齡佳句世間知 風塵歷抵空時輩 江海歸來有酒色 囊裏虎韜方擁褐 案頭丹訣鬢成絲 猶應五竇聯珠集 不廢高名死後垂

· 시를 지어 위기를 모면한 홍서봉

학곡鶴谷 홍서봉洪瑞鳳[206]이 어린 시절 여러아이들과 같은 마을에 사는 재상 홍섬洪暹의 집에서 놀았다. 이때 못의 연꽃이 무성히 피어 각각 꽃 하나씩을 꺾어 감상하였는데, 홍섬이 보고서 화가 나서 매질을

---

205 『오두연주집五竇聯珠集』: 문재文才가 뛰어난 형제의 시문詩文을 가리키는 말이다. 당唐나라 두군竇群의 형인 상常과 모牟, 그리고 아우인 상庠과 공鞏이 모두 낭관郞官으로 시문에 뛰어났다. 때문에 이들 형제의 『연주집聯珠集』이 세상에 유행되었는데, 당시에 이를 일컬어 '오두연주五竇聯珠'라고 했던 고사가 전한다. 『신당서新唐書』·「두군전竇群傳」에 나온다.

206 홍서봉洪瑞鳳(1572~1645) : 본관은 남양南陽, 자는 휘세輝世, 호는 학곡鶴谷이다. 1612년 김직재金直哉의 무옥誣獄에 장인 황혁黃爀이 화를 입자 이를 변호하다 파직당하고, 1623년 인조반정仁祖反正에 가담하여 병조참의가 되었으며, 정사靖社공신에 책록, 익녕군益寧君에 봉해졌다. 병자호란이 일어나자 최명길崔鳴吉과 함께 화의和議를 주장하였다. 문장과 시詩에 능했으며, 저서로 『학곡집鶴谷集』이 있고, 시조 1수가 『청구영언靑丘永言』에 전한다.

하려고 했다. 다른 아이들은 모두 놀라 달아났는데 홍서봉만 유독 두려워하는 낯빛도 없이, 꼿꼿이 서서 꿈쩍도 하지 않았다. 홍섬이 기이하게 여기고는 불러서 말하기를

"네가 시를 지을 줄 안다면 내 마땅히 용서해 주겠다."

라고 하였다.

이에 홍서봉은

"오직 명을 따르겠습니다. 운을 불러주시지요"

라고 말하였다.

홍섬이 '추秋'자를 부르자, 홍서봉은 말이 떨어지기 무섭게 대답하기를

> 재상집 연못가 누각은 가을처럼 싸늘하구나
>
> 相公池閣冷如秋

라고 하였다.

이에 또 '유遊 자'를 부르니 즉시 대답하기를

> 어린 아이가 벗의 손을 잡고 달빛 아래에서 노니네
>
> 童子携朋月下遊

라고 하였다.

홍섬이 매우 놀라 어려운 글자를 내서 곤란케 하고자 '우牛' 자를 불렀다.

홍서봉은 고민도 하지 않고 다음과 같이 답했다.

승평대업에 무슨 일을 할 지 아시오?

단지 연꽃만 묻고 소는 묻지 않는다오[207]

昇平大業知何事　　但問蓮花不問牛

홍섬은 그를 맞이하여 자리에 앉히고는

"이 아이는 반드시 내 자리에 앉을 것이다."

라고 하였다.

뒷날 과연 정승에 제수되었다.[낙주洛洲 구봉서具鳳瑞[208] 항목에 서로 비슷한 내용이 보인다.]

홍서봉은 또 7세에 능히 시문을 지을 줄 알아서 종종 사람들을 놀라게 했다. 계부 익성공益城公 홍언필洪彦弼이 '묘猫'자를 불러 시를 짓게 하였는데, 홍서봉은 말이 떨어지자마자

고양이 울음소리에 천 마리 쥐들이 놀라네.

[猫鳴驚千鼠]

라고 지었다.

익성공이 매우 대견하게 여기고는

---

207 소는~않는다오 : 한나라의 정승 병길丙吉이 봄날 길에서 헐떡거리는 소를 보고 사람을 시켜서, "그 소는 아직 덥지 아니한데 어찌 그렇게 헐떡이느냐."라고 물었다. 얼마 후에 어떤 사람이, "소가 헐떡거리는 것이 무슨 대단한 일이라고 사람을 시켜서까지 물었느냐?"라고 하니, "정승의 직책은 사시四時에 따라 기후를 고르게[燮理]하는 것이다. 봄철에 소가 더위로 인하여 혀를 빼물고 헐떡인다는 것은 기후가 이상스러운 까닭일 것이다. 그래서 그것을 물은 것이지 그 소 하나를 아껴서 물은 것은 아니다."라고 답하였다.

208 구봉서具鳳瑞(1596~1644) : 본관은 능성綾城, 자는 경휘景輝, 호는 낙주洛洲이다. 권필權韠에게서 시를 배웠다. 사람됨이 강직하였으며, 재치가 있었고, 권력에는 추호도 아부하려 함이 없었다. 그 재치가 청나라와의 외교에서 마찰을 줄여 인조로부터 한때 제일의 신하로 신임을 얻었다.

"이 아이는 단지 문장에 능한 것만이 아니라 소인들이 반드시 두려워할 것이다."

라고 했다고 한다.

洪鶴谷瑞鳳 幼時與諸兒遊同里洪相國暹家 是時池荷盛開 各折一花而愛玩 洪公見而怒欲笞之 諸兒皆驚散 公獨無懼色 凝立不動 洪公奇之 招問曰汝若作詩 吾當贖之 公曰惟命請韻 洪公曰秋字 公應聲對曰 相公池閣冷如秋 又呼遊字 即對曰 童子携朋月下遊 洪公大驚 欲試難字以窘之 呼牛字 不思而對曰 昇平大業知何事 但問蓮花不問牛 洪公延之座曰此兒必座吾座矣 後果大拜[與具洛洲互看] ○又七歲能知屬文 往往驚人 季父益城公呼猫字作韻 公應聲對曰 猫鳴驚千鼠 益城大奇之曰 此兒非徒能文章 小人必畏之云

• 시를 지어 연꽃을 딴 죄를 모면한 구봉서

낙주洛洲 구봉서具鳳瑞는 어린 시절 같이 놀던 동무들과 달밤에 백사白沙 이항복 李恒福 댁에 들어가 연을 훔쳤다. 백사가 이를 알고는 불러서 앞으로 오게 하여 꾸짖으며

"어찌해서 책을 읽지 않고 도리어 연꽃을 훔치는가?"

라고 말하니,

공은 조금도 위축되는 모습 없이 문득 대답하기를

"책은 이미 다 읽어 다만 정처 없이 노닐고 있을 뿐입니다."

라고 했다.

이에 다시 묻기를

"책을 이미 다 읽었으면 시를 지을 수 있는가"

라고 하니

"지을 수 있습니다."

라고 답하였다.

백사가 말하기를

"내 마땅히 운을 불러서 시험할 것이다. 짓지 못하면 매를 맞을 것이다."

라고 하고 드디어 유遊자를 불렀다. 즉시 응대하기를

어린 아이가 벗을 불러 달빛 아래에서 노니네
童子招朋月下遊

라고 하였다.

또 '추秋'자를 부르자, 또 즉시 답하기를

재상의 연못 누각은 가을처럼 싸늘하구나
相公池冷館如秋

라고 하자, 백사는 구봉서가 시를 지을 줄 아는 것을 알고 곤란케 하고자 하여 '우牛' 자를 불렀다.

또 즉시 대답하기를

승평사업은 무슨 일을 할 지 아시오?
단지 연꽃만 묻고 소는 묻지 않으신단 말이오

昇平事業知何事　　但問蓮花不問牛

라고 하자, 공이 크게 칭찬을 하였다. 당시에 신동으로 일컬어졌

다.[학곡鶴谷 홍서봉洪瑞鳳 항목에 비슷한 내용이 보인다.]

具洛洲鳳瑞 兒時與同隊群兒 月夜入李月沙相公宅 偸蓮 白沙覺之 招使前 詰之曰 何不讀書 反偸蓮爲 公少無縮容 便對曰書旣盡讀 只事浪遊爾 又問曰書旣盡讀則能詩乎 對曰能 白沙曰吾當呼韻試之 不能則撻之 遂呼遊字 卽對曰 童子招朋月下遊 又呼秋字 又卽對曰 相公池館冷如秋 白沙知其能詩 欲窘之 乃呼牛字 又卽對曰 昇平事業知何事 但問蓮花不問牛 公大加稱賞 時稱神童[與洪鶴谷互看]

• 7살에 요절한 천재 시인 권득인

권득인權得仁은 석주石洲 권필權韠과 한 시대에 이름이 나란했다. 겨우 7살을 넘겨서 요절했다. 시가 있는데 이러하다.

횡당橫塘[209]에 열 자 되는 연이 있어
꺾어 옷을 만들 수 있으련만
영락하여 물길을 따라 흘러갔으니
간밤엔 강남에 서리가 온 탓이로다

橫塘十丈藕　　采輯作衣裳
零落隨水流　　江南昨夜霜

[『소화시평小華詩評』에 나온다.]

209 횡당橫塘 : 중국 상해 근처에 있는 지명이다.

權得仁與石洲一時齊名 纔踰七齡而夭 有詩曰橫塘十丈藕 采輯作衣裳 零落隨水流 江南昨夜霜[小華詩評]

• 신동 오억령

만취晩翠 오억령吳億齡[210]은 5세에 책을 읽을 수 있었고, 뛰어난 구절이 있었다. 7세에 시문을 지을 수 있었고 신동으로 일컬어졌다.

吳晩翠億齡 五歲知讀書 有警句 七歲綴文 稱以神童

• 춘첩자를 잘 지어 유명해진 정엽

수몽守夢 정엽鄭曄[211]은 3세에 문장을 배웠다. 4세에는 여러아이들과 이웃집에 놀러 갔다. 때마침 율곡栗谷 이이李珥와 임당林塘 정유길鄭惟吉[212] 두 공이 정엽의 빼어남과 남다름을 보고 성명을 묻고 그로 하여금 춘첩자春帖子를 짓게 하였는데 매우 명석했다. 시를 배웠냐고 묻자 대답하는 것이 틀림이 없었다. 온 자리에서 경탄하고 신동으로 여겼다.

---

210 오억령吳億齡(1552~1618) : 본관은 동복同福, 자는 대년大年, 호는 만취晩翠이다. 선조 때 문과에 급제하여 광해군 때 병조참판·한성부판윤·개성유수 등을 역임했다. 1615년 폐모론에 반대하자 정인홍 등이 탄핵하자 병을 핑계로 사직하고 낙향했다. 문장과 글씨에 능하였다. 저서로 『만취집晩翠集』이 있다.

211 정엽鄭曄(1563～1625) : 본관은 초계草溪, 자는 시회時晦, 호는 수몽守夢이다. 나주목사를 거쳐, 병조참지·대사간·예조참의·승지·판결사·도승지 등을 두루 역임하였다. 폐모의 조처가 단행되자 관직을 버리고 여주에 돌아와 지냈다. 저서로 『근사록석의近思錄釋疑』와 『수몽집守夢集』이 있다.

212 정유길鄭惟吉(1515～1588) : 본관은 동래東萊, 자는 길원吉元, 호는 임당林塘·상덕재尙德齋이다. 충효와 근신을 근본으로 삼고 넓은 도량을 가지고 있어 포섭력이 강했으며, 큰 일에는 대의를 가지고 과감하게 이를 처결하였다. 시문에도 뛰어났으며, 서예에도 능해 임당체林塘體라는 평을 받았다. 작품에 「한기비韓琦碑」가 있고, 저서로 『임당유고林塘遺稿』가 있다.

鄭守夢曄 三歲學文 四歲與群兒遊戲隣家 適栗谷林塘兩公見公英秀異常 問姓名 使之年對[213]甚晣 問學詩 應口不錯 一座敬歎 以爲神童

• **최해**

최해崔瀣는 9세에 시에 능했다.

崔瀣九歲能詩

• **윷놀이 시를 절묘하게 지은 송광협**

송광협宋光浹의 자는 화숙和叔이다. 어린 시절에 재주가 있다는 명성이 있었다. 일찍이 윷놀이 종이판 위에 글씨를 썼는데 이러하다.

여덟 마리 준마가 하루에 만 리를 가니
사방에 전부 말 자취가 있구나

八駿日行萬里　　四方皆有馬跡

그는 이처럼 일찍부터 영민했으나, 끝내 급제하지 못했으니 애석하다.

'척자木奠欠子'라는 글자는 고서에는 보이지 않는데 시속에서 나무 네 가지를 사용하여 세시의 놀이를 삼고, 말을 움직이는 방법을 쓰고 있다. 지금 중국에도 있지만 법이 조금 다르다고 한다. 만약 '사柶'를

213 원문에는 두 글자가 누락되어 있으나, 『월사집月沙集』의 「좌참찬증우의정시문숙정공신도비명參贊贈右議政諡文肅鄭公神道碑銘」에 의거하여 '년대年對'라는 두 글자를 보충하였다.

쓰면 의미가 통하지 못하지만 시속에서 대신 사용한다.

宋光浹字和叔 兒時有才名 嘗書木奠欠 戱紙局上曰 八駿一行萬里 四方皆有馬跡 其夙慧如此 竟不第 可惜也 木奠欠 子字不見古書 而俗用四木枝爲歲時之戱 有用馬之法 今中土亦有之 法小異云 若曰柶不成矣代塵

• 잔치집에서 훌륭한 시를 지은 윤광보

석촌石村 윤광보尹光普는 진사이다. 어렸을 때 다른 집 잔치에 가서 시를 지었는데, 다음과 같다.

> 등왕각滕王閣에는 동남의 훌륭한 사람은 다 왔고
> 난정蘭亭에는 젊은이와 늙은이가 다 모였네

> 滕閣東南盡　　　　蘭亭少長咸

8세 때의 일이다.

尹石村光普 進士 兒時赴人宴 有詩曰滕閣東南盡 蘭亭少長咸 八歲時也

• 연못 속의 달을 읊은 권만

권만權萬[214]은 8세 때 석정지石亭池 가운데 달을 읊었는데 이러하다.

---

214 권만權萬(1688~1749) : 본관은 안동安東, 자는 일보一甫, 호는 강좌江左이다. 어려서부터 인정이 많았고 기질이 호방하여 노래도 거침없이 부르고 유람을 즐겨하였으며 외국어에도 관심이 많았다. 글씨는 전서篆書를 즐겨 썼고, 당송唐宋 고문은 격이 낮다고 여겨 육경六經의 간명한 문체에 심취해서 문학에 주력하였다. 1728년 정자로 재직시 이인좌李麟佐의 난이 일어나자 의병장 유승현柳升鉉을 도와서 반역을

두꺼비와 토끼[215]는 물고기와 함께 뛰고
연꽃은 계수나무와 함께 피네

蟾兎同魚躍　　蓮花並桂開

權公萬 八歲咏石亭池中月曰蟾兎同魚躍 蓮花並桂開

• **안경을 읊은 목만중**

목만중睦萬重[216]은 자가 유선幼選이다. 8세에 안경을 읊었는데 이러하다.

눈 밖에는 건곤이 크게 보이고
미간에는 일월이 걸려 있네

瞙外乾坤大　　眉間日月懸

睦萬重 字幼選 八歲咏眼鏡曰 瞙外乾坤大 眉間日月懸

괴한 무리들을 진압하는 데 공을 세웠다. 저서로 『강좌집江左集』이 있다.

215 두꺼비와 토끼 : 달 속에 있다고 하는 두꺼비와 옥토끼로서, 달 표면에 보이는 검은 반점을 두고 하는 말이다.

216 목만중睦萬中(1727~1810) : 본관은 사천泗川, 자는 공겸公兼·유선幼選, 호는 여와餘窩이다. 1801년 신유사옥 때, 대사간으로서 당시의 영의정 심환지沈煥之와 함께 남인시파南人時派 계열의 천주교도들에 대한 박해와 탄압을 주도하였다. 뒤에 관직이 판서에 이르렀다. 저서로는 『여와집餘窩集』이 있다.

• 나라를 견고하게 하는 시를 지은 박존억

박존억朴尊億은 진사進士를 지냈고 인천 사람이다. 장령을 지냈던 박승길의 서증손이다. 9세 때

"나라를 견고하게 하는 것은 산하의 험준함 때문이 아니네"

라는 시를 지었는데, 기구를 다음과 같이 읊었다.

> 만리장성은 높았지만 함양咸陽의 사슴 달아났고[217]
> 촉산蜀山은 가파르지만 물고기 행렬 이어졌네[218]

> 秦城高而鹿逸　　　蜀山兀而魚貫

朴尊億 進士 仁川人 掌令升吉庶曾孫 九歲作固國不以山河險 賦起句曰 秦城高而鹿逸 蜀山兀而魚貫

• 소나무 소리를 절묘하게 지은 김숭조

김숭조金崇祖[219]는 10살 때 이미 문예가 이루어졌다. 셋째 형 찰방공

---

217 만리장성은~달아났고 : 만리장성을 축조했던 진秦나라가 망하게 되자 천하의 영웅들이 앞다투어 일어났다. 함양의 사슴이라 불린 진나라 이세二世 황제 호해胡亥 역시 중국 섬서성陝西省 경양현涇陽縣 동남쪽에 있는 망이궁望夷宮에 도망가 있다가 조고에게 살해당하였다. 『사기史記』, 「진시황본기秦始皇本紀」에 전한다.

218 촉산蜀山은~이어졌네 : 촉산은 매우 험준한 산을 지칭하며, 어관은 물고기를 꿰는 것처럼 나란히 늘어선 차례를 말한다. 진혜왕秦惠王이 서촉西蜀 지방을 정벌하려고 했으나 험준한 산길을 넘는 것이 불가능하자, 다섯 마리의 석우石牛를 만들어 꽁무니에 황금을 묻힌 다음 황금 똥을 누는 소라고 속였다. 이에 촉왕이 오정역사五丁力士를 시켜서 검각劍閣의 산길을 개통하여 끌고 오게 하자, 진나라 군대가 그 뒤를 따라 서촉 땅으로 차례대로 들어갔다는 고사가 전하는 바, 어관이란 진나라 군대가 늘어져 행렬이 이어지는 것을 비유한 말이다. 『태평환우기太平寰宇記』에 보인다.

219 김숭조金崇祖 : 본관은 광산光山, 자는 희지禧之이다. 1495년 식년 문과에 을과로 급제하여 교서관부정자校書館副正字가 되고, 이어서 정자를 거쳐 1501년 정언正言,

께서 소나무 소리를 읊조리게 하였는데, 말이 떨어지자마자 대답하였다.

누가 거문고 소리 같은 소나무를 새로 단장해 내었던가
저 봉우리에만 있으나 인간 세상에는 없구나

誰家錦瑟新粧出　　只在峯頭不在家

듣는 사람들이 기이하게 여겼다.

金崇祖 十歲詞藝已成 三兄察訪公 令賦松聲 應口對曰 誰家錦瑟新粧出 只在峯頭不在家 聞者異之

• 이별 시를 절묘하게 지은 박장원

구당久堂 박장원朴長遠[220]은 6살 때 책을 읽었고, 8살 때 시구를 지어 사람들을 놀라게 하였다. 11세 때에는 문예가 크게 진보해서 사람들이 이필李泌[221]과 안수晏殊[222]로 지목하였다. 12세 때에는 당시 부친 박

1504년 지평持平을 역임하였다. 1506년 중종반정으로 연산군이 폐위되자 연산군 아래에서 벼슬한 것을 부끄럽게 여겨 '청맹靑盲'이라 일컫고 밖에 나오지 않았다. 1514년 집의執義, 이듬해 나주목사 등을 역임하였다.

220 박장원朴長遠(1612~1671) : 본관은 고령高靈, 자는 중구仲久, 호는 구당久堂·습천隰川이다. 1639년 검열檢閱이 되고, 1640년 사간원정언司諫院正言으로 춘추관기사관이 되어 『선조수정실록宣祖修正實錄』의 편찬에 참여하였다. 이후 예조판서 ·한성부판윤 등을 역임하고 그 뒤 자원하여 개성부 유수留守로 나갔다가 재직중에 죽었다. 저서로는 『구당집久堂集』이 있다.

221 이필李泌(722~789) : 중국 당唐나라의 명재상으로, 자는 장원長源이다. 현종 연간에 동궁의 한림 공봉翰林供奉으로 발탁되면서 천자와 태자의 은총을 한 몸에 받았고, 숙종이 즉위한 뒤에는 빈우賓友로서 모든 국사에 참여하였다. 양국충楊國忠 등 권

훤朴烜의 친구 중 임자년에 태어나신 분이 유배를 가게 되었다. 이에 이별의 자리에서 여러 공들이 박장원에게 시를 지으라고 명하였다. 이에 박장원이 다음과 같이 시를 써서 올렸다.

선배와 후배가 임자년에 함께 태어났으나
이 이별의 자리서 떠나고 남아있는 마음이여
하늘의 천둥소리 종일토록 사납지 않은 법이니
조주潮州 팔천 리 유배길 한탄하지 마소서[223]

前後生同壬子生　　去留心事此離筵
天無竟日雷霆怒　　莫恨潮州路八千

박장원 또한 임자생壬子生[224]이었다. 사람들이 신동이라고 불렀다. [『종남총지終南叢志』에 나온다.]

朴久堂長遠 六歲始讀書 八歲作詩句 輒驚人 十一歲文藝大進 人目以李泌晏殊 十二歲 時有父執壬子生者 被謫 乃於別席 群公命公作詩 公卽寫呈

신의 질시를 받아 한동안 영양潁陽에 은거하였으나 숙종의 부름으로 다시 정사에 참여하였다. 백의재상白衣宰相 또는 백의산인白衣山人이라고도 불렸다. 『신당서新唐書』·「이필열전李泌列傳」에 나온다.

222 안수晏殊(991~1055) : 송宋나라 임천臨川 사람으로, 자는 동숙同叔이고 시호는 원헌元獻이다. 송宋 나라 진종眞宗 때 신동神童으로 추천을 받고 시험을 거친 뒤 직사관直史館에 임명되었다. 범중엄范仲淹, 구양수歐陽脩 등이 모두 그의 문하門下이다. 저서로 문집과 『주옥사珠玉詞』가 있다.

223 조주潮州~마소서 : 형부 시랑刑部侍郎으로 있던 한유韓愈가 부처를 신봉하는 것에 대한 부당함을 논했다가 헌종의 노여움을 사 남쪽 8천리 너머 조주 자사潮州刺史로 좌천되었다.

224 임자생壬子生 : 박장원은 광해군 4년 임자년 1612년에 출생했다.

曰 前後生同壬子生 去留心事此離筵 天無竟日雷霆怒 莫恨潮州路八千 公亦壬子生也 人稱奇童[終南叢志]

• 수박 시를 지은 정성경

옥호자玉壺子 정성경鄭星卿[225]은 약관이 되기 전에 요절하였다. 어린 시절에 수박을 읊은 시가 있었는데 이러하다.

가을하늘 처음 개인 것처럼 푸르고
태극이 나뉘기 전처럼 둥글다네
붉은 속살 쪼갬에 향기로운 즙이 흘러내리니
사마상여 지금부터 샘물을 잘 찾지 않으리라[226]

碧似秋天初霽後　　圓如太極未分前
擘破丹心香露滴　　相如從此懶尋泉

鄭星卿玉壺子 未弱冠而夭 兒時咏西瓜詩曰 碧似秋天初霽後 圓如太極未分前 擘破丹心香露滴 相如從此懶尋泉

• 매화 시를 즉석에서 지은 임영

창계滄溪 임영林泳[227]은 태어나면서부터 남다른 재주가 있어, 어렸을

---

225 정성경鄭星卿 : 본관은 온양溫陽, 자는 연부鍊夫, 호는 옥호자玉壺子이다. 그의 부친은 정회鄭晦인데, 둘째 아들인 정성경을 비롯하여 첫째 정익경鄭翼卿, 셋째 정두경鄭斗卿, 넷째 정인경鄭麟卿 등 유명한 인물을 배출한 가문 출신이다.
226 사마상여~않으리라 : 한나라 문장가 사마상여司馬相如는 소갈병이 들어 관직을 사퇴하고 무릉현에 살며, 좋은 샘을 찾았다 한다.
227 임영林泳(1649~1696) : 본관은 나주羅州, 자는 덕함德涵, 호는 창계滄溪이다. 뜻이

때부터 문장을 잘하였다. 어르신께서 화분의 매화를 가리키며 운을 부르고는 시를 지으라고 명령했다. 이에 즉시 다음과 같이 대답하였다.

백옥당 가운데 매화나무[228]
꽃을 피워 길손의 술잔 당기네
온 천지 눈바람 속인데
어디서 봄을 얻어 왔나

白玉堂中樹　　開花近客杯
滿天風雪裏　　何處得春來

林滄溪泳 生有異質 自幼善文 長者指盆梅 呼韻命賦 卽對曰 白玉堂中樹 開花近客杯 滿天風雪裏 何處得春來

• 천문과 인문에 뛰어났던 성헌징

성헌징成獻徵[229] 통허자洞虛子는 어려서 신동이라는 칭호가 있었고,

크고 박식하였으며, 소성小成에 만족하지 않고 천인성명설天人性命說을 깊이 연구하였다. 경전과 역사서에 두루 정통하였고, 제자백가의 글에도 밝았으며, 문장에도 뛰어났다. 저서로는 『창계집滄溪集』 27권이 전해진다.

228 백옥당~매화나무 : 백옥당은 한림원의 별칭이다. 이 시구는 당나라 시인 장유한蔣維翰의 「춘녀원春女怨」이란 다음 시와 관련이 있다. "백옥당 앞에 한 그루 매화를, 오늘 아침 문득 보니 꽃이 두 세 송이 피어있네. 우리 집 문은 모두 꼭꼭 닫혀 있는데, 봄은 어떻게 내 집에 들어왔는가[白玉堂前一樹梅, 今朝忽見數花開, 我家門戶重重閉, 春色因何入得來]"

229 성헌징成獻徵(1654~1676) : 본관은 창녕昌寧, 자는 문식文式, 호는 통허재洞虛齋이다. 어려서부터 신동으로 일컬어졌으며, 그가 12세에 지은 「수석정기水石亭記」는 매우 유명하여 『여지신편輿地新編』에도 실려 있다. 15~16세에는 제가諸家의 학설을 두루 섭렵하여 노불老佛·음양陰陽·기문둔갑奇門遁甲에 이르기까지 통달하였으나, 뒤에 유학에 정진하였다. 그의 저술인 「천도책天道策」은 천지조화의 묘미를 극

커서는 천인학天人學에 뛰어났으나 23세에 요절하였다. [『음양』 편에 또 보인다.]

成獻徵洞虛子 幼稱神童 長有天人學 二十三夭 [又見陰陽]

<정은진>

• 총명한 심상정

심상정沈尙鼎[230]은 총명하고 영민하였다. 네 살 때 글을 읽을 줄 알았고, 일곱 살 때 '제주목사를 송별하며'라는 시를 지었다.

듣자하니 한라산은
푸른 바다 가운데에 있다네요
목사牧使께서 배를 타고 그곳으로 떠나시니
묻노니 언제쯤 돌아오실런지요

吾聞漢拏山　　乃在碧海中
使君乘舟去　　借問幾時還

세상 사람들이 그를 신동으로 일컬었다.

沈尙鼎 明秀穎悟 四歲能知讀書 七歲作送別濟州牧詩 曰 吾聞漢拏山 乃

론한 대문장이라는 평이 있다. 저서로는 『통허재문집洞虛齋文集』이 있다.

230 심상정沈尙鼎(1680~1721) : 본관은 청송靑松, 자는 성응聖凝, 호는 몽오재夢悟齋이다. 1710년 증광문과에 병과로 급제, 병조좌랑과 정언 등을 지냈다. 1712년에 과옥科獄이 일어나 시관試官이었던 이숙李塾이 유배되어 죽자, 이 일로 대사간 윤성준尹星駿과 논쟁을 벌이다가 사천泗川에 유배되었다. 얼마 뒤에 풀려나 임천林泉에 독락정獨樂亭을 짓고 은거하였다. 심상정은 시를 많이 지었으며, 특히 조어造語에 능하였다고 한다. 저서로는 『몽오재집夢悟齋集』이 있다.

在碧海中 使君乘舟去 借問幾時還 世以神童稱

• 호남 신동 양정즙

양정즙梁廷楫은 호남 사람이다. 그의 나이 열 살에 글을 잘 지어서 고향마을에서 신동이라고 일컬었다. 그가 '승려에게 주다'라는 시를 지었다.

누더기옷 행색의 한 늙은 승려
지팡이 짚고 바위 아래 서 있네
머리를 돌려 뭔가 보려는 듯하니
동해 달 뜨기를 기다리는 것이리라

百結一老翁　　倚杖巖下立
回頭如有看　　應待東溟月

어린 나이에 임금이 베푼 잔치에 자주 불려갔지만[鹿鳴][231], 불행하게도 세상일을 등지고 살았다.

梁廷楫 湖南人 年十歲能文 鄕里稱以神童 其贈僧詩 曰 百結一老翁 倚杖巖下立 回頭如有看 應待東溟月 早歲累賓鹿鳴 不幸棄世

---

231 녹명鹿鳴 : 『시경詩經』 소아小雅의 편명이다. 임금이 여러 신하와 귀한 손님에게 잔치를 베풀고 사신을 보내고 맞이하는 데 쓰인 악가였는데, 그 후에 연례燕禮와 향음주례鄕飮酒禮에서 쓰였다. 내용은 우는 사슴에게 먹이를 주듯이 임금이 신하를 불러 특별히 융숭하게 대접하는 것을 비유한다.

• **소년 문장가 강유선**

강유선姜惟善은 일찍 남다른 자질을 타고났다. 그는 용모가 준수하고 빼어났으며, 성격이 침착하고 굳세었다. 지식인들은 그를 가리켜 신동이라 하였다. 일고여덟 살에 문장의 뜻을 통달했으며, 갓 열 살이 되었을 때 글을 잘 지어서 붓을 들면 바로 문장을 지었다.

姜惟善 夙稟異質 俊拔而沉毅 識者指爲神童 七八歲通文義 纔十歲善屬文 援筆立就

• **요절 신동 심안세**

심안세沈安世[232]는 호가 묵재默齋이다. 열네 살 때 이미 재주가 매우 뛰어나서 세상 사람들이 기이한 신동이라고 일컬었지만 열아홉 살 젊은 나이에 죽고 말았다. 그는 '최국보의 시체를 본받다[233]'라는 시를 지었다.

> 가을비 서쪽 못에 내리니
> 푸른 연잎에 빗소리 나직이 퍼지네
> 쓸쓸한 한밤중에 한기가 차디찬데
> 님 만나는 꿈에 놀라 깨 일어나네

---

232 심안세沈安世(1598~1616) : 본관은 청송靑松, 자는 덕유德裕이다. 타고난 기품이 도道에 가깝고 자질은 간결하고 묵중하였다. 도량이 깊고 컸으며 행동은 법도를 좇았으므로 나이가 어렸어도 이미 노성老成하였다. 형인 심정세沈挺世가 김제남金悌男의 옥獄에 연루되어 죽고 역시 형인 심명세沈命世도 유배되자 과거에 대한 뜻을 포기하고 학문에 전념하였는데, 19세의 나이로 요절하였다. 저서로는 『심덕유유고沈德裕遺稿』가 있다.

233 최국보는 당나라 때 시인으로 유원체幽怨體[은근히 원망하는 마음을 표현하는 시의 한 종류]를 잘 지었다.

秋雨下西池　　綠荷聲暗動
蕭蕭半夜寒　　驚起鴛鴦夢

[『소화시평小華詩評』에 나온다.]

沈安世 號默齋 十四歲已成才 世稱奇童 十九夭 效崔國輔體詩 曰 秋雨下西池 綠荷聲暗動 蕭蕭半夜寒 驚起鴛鴦夢[小華詩評]

· 청나라 연호를 거부한 우인규

우인규禹寅奎는 호가 월파당月波堂이다. 1611년에 태어났다. 여섯 살 때 백이·숙제가 고사리를 캤던 고사[234]를 배웠는데 그 고사를 가지고 시를 지었다.

산천초목 이미 은나라 것이 아니련만
수양산 고사리만이 홀로 줄기 무성하네
안타깝구나 은나라 백성은 오직 두 사람
한 조각 수양산에 한 조각 은나라로구나

山川草木已非殷　　首陽薇蕨獨帶殷
可惜殷民維二子　　一片首陽一片殷

234 주나라 무왕이 은나라 주왕을 치러 가자, 백이·숙제가 무왕의 말고삐를 두드리며 말렸지만 뜻을 이루지 못했다. 이에 수양산에 들어가 마지막 은나라 백성으로 살았다. 그곳에서 고사리를 먹고 지내다 생을 마쳤다고 한다.

열네 살에 성균관에 들어갔다. 연이어 국학생 승급 시험[235]에서 장원을 하였다. 성균관 관장[236]이 그의 재주를 시험하고자 했다. 시를 지어보라고 운을 불렀는데 운자를 부르자 바로 시를 지어냈다.

푸른 버들 아래 과거시험
나를 장원랑이라 부르네
네 나이 몇 살이냐 묻는다면
새파란 열네 살이라 답하리이다

綠楊白戰日　　呼我壯元郎
若問兒年幾　　靑春十四光

1637년[237] 인조가 삼전도에서 청나라에 항복을 하자 고향으로 돌아가기로 결심하였다. 스스로 사우당四友堂이라고 호를 지었다. 청나라 연호를 사용한 책은 거들떠보지도 않았다.

禹寅奎 號月波堂 萬曆辛亥生 六歲學夷齊採薇事 作詩 曰 山川草木已非殷 首陽薇蕨獨帶殷 可惜殷民維二子 一片首陽一片殷 十四入館學 連魁陞補試 大司成欲試其才 呼韻命製 應聲對曰 綠楊白戰日 呼我壯元郎 若問兒年幾 青春十四光 丁丑後 決意下鄕 自號四友堂 不見淸國年號曆書

235 승보시陞補試 : 고려·조선시대 국학생에게 보인 승급시험이다.
236 대사성大司成 : 성균관成均館의 정3품 당상관으로 성균관의 장이다.
237 1637년은 명나라가 망한 후 다시 돌아온 정축년이라 해서 정축년후라고 부른 해이다. 이 해에 인조가 삼전도에서 청태종에게 무릎을 꿇고 굴욕적인 항복을 했다.

• **이산해의 한 글자 제자 신경진**

신경진辛慶晉[238]은 호가 아호丫湖이다. 열한 살 때 아버지 백록공白麓公[239]을 따라 독서당讀書堂[240]을 간 일이 있었다. 그때 여러 사람이 그에게 독서당 벽에 걸린 '여선이 피리를 부는 그림[여선취적도呂仙吹笛圖]'을 가지고 시를 지어보라고 하자, 이에 바로 시를 지었다고 한다.

여선은 순임금 두 부인의 슬픔도 아랑곳 없으니
어찌 굴원의 근심을 알리오마는
일생 푸른 옥피리 불었으니
그녀의 피리 소리 동정호 가을에 흩어졌네

不管湘妃恨　　寧知屈子愁
一生蒼玉笛　　吹散洞庭秋

아계 이산해가 '散'을 '破'로 바꾸어 주며[241] 말했다.
너를 위해 '한 글자 스승'이 되는 것으로 충분하다.

辛慶晉 號丫湖 十一歲隨大人白麓公往湖堂 諸公命賦 壁上呂仙吹笛圖

---

238 신경진辛慶晉(1554~1619) : 본관은 영월寧越, 자는 용석用錫, 호는 아호丫湖이다. 임진왜란 때 지평으로 왕을 호종하였고, 평양에 가서 유성룡의 종사관으로 활약하였다. 신경진은 문무재文武才를 겸비하여 명성이 높았고, 청백리에 선정되었다. 신응시·신경진 부자의 시문집인 『백록유고白麓遺稿』가 전한다.

239 백록공白麓公 : 신경진의 아버지인 신응시申應時(1532~1585)를 가리킨다.

240 독서당讀書堂 : 조선시대 때 문신들에게 휴가를 주어 독서에 전념할 수 있도록 한 장소를 말한다.

241 아계~주며 : '散'을 '破'로 바꾸면 ' 그녀의 피리 소리에 고요한 가을의 동정호를 깨뜨리네[吹破洞庭秋]'로 시의 맛이 바뀐다.

卽對曰 不管湘妃恨 寧知屈子愁 一生蒼玉笛 吹散洞庭秋 李鵝溪改散爲破曰 爲汝一字師足矣

• 열 살 박학 선비 성만창

성만창成萬昌은 호가 국담菊潭이다. 일곱 살 때부터 글재주가 빼어났다. 열 살에 이미 학식이 높은 큰선비가 되었다.

成萬昌 號菊潭 自七歲文才拔萃 十歲已成大儒

• 아홉 살 주역 달인 김세진

김세진金世珍은 학주鶴洲 김홍욱金弘郁[242]의 아들이다. 아홉 살에 『주역』에 통달했다.

金世珍 鶴洲弘郁子 九歲通周易

• 나성두

나성두羅星斗[243]는 태어나면서부터 재주가 뛰어나 다른 사람을 놀라게 하였다. 외조부인 수몽守夢 정엽鄭曄이 그를 가리켜 신동이라 하였다.

---

242 김홍욱金弘郁(1602~1654) : 본관은 경주慶州, 자는 문숙文叔, 호는 학주鶴洲이다. 1650년 사인舍人이 된 뒤 집의·승지를 거쳐 홍충도관찰사洪忠道觀察使가 되어 대동법大同法을 처음 실시했다. 저서로는 후손의 노력으로 연보 등이 추보追補된 『학주집鶴洲集』이 전한다.

243 나성두羅星斗(1614~1663) : 본관은 안정安定, 자는 우천于天, 호는 기주碁洲이다. 익찬과 호조좌랑을 지내고, 외직으로는 봉산현감과 이산현감을 역임하였다. 이때 백성에게 농경에 힘쓰도록 하고, 가난한 농민들을 구휼하여 송사訟事를 공명하게 처리하는 등 선정에 노력하였다. 송시열宋時烈의 천거로 해주목사로 발탁되었다. 임지에 부임하자 그 사이의 묵은 폐단을 개혁하여 나갔는데, 그 가운데에는 이이李珥의 향약을 실시하도록 권하여 백성들의 생활을 윤택하게 하였다.

羅星斗 生而英秀警悟 外祖鄭守夢公目以神童

• 허추

허추許錘는 호가 내수耐叟이다. 태어나면서부터 총명하고 영민했다. 일곱 살에 '면차[244]시綿車詩'를 지었다.

許錘 號耐叟 生而聰穎 七歲作綿車詩

• 다방면에 뛰어난 심약로

월관옹月觀翁 심약로沈若魯는 시와 문장을 잘 지었고, 그의 붓글씨 솜씨도 기이하고 빼어났다.

沈若魯 月觀翁 善詩文 筆法奇逸

• 여섯 살에 소학에 통달한 진준

봉황정鳳凰亭 진준陳儁은 세 살 때 시 배우기를 잘했다. 여섯 살에 『소학』을 통달했다.

陳儁 鳳凰亭 三歲能學詩 六歲通小學

• 요절한 천재 시인 조규상

조규상趙奎祥은 현주 조찬한趙纘韓[245]의 손자이다. 시에 뛰어난 재능

---

244 면차綿車 : 목화의 씨를 빼는 기구이다. 토막나무에 두 개의 기둥을 박고 그 사이에 둥근 나무 두 개를 끼워 손잡이를 돌리면 톱니처럼 마주 돌아가면서 목화의 씨가 빠진다.

245 조찬한趙纘韓(1572~1631) : 본관은 한양漢陽, 자는 선술善述, 호는 현주玄洲이다. 문

이 있었지만 아쉽게도 일찍 죽었다. 그가 어렸을 때 '안현시鞍峴詩'를 읊었는데 다음과 같다.

장군은 말을 달려 천산天山[246]을 밟고
금 채찍 휘둘러 철관鐵關[247]의 적을 쓸어버리더니
변방에 지금 전란이 없으니
군영 문에 늠름한 복파 장군의 안장[248]이 한가롭게 안현에 걸려 있구나

將軍躍馬踏天山　揮却金鞭掃鐵關
邊塞卽今無戟戍　轅門閑掛伏波鞍

[『소화시평小華詩評』[249]에 나온다.]

趙奎祥 玄洲孫也 有詩才早夭 兒時咏鞍峴詩 曰 將軍躍馬踏天山 揮却金鞭掃鐵關 邊塞卽今無戟戍 轅門閑掛伏波鞍[小華詩評]

무의 재능을 겸비하였으며, 특히 시부詩賦에 뛰어나 초한 육조楚漢六朝의 유법遺法을 터득하였다. 말년에 서도를 즐겨 종왕鍾王(종요鍾繇와 왕희지王羲之)의 글씨에 비유되었다고 한다. 저서로는 『현주집玄洲集』이 있다.

246 천산天山 : 중국 신장新疆에 있는 '티엔산'으로 티엔산산맥을 우리나라에서는 천산이라고 부른다.

247 철관鐵關 : 철령의 다른 이름이다.

248 나이가 많이 들었으면서도 젊은이 못지않게 기운이 왕성한 것을 말한다. 동한東漢 복파 장군 마원馬援이 62세의 나이에도 불구하고 말에 뛰어올라 용맹을 보이자, 광무제光武帝가 "이 노인네가 참으로 씩씩하기도 하다.[矍鑠哉是翁也]"라고 찬탄했다는 고사가 있다. 『후한서後漢書 권24 마원열전馬援列傳』(고전번역원 DB 참조)

249 『소화시평小華詩評』: 홍만종洪萬宗이 편집한 시평집이다.

• 시로 이항복 사위가 된 권칙

권칙權侙은 한 편으로 이름을 대垈라고 불렀다. 석주 권필權韠의 서조카[250]이고, 송파松坡 권온權韞[251]의 서자이며 호는 국헌菊軒이다. 백사 이항복에게 첩이 낳은 딸이 있었다. 사위를 고르고자 하는데 마침 권대의 명성을 듣고는 그를 불러들였다. '삼색도三色桃'를 시제로 삼고 운을 부르면서 그를 시험하자, 그는 바로 시를 지어 응답하였다.

복사꽃 화사하게 성근 울타리에 빛나는데
삼색 꽃이 어떻게 한 가지에 함께 피었나
미인이 빗질하고 세수한 뒤
깨끗한 얼굴 가득히 화장한 듯하네

夭桃灼灼暎踈籬　　三色如何共一枝
恰似佳人梳洗後　　滿顔紅粧未均時

이항복이 곧 혼인 날짜를 정한 글[252]을 보내고 혼인을 시켰다. 당시 권대의 나이가 열세 살이었다.[『풍암집화楓巖輯話』[253]에 나온다.]

權侙 一云名垈 石洲庶姪 松坡韞庶子 號菊軒 李白沙有庶女 擇壻聞垈名

250 권칙權侙은 권온權韞의 첩이 낳은 서자이다. 권필에게는 권칙이 친조카이나 관계로는 서질庶姪이다.

251 권온權韞(1559~?) : 본관은 안동安東, 자는 여옥汝玉, 호는 송파松坡이다.

252 혼인할 때 여자 집에서 혼인의 날짜를 정하여 남자 집에 보내는 글이다.

253 『풍암집화楓巖輯話』: 조선 후기에 유광익柳光翼이 엮은 야사·야담집이다. 『어우야담』·『국당배어』·『부계기문』·『기재잡기』·『태평한화』·『용재총화』·『공사견문록』·『청파극담』·『동각잡기』·『추강냉화』·『석담일기』·『필원잡기』 등 총 45종에 달하는 문헌으로부터 뽑은 자료들을 대체적으로 연차순으로 수록하고 있다.

招之 以三色桃爲題 呼韻試之 卽應曰 夭桃灼灼暎踈籬 三色如何共一枝 恰似佳人梳洗後 滿顔紅粧未均時 白沙卽令涓吉成親 岦時年十三[楓巖輯話]

• 즉석 시를 잘 짓는 정복시

정복시鄭復始[254]가 열두 살 때였다. 어느 날 옥천의 적등赤登 나루를 지나고 있었는데, 어떤 사람이 시 짓기를 권하자 바로 시를 지었다.

여러 나그네 갈 길 바쁜데
갈매기 물속 하늘을 한가롭게 떠 가네

多少行人忙裏過　　白鷗閑泛水中天

드디어 그 시를 목판에 새겨 걸었다. 이때부터 글 잘 짓는다는 명성을 크게 떨쳤다.

鄭復始 年十二過沃川赤登津 一人呼韻 卽應曰 多少行人忙裏過 白鷗閑泛水中天 遂刻揭 自是文名大振

• 참새를 애도하는 글을 지은 이단하

외재畏齋 이단하李端夏[255]는 아홉 살 때 참새 새끼를 가지고 놀다가

---

254 정복시鄭復始(1522~1595) : 본관은 동래東萊, 자는 이건以建, 호는 계담桂潭·계헌桂軒이다. 지평·호조참의·돈녕부도정을 역임하였다. 시문에 밝았으며, 유영경柳永慶과 교유하면서 시문으로 자연과 인정을 노래하는 글을 많이 남겼다. 저서로 『계담집桂潭集』이 있다.

255 이단하李端夏(1625~1689) : 본관은 덕수德水, 자는 계주季周, 호는 외재畏齋·송간松磵이다. 대사성·홍문관제학·예조판서·우의정·좌의정을 역임하였다. 비변사를

참새가 죽자 뜰 가운데 새를 묻어주고 글을 지어 슬퍼하였다.

새가 죽고 사람이 곡을 하니
그 의리는 비록 정상이 아니나
네가 나 때문에 죽고 말았구나
이 때문에 곡을 하노라

鳥死人哭　　義雖不可
汝實由我而死　　是以哭之

그 말을 들은 사람들이 그의 어진 마음[仁]이 사물에까지 미쳤음을 알았다.

「시장諡狀」

李畏齋端夏 九歲弄雀雛而死 瘞于園中 作文以吊 曰 鳥死人哭 義雖不可 汝實由我而死 是以哭之 聞者知其及物之仁 諡狀

· 첫 돌 때 글자를 깨친 채팽윤

채팽윤蔡彭胤[256]은 겨우 돌이 되었을 무렵에 스스로의 힘으로 글자를 깨쳐 알았다. 네, 다섯 살 때는 말을 하면 사람들을 놀래켰다. 열 살에 시경을 읽었는데 오래가지 않아 천 번을 완독하였다. 서경도 똑같이 했다. 세상 사람들 중에 신동의 얼굴을 한 번 보고싶어 하는 사

의정부의 직방直房으로 만들어 의정부의 기능을 회복시켰고, 사창제도를 철저히 실시할 것을 주장했다. 조선 후기 경학을 대표할 만한 학자이다. 저서로는 문집인 『외재집畏齋集』과 편서로 『북관지北關誌』가 있다.

람들이 날마다 그의 집을 찾았다.[256]

蔡彭胤 甫晬 自能識字 四五歲出語已驚人 十歲讀詩經 千遍亡何就 書經如之 世人之願 一見神童面目者 日踵門

• 어려서 즉석 시구를 지은 남옥

남옥南玉[257]이 대여섯 살 때였다. 어떤 사람이 초승달을 가리키며 시구를 지어보라고 하자. 바로 다음과 같이 지었다.

> 초승달은 점 없는 마음 심자 같구나
>
> 無點心字同

이 때문에 재주가 있다고 크게 유명해졌다. 마침내 큰 유학자가 되었다.

南玉 五六歲 有人指初月 使之作句 卽應曰 無點心字同 由是才名鬱然 終成巨儒

---

256 채팽윤蔡彭胤(1669~1731) : 본관은 평강平康, 자는 중기仲耆, 호는 희암希菴·은와恩窩이다. 숙종의 명에 따라 오칠언五七言·십운율시十韻律詩를 지어 후일 나라를 빛낼 인재라는 찬사와 함께 사온賜醞의 영예를 입었다. 어려서부터 신동이라 불렸고, 특히 시문과 글씨에 뛰어났다. 해남 두륜산頭輪山 대화사중창비 大花寺重創碑와 대흥사사적비大興寺事蹟碑의 비문을 찬하고 썼다. 저서로는 『희암집希菴集』이 있고, 편서로 『소대풍요昭代風謠』가 있다.

257 남옥南玉(1722~1770) : 본관은 의령宜寧, 자는 시온時韞, 호는 추월秋月이다. 수안군수遂安郡守를 지냈다. 김창흡金昌翕과 육유陸游의 시세계를 추종하였고 서정성이 강한 시를 지었으며, 문에 있어서는 당송고문의 경향을 띠었다. 저서로는 1763년 제술관으로 일본에 통신사행을 갔을 때에 지었던 『일관시초日觀詩草』, 『일관창수日觀唱酬』, 『일관기日觀記』 등이 있다.

· 신동 김홍운

김홍운金洪運[258]은 어려서부터 신동이라고 명성이 자자했다. 여덟 살에 '어옹漁翁'이란 작품을 지었다.

백발 늘어진 늙은이
스스로 창강에 비친 제모습에 스스로 의아해하네
물고기 미끼 물고 잠겨도 낚싯대 움직이지 않고
마름풀 그림자 곁에 앉아 졸고 있네

耆翁垂白髮　　自疑滄江映
魚潛釣不動　　坐睡蘋花影

金洪運 幼有神童名 八歲咏漁翁 曰 耆翁垂白髮 自疑滄江映 魚潛釣不動 坐睡蘋花影

· 책벌레 홍쾌종

홍쾌종洪快宗은 충주의 홍유보洪有輔의 아들이다. 홍쾌종은 어려서부터 성품이 지혜로웠다. 그는 온갖 분야의 책을 읽는 것을 좋아했는데, 홍쾌종의 아버지가 아무 책이나 읽는 것을 못하게 했다. 홍쾌종의 나이 여덟 살 때였다. 홍쾌종이 갑자기 어디 있는지 자취를 알 수 없었다. 꼬박 이틀이 되어서야 마침내 장서루 안에서 그를 찾았다. 그는 배고픈 것도 잊고 맘껏 책을 읽고 있었던 것이다. 이때부터 문학 방면에 뛰어났는데, 겨울날 아침에 갑자기 울타리 사이에 파리하

---

258 김홍운金洪運 : 자는 석여錫汝, 호는 동방자東方子이다.

게 여윈 승려가 새벽 서리가 내려 온몸이 허옇게 된 채로 있었다. 그 즉시 바로 그를 불러 방으로 들어오게 했다. 승려는 명쾌한 논리로 말하는데, 무엇을 말해도 정통하지 않은 것이 없었다. 홍쾌종과 비교해보아도 서로 막상막하였으니, 두 사람은 서로가 죽이 잘 맞았다. 당시 홍쾌종은 겨우 열세 살이었다. 승려가 하룻밤 묵고 떠났는데 묵고 간 자리에 한 장의 종이를 남기고 갔다. 시가 쓰여 있었다.

바다 건너 단봉 가는 길 팔천 리
훨훨 날아 채색 구름 가장자리 향해가건만
산에 사는 중도 역시 인간이라
장차 양양襄陽 땅에서 말에서 내리는 때에 보리라

距海丹峯路八千　　飛飛應向彩雲邊
山僧亦是人間物　　將見襄陽下馬年

이 말이 무슨 말인지 알 수 없었다.

洪快宗 忠州洪有輔子 快宗幼有慧性 欲博觀書籍 長者禁之 快宗年八歲 忽不知所在 凡二日 乃於藏書樓中得之 恣觀書籍 仍忘其飢 自是文學夙成 冬月之朝 忽見籬間 有癯僧 渾身 曉霜皚皚 仍呼入室 僧言談灑落 無所不通 與快宗相上下 甚相得 時快宗 年十三歲也 僧一宿而去 宿處落一紙 有詩曰 距海丹峯路八千 飛飛應向彩雲 邊山僧亦是人間物 將見襄陽下馬年 其辭未知何謂也

• 글재주에 뛰어난 예산의 아이

예산의 한 아이가 나이가 열 살도 채 되지 않았는데 글재주가 뛰어났다. 사람들이 무산巫山의 열두 봉우리[259]가 그려진 병풍을 가리키며 그것을 제목으로 삼아 시를 지어 보라고 하자 바로 시를 지었다.

> 옛날 무산의 열두 봉우리가
> 우리나라에 와 팔봉산[내포산의 이름]되었네
>
> 昔者巫山十二峯　　來住吾東作八峯

사람들이 "나머지 네 봉우리는 어딜 갔느냐?"라고 묻자, 바로 대구를 지어 시를 완성하였다.

> 나머지 네 봉우리는 어딜 갔나
> 셋은 삼각산 되고 하나는 속리산이 되었지
>
> 其餘四峯何處去　　三爲三角一俗離

또 해를 소재로 삼오칠언으로 지어보라고 하자 바로 시를 지었다.

> 동에서 나와

---

259 무산십이봉巫山十二峯 : 중국 사천성四川省 무산현巫山縣의 남동쪽에 자리잡은 파산산맥巴山山脈 속의 아름다운 봉우리 이름이라고 한다. 12봉우리의 이름은 망하望霞·취병翠屛·조운朝雲·송만松巒·집선集仙·취학聚鶴·정단淨壇·상승上昇·기운起雲·비봉飛鳳·등룡登龍·성천聖泉이다.

서로 저무니
동서가 지척이 아닌데도
아침 저녁으로 출몰하네
어떻게 하면 길고 긴 철삭줄 가져다
하늘 가운데 못 가게 너를 묶어두나

自東出	從西沒
東西非咫尺	出沒卽朝夕
安得長長鐵鉤索	繫爾中天也不及

당시 사람들이 신동이라 했다. 어른이 되기 전에 일찍 죽고 말았으니 아깝다.[『이순록二旬錄[260]』에 나온다.]

禮山兒 年未十歲 文才奇異 人指巫山十二峯畵屛 命題賦詩 卽對曰 昔者巫山十二峯 來住吾東作八峯[內浦山名] 人問曰 四峯胡無去處 卽對落句曰 其餘四峯何處去 三爲三角一俗離 又指日命題以三五七言 應之曰 自東出 從西沒 東西非咫尺 出沒卽朝夕 安得長長鐵鉤索 繫爾中天也不及 時稱神童 未及成長而夭椓 可惜[二旬錄]

• 소송하러 와서 시로 반박한 신동

이름을 모르는 아이가 있었다. 그 아이가 관아에 찾아와 밭 문제로 소송하였는데 관아 사람이 그를 꾸짖었다. 그러자 아이가 시를 지어 답하였다.

260 이순록二旬錄 : 구수훈具樹勳이 지었다.

오랫동안 문왕의 가르침 받았는데
부끄럽구나 밭을 양보한 백성이 아니라서
봄바람 불고 지난 밤엔 비까지 내리고
복사꽃 오얏꽃도 또한 봄을 다투었노라

久沐文王化　　　慚非讓田民
東風昨夜雨　　　桃李亦爭春

재판하던 관리가 크게 칭찬하였다.

失名童 有一童 訟田于官 官責之 以詩對曰 久沐文王化 慚非讓田民 東風昨夜雨 桃李亦爭春 訟官大奇之

• 충청도의 신동

충청도 아이 이야기가 『청비록清脾錄』에 나온다.

영종 갑신년(1764)에 어떤 사람이 충청도 아홉 살 아이가 지었다는 시를 보여주었다.

비구름 컴컴한데 봄이 다 가려 하네
꽃이 핀 모래섬 가없이 저녁해 저물어가네
어둑어둑한 고목에 한갓 꾀꼬리만이 있고
산 그림자 또렷한 청산에 서너 가구만 있네

雨氣冥冥春欲盡　　　芳洲無限夕陽斜
陰陰古木空黃鳥　　　歷歷青山但數家

글씨 또한 매우 뛰어났다.

湖中兒 淸脾錄曰 英宗甲申 有人持示湖中九歲兒所作詩曰 雨氣冥冥春欲盡 芳洲無限夕陽斜 陰陰古木空黃鳥 歷歷靑山但數家 筆法亦俊

• 유씨 성을 가진 총명한 아이

유씨 성 아이 이야기가 『호산외사壺山外史』에 나온다.

유씨 성 아이는 누구 집 아이인지 모른다. 나면서부터 잘 생기고 총명해서 기특한 생각을 많이 했다. 아홉 살 때 마을에서 노는데 북방 사람이 아이를 보고 예뻐하였다. 대추와 배를 먹이면서 거짓으로 말했다.

"우리 집에 아가위, 배, 귤, 유자와 유과, 엿, 떡이 있는데 네가 오면 반드시 배부르게 먹여주마."

아이가 기뻐하며 따라갔다. 동문 밖을 나서면서 감과 귤을 사서 먹이고 등에 업고 갔다. 아이는 뒤도 돌아보지 않고 아쉬운 생각도 없는 듯했다. 등 뒤에서 산을 가리키며

"무슨 산이에요?"

라고 물으면 북방 사람은

"아무 산이다."

라고 답해 주었다. 아이가 강을 가리키며

"무슨 강이에요?"

라고 물으면 북방 사람은

"아무 강이다."

라고 대답해 주었다. 아이가 또 물었다.

"북방에는 아름다운 산과 강이 몇이나 되어요?"

북방 사람은 마음속으로 이상하게 생각하며 여러 명승지를 일일이 열거해주며 놀았다. 가던 길이 함경도 안변 경계에 이르자 아이가 갑자기 슬퍼하며 울음을 그치지 아니하며 말했다.

"어디로 가는 거에요?"

"장차 명천에 과일 실컷 먹는 곳으로 간다."

고 대답해 주니

"과일은 이미 먹었는데 저를 무엇에 쓰려구요?"

"내가 아들이 없어서 장차 너를 아들 삼으려 한다."

"제 소원 하나 들어주세요. 그렇게 하고 나면 자식도 되고 노비도 되어 명하시는 대로 따르지요."

"무슨 말이냐?"

"제 소원은 이곳의 명산대천을 구경하는 것이지요?"

북방 사람이 성내며 말했다.

"어린아이가 구경은 해서 뭐하려느냐?"

또 성내면서 말했다.

"비록 경치 좋은 곳이 있지만 높은 산 깊은 골짜기라 독사와 맹수가 있어서 사람을 보면 잡아먹는단다."

아이가 울면서 밥을 먹지 않으면서 말했다.

"소원을 이룰 수 없다면 죽겠습니다."

하면서 몇 날 며칠을 먹지 않았다. 북방 사람이 그를 달랬으나 어쩔 수 없었다. 그리하여 그를 업고서 국도國島[261] 석왕사釋王寺[262] 등 여러 곳에 이르러

261 국도國島 : 함경도 안변安變 관아에서 동쪽으로 60리 떨어져 있는 섬을 가리킨다.

262 석왕사釋王寺 : 무학대사가 태조가 왕이 될 것이라고 꿈을 해몽했는데, 후일 해몽했던 안변의 검봉산에 절을 지어주고 석왕사라고 명명했다.

"북쪽에는 이런 몇 가지 명승지가 있을 뿐이다."

라고 하니, 동자가

"어르신께서 어느 곳에는 무슨 명승지가 있다고 말씀하지 않으셨습니까?"

라고 하였다. 북방 사람이 후회했으나 돌이킬 수 없어 부득이 그의 뜻을 힘써 따랐다. 아이는 북방 사람의 등을 말에 탄 것처럼 여기고는 편안하게 여러 명승지를 구경하며 무릇 수천 리를 다녔다.

동자가

"백두산 정상에 큰 못이 있는데, 가 본 사람이 드물다고 하니, 이것만 본다면 이제 관광은 그만두겠습니다."

라고 하니, 북방 사람이 곤란하게 여겼으나 말릴 수 없었다. 도리없이 끊어진 돌층계를 기어오르고 덤불 숲을 무릅쓰고 사흘을 노숙하며 백두산 정상에 도착하였다. 모진 바람이 사람에게 덮치고 우레와 바람이 내리쳤으나, 동자는 조금도 겁을 먹지 않고 더위잡고 오르내리며 줄에 매달려 건너고 하는 것이 마치 새파란 원숭이처럼 재빨랐다. 푸른 바다를 굽어보기를 마치 책상 앞의 물건 보듯 하고, 자유자재로 몸을 놀리는 것이 마치 자기 집의 정원에서 돌아다니는 것처럼 하였다.

돌아와 북방 사람의 집에 이르러서는 몇 달을 머물며 파피리를 불거나 죽마를 타면서 이웃집 아이들과 어울려 놀았다. 하루는 이웃 사람이 한양에 간다는 소리를 듣고는 몰래 그에게 말하기를

"저는 본시 서울의 부잣집 아들인데 아무개에게 납치되어 여기에 왔습니다. 그대가 만약 저를 보내어 집에 돌아가게 해주신다면 우리 부모님이 반드시 기뻐하며 그대에게 후하게 사례할 것입니다."

라고 했다. 그 사람이 그 말을 이롭겠다고 여겨서 드디어 몰래 업고서 한양에 이르렀다. 도성 문에 들어가자 동자가 갑자기 손을 뻗치

며 화들짝 소리를 지르며,

"이 사람이 나를 유괴하여 갑니다."

라고 하자, 길 가던 사람들이 에워싸고 보다가 그를 잡아서 관아에 고발하려고 하였다. 그 사람이 겁을 먹고 아이를 땅에다 내동댕이치고는 달아나 버렸다. 동자는 걸어서 자기 집에 돌아가서는 부모에게 겪었던 일을 자세하게 고하였다. 지금까지도 기이한 동자라고 일컫는다.

劉童壺山外史曰 劉童不知誰家子也 生而美且慧 多奇思 九歲時 遊戲里中 北人見而美之 啗以棗梨 紿之 曰吾家有樝梨橘柚餦餭餳餻 爾至必飽 童喜而隨之 出東門外 市柿栗 飼之 仍負而去 童無顧戀意 從背上指山 曰何山 曰某山 指水 曰何水 曰某水 又問曰 北方有佳山水幾處 北人心異之 歷擧諸名勝 以戱之 行至安邊界 童忽悲啼不止 曰奚之 曰將向明川果餌處 曰噉果已奚用吾 曰吾無嗣 將以汝爲子 曰遂吾一願 然後爲子爲僕 惟命是從 曰何謂 曰願觀此地名山大川 北人怒曰 孩兒何觀爲 又嚇曰 雖有名勝皆峻坂 窮峽中有毒蛇猛獸 見人則呑 童啼而不食曰 不遂願則死矣 例不食數日 北人慰之 不可奈何 乃負而至國島釋王數處 曰北有此數勝而已 童曰丈人豈不云某處有某勝乎 北人悔之無及 乃勉從之 以背爲騎 穩覩諸名勝 行凡數千里 童曰 白頭山頂有大澤 人所空到 觀此 觀則止矣 北人難之 不可得 乃凌絶證冒叢篝 三宿而至頂 罡風逼人 雷雨下作 童無怖悸 攀援上下 懸度綆級 捷如青猿 俯視滄海 若几案前物 東倒西擴 如家園然 歸至北人家 留數月 吹葱騎竹 日與隣兒嬉 一日聞隣人上京師 潛謂其人曰 吾本京師富家子 爲其人所劫來 君若送吾還家 吾父母必喜而厚謝君 其人利之 乃竊負上京 入都門 童忽擧手疾號曰 此人盜我而去 路人圜視欲捕 鳴於官 其人恐投兒於地而走 童步歸其家 向父母細述所歷事 至今稱爲奇童

<송병렬>

• **오상렴**

오상렴吳尙濂[263]은 호가 연초재燕超齋이다. 5세에 글을 잘 지었다.

吳尙濂 號燕超齋 五歲能綴文

• **윤인함**

윤인함尹仁涵[264]은 6세에 이미 시에 대한 명성이 있었다.

尹仁涵 六歲已有詩聲

• **조정융**

조정융曹珽融[265]은 4세에 문장을 엮을 줄 알았다.

曹珽融 四歲能綴文

---

263 오상렴吳尙濂(1680~1707) : 본관은 동복同福, 자는 유청幼淸·무숙茂叔, 호는 연초재燕超齋·택남澤南·제월霽月이다. 많은 시를 남겼으나 1707년 28세의 나이로 요절하였다. 저서로 『연초재집燕超齋集』을 남겼다. 체제공의 문집 『번암선생문집樊巖先生集』 권59, 잡저雜著, 「書燕超齋吳公 尙濂 詩識」에 오상렴에 대한 자료가 실려 있다.

264 윤인함尹仁涵(1531~1597) : 본관은 파평坡平, 자字는 양숙養叔, 호는 죽재竹齋·죽당竹堂이다. 어려서부터 총명해 6세에 글을 지을 줄 알았다고 한다. 1561년 병조·이조의 좌랑을 지낼 때 서장관書狀官으로 명나라에 다녀왔다. 문장과 그림에 뛰어났고, 특히 대나무를 잘 그려 호를 죽재竹齋 라 했다 한다. 저서로 『죽재유고竹齋遺稿』가 있다.

265 조정융曹珽融(1598~?) : 본관은 창녕昌寧, 자는 유첨維瞻, 호는 호옹湖翁이다. 어려서부터 학문에 뛰어났으며, 사마시를 거쳐 1631년 별시문과에 병과로 급제하였다. 내직에서 여러 관직을 거친 다음 사예가 되었다. 그 뒤 외직인 수령으로 나가 네 고을의 수령을 역임하였는데, 가는 곳마다 선정을 베풀어 그가 다스린 고을마다 송덕비가 세워졌다. 문장과 절행이 뛰어났다.

• **윤옥**

윤옥尹玉[266]은 4세에 책을 읽을 줄 알았다.

尹玉 四歲能讀書

• **홍해성**

홍해성洪海成은 5세에 글을 지었다.

洪海成 五歲屬文

• **박세훈**

박세훈朴世勳[267]은 8세에 『효경』과 『소학』에 통하였다.

朴世勳 八歲通孝經小學

• **정윤위**

정윤위鄭允偉[268]는 3세에 사마천 『사기』를 암송하였다.

---

266 윤옥尹玉(1511~1584) : 본관은 무송茂松, 자는 자온子蘊, 호는 동리東里이다. 좌승지를 거쳐 1553년 남양부사에 임명되어 외직으로 나갔는데, 그 뒤 양주목사·부평부사·해주목사 등을 역임하고 한성좌윤이 되어 중앙으로 돌아왔다. 딸이 순회세자順懷世子의 빈嬪이 됨으로써 동지돈녕부사同知敦寧府事가 되기도 하였으며, 공조참판·동지중추원사를 거쳐 오위도총부五衛都摠府의 부총관으로 재직하다가 죽었다.

267 박세훈朴世勳(1488~1553) : 본관은 상주尙州, 자는 훈지勳之, 호는 송촌松村이다. 효성이 지극하여 어려서부터 '주동의 효아[鑄洞孝兒]'라는 칭송을 받았다. 문명文名이 높았으나 벼슬에 뜻이 없어 과거에 응시하지 아니하고 오직 부모를 정성껏 받들어 봉양하였다. 나이 20세가 되어 어머니의 권유로 과거에 응시해서 사마시司馬試에 합격을 하고는 그대로 학문에만 열중하였다.

268 정윤위鄭允偉(1564~1629) : 본관은 청주淸州, 자는 유여裕如, 호는 동호東湖이다.

鄭允偉 三歲能誦馬史

• **신혼**

신혼申混[269]은 어려서 기이한 어린이로 세상에 이름이 났다.

申混 少以奇童名世

• **정현원**

정현원鄭玄源[270]은 8세에 『시경』을 암송하였다.

鄭玄源 八歲誦詩

• **배후도**

배후도裵後度[271]는 7세에 『시경』과 『서경』에 능하였다.

어려서부터 영특하더니 3세에 역사서를 읽었으며, 과거 공부하는 것을 달갑게 여기지 않았다. 평생 '경敬'을 마음속에 새겨두고 실천하였으며, 한가로이 호산湖山에 거처하면서 자칭 '동호주인東湖主人'이라고 일컬으며 즐거운 마음으로 늙어가다 생을 마감하였다.

269 신혼申混(1624~1656) : 본관은 고령高靈, 자는 원택元澤, 호는 초암初庵·艸庵이다. 박희성朴羲成이 편찬한 『기년편고紀年便攷』에 "시문은 형 신유申濡와 함께 이름을 나란히 하였다[詩文與兄濡齊名]"라고 하였다. 저서로 『초암집初菴集』이 있다. 그 서문에서 조경趙絅은 "힘찬 글씨로 만나는 곳마다 출중함을 드러내어 같은 시대의 학사들은 감히 그와 필봉을 다툴 수 없었다."고 평하였다.

270 정현원鄭玄源(1609~1673) : 자는 성윤誠允, 호는 조영당苕穎堂이다. 벼슬에 나감을 접고 학문 연마와 시문 짓기에 몰두하였다. 특히 두보杜甫 시를 많이 읽고 그의 시풍詩風을 따랐다. 병자년 치욕을 듣고 통곡하였다. 8세에 마석시麻石詩를 지었는데 그 기개를 보고 사람들이 놀랐다.

271 배후도裵後度(1612~1645) : 본관은 성산星山, 자는 자평子平, 호는 회봉晴峰이다. 석계石溪 민욱閔昱(1559~1625)의 문하에서 수학하였고, 1636년에 병자호란을 당하여 비통해 했는데, 조정에서는 주화파와 주전파 간의 논쟁이 어지러운 것을 보고 개탄하

裵後度 七歲能詩書

• **석주 권필**

석주石洲 권필權韠은 9세에 글을 잘 지었다.

權石洲 九歲能綴文

• **오억령**

오억령吳億齡은 7세에 글을 잘 지었다.

吳億齡 七歲能綴文

• **김응남**

김응남金應南[272]은 8세에 『시경』『서경』의 대의를 통하였다.

金應南 八歲通詩書大義

• **성태현**

성태현成台鉉[273]은 9세 때에 아버지 종기를 빨았고, 13살 때에 사서

여 의사가義士歌를 지어 화친을 배척하는 뜻을 전하고 초야 에 묻혀 지조를 지켰다.

272 김응남金應南(1546~1598) : 본관은 원주原州, 자는 중숙重叔, 호는 두암斗巖이다. 1593년 이조판서로서 왕을 따라 환도, 1594년 우의정, 1595년 좌의정이 되어 영의정 유성룡과 함께 임진왜란 후의 혼란한 정국을 안정시켰다. 항상 나라를 복구하는 급선무는 군사를 훈련하고 성을 쌓는 것이 아니라 인심을 바로잡는 일이라고 역설하였다.

273 성태현成台鉉(1742~?) : 본관은 창녕昌寧, 자는 성보星甫이다.

삼경을 암송하였다.

成台鉉 九歲呪父膳 十三遇 誦七書

• **남곽 박동열**

남곽南郭 박동열朴東說[274]은 5세에 책을 읽을 줄 알았다.

朴南郭 五歲知讀書

• **황사우**

황사우黃士祐[275]는 호가 용재慵齋이다. 6세에 글을 잘 지었다.

黃士祐 號慵齋 六歲能綴文

274 박동열朴東說(1564~1622) : 본관은 반남潘南, 자는 열지說之, 호는 봉촌鳳村·남곽南郭이다. 시문詩文에 능했고, 경사經史와 백가百家 및 국조의 고사에 두루 통하였다. 황주목사로 나가 부역賦役을 고르게 하고 민폐를 없애는 등 선정을 베풀어 칭송이 자자했으며, 어사御使의 추천으로 옷감을 하사받았다. 저서로는 『봉촌집鳳村集』이 있다.

275 황사우黃士祐(1486~1536) : 본관은 창원昌原, 자는 국보國寶, 호는 용헌慵軒·사우士佑이다. 1514년 별시문과에 갑과로 급제하였다. 1520년 지평에 올랐고, 그 뒤 문학·헌납·보덕·응교 등을 거쳐, 1529년 대사간이 되었다. 이듬해 좌승지를 거쳐 부제학을 지내고, 1532년 한성부우윤·대사헌이 되었다. 1534년에 형조참판을 거쳐 호조판서로 승진하였고, 1535년에는 예조판서와 우찬성에 올랐다. 1536년 1월 이조판서에 임명되었다가 같은 해 3월 세상을 떠났다.

부附 총명聰明

• 특출한 독서능력을 지닌 김황강

김황강金黃岡의 총명은 고금에 드물었다. 책을 읽을 때에 10줄을 한꺼번에 읽어 내려가는데 한번 지나가면 문자의 뜻을 모두 이해하였다. 언젠가 전라도 관찰사가 소지 수천 장을 글을 잘 읽는 아전 수십 명에게 매미가 울 듯 벌떼가 웽웽 거리 듯 일시에 읽고 지나가게 하고 모두 그 소지를 덮게 하였다. 읽기를 마치고 모두 그 본래 뜻은 묻지 않고 단지 김황강에게 되짚어 이를 쓰게 하였는데, 말의 뜻이 모두 합당하여 하나도 착오가 나지 않았다. 만약 이중으로 소지를 바치는 사람이 있으면 그 이름만 듣고도 문득 그 간사함을 적발하였더니, 백성들이 이를 특이하게 여기고 모두 귀신같다고 하였다.

언제인가 중국 통주通州에 갔을 때였다. 길에서 『십구전사十九全史』를 파는 사람을 만났는데, 그 책이 600권이었다. 한 번 보고는 마치 촛불을 밝혀놓은 것처럼 훤히 알았다. 뒤섞인 책 무더기에서 뽑아 시험적으로 물어보면 마치 일목요연하게 눈앞에서 본 일처럼 대꾸하지 못하는 것이 없었다. 또 시장 사람들을 불러 모아서는 시중의 이상한 책들을 취하여 모두 사겠노라고 선언하였다. 뭇 상인들이 모두 수레를 연이어 끌고 와서는 사관 안에 책을 실어다 부려놓았다. 공이 하룻밤에 다 읽고는 다음날 거짓으로

"가격이 맞지 않아서 사지 못하겠다."

하고는 다시 상인들에게 돌려주었다. 시중의 여러 책들을 열흘 만에 다 읽고는 사람들에게 논설하는 것이 아주 조리가 있었다.[「신동神童」편에도 보인다.]

金黃岡 聰明罕古今 讀書十行俱下 一過皆領略文字義意 嘗爲全羅道伯 牒訴數千張 使善讀之 吏數十人 蟬噪蜂聒 一時讀過 皆覆其牒 讀訖 皆不問 本指 只令反而題之 辭意俱當 不一錯 如有疊呈者 聞其名 輒發其奸 百姓大異之 成以為神 嘗赴中原通州 路遇一人賣十九全史 其卷六百 一覽無不曉然如燭照 抽亂秩 試之問 無不應 如瞭瞭目前事 又引市人 取市中異書 宣言願買 衆皆連車 輸置館中 公一夜覽盡 翌日紿曰 價乏不買 還之市 市中諸書 旬日讀之殆盡 對人論說 纚纚羅穿[又見神童]

· 한 번 본 비밀문서를 외운 이덕형

한음漢陰 이덕형李德馨이 제독 이여송李如松의 접반사가 되었다. 군중의 비밀문서 여러 수백 말씀을 제독의 문인들이 몰래 한음에게 보여주었었다. 너무 바빠서 겨우 한 번 보게 해주고는 그 첩지를 서둘러 빼앗아 떠났다. 한음은 즉시 장계를 올려서 행재소의 임금에게 보고하였다. 뒷날 다시 그 원본을 얻어서 대조해보니 한 글자도 착오가 없었다.[「신동神童」편에도 보인다.]

李漢陰 為李提督接伴使 軍中秘書累百言 提督門人潛示漢陰 忙甚僅覽一遍 催奪其帖而去 漢陰卽為狀啟聞行在 後再得其本叄之 無一字謬[又見神童]

· 기억력과 암송에 뛰어난 강종경

강종경姜宗慶[276]은 기억력과 암송에 뛰어났다. 그 처남 신숙申橚이 글

276 강종경姜宗慶(1543~1580) : 본관은 진주晉州, 자는 중업仲業, 호는 매서梅墅·청서靑墅이다. 어려서부터 총명하였으며 한 번 본 것은 평생 동안 잊지 아니하였다. 글씨를 잘 써 당시에 명필로 꼽혔다. 의醫·복卜 등 다방면에 학식이 깊었으며, 특히 역학易學에 밝아서 자기의 죽음을 예측하였다고 한다.

자 수 백자를 모아서 섞어놓고 글자마다 모두 잘라서 뒤죽박죽 섞어 놓았는데 뒤섞여서 문리가 이어지지 않았다. 한 번 보게 하고는 마음대로 배치하여서 종경에게 별지에 쓰게 하고는 원본을 취해서 비교해보니 한 글자도 착오가 없었다.

姜宗慶 善記誦 其妻弟申櫶 集雜子數百字 字字皆割 而顚倒雜楺 楺不屬文理 一覽訖 便取去使宗慶書之別紙 取其本較之 不錯一字

• 말을 배우자마자 책을 읽은 신만

신만申曼[277]은 말을 배우자 문득 책을 읽을 줄 알았다. 열 줄을 한 번에 내려가면서 읽는데, 한 번 보면 문득 기억하였다. 세상에서 신동이라 일컬었다.

申曼學語 便知讀書 十行俱下 一覽輒記 世稱神童

• 열 줄을 한 번에 읽은 정수곤

정수곤丁壽崑의 자는 불건不騫이고 문종 임신년(1452)에 태어났다. 찬성을 지낸 정수강丁壽崗의 형이다. 임진년(1472)에 문과에 합격하고 벼슬은 승문원 교리를 지냈는데, 책을 한번 보면 문득 기억하며, 열 줄을 한 번에 내려 읽었다.

---

277 신만申曼(1620~1669) : 본관은 평산平山, 자는 만정曼倩, 호는 주촌舟村이다. 학문에 뛰어나 어려서 신동神童이라는 말을 들었으며, 병자호란 이후 낙향하여 벽촌僻村의 빈민들이 쉽게 구할 수 있는 약재로 급질急疾을 치료할 수 있도록 『주촌신방舟村新方』이라는 의서를 편찬하여 보급하였다.

丁壽崑 字不騫 文[278]宗壬申生 贊成壽崗兄 壬辰文科 官承文校理 一覽輒記 十行俱下

• **이오봉**

이오봉李五峯[「신동神童」편에 상세히 보인다.]

李五峯[詳見神童]

• **의학에 정통한 허준**

허준許浚의 자는 청원淸源이고 호는 구암龜巖이다. 성품이 총명 민첩하고 유년 시절부터 배우기를 좋아하였다. 경전과 역사서에 널리 통하였고 의학에 더욱 정통하였다. 선조 임금을 호종한 공로로 호성공신扈聖功臣에 올랐고, 숭록대부 양평군陽平君에 봉해졌으며 사후에는 영상에 추증되었다. 『동의보감東醫寶鑑』, 『태산집胎産集』, 『구급방救急方』, 『벽온방辟瘟方』 등의 책을 저술하였다.

許浚 字淸源 號龜巖 性聰敏 自幼好學 博通經史 尤精醫學 宣廟扈聖功臣 崇祿陽平君 贈領相 撰東醫寶鑑 胎産集 救急方 辟瘟方等書

278 文 : 원문에는 '成'으로 되어 있으나 오자이므로 '文'으로 바로잡았다.

진벌휘고속편震閥彙考續編 권3

만물박사通才

• 여러 분야에 방통한 김인후

하서河西 김인후金麟厚는 성현의 학문을 연구하는 데 힘썼다. 천문지리天文地理, 음양산수陰陽算數, 율려척도律呂尺度, 예악명물禮樂名物, 작록품질爵祿品秩, 군국연혁郡國沿革, 고금역년古今歷年, 궁실의복宮室衣服의 제도에 이르기까지 밝게 통하고 연구하여 극에 이르지 않은 것이 없었다. 하지 않는 것은 장기와 바둑, 주사위[279] 놀이 등이다. 활쏘기는 군자의 놀이이고, 거문고는 사람의 사심을 막는 것이어서 마음으로 배우기를 원하였지만 젊은 시절에 아버지에게 눌려서 능히 배우지 못하였던 것을 항상 한스럽게 여겼다.[「신동神童」편과 「음양陰陽」편에 보인다.]

金河西 務窮聖賢之學 天文地理 醫藥筮 陰陽算數 律呂尺度 禮樂名物 爵祿品秩 郡國沿革 古今歷年 宮室衣服之制 無不通暢曉達 窮推而究極之 所不為者博奕梟盧之戲 常恨射者君子之事 琴者 禁人邪心也 心所願學 而少時壓於尊丈 未能也[見神童陰陽]

• 특이한 술법을 지닌 정렴

북창北窓 정렴鄭磏[280]은 유·불·선 삼교에 관통하였다. 천문지리·의

---

279 효로梟盧 : 주사위 놀이에 쓰던 도구의 그림 중에 부엉이 그림과 개 그림을 말한다. 부엉이가 그려진 효梟가 가장 점수가 높은 패이고, 개가 그려진 로盧가 그 다음이라 한다. 따라서 효로는 주사위 놀이를 가리킨다.

복·율려·산수 및 외국 언어에 이르기까지 모두 배우지 않고 독학하여 통하였다. 특이한 술법을 가지고 있어서 능히 새나 짐승의 소리도 이해할 수 있었다. 관직에 임명되자 항상 의학醫學, 산학算學, 역학譯學의 세 교수를 겸하였다.[「음양陰陽」·「도가道家」·「음률音律」 편에도 보인다.]

鄭北窓 通貫三教 天文地理 醫卜律呂 算數及外國言語 皆不學自通 有異術 能解鳥獸音 及授官 常兼醫算象三學教授[又陰陽道家音律]

• 관상을 잘 본 하륜

호정浩亭 하륜河崙[281]은 음양 의술 천문 지리를 모두 정밀하게 연구하였다. 또 사람의 관상을 잘 보았다.[「음양陰陽」편에도 보인다.]

河浩亭崙 陰陽醫技 星經地理 皆極其精 又善相人[又見陰陽]

• 젊은 시절부터 박학한 허종

상우당尙友堂 허종許琮은 젊은 시절부터 박학 능통하고 문장에 능하였다. 천문·율력과 의학, 점치는 기술에 이르기까지 정통하지 않은 것이 없었다. 또 활쏘기와 말 타기도 능하였다.

---

280 정렴鄭磏(1506~1549) : 본관은 온양溫陽, 자는 사결士潔, 호는 북창北窓이다. 어려서부터 천문·지리·의서·복서卜筮 등에 두루 능통하였다. 그 중에서도 특히 약의 이치에 밝았는데, 1544년 중종의 병환에 약을 짓기 위하여 내의원제조들의 추천을 받아 입진入診하기도 하였다. 그가 일상경험한 처방을 모아 편찬한 것이라는 『정북창방鄭北窓方』이 있었으나 유실되었다. 이 책은 양예수楊禮壽가 지은 『의림촬요醫林撮要』에 인용되어 있다.

281 하륜河崙(1347~1416) : 본관은 진주晉州, 자는 대림大臨·중림仲臨, 호는 호정浩亭이다. 인품이 중후, 침착, 대범하였다. 음양·의술·성경·지리 등에도 정통하였다. 『동국사략東國史略』을 편수하고 『태조실록太祖實錄』 편찬을 지휘하였다. 저서에 『호정집浩亭集』이 있다.

許尙友堂琮 自少博通能文 至於天文律曆 醫卜之技 無不精通 又能弓馬

<김혈조>

• 책벌레 성간

진일재眞逸齋 성간成侃[282]은 어려서부터 널리 보고 잘 기억하여 읽지 않은 책이 없었다. 경사經史·백가제자百家諸子·천문天文·지리地理·의학과 점술·도경道經·불교·산법算法·통역·서화書畵에 모두 정통하여 그 핵심을 섭렵하였다. 사대부나 벗의 집에 희귀한 책이 있다고 들으면 반드시 구해보고 나서야 그쳤다. 동료들이 책에 집착하는 버릇이 있다고 놀려댔다.[「음률音律」편에도 보인다.][283]

成眞逸齋侃 自幼博覽廣記 無書不讀 經史百家諸子 天文地理藥筮 道經釋教算法譯語書畵 皆涉獵其徑庭 聞士友家有幽經僻書 亦必求見乃已 同輩以書淫傳癖譏之[又見音律]

• 서적에 심취한 유순

유순柳洵[284]은 서적에 심취하여 있었는데 자학字學에 있어서는 자못

---

282 성간成侃(1427~1456) : 본관은 창녕昌寧, 자는 화중和仲, 호는 진일재眞逸齋이다. 성간은 경사經史는 물론 제자백가서諸子百家書도 두루 섭렵하여 문장·기예技藝·음률音律·복서卜筮 등에 밝았다. 특히, 시부詩賦에 뛰어나, 「궁사宮詞」·「신설부伸雪賦」 등을 남겼으며, 패관문학에 속하는 「용부전慵夫傳」은 문학적 가치가 높은 작품이다. 저서로는 『진일재집眞逸齋集』이 있다.

283 이 이야기는 서거정徐居正의 『필원잡기筆苑雜記』 권2에 수록되어 있다.

284 유순柳洵(1441~1517) : 본관은 문화文化, 자는 희명希明, 호는 노포당老圃堂이다. 어려서부터 독서를 좋아하고 일찍이 「금릉사金陵詞」를 지었는데, 의미가 장중하고 건실해 널리 회자되었다. 1470년홍문관부제학으로, 경연 시강관侍講官으로 활약했는데 특히 시문에 능해 성종의 총애가 돈독하였다. 자학字學에 매우 정밀하고 의학·지리학에도 조예가 있었다.

지극히 정밀했다. 의방醫方·지리地理도 공부하지 않는 것이 없었다.

柳洵 耽玩書籍 至於字學 頗極精微 醫方地理 無不用功

• **책에 통달한 김안국**

모재慕齋 김안국金安國은[285] 책에 대해 통하지 않는 바가 없었다. 역수易數에 대해서는 더욱 조예가 깊어 심오한 것을 찾고 판별하여 분석하는데 끝까지 연구하지 않음이 없었다. 천문天文·지리地理 등 여러 책에 대해서도 논의함에 널리 통달해 막힘이 없었다.[286]

金慕齋安國 於書無所不通 尤邃於易數 探賾辨析 靡不究極 旁討天文地理諸書 淹貫無礙

• **학문의 근원을 깨달은 정구**

한강寒岡 정구鄭逑는 성년시절에는 포부가 몹시 컸으며 우주 안의 일을 자신의 책무로 삼았다. 산수算數·병법과 진법·의약醫藥·풍수風水에 모두 근원을 깨달았다.[「신동神童」편에도 보인다.][287]

---

285 김안국金安國(1478~1543) : 본관은 의성義城, 자는 국경國卿, 호는 모재慕齋이다. 사대부 출신 관료로서 성리학적 이념에 의한 통치의 강화에 힘썼으며, 중국문화를 수용, 이해하기 위한 노력에 평생 동안 심혈을 기울였다. 시문으로도 명성이 있었다. 저서로는 『모재집慕齋集』·『모재가훈慕齋家訓』·『동몽선습童蒙先習』 등이 있고, 편서編書로는 『이륜행실도언해』·『성리대전언해性理大全諺解』·『농서언해』·『장서언해』·『여씨향약언해』·『정속언해』·『벽온방』·『창진방』 등 다수의 작품이 있다.

286 이 이야기는 정사룡鄭士龍, 『호음잡고湖陰雜稿』 권7, [비지碑誌]에 수록되어 있다.

287 이 이야기는 신흠申欽, 『상촌고象村稿』 권26, 「정한강신도비명鄭寒岡神道碑銘 병서幷序」에 수록되어 있다

鄭寒崗 當其盛年 抱負甚大 宇宙內事 無不任以爲己責 算數兵陣醫藥風水 俱曉源委[又見神童]

• 통하지 않음이 없었던 박영

송당松堂 박영朴英[288]은 역리易理에 깊었고 또 남의 말을 잘 파악하고 안색을 잘 살폈다. 천문天文·지리地理·성명性命·산수算數에 달통하지 않은 것이 없었다.[289]

朴松堂英 邃於易理 又善察言觀色 天文地理 性命算數 無不通會

• 팔방미인 조성

양심당養心堂 조성趙晟[290]은 잡다한 기예와 제자백가의 책을 두루 통하였고, 천문天文·지리地理·의약醫藥·율려律呂·산수算數에 정밀히 연구하여 그 오묘함에 이르지 않음이 없었다. 수학에 더욱 뛰어났고 손재주에 정밀하였다. 퇴계가 항상 종유從遊하며 역학·율려律呂·산수算數에 대해 질정하였다.[「음률音律」편에도 보인다.]

---

288 박영朴英(1471~1540) : 본관은 밀양密陽, 자는 자실子實, 호는 송당松堂이다. 어릴 때부터 무예에 뛰어나 담 너머 물건을 쏘아도 반드시 맞히므로 아버지가 기이하게 여겨 이름을 영英이라 하였다. 1487년 이세필李世弼 막하幕下에 있을 때 종사관從事官으로 명나라에 다녀왔으며, 1491년 원수元帥 이극균李克均을 따라 건주위建州衛를 정벌하였다. 의술에도 능하였다. 저서로는 『송당집松堂集』·『경험방經驗方』·『활인신방活人新方』·『백록동규해白鹿洞規解』 등이 있다.

289 이 이야기는 박동량朴東亮의 『기재잡기寄齋雜記』, 「역조구문 2歷朝舊聞[二]」에 수록되어 있다.

290 조성趙晟(1492~1555) : 본관은 평양平壤, 자字는 백양伯陽, 호는 양심당養心堂이다. 천문·지리·율려·산수 등에 두루 정통했다. 의약에도 정통하여 의술을 가르친 바도 있다. 의醫·산算·율律의 삼학교관三學敎官을 지냈다. 성리학에도 밝았고 글씨도 잘 썼다.

趙養心堂晟 傍通六藝百家之書 天文地理 醫藥律呂算數 無不精究而造其妙 尤長於數學 精於技能 ○退溪常從遊 質以啓蒙律呂算數[又見音律]

• 서봉 유우

서봉西峯 유우柳藕[291]는 천문天文·복서卜筮·음률音律·서화書畵에 각각 그 오묘함을 다했다.[「음양陰陽」편에도 보인다.]

柳西峯藕 天文卜筮音律書畵 各極其妙[又見陰陽]

• 남다른 기억력을 가진 조종저

남악南岳 조종저趙宗著[292]는 제자백가에 관통했으며 기억력이 남달라 역대연혁歷代沿革 전고典故 법률法律과 중국 산천 형세의 험하고 막힘에까지 두루 깨닫지 않음이 없었다. 불교·패설稗說·수학·천문·풍수·의약醫藥 등 여러 분야에 이르러서도 두루 통하는 바가 많았다.[293]

貫穿百家 記性過人 歷代沿革典故法律 中國山川險阻 靡不淹慣通曉 至

291 유우柳藕(1473~1537) : 본관은 진주晉州, 자는 양청養淸, 호는 서봉西峰이다. 김굉필金宏弼의 문하에서 수학하였다. 1504년 갑자사화로 스승이 죽음을 당한 뒤에는 벼슬을 단념하고 학문 연구와 후학 교육에 전심하였다. 그는 『대학』을 학문의 골격으로 삼고 6경과 3서를 주요과목으로 하여 제자서에까지 나아갔다. 특히, 『주역周易』에 정밀하였고, 천문·복서卜筮·음률·서화에도 정통하였다. 의술도 깊이 연구하여 어머니의 숙환에 직접 의약을 조제하여 치료하기도 하였다.

292 조종저趙宗著(1631~1690) : 본관은 한양漢陽, 자는 취숙聚叔, 호는 간재艮齋·남악南岳이다. 1660년 성균관에 입학, 문명을 날렸다. 문장에 뛰어나 장유張維·이식李植에 비유되었다. 또한, 역사에 밝았고, 천문·역수·의약에도 통달하였다. 저서로 『남악집南岳集』·『간재신사艮齋新笥』 등이 있다.

293 이 이야기는 최석정崔錫鼎의 『명곡집明谷集』 권25, 「남악조공묘지명南岳趙公墓誌銘」에 수록되어 있다.

若竺典稗說 乘除星命 堪輿醫藥諸家 多所旁通

• 채세영

채세영蔡世英[294]은 경사經史를 널리 보았고 천문天文·의약醫藥에서부터 중국어에 이르기까지 섭렵하지 않은 것이 없었다.[295]

蔡世英 博覽經史 天文醫藥 以至華語 無不涉獵

• 춘소 신최

춘소春沼 신최申最[296]는 구류칠략九流七略[297]에서부터 음률·역법·점술과 의술(기황岐黃[298])가의 말에 이르기까지 관통하지 않은 것이 없었다.

---

294 채세영蔡世英(1490~1568) : 본관은 평강平康, 자는 영지英之, 호는 임진당任眞堂이다. 1550년 호조참판으로 동지춘추관을 겸직하였고, 『중종실록』 편찬에도 참여하였다. 이후 공조판서·호조판서를 지내고 우참찬을 거쳐 벼슬이 좌참찬에 이르렀다. 천문과 의약에 밝았고, 중국어에도 능하여 1548년 이문정시吏文庭試에 장원하기도 하였다.

295 이 이야기는 이항복李恒福의 『백사선생집白沙先生集』 권3, 「資憲大夫議政府左參贊兼同知 經筵知義禁府事 世子右賓客蔡公神道碑銘」에 수록되어 있다.

296 신최申最(1619~1658) : 본관은 평산平山, 자는 계량季良, 호는 춘소春沼이다. 1650년 봉교로 임명되어 춘추관기사관을 겸임하면서 『인조실록』 편찬에 참여하였다. 전적典籍·낭천현감을 거쳐 1656년 함경도사로 나갔다가 죽었다. 문장에 능하였으며 특히 부賦에 뛰어났는데, 시부詩賦 약간이 『해동사부東辭賦』에 전한다. 저서로는 『예가부설禮家附說』·『춘소자집』이 있다.

297 구류칠략九流七略 : 구류九流는 중국 춘추전국시대의 사상가들의 아홉 유파인 유가류儒家流·도가류道家流·음양가류陰陽家流·법가류法家流·명가류名家流·묵가류墨家流·종횡가류縱橫家流·잡가류雜家流·농가류農家流 등을 말한다. 칠략七略은 한漢나라 유흠劉歆이 만든 책의 분류로, 대개 집략輯略, 육례략六藝略, 제자략諸子略, 시부략詩賦略, 병서략兵書略, 술수략術數略, 방기략方技略으로 분류한다. 『한서漢書』 「예문지藝文志」

298 기황岐黃 : 옛날에 황제黃帝가 기백岐伯과 의약醫藥을 연구 토론하여 의경醫經을 만들었다고 전해 내려온다. 현존하는 최고의 의학책인 『황제내경黃帝內經』은 주요한 부분이 황제가 묻고 기백이 대답하는 형식으로 쓰여 있다. 그러므로 훗날에 한

또 「음률」·「음양」편에도 보인다.[299]

申春沼最 九流七略 以及律曆卜筮岐黃家言 靡不慣穿 又見音律陰陽

• **조비**

조비趙備[300]는 경사經史에 두루 관통하였고 문장과 예술에 빼어났으며 아울러 필법筆法에도 능했다. 활쏘기와 말 몰기·도장 파기·그림·점술 모두 오묘한 경지에 이르렀다.[301]

趙備 淹貫經史 詞藝絶倫 兼善筆法 射御篆籀圖繪卜筮 皆臻妙

• **광평대군**

광평대군廣平大君[302]은 경사經史·시문詩文·음률音律·산수算數·서법書法·사구射毬에 통하였다.

의학을 기황지술岐黃之術이라고 일컫는다.

299 이 이야기는 이민구李敏求의 『동주선생문집東州先生文集』 권9, 「咸鏡道都事申君墓碣銘 幷序」에 수록되어 있다.

300 조비趙備(1616~1659) : 본관은 한양漢陽, 자는 사구士求, 호는 총계와叢桂窩이다. 경사經史에 능통하고 풍채가 좋았으며 언변과 문장에도 뛰어났다. 사어射御·도화圖畵등에도 정통하였고, 특히 사부詞賦와 변려문騈儷文으로 이름이 높았다. 뿐만 아니라 글씨도 잘써 전서篆書·주서籀書에 능하였다. 말년에는 시문을 더욱 즐겼으며 유집遺集 12권이 있다.

301 이 이야기는 박세채朴世采의 『남계선생박문순공문속집南溪先生朴文純公文續集』 권21, 「濟用監正趙公墓碣銘」에 수록되어 있다.

302 광평대군廣平大君(1425~1444) : 본관은 전주全州, 자는 환지煥之, 호는 명성당明誠堂이다. 이름은 이여李璵이다. 세종의 다섯째 아들로 무안대군 방번芳蕃의 양자다. 1432년 광평대군으로 봉해지고, 1436년 신자수申自守의 딸과 혼인하였으며, 그 해 성균관에 입학하였다. 부왕 못지않게 학문에 힘써 『효경』, 『소학』, 『좌전左傳』 및 사서삼경 등에 능통하였고, 국어·음률·산수에도 밝았다. 성품이 너그럽고 용모가 풍미하여 총명 효제하고, 서예와 격구에도 능하였다.

廣平大君 通經史詩文音律算數書法射毬

• 해원군

해원군海原君 이건李健[303]은 시詩·서書·화畵가 모두 정묘한 경지에 이르러 세상에서 삼절이라 칭했다. 호는 규창葵窓이다.

海原君健 詩書畵俱臻精妙 世稱三絶 號葵窓

<박다원>

• 수천군 이정은

수천군秀泉君 이정은李貞恩[304]은 남들보다 매우 총명했다. 충의忠義로 일어나는 분노와 불의不義에 대한 비분강개한 마음을 음악과 시문으로 표현하였다.[「음률音律」편에도 보인다.]

秀泉君 聰明絶倫 忠憤慷慨 發於音樂詩文[又見音律]

---

303 이건李健(1614~1662) : 본관은 전주全州, 자는 자강子强, 호는 규창葵窓이다. 선조의 일곱째 아들인 의성군 공仁城君 珙의 아들로 효종 8년에 해원군海原君에 봉해졌다. 천성이 사치를 좋아하지 않고 명리名利와 재화財貨에 전혀 관심이 없었으며 다만 독서에 열중하여 손에서 책이 떠나지 않았다. 시는 당나라 두목杜牧을 배웠고 글씨와 그림에 능하여 사람들이 삼절三絶이라 일컬었다. 문집에 『규창집葵窓集』 5권, 『시문집詩文集』 등이 있다.

304 이정은李貞恩 : 본관은 전주全州, 자는 정중正中, 호는 월호月湖·남곡嵐谷·설창雪窓이다. 일찍이 수천부정秀川副正에 봉해졌다가 도정에 올랐다. 인품이 독실, 돈후하여 스스로 겸손하며, 식견과 도량이 있고, 학문의 이치를 터득하여, 일찍부터 김굉필金宏弼·남효온南孝溫 등의 사림파 학자들과 교유하였다. 성종대에 사림파가 정치적 역량을 높여가자 이들과 교유를 끊어 사화 때에 화를 면하고, 이후 음률音律에 심취하여 스스로 일가를 이루었다고 한다.

• **남원군 양성지**

남원군南原君 양성지梁誠之[305]는 문장에 능했고, 지리·의약·서화·거문고·바둑·수학에도 능통하였다. 의기義氣를 중하게 여기고 식견識見이 있었으나 끝내 훌륭한 명성만 지닌 채 세상을 떠났다. 술을 즐겼으나 그 정신은 또렷했다.[「음률音律」편에도 보인다.[

南原君 能文 通地理醫藥書畫琴棋九數 重義氣 有識見 竟以令名終 嗜酒而其中了然也[又見音律]

• **강양 정 이숙**

강양 정江陽正 이숙李潚[306]은 속세 사람들이 좋아하는 것에는 마음이 없었고 꽃과 나무, 거문고와 술 등을 유독 좋아하였다. 집에 소나무 두 그루가 있어서 스스로 '쌍송주인雙松主人'이라 불렀고, 또 오음정五音亭이 있었는데 봄 난초, 여름 연꽃, 가을 국화, 겨울 매화 그리고 술 향기 등 다섯 가지가 있기 때문에 붙인 이름이라고 하였다. 거문고를 더욱 좋아하여 세조世祖가 특별히 금헌琴軒이라는 호를 하사하였다. 언젠가 자식들에게 말하기를,

---

305 양성지梁誠之(1415~1482) : 본관은 남원南原, 자는 순부純夫, 호는 눌재訥齋·송파松坡이다. 6세에 독서를 시작해 9세에 글을 지었다. 저서로는 『눌재집訥齋集』외에 어명으로 엮은 『해동성씨록海東姓氏錄』·『동국도경東國圖經』·『농잠서農蠶書』·『목축서牧蓄書』·『유선서諭善書』·『황극치평도黃極治平圖』·『팔도지도八道地圖』·『양계방수도兩界防戍圖』 등이 있다.

306 이숙李潚(1453~1499) : 본관은 전주全州, 호는 쌍송雙松·오향정五香亭·금헌琴軒·양정陽井·양촌陽村 이다. 1467년 강양군江陽君에 책봉되었고, 1484년 전년의 정희왕후貞熹王后 국상에 수반된 세조능 시릉侍陵의 노고로 소덕대부昭德大夫에 품계가 오름과 아울러 왕명에 의하여 제종친의 비위를 규찰하였다. 이후 독서·산수·탄금을 즐기면서 자적하다가 죽었다. 단아하고 근실한 성품, 정순한 학문 및 능숙한 음률로 명망이 있었다.

"내가 죽거든 거문고 하나, 술 한 동이, 『자치통감資治通鑑』 한 질을 꼭 함께 묻어 달라."

라고 하였다. 세상을 떠나자 파평산坡平山[307]에 장사지내며 세 가지 물건도 함께 묻어주었다.

江陽正濍公 於世俗之好無心 獨愛花木琴酒之屬 家有雙松 自號雙松主人 又有五音亭 春蘭夏蓮秋菊冬梅兼有酒香故云 尤好琴 世祖特賜號琴軒 嘗語諸子曰 我死 必以琴一張酒一罇 資治通鑑一秩 殉之 及卒 葬于坡平山 殉之以三物

• 영천군 이정

영천군永川君 이정李定[308]은 호탕하여 어디에도 매이지 않는 성품을 지녔다. 시로 표현한 정서가 청신淸新하였고, 거문고와 술을 몹시 좋아하였다.

永川君定 性豪宕不羈 詩思淸新 酷好琴酒

• 창성군 이필

창성군昌城君 이필李佖[309]은 기억력이 남보다 뛰어났다. 경서經書와

---

307 파평산坡平山 : 경기도 파주시 파평면에 있는 산이다.

308 이정李定 : 본관은 전주全州, 자는 안지安之이다. 1440년 1월 16일에 영천군永川君을 제수받았으며, 1488년 소덕대부昭德大夫에 제수되었다가 이듬해 홍록대부에 올랐다. 천성이 호탕하고 순수하며, 조심성이 있었다. 술과 풍류를 좋아하여 평생을 문사文士들과 어울렸으며, 시사詩思가 청신하고 화격畫格 역시 기이하였다. 시와 그림을 잘 하였는데 특히 산수를 잘 그렸다.

309 이필李佖(1627~1689) : 본관은 전주全州, 자는 자의子儀이다. 출생하면서부터 자질이 특이하였다. 기억함이 남달라서 경사經史에 마음을 쏟는 여가에 의약醫藥과 복

사서史書를 잠심해 읽으면서 곁가지로 의약·점술·풍수에 관한 책들까지 읽었다. 더욱이 편작扁鵲과 창공倉公[310]의 의술에도 그 요체를 깊이 체득하였다.

昌城君佖 記性絶人 潛心經史 傍及醫藥卜筮堪輿諸書 尤於扁倉 深得其要

• 숭선부정 이총

숭선부정嵩善副正 이총李灇[311]은 호가 마재磨齋이다. 육예六藝를 모두 통달하였고, 선기옥형璇璣玉衡[312]을 만드는 체제에 대하여 기술하였다. 시격詩格에 뛰어났다.

嵩善副正灇 號磨齋 六藝皆通 述璿璣製 長於詩格

• 금산군 이성윤

금산군錦山君 이성윤李誠胤[313]은 시문詩文이 맑고 속됨이 없었다. 필법과 활쏘기도 모두 정밀하고 오묘한 경지에 이르렀다.

서卜筮·풍수風水 등 여러 책을 보았는데 한번 눈을 스쳐 가면 잊지 않고 그 대의大義를 통하였다.

310 편작扁鵲과 창공倉公 : 모두 전국시대 이름난 의원들이다.

311 이총李灇(1488~1544) : 본관은 전주全州, 자는 종지淙之, 호는 마재磨齋이다. 승헌대부承憲大夫 숭선부정嵩善副正에 봉해졌다. 평생 큰 뜻은 오직 충효를 지키는 데 있었고, 검소하며 깨끗하고 청렴한 선비처럼 행세하였다. 육예六藝에 정통했는데, 특히 음악과 산수에는 통하지 않는 바가 없었다.

312 선기옥형璇璣玉衡 : 혼천의渾天儀라고도 한다. 해·달·별의 천상天象을 그려서 천체의 운행과 위치를 관측하던 기계인데, 사각四脚의 틀 위에 올려놓고 회전시키면서 관측하도록 되어있다.

313 이성윤李誠胤(1570~1620) : 본관은 전주全州, 자는 군실君實, 호는 매창梅窓·호기互棄이다. 15세 때 금산수錦山守에 예수例授되었다. 시문에 재주가 있고, 글씨를 잘 썼다.

錦山君誠胤 詩文淸絶 筆法射藝 皆精妙

· **곽위**

곽위郭瑋[314]는 생원과 진사 출신이다. 시·문장·그림 세 가지에 뛰어나 세상 사람들이 삼절三絶이라 불렀다.

郭瑋 生進 以詩文畫 世稱三絶

· **동회 신익성**

동회東淮 신익성申翊聖[315]은 구류서九流書[316]와 고금古今의 문헌文獻, 국조國朝의 전장典章(법전)에 두루 통달하였다.[『음양陰陽』편에도 보인다.]

申東淮翊聖 傍通九流古今文獻國朝典章[又見陰陽]

· **변협**

변협邊協[317]은 율곡栗谷 선생에게서 『주역계몽周易啓蒙』을 강론하고

314 곽위郭瑋 : 본관은 현풍玄風, 자는 유온幼溫이다. 1495년 을묘乙卯 증광시增廣試에 3등으로 합격하였다.

315 신익성申翊聖(1588~1644) : 본관은 평산平山, 자는 군석君奭, 호는 낙전당樂全堂·동회거사東淮居士이다. 문장·시·서에 뛰어났으며, 특히 김상용金尙容과 더불어 전서의 대가였다. 최명길崔鳴吉·김상헌金尙憲·이경여李敬輿 등과 함께 심양瀋陽에 붙잡혀가 억류당했으나 조금도 굴하지 않았다. 소현세자昭顯世子의 주선으로 풀려나와 귀국한 뒤 시·서로써 세월을 보냈다. 저서로는 『낙전당집樂全堂集』·『낙전당귀전록樂全堂歸田錄』·『청백당일기靑白堂日記』 등이 있다.

316 구류서九流書 : 중국 한나라 때의 아홉 개의 학파로 유가儒家, 도가道家, 음양가陰陽家, 법가法家, 명가名家, 묵가墨家, 종횡가縱橫家, 잡가雜家, 농가農家를 말한다.

317 변협邊協(1528~1590) : 본관은 원주原州, 자는 화중和中, 호는 남호南湖이다. 1587년 전라우방어사로서 녹도鹿島·가리포加里浦의 왜구를 격퇴하였으며, 공조판서 겸 도총관·포도대장에 이르렀다. 일찍이 이이李珥에게 『주역周易』을 배웠고, 천문·지

자못 혼자만 잘 아는 묘리妙理를 체득하였다. 이로부터 천문天文·지리地理·산수算數·의학醫學에 이르기까지 정통하지 않은 학문이 없었다. 총명함이 남보다 뛰어났는데, 갑신년(1584) 어느 날 천문의 현상을 바라보고 태을太乙[318]을 계산해보더니 조카에게 이르기를,

"10년이 지나지 않아 국가가 장차 병란兵亂에 시달릴 것이다."

라고 하였다.[『신동神童』편에도 보인다.]

邊協 講論周易啓蒙於栗谷先生 頗有獨善之妙 以至天文地理算數醫學無不精詣 聰明絶人 嘗於甲申歲 仰觀天象 推算太乙 謂于姪曰 不出十年 國家且苦兵矣[又見神童]

• 김해

김해金垓[319]는 총명함이 남달랐다. 태극음양太極陰陽의 분변과 심성이기설心性理氣說과 역대 치란治亂의 자취에서부터 천문·지리·병법·음률·의술·점술 등에 이르기까지 관통하지 않은 학문이 없었다.

金垓 聰穎絶倫 太極陰陽之辨 心性理氣之說 歷代治亂之跡 以及天文地誌兵謀師律醫方卜筮之類 無不貫穿

리·수학에도 정통하였다. 변방 산천도로의 형세를 도표로 만들어 적침에 대비하고 천문을 관측하여 변란을 예측하기도 하였다.

318 태을太乙 : 태을점법太乙占法을 이른다. 병란, 재화, 생사 등을 관장하는 태을성太乙星이 북방에 있는데 유행하는 이치를 보고 길흉을 점치는 점법이다.

319 김해金垓(1555~1593) : 본관은 광산光山, 자는 달원達遠, 호는 근시재近始齋·시재始齋이다. 예학禮學에 조예가 깊었고 조신朝臣의 천거로 1587년 광릉참봉光陵參奉에 제수되었으나 사양하여 나가지 않았다. 임진왜란이 일어나자 예안禮安에서 의병을 일으켜, 영남의병대장으로 추대되어 안동·군위 등지에서 분전하였다. 저서로는 『근시재집近始齋集』이 있다.

• **권구**

권구權榘[320]는 제자백가諸子百家의 서책들을 섭렵하였고, 천문·산수·점술·음률과 같은 부류들도 모두 두루 공부하여 그 대체를 대략 체득하였다.

權榘 泛濫百家 如天文算數卜筮師律之類 並皆傍治 領略大要

• **하덕망**

하덕망河德望[321]은 경전經傳 이외에 활쏘기·말타기·수학·의약·역법과 같은 기예들도 두루 통달하였다.

河德望 經傳之外 傍通射御書數醫藥星曆之藝

• **사촌 최사물**

최사물崔四勿[322]은 호가 사촌莎村이다. 음악·산수·병법과 같은 서적

---

320 권구權榘(1672~1749) : 본관은 안동安東, 자는 방숙方叔, 호는 병곡屛谷이다. 이현일李玄逸의 문인으로, 일찍이 과거를 단념하고 유학의 전통을 지키면서 학문연구와 후진교육에 전념하였다.경학經學·예설禮說·성리학을 깊이 연구하여, 이황李滉의 이기호발설理氣互發說을 전적으로 지지하였다. 기타 천문·역수曆數·역학易學·사기史記 등에도 매우 조예가 깊어 「경의취정록經義就正錄」·「독역쇄의讀易瑣義」·「기형주해璣衡註解」·「여사휘찬의의麗史彙纂疑義」 등을 잡저로 남겼다. 저서로는 『병곡집屛谷集』 10권 5책이 전한다.

321 하덕망河德望(1664~1743) : 본관은 진주晋州, 자는 첨경瞻卿, 호는 양정재養正齋이다. 어려서부터 효성이 지극하고 형제간의 우애가 돈독하였다. 육례六禮에 밝아 아버지가 돌아가셨을 때 예에 따라 상을 치르고 정성을 다해 시묘살이를 하였다. 또한 어머니의 병세가 위중해지자 손가락을 잘라 피를 먹여 천수를 누릴 수 있게 하였으며, 돌아가신 후에는 과거에 뜻을 두지 않고 '광영정光影亭'을 지어 자연과 더불어 살아가고자 하였다.

322 최사물崔四勿(1544~1587) : 본관은 탐진耽津, 자는 희구希具, 호는 사촌莎村이다.

에 있어서 정통하지 않은 것이 없었다.[『음률音律』편에도 보인다.]

崔四勿 號莎村 律呂算數兵學之書 無不精通[又見音律]

• 일물재 정담

정담鄭淡은 호가 일물재日勿齋이다. 문장에 능하고 『주역周易』의 이치에 통달하였다. 음률을 이해하고 화초花草도 잘 알았다.[『음률音律』편에도 보인다.]

鄭淡 號日勿齋 能文章 通易理 解音律 識花卉[又見音律]

• 율정 이관의

이관의李寬義[323]는 호가 율정栗亭이다. 성종成宗 계묘년(1483)에 경전經傳에 밝고 행실이 바른 인물로 역마驛馬를 보내 불러서 임금의 자문에 응대하게 하였는데, 성명性命의 근원을 진달하고 천지天地와 일월日月과 성신星辰의 궤도를 분석함에 구슬을 꿴 것처럼 관통하였다. 주상이 의복을 하사하고 포상하였다.

李寬義 號栗亭 成宗癸卯 以經明行修 驛召入對 敷達性命之原 剖析天地日月星辰之度數 纚纚如貫珠 賜衣褒嘉

1576년 병자丙子 별시別試에 병과丙科로 급제하여 사간원 정언正言을 역임하였다.

323 이관의李寬義 : 본관은 광주廣州, 자는 의지義之, 호는 율정栗亭이다. 성리학을 비롯, 천문·지리·기상·역학 등의 일반과학 분야까지 전심하여 각기 일가를 이루었다. 학행으로 천거되어 율봉도찰방栗峰道察訪에 임명되었으나 사퇴하고 향리에서 학문 연구에 몰두하였다. 1483년 성종이 경서에 밝고 품행이 방정한 인물을 널리 구할 때 손순효孫舜孝의 추천을 받아 경연經筵에서 『대학大學』과 『중용中庸』을 강론하였다.

• 성원위 이정녕

성원위星原尉 이정녕李正寧[324]은 총명하고 옛것을 좋아해 사서史書를 두루 섭렵하였다. 천문·지리·의약·점술에 대한 학설은 더욱 정통하였다.

李正寧星原尉 聰明好古 博涉史傳 天文地理醫藥卜筮之說 尤所淹貫

• 삼탄 이승소

삼탄三灘 이승소李承召[325]는 서책을 두루 읽고 잘 기억하였다. 예악·병법과 형법·음양·율력·의학·지리에 모두 관통하였다.

李三灘 博覽强記 凡禮樂兵刑陰陽律曆醫學地理 皆通貫

• 돈재 성세창

성세창成世昌[326]은 호가 돈재遯齋이다. 서예·그림·음률에 정통하지 않은 것이 없었기 때문에 당시 사람들이 삼절三絶이라 불렀다.[『음률音律』편에도 보인다.]

---

324 이정녕李正寧(1411~1455) : 본관은 성주星州, 자는 단보端父이다. 태종의 여섯째딸 숙혜옹주淑惠翁主와 혼인하여 성원위星原尉로 피봉되고, 1432년 정헌대부正憲大夫가 되어 사은사로 명나라에 다녀왔다. 성균관직강, 의금부제조, 충청도도관찰사 등을 두루 역임하였다.

325 이승소李承召(1422~1484) : 본관은 양성陽城, 자는 윤보胤保, 호는 삼탄三灘이다. 성품은 사물을 접하면 힘써 대체大體를 알고자 했고, 널리 독서해 예·악·병兵·형刑·음양陰陽·율律·역曆에 두루 통달하였다. 특히 문장으로 이름을 남겼다. 청렴해 집안에 꾸민 것이 없었다고 한다. 저서로는 『삼탄집三灘集』이 있다.

326 성세창成世昌(1481~1548) : 본관은 창녕昌寧, 자는 번중蕃仲, 호는 돈재遯齋이다. 학식과 문장이 뛰어나 오랫동안 홍문관에서 봉직했으며 문형文衡을 맡아 많은 선비들의 존경을 받았다. 필법에 뛰어났고 글씨·그림·음률에 정통하여 3절三絶이라 불렸다. 저서로는 『돈재집遯齋集』과 『식료찬요食療纂要』가 있다.

成世昌 號遯齋 以書畫音律 莫不精曉 時稱三絶[又見音律]

• 병암 김응기

김응기金應箕[327]는 호가 병암屛菴이다. 성력星曆과 음률에 정통하여 성종에게 큰 인물로 인정을 받았다.

金應箕 號屛菴 精通星曆鍾律 爲成廟所器重

• 김영수

김영수金永銖[328]는 사헌부 장령掌令을 지냈다. 서예·그림·활쏘기·말타기·바둑·음률·요리·공예 모두 잘했다.[「음률音律」편에도 보인다.]

金永銖 官掌令 善書畫射御圖棋音律烹飪工匠之事[又見音律]

• 김흔

김흔金訢[329]은 문장이 간결하면서 예스럽고 바르면서 깨끗했다. 시

---

327 김응기金應箕(1455~1519) : 본관은 선산善山, 자는 미수眉叟·백춘伯春, 호는 병암屛菴이다. 학식이 넓어 천문·지리·수학에까지 정통하였고, 언행이 법도에 맞아 사람들은 '동방의 부자夫子'라고 존경하였다. 성종의 신임이 두터워 10여 년 동안 강연講筵을 맡았다.

328 김영수金永銖(1446~1502) : 본관은 안동安東, 자는 적옹積翁이다. 중국의 사신이 왔을 때 도감랑都監郞이 되어 잘 접대하여 명예를 드날리고 의금부경력·도총부사·중추원도사가 되었다. 사어射御와 바둑, 장기, 음률音律에 능하였고, 팽임공장烹飪工匠이 되어 음식을 삶는 일에 종사하였다. 특히 글씨를 잘 썼다.

329 김흔金訢(1448~1492) : 본관은 연안延安, 자는 군절君節, 호는 안락당顔樂堂이다. 1486년 시강관侍講官·공조참의에 이르렀다. 풍질風疾로 여러 차례 사직을 원하였으나, 1489년 행호군行護軍을 역임한 뒤 1490년 행부사과行副司果를 지냈다. 성품은 고결하고 지조가 있었으며 언행이 한결같았다. 문장은 율시에 능하였다.

에도 능했는데, 배율시排律詩를 짓는데 뛰어났다. 풍수지리와 패관소설稗官小說에도 해박하지 않음이 없었고 음률도 잘 알았다.

金訢 文章簡古雅潔 能詩 工於排律 山經地誌稗官小說 無不該博 曉聲律

• 송인손

송인손宋寅孫은 문장을 민첩하게 지었다. 글씨와 그림, 잡다한 기예, 바둑과 의술에도 각각 오묘한 경지에 이르렀고, 시詩와 사詞도 잘 지었다.

宋寅孫 文章敏捷 書畫雜技博奕醫方 各臻妙 工詩詞

• 채수

채수蔡壽는 천하의 책들을 다 보았고, 풍수와 지리에 모두 해박하지 않음이 없었다.

蔡壽 盡閱天下書 山經地誌 無不該博

• 심봉원

심봉원沈逢源[330]은 그림과 음률에 그 오묘한 이치를 알았고, 의술과 서법에 그 분야들을 섭렵하였다. 시의 운치는 깊고도 빼어나 속되지

330 심봉원沈逢源(1497~1574) : 본관은 청송靑松, 자는 희용希容, 호는 효창노인曉窓老人·우송友松이다. 어려서는 악동들과 어울려 놀기를 즐겼으나, 나이가 들면서 깨닫고 공부에 힘써 20세에 성균관에서 학문을 익혔다. 장령掌令·교리校理·사간·사예司藝·전한典翰 등 청요직을 두루 역임하고, 1553년 승정원에 들어가 왕의 측근에서 오랫동안 보필하였다. 음률音律·의술醫術·서법書法에도 밝았다.

않았다.

沈逢源 圖畵音律 識其妙 醫術書法 涉其門 詩韻冲逸不俗

• **심극명**

심극명沈克明[331]은 문장에 능했고, 활쏘기와 말타기와 거문고 연주도 잘했다. 그림으로 이름났고 글씨도 잘 썼다.

沈克明 能文 善射御鼓琴 名畵善書

• **이치**

이치李致[332]는 천문과 성력星曆, 온갖 장인들의 기예에 모두 통달하였다.

李致 推步星曆 百工技藝 皆通曉

• **송재 한충**

송재松齋 한충韓忠은 읽지 않은 책이 없었고, 통달하지 않은 기예가 없었다. 음률·음양·점술·천문·지리를 모두 환하게 알았고, 활쏘기에

---

331 심극명沈克明(1556~?) : 본관은 청송青松, 자는 백회伯晦, 호는 취면醉眠이다. 1592년 임진왜란 때 경기도도사를 지낸 뒤 지제교知制敎를 거쳐, 길주목사·회령부사 등 주로 지방의 수령과 뒤에는 관찰사를 지냈다. 시문에 능하였고, 글씨·그림·거문고·활쏘기·말타기 등에도 능하였다. 선조가 명하여 시·서·화 삼기三奇를 뽑을 때 그중 한 사람으로 뽑혔다.

332 이치李致(1504~1550) : 본관은 덕수德水, 자는 가원可遠이다. 1522년 사마시에 합격하여 진사가 되었고, 1540년 식년문과에 을과로 급제, 그 뒤 성균관 학유·사간원 헌납 등을 역임하였다.

더욱 뛰어나 활을 쏘면 적중하지 않음이 없었다.[「신동神童」편에도 보인다.]

韓松齋 於書無所不讀 於藝無所不通 曉解律呂陰陽卜筮天文地理 尤工射藝 發無不中[又見神童]

• 정존재 이담

정존재靜存齋 이담李湛[333]은 글씨와 그림·의약·천문·산수·활쏘기와 말타기 모두 정통한 경지에 이르렀다.

李靜存齋 書畵醫藥天文算數射御 無不致精

• 박한주

박한주朴漢柱[334]는 제자백가·풍수지리·노자와 장자·불교의 이론들에 대해서도 모두 탐구하였다.

朴漢柱 諸子百家山經地誌莊老浮屠之說 亦皆探討

• 복재 기준

복재服齋 기준奇遵[335]은 천문과 지리에도 모두 그 정미精微한 이치를

---

333 이담李湛(1510~1574) : 본관은 용인龍仁, 자는 중구仲久, 호는 정존靜存이다. 1567년 전한典翰으로 등용, 응교應教를 지내고 명종이 죽자 춘추관 편수관春秋館編修官으로 『명종실록明宗實錄』의 편찬에 참여, 사간司諫·승지承旨를 거쳐 1574년 병조참의에 올랐다. 성리학자性理學者로서 의약·천문·산수·궁술에도 능했고 서화에도 일가를 이루었다.

334 박한주朴漢柱(1459~1504) : 본관은 밀양密陽, 자는 천지天支, 호는 우졸재迂拙齋이다. 1483년 생원시·진사시에 합격하고 1485년 문과별시文科別試에 급제한 뒤 사간원헌납, 평해군수, 예천군수 등을 역임하였다. 저서로 『우졸재집迂拙齋集』이 있다.

탐구하였다.

奇服齋 天文地誌 亦皆洞究其精微

• 고옥 정작

고옥古玉 정작鄭碏은 의술과 점술을 잘 알았고, 풍수지리에도 능통하여 기막히게 맞춘 것이 많았다.[「신동神童」과 「음양陰陽」편에도 보인다.]

鄭古玉 善醫卜 能通風堪術 多奇驗[又見神童陰陽]

• 오창 박동량

오창梧牕 박동량朴東亮[336]은 산수와 천문, 점술가의 이론에 두루 통달하였다. 젊어서 말타기를 잘하였는데, 먼지도 일지 않고 날아가듯 말을 몰았고 뜻대로 달리고 멈추었다[337]. 활쏘기 또한 익히지 않았는데도 능했다.

---

335 기준奇遵(1492~1521) : 본관은 행주幸州, 자는 자경子敬, 호는 복재服齋·덕양德陽이다. 1516년 저작著作으로 천문이습관天文肄習官을 겸했으며, 검토관檢討官·수찬修撰·검상檢詳·장령掌令·시강관侍講官 등을 두루 역임하였다. 시에도 능해 『해동시선海東詩選』·『대동운부군옥大東韻府群玉』 등에 시가 수록되어 있다. 저서로는 『복재집服齋集』·『무인기문戊寅紀聞』·『덕양일기德陽日記』 등이 있다.

336 박동량朴東亮(1569~1635) : 본관은 반남潘南, 자는 자룡子龍, 호는 기재寄齋·오창梧窓·봉주鳳洲이다. 중국어에 능통해 의주에 주재하는 동안 왕이 중국의 관원이나 장수들을 만날 때는 반드시 곁에서 시중해 대중 외교對中外交에 이바지했으며, 왕의 신임도 두터웠다. 저서로 『기재사초寄齋史草』·『기재잡기寄齋雜記』·『방일유고放逸遺稿』 등이 있다.

337 달리고 멈추었다 : '경공磬控'은 『시경詩經』「정풍鄭風 대숙우전大叔于田」에 나오는 말로 '경磬'은 말을 달리는 것이고 '공控'은 말을 멈추는 것을 말한다.

朴梧隱 傍通算數甘石祿命家言 少善(射)御[338] 絶塵如飛 磬控隨意 射亦不習而能

· 제봉 고경명

제봉霽峯 고경명高敬命[339]은 유불선儒佛仙 삼교三敎와 제자백가의 서적을 모두 정밀하게 탐구하였고 상수학象數學에도 밝았다.

高霽峯 凡三敎九流之書 皆所精究 而明於象數

· 고봉 기대승

고봉高峯 기대승奇大升[340]은 제자백가와 이단異端에 속한 학문들도 모두 읽어 그 요지를 탐구하였는데, 수학에 가장 정밀하여 이름난 전문가들도 모두 미칠 수가 없었다.

奇高峯 九流百家異端之學 亦皆泛濫 究其旨要 而最精數法 雖專門名家擧不能及

---

338 『낙전당집樂全堂集』 권14 「금계군박공동량행장錦溪君朴公東亮行狀」에 본 내용이 실려 있는데 "少善御"로 기록되어 있어 이를 따라 번역하였다.

339 고경명高敬命(1533~1592) : 본관은 장흥長興, 자는 이순而順, 호는 제봉霽峯·제봉태헌霽峯苔軒이다. 1552년 사마시에 제1위로 합격하여 진사가 되고, 1558 식년문과에 장원으로 급제한 뒤 성균관 전적 등 여러 관직을 두루 역임하였다. 시·글씨·그림에 능했으며, 저서로는 시문집인 『제봉집霽峯集』, 속집續集·유집遺集, 무등산 기행문인 『서석록瑞石錄』, 각처에 보낸 격문을 모은 『정기록正氣錄』이 있다.

340 기대승奇大升(1527~1572) : 본관은 행주幸州, 자는 명언明彦, 호는 고봉高峯·존재存齋이다. 1549년 사마시司馬試에 합격하고, 1558년 식년문과에 을과로 급제하였다. 그 뒤 승문원부정자와 예문관 검열 겸 춘추관 기사관 등을 역임하였다. 저서로 『주자문록朱子文錄』·『고봉집高峯集』 등이 있다.

• 지산 조호익

지산芝山 조호익曹好益[341]은 유가儒家 외의 서적과 병법서, 천문·지리·음양에 관한 이론들도 통달하지 않은 것이 없었다.

曹芝山 外家兵書 天文地理陰陽之說 亦無不通

• 지천 황정욱

지천芝川 황정욱黃廷彧[342]은 사주·풍수·의술·산수에 관한 제가들의 이론을 탐구하지 않은 것이 없었다.

黃芝川 星命堪輿醫技算數諸家 無不叅究

• 계곡 장유

계곡谿谷 장유張維[343]는 천문·지리·도교와 불교·의술·점술·병가兵家의 이론을 읽고 또한 그 유파들까지도 섭렵하였다.

---

341 조호익曺好益(1545~1609) : 본관은 창녕昌寧, 자는 사우士友, 호는 지산芝山이다. 대구부사·성주목사·안주목사·성천부사 등을 역임하였다. 저서로 『지산집芝山集』·『심경질의고오心經質疑考誤』·『가례고증家禮考證』·『주역석해周易釋解』 등이 있다.

342 황정욱黃廷彧(1532~1607) : 본관은 장수長水, 자는 경문景文, 호는 지천芝川이다. 1552년 사마시에 합격하고, 1558년 식년문과에 병과로 급제하였다. 사관史官이 된 뒤 승문권지承文權知·예문관 검열·봉교 등을 두루 역임하였다. 문장·시·서예에 능하였다. 저서로는 『지천집芝川集』이 있다.

343 장유張維(1587~1638) : 본관은 덕수德水, 자는 지국持國, 호는 계곡谿谷·묵소默所이다. 좌부빈객, 예조판서, 이조판서 등을 역임하였다. 천문·지리·의술·병서 등 각종 학문에 능통했고, 서화와 특히 문장에 뛰어나 이정구李廷龜·신흠申欽·이식李植 등과 더불어 조선 문학의 사대가四大家라는 칭호를 받았다. 많은 저서가 있다고 하나 대부분 없어지고 현재 『계곡만필谿谷漫筆』·『계곡집谿谷集』·『음부경주해陰符經注解』가 전한다.

張谿谷 天文地理道釋醫卜兵家之說 亦涉其流

• **김덕승**

김덕승金德承[344]은 중국어를 잘했다. 제자백가에 깊이 통달하였고 성력星曆과 방기方技(의술과 점술)를 두루 통달하였다. 운서韻書를 깊이 연구하여 음의 성조를 정밀하게 이해하였는데, 이 때문에 중국어도 익혀서 잘하게 되었다.

金德承 善華語 淹貫諸子 旁通星曆方技 深究韻書 妙解淸濁 是以於華語又習而能之

• **이진**

이진李濜은 이상의李尙毅[345]의 증손자이다. 개털로 불자拂子[346]를 대신하니,

"아무개는 통달한 재능이로다."

라고 하였다.

---

344 김덕승金德承(1595~1658) : 본관은 김해金海, 자는 가구可久, 호는 소전少痊·소첩巢睫이다. 중국어에 능통하였으므로 예조좌랑 때 한어교수漢語敎授를 겸직하였다. 경사經史 외에도 운서韻書를 깊이 연구하였고, 군서群書를 연구하여 성력제가星曆諸家에도 조예가 깊었다. 그림과 서예에 능하였다고 한다. 저서로는 『소전집少痊集』이 전한다.

345 이상의李尙毅(1560~1624) : 본관은 여흥驪興, 자는 이원而遠, 호는 소릉少陵·오호五湖·서산西山·파릉巴陵이다. 1585년 사마시에 합격하고, 이듬 해 별시 문과에 병과로 급제, 승정원주서·성균관전적을 거쳐 여러 관직을 두루 역임하였다. 글씨를 잘 썼으며 저서로 『소릉집少陵集』이 있다.

346 불자拂子 : '불주拂麈'라고도 한다. 삼이나 짐승의 털을 묶어서 자루 끝에 매어 단 것으로 벌레를 쫓는 데 쓰는 생활 용구이었으나, 불교에서 수행자가 마음의 티끌·번뇌를 떨어내는 데 사용되는 상징적인 의미를 지닌 불구佛具로 사용한다.

『주역』과 예학·춘추·산수·참동參同[347]·화후火候[348]·의약·서화·점술·풍수·음률을 깊이 연구하여 통하지 않는 것이 없었다. 천문·별자리·농법·바둑·녹명祿命에 이르기까지 모두 통달하였다. 그러나 늙도록 벼슬하지 못하고 생을 마쳤다.

李濃 尙毅曾孫 狗毛代塵曰 某通才也 深於易禮春秋算數參同火候醫藥書畵卜筮風水音律 無所不通 至於乾文星緯農理風鑑奕棋祿命 皆錬達 然窮老以布衣終

· 이중석

이중석李重奭은 왕실 후손으로 재주가 많았다. 사주·거문고·그림·지리·의술에 모두 두루 통달하였다. 만년에 선학仙學에 빠져 생을 마쳤다.

李重奭 璿派多才 星命琴畵地理醫技 皆傍通 晩嗜仙學以終

· 이제헌

이제헌李齊憲은 단애丹厓 이경중李敬中[349]의 후손이다. 침술에 오묘하

---

347 참동參同 : 중국 한대 위백양魏伯陽이 지은 『참동계參同契』를 가리킨다. 『주역』의 효상爻象을 빌어, 정기精氣를 길러 불로장생不老長生하는 뜻을 논한 것으로, 선가의 이 방면의 공부를 하는 사람들이 으뜸으로 삼는 책이다.

348 화후火候 : 연단화후錬丹火候. 신선가神仙家의 수양법에 외단外丹·내단內丹의 법이 있는데, 외단은 금석물金石物로 장생불사하는 약을 만드는 것이다. 약은 불을 때서 만들므로 불 때는 시간을 정하는 것을 화후火候라 하고, 내단은 호흡도인呼吸導引의 법으로 체내의 단丹을 결성시키는 방법인데, 여기에도 그 시간이나 순서를 화후라 한다.

349 이경중李敬中(1542~1584) : 본관은 전주全州, 자는 공직公直, 호는 단애丹崖이다. 왕실 계양군桂陽君 이증李璔의 4대손이며, 강양군江陽君 이숙李潚의 증손이다.

여 세상 사람들이 신의神醫라 일컬었다.

李齊憲 丹厓之後 妙於針法 世稱神醫

• 이제항

이제항李齊沆[350]은 아버지가 문과에 장원급제하여 지평持平을 지낸 이덕령李德齡[351]이다. 문장에 능하여 표문表文을 잘 지었으나 빈궁한 진사進士였다.

李齊沆 父文壯持平德齡 能文善表 窮貧進士

• 강석

강석姜檡[352]은 진선군晉善君 강석빈姜碩賓[353]의 아들로 진사進士이다. 옛 서적을 많이 읽어 문장에 능하였고, 성품이 소탕하면서도 깨끗하고 정직하였다. 빈궁하게 살았으며 과거에 급제하지 못하고 생을 마쳤다.

1570년 식년문과에 병과로 급제하여 홍문록에 선임된 뒤 여러 관직을 두루 역임하였다.

350 이제항李齊沆(1659~?) : 본관은 전주全州, 자는 자원子元이다. 임술년(1682) 증광시增廣試에 합격하여 진사가 되었다.

351 이덕령李德齡(1575~1638) : 본관은 전주全州이다. 관악산에 은둔하여 기둥 몇 개로 얽어 집을 짓고 살면서 장차 생을 마치려 하였다. 그러나 전국 각지에서 선비들이 찾아와 학도들이 날로 늘어났음에도 불구하고, 성품과 법도가 공손하고, 검소하며, 마음을 화평하고 기쁘게 대해 주었다. 총명하고 민첩하며, 재주가 뛰어났는데, 접대는 후하게 하고 재능에 따라 가르쳤으니 모두 문예文藝의 경지에 나가게 되었다. 또한 한 마디 선언善言을 듣고, 한 가지 선행을 볼 때마다 잊지 않고 잘 지켰다.

352 강석姜檡(1669~?) : 본관은 진주晉州, 자는 중미仲美이다. 1708년 식년시式年試에 합격하였다.

353 강석빈姜碩賓(1631~1691) : 본관은 진주晉州, 자는 위사渭師이다. 일찍이 문명을 떨쳤으며, 생원·진사시에 모두 합격하였고, 1662년 증광문과에 병과로 급제하여 승

姜櫟 晋善君碩賓子 進士 多讀古書 能文章 性疎濶而淸介正直 貧窮不第而終

• **박승임**

박승임朴承任[354]은 읽지 않은 책이 없었다. 또 퇴계退溪 이황李滉에게 『주역』의 상수象數에 대하여 질의하고, 제가들의 이론도 하나하나 연구하여 별자리와 상수에 정통하지 않은 것이 없었다.

朴承任 於書無不讀 且質疑於退溪象數 諸家一一硏究 星緯象數 無不精熟

• **양산숙**

양산숙梁山璹[355]은 총명하고 배우기를 좋아했다. 뭇 책들을 두루 섭렵하고 천문과 지리에 두루 통달하였다. 또 병가의 학문을 연구하였는데, 아버지 송천松川 양응정梁應鼎[356]공이 팔진법도八陣法圖를 주자 진을 합하고 변형하는 기술을 탐구하였다. 언젠가 밤에 천상天象을 살피고 낮에 인사人事를 살피더니 오래지 않아 큰 변란이 일어날 것을

문원부정자承文院副正字가 되었다. 1691년 대사간이 되어 사은부사謝恩副使로 청나라에 다녀온 뒤 노독路毒으로 죽었다. 진선군晉善君에 습봉襲封되었다.

354 박승임朴承任(1517~1586) : 본관은 반남潘南, 자는 중보重甫, 호는 소고嘯皐이다. 박승임은 풍채가 뛰어나고 과묵했으며, 항상 자신을 드러내기를 꺼려하였다. 읽지 않은 책이 없을 정도로 많은 서적을 읽었고, 특히 『논어論語』와 주자서朱子書를 탐독하였다. 저서로 『성리유선性理類選』·『공문심법유취孔門心法類聚』·『강목심법綱目心法』·『소고문집嘯皐文集』 등이 있다.

355 양산숙梁山璹(1561~1593) : 본관은 제주濟州, 자는 회원會元이다. 벼슬에 뜻을 두지 않고 경서經書에만 전심하였다. 천문·지리·병학에도 뛰어났다. 임진왜란이 일어나자 형 양산룡梁山龍과 함께 나주에서 창의倡義해 김천일金千鎰 휘하에서 활약했다.

356 양응정梁應鼎(1519~1581) : 본관은 제주濟州, 자는 공섭公燮, 호는 송천松川이다. 시문에 능하여 선조 때 8문장의 한 사람으로 뽑혔으며 효행으로 정문이 세워졌다. 저서로는 『송천집松川集』·『용성창수록龍城唱酬錄』이 있다.

알고 이에 나주羅州 삼향리三鄕里에 난을 피할 길지를 잡았다.

梁山璹 聰穎好學 博涉羣書 旁通天文地理 且究兵家學 大人松川公 授以陣圖 窮其合變之術 嘗夜觀乾象 晝察人事 知未久大亂將作 乃卜居于羅州三鄕里

<김남규>

• 최현

최현崔晛[357]은 널리 듣고 잘 기억하였다. 천문과 지리, 병진兵陣과 산수算數의 법에 이르기까지 모두 정통하였다.

崔晛博聞强記 至於天文地誌 兵陣算數之法 亦皆精曉

• 스스로 터득했던 박창원

박창원朴昌元[358]은 경사經史를 두루 섭렵하였고 『주역』에 더욱 뛰어났다. 스승의 도움을 받지 않아도 종종 스스로 터득하는 오묘함이 있었다. 역법·음률·지리·의술·점술에 이르기까지 모두 두루 통하였고,

---

357 최현崔晛(1563~1640) : 본관은 전주全州, 자는 계승季昇, 호는 인재訒齋이다. 정구鄭逑·고응척高應陟의 문하에서 수학하였다. 1592년 임진왜란 때 의병을 일으켜 도처에서 공을 세웠고, 1598년 그 공으로 원릉참봉元陵參奉이 되었다. 1608년 동지사冬至使의 서장관書狀官으로 명나라에 가서 진상용 『대학연의大學衍義』,『소대전칙昭代典則』을 가져 왔다. 저서로는 『인재집訒齋集』이 있다.

358 박창원朴昌元(1683~1753) : 본관은 밀양密陽, 자는 선장善長, 호는 담옹澹翁이다. 지조가 굳고 여간해서는 사람들과 교류하지 않았으며, 항간의 비리鄙俚한 말은 입에 담지 않았고 들으려고 하지도 않았다. 특히, 『주역周易』에 해박하여 독특한 괘도인 「원괘차서도原卦次序圖」와 「원괘방위도原卦方位圖」를 남기고 있는데, 자신의 경전에 대한 지식과 이론을 전개하였다. 그밖에 성력星曆·음률音律·지리·의복醫卜에 통달하였다. 저서로 『담옹집澹翁集』 3권 1책이 있다.

천문에 대한 정론正論이 있다.

朴昌元 博涉經史 尤長於易 不資師授 往往有自得之妙 至於星曆音律 地理醫卜之說 亦皆旁通 有星象正論

• 제갈공명처럼 되기를 꿈꾼 조익

포저浦渚 조익趙翼은 두루 보고 널리 통하였다. 예컨대 불교와 도교의 문장·음률·서예·그림·병법·점술과 같은 것에도 훤히 통하지 않는 것이 없었다. 항상 제갈공명처럼 되기를 스스로 기약하였다.[「신동神童」편에도 보인다.]

趙浦渚 泛覽博通 如禪道文章音律書畵兵法卜筮 無不洞曉 嘗以諸葛武侯 自期許[又見神童]

• 소암 임숙영

소암疎菴 임숙영任叔英[359]은 경사자집經史子集에 대해 깊이 관통하였다. 잡서·소설, 사람 이름과 지리도 눈을 한 번 스치기만 하면 곧장 외웠다. 국조國朝의 전고典故라던지 씨족氏族의 처음과 끝에서부터 산천의 형세와 주현州縣과 도리道里의 멀고 가까움과 풍요風謠의 선악과 국가 재정이나 부세의 많고 적음에 이르기까지 모두 찾아가기도 하고 묻기도 해서 남김없이 알고 있었다. 천하의 여도輿圖(지도)에 대해

---

359 임숙영任叔英(1576~1623) : 본관은 풍천豐川, 자는 무숙茂叔, 호는 소암疎菴이다. 어려서부터 시를 잘 지었고 기억력이 뛰어났다 한다. 고문古文에 힘썼으며, 중국 육조六朝의 사륙문四六文에 뛰어났다. 그가 지은 「통군정서統軍亭序」는 중국학자들로부터 크게 칭찬을 받았다.

서도 모두 직접 다녀온 것처럼 알았다.[또 보인다.][360]

任踈菴叔英 淹貫經史子集 雜書小說人名地誌 過目輒誦 國朝典故氏族源委 以至山川形勢 州縣道里遠近 風謠財賦多少 皆訪問悉諳 天下輿圖 皆如親歷[又見]

• **이송계**李松溪 **인기**麟奇

송계松溪 이인기李麟奇[361]는 거문고·바둑·활쏘기·말 타기에 모두 그 경지를 터득하였다. 평소 그 기술을 전문적으로 익혀 업을 삼는 사람들조차도 그에게 미치지 못한다고 여길 정도였다. 중년에는 사마양저의 병법을[362] 즐겨보아서 자못 터득한 것이 있었는데, 항상 이에 대해 자부하면서 한 번 시험해 보고자 하였으나 그럴 기회를 얻지 못하였다. 매우 늙어서도 오히려 사나운 말을 탈 수 있었고 작은 글자도 쓸 수가 있었다.[363]

---

360 이 이야기는 『소암집疎菴集』에 이식李植이 쓴 「소암선생언행록疏菴先生言行錄」에 보인다.

361 이인기李麟奇(1549~1631) : 본관은 청해靑海, 자는 인서仁瑞, 호는 송계宋溪이다. 성질이 강직하고 명분을 중히 여겨 권문세가에 몸을 굽히지 않았으며, 박순朴淳·유성룡柳成龍 등이 만나기를 청하였지만 그들이 높은 지위에 있으므로 만나지 않았다. 만년에는 시를 짓고, 글씨를 쓰며 정작鄭碏·김상헌金尙憲과 친교를 맺었다. 저서로는 『송계집松溪集』이 있다.

362 사마법司馬法 : 중국 춘추 시대 제齊나라의 병법가 사마양저司馬穰苴가 저작한 병법서이다. 무경칠서 중의 하나이다. 제 위왕이 옛날부터 제나라에 전해지는 병법을 구사하여 제나라를 강국으로 만들었다는 일이 있던 바탕으로, 병법의 중요함을 말하고, 신하들에게 명하고, 옛날부터 전해지는 제나라의 병법을 연구하여, 거기에 사마양저가 만든 병법을 덧붙여 사마양저병법으로 불렸다는 것이 유력한 설이다.

363 이 이야기는 김상헌金尙憲의 『청음선생집淸陰先生集』 권3, 「동지중추부사송계이공묘갈명同知中樞府事松溪李公墓碣銘」에 보인다.

李松溪麟奇 琴棋射御 咸得其詣 素專技業者 自以爲不及 中歲喜看司馬法 頗有所得 常自負 欲一試之 而未有遇也 至篤老尙能馳怒馬作細字

• 권탄옹權炭翁

탄옹炭翁 권시權諰는 천문·지리·산수·역법·행정[364]·병법[365] 및 토지와 역참의 제도와 행정에 대해서 연구하지 않은 것이 없었다.

權炭翁 天文地理 算數星曆 吏治兵機 及經界之法 郵驛之政 無不講究

• 류정원

류정원柳正源은 천문·지리·음양·점술·산수에서부터 병률兵律의 일과 도가의 부류에 이르기까지 궁구하지 않은 것이 없었고 종종 그 오묘한 경지까지 엿보기도 했다.

柳正源 天文地誌 陰陽卜筮算數 以至兵律之事 道家之類 靡不究觀 往往覰其妙奥

• 역관 주대인

주대인周大仁은 역관이다. 어려서부터 책을 읽으면 항상 수백 번을 읽어 끝내 스스로 터득하였다. 유교 경전과 역사서에 널리 통하였고, 제자백가와 의학·통역·산학도 모두 꿰뚫었다.

---

364 이치吏治 : 관리로서의 행정능력, 즉 수령의 치적을 말한다.

365 병기兵機 : 전쟁과 같은 군사 행동이 일어나는 단서 또는 그러한 기회를 말하거나, 군사軍事와 관련하여 중요하고도 비밀스러운 기밀의 내용을 말하기도 한다.

周大仁 譯官 自幼讀書常數百遍 竟以自得之 博通經史 諸子百家醫譯律算 亦皆貫穿

• 허의

허의許懿[366]는 호가 죽천竹泉이다. 총명하고 재주가 많았으며 음률에 정통하였다. 또 서예와 그림에 뛰어났다.[「음률音律」편에도 나온다.][367]

許懿 號竹泉 聰明多藝 精通律呂 又善書畵[又見音律]

• 김구

김구金構는 젊어서 병법을 좋아하여 그 이치를 깊이 터득하였고, 천문·풍수지리·점술·의술[368]의 술법에 이르기까지 모두 널리 통하였다. 도교·불교와 같은 이단[369]도 자못 궁구하였다.[370]

金構 少喜兵法 深得其奧 以至星象堪輿 太乙岐黃之術 俱所旁通 仙竺異

366 허의許懿(1601~1668) : 본관은 양천陽川, 자는 중휘仲徽이다. 효종 때 첫 벼슬로 중림도찰방重林道察訪이 되고, 장악원주부, 송화현감松禾縣監을 지냈다.

367 이 이야기는 박태무朴泰茂의 『능허선생문집凌虛先生文集』 권4, 부록附錄 「사우록師友錄」에 보인다.

368 천문~의술 : 성상星象은 별자리를 살피는 천문天文을 이르고, 감여堪輿는 하늘과 땅이란 뜻으로 풍수지리설風水地理說을 이르고, 태을太乙은 태을수太乙數로 미래를 예언하는 술가의 추수법推數法을 이르고, 기황은 의가의 시조인 기백岐伯과 황제黃帝를 합칭한 말로 의술을 이른다.

369 도교·불교와 같은 이단 : 이의현李宜顯의 『도곡집陶谷集』에는 '數'가 '敎'로 되어 있다. '선仙'은 선가仙家로 도교道教를 이르고, '축竺'은 천축天竺으로 부처가 태어난 인도印度를 가리키는바 불교를 이른다. 이교는 본래 유교의 이단異端을 이르는데 여기서는 유가 외의 제자백가諸子百家를 뜻한다.

370 이 이야기는 이의현李宜顯, 『도곡집陶谷集』 권10, 「우의정충헌금공신도비명 병서右議政忠憲金公神道碑銘 幷序」에 보인다.

數 亦頗究觀

• **이연덕**

이연덕李延德[371]은 호가 지재止齋이다. 역학[372]에 훤히 통하였으며, 음양·음율·역법에도 두루 통하였다. 아들 우익宇益은 생원生員이다. 널리 듣고 잘 기억하였으며 역법과 산수도 연구하고 이해하지 않음이 없었다.

李延德 號止齋 識通理數 旁通陰陽律曆 ○子宇益 生員 博聞强記 星曆算數 靡不究解

• **이월암**李月巖 **광윤**匡尹

월암月巖 이광윤李匡尹[373]은 상수象數와 성도性道의 묘리에 대해 깊이 연구하였다. 전장典章[374]·법도法度·역법·산수·호적·지도·의약의 부류도 연구하여 통달하지 않음이 없었다. 문장이 깊고 두터우며 필법이 세상에 이름났다.

李月巖匡尹 究極象數性道之奧 典章法度 曆算版圖醫藥之類 無不研通

---

371 이연덕李延德(1682~1750) : 본관은 전의全義, 자는 자신子新, 호는 지지재知止齋이다. 어려서부터 재능이 뛰어나고 학문에 파고들어 특히 이수理數에 통달하였고, 뒷날 경서經書와 음양율력陰陽律曆에 밝아 그 이름이 높았다. 그가 사는 집에 지지재知止齋라는 편액을 써 붙여 항상 누거비식陋居菲食하며 청백하게 살았다.

372 이수理數 : 『주역周易』의 이치와 상수象數 등을 가리킨다.

373 월암月巖 이광윤李匡尹 : 이광윤의 호는 후촌後村이며 월암月巖은 그의 아우인 이광려李匡呂의 호로 표기상 착오가 있는 것으로 보인다. 『진벌휘고속편』 책에서도 이 부분에 대하여 호 옆에 교정으로 보이는 방점이 찍혀 있다.

374 전장典章 : 한 나라의 문물과 제도를 뜻한다.

文章深厚 筆法名世

• 안석경

안석경安錫儆[375]은 육경에 깊이 몰입하였고, 제자서도 두루 보아 백가百家·술수術數의 학문에 이르기까지 그 정밀함을 연구하여 요점을 취하지 않은 것이 없었다.

安錫儆 沈潛六經 汎濫諸子 至於百家術數之學 無不究其精 而撮其要

• 홍대용

홍대용洪大容[376]은 역법·음률·산수·점술·전술의 법에 정밀하였다. 널리 배우고 옛것을 좋아하였으며, 거문고를 잘 탔고 지전설을 처음으로 주장하였다.[「음률音律」 편에도 보인다.]

洪大容 精於曆律算卜戰陣之法 博學好古 善鼓琴 創地轉之語[又見音律]

---

375 안석경安錫儆(1718~1774) : 본관은 순흥順興, 자는 숙화淑華, 호는 완양完陽·삽교霅橋이다. 당시의 현실과 이상 사이에서 갈등을 겪다가 과거에 3차례 낙방한 뒤 강원도 횡성 삽교霅橋에서 은거생활을 했다. 그의 저서 『삽교만록霅矯漫錄』 중에는 야담이 수록되어 있는데, 상인의 움직임이나 민중적 항거의 양상 등을 생동감 있게 나타냈다. 저서로는 『삽교집霅橋集』·『삽교예학록霅矯藝學錄』등이 있다.

376 홍대용洪大容(1731~1783) : 본관은 남양南陽, 자는 덕보德保, 호는 담헌湛軒·홍지弘之이다. 수학, 천문학 등 과학분야에 상당한 학식을 쌓았고 노장老莊, 불교, 양명학 등에서 깊은 관심을 가지고 유연한 사상체계를 구축해 나갔다. 청나라의 학자들과 사귀면서 경의經義·성리性理·역사·풍속 등에 대하여 토론했다. 저서로는 『담헌서湛軒書』를 비롯하여 편서編書에 『건정필담乾淨筆談』, 『담헌연기湛軒燕記』, 『임하경륜林下經綸』 등이 있다.

• 김석문

김석문金錫文[377]은 주역·홍범·제자백가를 깊이 연구하였고, 음률·역법·의술·점술·풍수의 설도 널리 통하였다.[「음률音律」·「음양陰陽」편에도 보인다.]

金錫文 邃於易範諸家 傍通律曆醫卜風水之說[又見音律陰陽]

• 소영복

소영복蘇永福[378]은 천문·지리·의술·점술·전술의 법에 통달하여 깨닫지 않음이 없었다. 사방의 풍토와 산천의 요새지도 모두 두루 알았다.[379]

蘇永福 天文地理 醫卜戰陣之法 無不通曉 四方風土 山川關隘 亦皆周知

• 홍돈

홍돈洪墪[380]은 구류와 제자백가에 대해 연구하지 않은 것이 없었다.

---

377 김석문金錫文(1658~1735) : 본관은 청풍淸風, 자는 병여炳如, 호는 대곡大谷이다. 최초로 지전설地轉說을 주장하였다. 일찍이 『주역周易』에 관심을 가지고 주돈이周敦頤·소옹邵雍·정호程顥·정이程頤·장재張載 등 주자학 형성에 중추적 구실을 한 사상가들의 서적을 읽어 삼라만상의 형성과 그 변화의 이치를 깨닫고, 다시 제자백가와 천문·지리학까지 읽었다. 저서로 『역학도해易學圖解』가 있다.

378 소영복蘇永福(1555~1615) : 본관은 진주晉州, 자는 중수重綏, 호는 사은四隱이다. 경학經學뿐만 아니라, 천문·지리·의복醫卜·병법兵法·관방關防 등에 이르기까지 널리 통했다. 자신이 소장하고 있던 경전經典·사서史書 등 귀중한 전적典籍들을 나라에 기증하여 궁중의 비서각祕書閣에 비치하도록 하기도 했다.

379 이 이야기는 홍양호洪良浩, 『이계집耳溪集』 권13 묘갈명墓碣銘 「사은소공묘갈명 병서四隱蘇公墓碣銘 幷序」에 나온다.

380 홍돈洪墪(1654~?) : 본관은 남양南陽, 자는 승기承基, 호는 오은梧隱이다. 1679년 진사시에 1등으로 합격하고, 1689년 문과에 급제하여 홍문관 응교를 역임했다.

洪整 九流諸子百家 靡不研究

• 이지충

이지충李之忠[381]은 호가 삼우당三友堂이다. 높은 식견이 있었고, 점술·산수·음률에도 통달하여 깨닫지 않은 것이 없었다.

李之忠 號三友堂 有高識 卜算律呂 靡不通曉

• 김호

김호金鎬[382]는 초서와 예서를 잘 썼으며, 음률에 밝았다. 음양·산수·거문고·바둑·잡기에도 두루 통달하였다.[「음양陰陽」 편에도 보인다.]

金鎬 善草隸 曉音律 旁通陰陽算數琴棋雜技[又見陰陽]

• 구영안

구영안丘永安은 호가 호은壺隱이다. 음양·점술[383]·풍수·의약·도교·

---

381 이지충李之忠(1509~1562) : 본관은 우봉牛峰, 자는 원로元老, 호는 삼우당三友堂이다. 1537년 생원시에 합격하였으나, 대과에 뜻을 두지 않고 후진교육에만 힘썼다. 평생을 경사經史에 깊이 파고들어 책을 손에서 놓은 때가 없었으며, 여가에는 붓을 들어 글을 쓰거나 그림을 그리며 스스로 즐거워하였다. 복술卜術·형률刑律 방면에도 통달하였으며, 이름 있는 학자들도 의문이 있으면 찾아와서 가르침을 받았다. 저서로는 『역시서집람易詩書輯覽』·『이정전서二程全書』 등이 있다.

382 김호金鎬(1505~1561) : 본관은 광주光州, 자는 숙경叔京이다. 아우 김약金鑰과 함께 어려서부터 부모에 대한 효성이 지극하였다. 아버지 김홍필金弘弼이 괴질에 걸리게 되자 급히 손가락을 잘라 피를 내어 소생시켰다. 문음門蔭으로 와서 별제瓦署別提에 보임된 후 지례 현감知禮縣監 등을 역임했다. 초서草書와 예서隸書를 잘 썼고 역서易筮에 통달했다.

383 추보推步 : 추력법推曆法을 이른다. 『좌전左傳』 소疏에, "일월이 하늘에 운행하는 것이 사람의 행보行步와 같으므로 추보라 칭한다." 하였다

불교·산술의 법까지 섭렵하지 않음이 없었다.[384]

丘永安 號壺隱 陰陽推步 風水醫藥 仙釋乘除之法 無不涉獵

• 강응정

강응정姜應貞[385]은 호가 중화재中和齋이다. 경서를 잘 외웠고 인명人命을 예측하였다. 또 의술을 섭렵하였으며 겸하여 지리서까지도 섭렵하였다.[「음양陰陽」 편에도 보인다.]

姜應貞 號中和齋 善誦經書 推步人命 又涉獵醫術 兼涉地理書[又見陰陽]

• 최원정崔猿亭

원정猿亭 최수성崔壽峸은 시와 그림에 능하였고, 수학에 정통하였다. 문장·서예·그림·음률이 모두 뛰어났다.

崔猿亭 能詩能畵 精通數學 文章書畵音律 俱絶世

---

384 구영안丘永安에 대해서는 남효온南孝溫, 『추강집秋江集』 제7권, 「사우명행록師友名行錄」에 다음과 같은 기록이 보인다. "구영안丘永安은 본관이 강릉으로 자가 중인仲仁이요, 호는 호은壺隱이니, 문장의 명성이 있었고 기축년에 생원 시험에 제2등으로 합격하였다. 벼슬과 공리를 싫어하였다. 또한 음양·추보推步·풍수·의술·선도·불도·산술의 법까지 섭렵하지 아니함이 없었다.[丘永安江陵人 字仲仁號壺隱 有文名 己丑年生員第二名 重仕重利 又陰陽推步風水醫術仙釋乘除之法 無不涉獵]"

385 강응정姜應貞 : 본관은 진주晉州, 자는 공직公直, 호는 중화재中和齋이다. 은진에 살면서 효행으로 이름이 있었다. 1470년 효행으로 천거되었으나 사퇴하고 1483년 생원시에 합격하여 성균관 유생이 되었다. 주자의 고사에 따라 향약을 만들고, 『소학小學』을 강론하였다. 그리하여 세상에서는 소학계小學契 또는 효자계孝子契라 하였다. 고향에 효자정문孝子旌門이 세워졌다.

• **임첨모당**林瞻慕堂

첨모당瞻慕堂 임운林芸[386]은 젊어서부터 호방하여 말타기와 활쏘기를 잘했으며, 병법을 읽었다. 늦게 『맹자』를 읽어 제자백가의 글을 섭렵하였고, 지리·역법·음률·수학에도 널리 통달하였다.

林瞻慕堂 少豪邁 善騎射 讀兵法 晩讀孟子 出入諸家 博通地理星曆律呂數學

• **채홍철**

채홍철蔡弘哲은 고려시대 문인이다. 문장·기예·의약·음률에 모두 그 정밀함을 지극히 하였다.[387]

蔡弘哲 麗文 文章技藝醫藥音律 皆極其精

• **채무일**

채무일蔡無逸은 유교 경전과 역사서에 널리 통달하였고, 『주역』에 더욱 깊었다. 서예·그림·음률도 그 정밀함을 터득하였다.

蔡無逸 博通經史 尤邃於易 書畵音律 亦得其精

---

386 임운林芸(1517~1572) : 본관은 은진恩津, 자는 언성彦成, 호는 첨모당瞻慕堂·노동蘆洞이다. 정여창鄭汝昌의 문하에서 수학, 경사經史를 비롯하여 성력星曆·지리地理·율려律呂·산수算數에 이르기까지 통달하였다. 1564년 형 임훈林薰과 함께 효행으로 고향에 정문이 세워지고, 1567년 행의行誼로 천거되어 사직서참봉社稷署參奉에 제수되었으며, 이어 집경전集慶殿·연은전延恩殿·후릉厚陵 등의 참봉에 임명되었다. 저서로는 『첨모당집瞻慕堂集』 3권 1책이 있다.

387 채홍철에 대한 기록은 권근權近, 『양촌선생문집陽村先生文集』 권之35 동현사략東賢事略 「채찬성휘홍철蔡贊成諱洪哲」에 보인다.

• **이이장**

이이장李彛章[388]은 여러 책을 널리 보았고, 천문·수학·거문고 타는 법에 이르기까지 그 대략을 통달하여 알았다.

李彛章 博覽群書 以至星文數法琴操 通知大略

• **박엽**

박엽朴燁은 장수의 지략이 있었으며, 천문·지리·수리·점술에 훤히 통달하였다.[389]

朴燁 有將略 天文地理奇偶術數之學 無不通解

• **이종악**

이종악李宗岳[390]은 호가 허주虛舟이다. 총명하고 기억력이 좋았으며 여러 책을 두루 보았다. 역대의 전고·그림·글씨·농사·병법·음률과 같은 부류도 관심을 가지고 깊이 생각하여 종종 오묘한 경지에 도달하였다.[391]

---

388 이이장李彛章(1708~1764) : 본관은 한산韓山, 자는 군칙君則, 호는 수남水南이다. 소론少論의 영수로서, 도승지에 올랐다. 노론 벽파의 사주를 받은 나경언의 모함으로, 영조가 장헌세자를 폐위하고 뒤주에 가두어 죽이려 하자, 세자를 구하려 온 힘을 다하였으나 뜻을 이루지 못하였다. 이조판서에 추증되었다.

389 『진휘속고震彙續攷』「복자卜者」편에도 나오는데, 다음과 같이 기록되어 있다. "朴燁 葯窓 天文地理奇偶術數之學 無不通曉"

390 이종악李宗岳(1726~1773) : 본관은 고성固城, 자는 산보山甫, 호는 허주虛舟이다. 거주하는 곳의 산수가 고와 매번 바람이 온화하고 달이 밝으면 작은 배를 불러서 거문고와 술을 가지고 타서는 유연히 속세를 벗어난 풍취를 즐겼으며 그 뜻을 담아 '허주虛舟'라고 자호하였다. 문집으로 『허주문집虛舟文集』이 있다.

391 이 이야기는 이상정李象靖, 『대산집大山集』 권48 「허주 이군묘지명 병서虛舟 李君

李宗岳 號虛舟 聰穎善記 歷覽群書 歷代故實圖畫篆隸田兵音律之類 無不留心玩思 往往造妙

• **사절이라 일컬어진 신호**

신호申壕는 동평군東平君 신경유申景裕[392]의 서자이며 순원위淳原尉 조의생趙義生의 사위이다. 광해군 무오년(1618)에 태어났다. 자는 중고仲固이고, 호는 연사煙沙이며 생원生員으로 참봉參奉 벼슬을 지냈다. 거문고와 바둑·서예·노랫말·대나무 그림으로 세상에 이름나 사절四絶이라 일컬어졌다. 또 문장에 능하다는 명성이 있었다.

申壕 東平君景裕庶子 淳原尉 趙義生婿 光海戊午生 字仲固 號煙沙 生員參奉 以琴棋書法歌詞畵竹名世 世稱四絶 又有文名

• **신항**

신항申沆은 고원위高原尉에 봉해졌다. 음률을 깨달아 이해하였고, 유교경전과 역사서를 즐겨 읽었으며, 제자백가·의술·불서에 이르기까지 거의 다 탐구하였다. 또 서예와 그림에 뛰어났다.[「신동神童」 편에도 보인다.]

申沆 高原尉 曉解音律 耽玩書史 以至諸子百家醫方釋書 探討幾盡 又善書畵[又見神童]

墓碣銘 幷序」에 보인다.

392 신경유申景裕(1581~1633) : 본관은 평산平山, 자는 자관子寬이다. 신립申砬의 아들이다. 인조반정仁祖反正 뒤 정사공신靖社功臣으로 동평군東平君에 봉해졌다. 형·아우와 함께 3형제가 모두 무예에 능하고 뛰어난 데다 인조의 인척으로서 반정 원훈元勳이 되어 왕의 총애를 받았으나 방자한 행동과 탐욕 등으로 탄핵을 받았다. 1834년 후손의 요청으로 병조판서에 추증되었다.

• **이분**

이분李芬[393]은 호가 묵헌默軒이다. 총명하여 잘 기억하였으며, 학문과 덕행이 있었다. 또 악률과 산수에 깊어 별도의 저서가 있다.

李芬 號默軒 聰明强記 有學行 又邃於樂律算數 別有論著

• **최홍전**

최홍전崔弘甸[394]은 천문·지리에 두루 통달하였다. 『주역참동계周易參同契』[395]를 즐겨보았고, 천문·역상易象에 더욱 정밀하였다.[「음양陰陽」 편에도 보인다.]

崔弘甸 旁通天文地理 愛看周易參同契 而尤精於天文易象[陰陽]

• **하홍달**

하홍달河弘達[396]은 호가 모한재暮寒齋이다. 활쏘기와 말타기를 잘하

---

393 이분李芬(1566~1619) : 본관은 덕수德水, 자는 형보馨甫, 호는 묵헌默軒이다. 임진왜란 때 숙부인 이순신李舜臣의 휘하에서 문서文書를 관장管掌하고, 1603년 사마시司馬試에 합격, 학행學行으로 천거되어 사부師傅가 되었다가 공조 좌랑工曹佐郎에 올랐다. 1609년 문과文科에 급제, 형조 좌랑을 지내고 서장관書狀官으로 명나라에 다녀온 후 행병조 정랑行兵曹正郎으로 『선조실록宣祖實錄』의 편찬에 참여했다. 편저에 『가례박해家禮剝解』·『방례유편邦禮類編』이 있다.

394 최홍전崔弘甸(1636~1702) : 본관은 탐진耽津, 자는 수회壽會이다. 1679년 식년문과에 병과로 급제한 뒤 각 조曹의 낭관 등을 역임하다가 1689년 기사환국 때 화를 당하여 관직을 버리고 향리에 돌아와 은거하였다. 1694년 갑술옥사로 남인南人이 몰락하자 성환도찰방成歡道察訪에 기용된 뒤 음죽현감에 임명되었으나 부임 전에 취소되었다. 당시 문장으로 이름을 날렸으며, 천문·지리·역상易象에도 정통하였다.

395 『주역참동계周易參同契』 : 중국 한대漢代의 위백양魏伯陽이 지은 것으로, 『주역』의 효상爻象을 빌어, 정기精氣를 길러 불로장생不老長生하는 뜻을 논한 것으로, 선가의 이 방면의 공부를 하는 사람들이 으뜸으로 삼는 책이다.

였고, 문장이 간명하며 서법은 굳세었다. 운수·의약·병가의 부류에도 두루 통하였다.[「음양陰陽」 편에도 보인다.]

河弘達 號暮寒齋 善射御 文章簡明 書法遒健 旁通星數醫藥兵家者流[又見陰陽]

· 정진설

정진설丁震說은 숙종肅宗 임오년壬午年(1702)에 태어났다. 심조沈潮[397]의 제자로 학문과 덕행이 있었다. 산수와 점술을 잘해서 알지 못하는 것이 없었다. 안악安岳군의 발산鉢山에 살았다.

丁震說 肅宗壬午生 沈潮弟子 有學行 善算善占 無所不知 居安岳鉢山

· 박성석

박성석朴星錫[398]은 천문·점술·병법·산수에 정통하지 않은 것이 없

---

396 하홍달河弘達(1603~1652) : 본관은 진양晋陽, 자는 치원致遠, 호는 낙와樂窩이다. 10세가 되자 능히 글을 지었다. 성장하자 신체가 크고 용력이 있어 익히지 않고서도 활쏘기와 말 타기를 잘했다. 과거를 단념하고 학문에 전념한 뒤로, 주공과 공자의 글로부터 송나라의 정자·주자의 서책을 두루 강설했다. 문장이 간결하고 밝았으며, 글씨가 굳세고 강건하였고, 무예·수학·의약·병법 등에도 두루 통하였다.

397 심조沈潮(1694~1756) : 본관은 청송靑松, 자는 신부信夫, 호는 정좌와靜坐窩이다. 젊어서부터 학문에 열중하여 『심경心經』·『근사록近思錄』과 『대학大學』·『중용中庸』을 탐독하였으며, 『주자대전朱子大全』을 연구하여 성리학에 밝았다. 경전을 깊이 연구하여 의심나는 곳은 차의箚疑를 만들어 해설하였고, 『의례儀禮』·『가례家禮』와 우리나라 선유先儒의 학설을 절충하여 「상례홀기喪禮笏記」를 만들어 치상절차治喪節次를 확정하였다. 저서로는 『정좌와집靜坐窩集』이 있다.

398 박성석朴星錫(1650~1709) : 본관은 밀양密陽, 자는 여정汝晶이다. 송시열宋時烈의 문인이었으나 무예에도 뛰어나 1676년에 무과에 급제하였다. 기사환국으로 한때 벼슬에서 물러났다가 통진현감을 거쳐 제주목사에 부임하였다. 1695년공주의 겸

었다.[「음양陰陽」 편에도 보인다.]

朴星錫 天文卜筮 兵法算數 無不精通[又見陰陽]

• 이원진

이원진李元鎭[399]은 호가 태호太湖이다. 이학理學에 깊었고, 온갖 기예에 두루 통달하였다.

李元鎭 號太湖 深於理學 旁通百藝

• 이우

이우李瑀[400]는 호가 옥산玉山이다. 서예·그림·시를 잘 하였다. 또 거문고를 잘 타서 사절이라 일컬어진다.[○아래의 「명화名畵」 편에도 보인다.]

李瑀 號玉山 善書畵詩 又工彈琴 稱四絶[◦又見下名畵]

토포사兼討捕使로 있을 때 유배된 희빈장씨禧嬪張氏의 오빠 장희재張希載를 체포하러 온 의금부관헌의 비행을 벌하다가 오히려 무고를 받아 파직되었다. 1703년에 그 무죄가 드러나 직첩을 환급받았다. 1709년 전라도수군절도사로 기용되었으나 부임하기 전에 죽었다.

399 이원진李元鎭(1594~1665) : 본관은 여주驪州, 자는 승경昇卿, 호는 태호太湖이다. 효종 때 동래부사·제주목사 등을 역임하였다. 제주목사로 있을 때 남만인南蠻人 30여 명이 제주에 표류해 오자 이들을 서울로 압송하였다. 1660년 강원도관찰사를 거쳐, 1654년 병조참의를 역임하였다. 저서로는 『탐라지耽羅志』가 있다.

400 이우李瑀(1542~1609) : 본관은 덕수德水, 자는 계헌季獻, 호는 옥산玉山·죽와竹窩·기와寄窩이다. 시·서·화·금琴에 두루 능하여 사절四絶이라는 소리를 들었다. 글씨는 행서·초서를 잘 쓰고 그림은 특히 초충草蟲과 사군자·포도 등을 잘 그렸으며 화풍은 어머니의 화풍을 따랐다 한다. 유작으로 「설중매죽도雪中梅竹圖」, 「노매도老梅圖」 「수과초충도水瓜草蟲圖」 등이 전한다.

· 김유

김유金紐[401]는 호가 쌍계雙溪이다. 시와 서예를 잘 하였고, 음율에 밝아 세상에서 삼절이라 일컫는다.[「음률音律」 편에도 보인다.]

金紐 號雙溪 能詩善書 曉音律 世稱三絶[又見音律]

· 최명룡

최명룡崔命龍[402]의 호는 석계石溪이다. 역학과 산수에 조예가 깊었다.

崔命龍 號石溪 邃於易學算數

· 조우인

조우인曹友仁[403]은 시·글씨·그림을 잘 하였고, 악률과 잡기도 통달

---

401 김유金紐(1436~1490) : 본관은 안동安東, 자는 자고子固, 호는 금헌琴軒·취헌翠軒·쌍계재雙溪齋·관후암觀後庵·상락거사上洛居士이다. 예문관직제학으로 『세조실록世祖實錄』·『예종실록睿宗室錄』 등을 편찬하는 데 기여가 컸다. 1470년 완성 단계에 있는 『경국대전經國大典』을 다시 수교하였다. 재주가 있고 학문을 좋아해 글을 잘 짓고 초서 등 글씨에 능하였으며 거문고도 잘 하여 '삼절三絶'이라 불렸고, 그림 또한 잘 그렸다. 글씨로 「해동명적海東名蹟」·「초로관주草露貫珠」등에 모간模刊한 것이 있다.

402 최명룡崔命龍(1567~1621) : 본관은 전주全州, 자는 여윤汝允, 호는 석계石溪이다. 이우기李迂棋의 문하에서 많은 서책을 섭렵하였다. 변산사邊山寺에 들어가 10여년을 밖에 나오지 않고 학문에 열중하였다. 역학에 깊고 수학에도 정통하였다 한다. 여기餘技로 그림을 그렸으나 전문가를 능가할 정도로 뛰어났다. 유작으로 「선인무악도仙人舞樂圖」가 있다.

403 조우인曹友仁(1561~1625) : 본관은 창녕昌寧, 자는 여익汝益, 호는 매호梅湖·이재頤齋이다. 승문원의 벼슬을 지내고 경성판관鏡城判官을 거쳐 1621년 제술관製述官으로 상경하여 고궁의 황폐함을 보고 시를 지은 것이 이이첨李爾瞻 일당에 의해 대역大逆의 뜻이 있다는 무고를 받아 투옥되었다. 글씨 ·그림 ·시에 능하여 삼절三絶이라 불렸고, 글씨는 특히 진체晉體와 초서草書에 뛰어났다. 문집 『매호집梅湖集』과 가사집 『이재영언頤齋詠言』이 있다.

하였다.[「신동神童」 편에도 보인다.]

曹友仁 善詩筆畫 樂律雜技亦通[又見神童]

• **고응섭**

고응섭高應涉[404]은 이학에 정밀하였고 온갖 기예도 모두 통달하였다.

高應涉 精於理學 百藝俱通

• **이지번**

이지번李之蕃[405]은 천문과 지리에 훤히 깨닫지 않은 것이 없었다.

李之蕃 天經地奧 無不通曉

• **우세일**

우세일禹世一[406]은 여러 기예에 널리 통달하였다.

---

404 고응섭高應涉 : 본관은 청주淸州, 호는 취병翠屛이다. 임진왜란이 일어나자 의병을 일으켜 문경의 조령전투에서 활약하였고, 그 공을 인정받아 선무원종공신宣武原從功臣 3등과 호성원종공신扈聖原從功臣 2등에 서훈敍勳되었다.

405 이지번李之蕃(?~1575) : 본관은 한산韓山, 자는 형백馨伯, 호는 성암省菴·사정思亭·구옹龜翁이다. 이색李穡의 후손으로 판관判官을 지낸 이치李穉의 아들이자 『토정비결』을 지은 이지함李之菡의 형이며, 선조 때 영의정을 지낸 이산해李山海의 아버지이다. 인종 때 문음門蔭으로 천거된 뒤 여러 벼슬을 거쳐 장례원 사평掌隷院司評이 되었다. 선조가 즉위한 뒤 청풍군수를 지내면서 선정을 베풀어 백성들이 비석을 세우고 그의 덕을 기렸다고 전한다.

406 우세일禹世一(1670~1722) : 본관은 단양丹陽, 자는 집경執卿, 호는 고산孤山이다. 권상하權尙夏의 문하에 들어가 성리학性理學에 전심, 경사經史, 백가百家는 물론 의약醫藥, 복서卜筮, 풍수風水, 병가兵家에도 능통했으며, 특히 대역大易에 뛰어났다.

禹世一 博通衆技

<양재성>

• **남응운**

남응운南應雲[407]은 풍수를 조금 이해했다.

南應雲 稍解風水

• **서고청**

고청孤靑 서기徐起는 제자백가와 여러 기예들을 섭렵하지 않은 것이 없었다.[「신동神童」 편에도 보인다.]

徐孤靑 百家衆技 無不涉獵[又見神童]

• **이토정**

토정土亭 이지함李之菡은 유교경전과 역사서, 제자백가와 시문집을 꿰뚫지 않은 것이 없었다.[「음양陰陽」 편에도 보인다.]

李土亭 經史子集 無不貫穿[又見陰陽]

---

407 남응운南應雲(1509~1587) : 본관은 의령宜寧, 자는 치원致遠, 호는 국창菊窓·난재蘭齋·관원灌園이다. 현재 남아 있는 작품으로는 개성에 있는 서화담경덕비徐花潭敬德碑, 운봉에 있는 황산대첩비荒山大捷碑, 과천의 허엽신도비許曄神道碑, 장단에 있는 허종신도비許琮神道碑 등의 전서가 있다.

• **성제원**

성제원成悌元은 의학醫學과 점술, 지리地理의 말단에 이르기까지 섭렵하지 않은 것이 없었다.

成悌元 至於醫卜地理之末 無不涉獵

• **허수**

허수許修는 그림의 품격이 대단히 사실적이었으며, 음악에도 정통하였다.

許修 畵格逼眞 精通律呂

• **이성임**

이성임李聖任[408]의 호는 월촌月村이다. 구류九流와 육예六藝에 환히 깨닫지 않은 것이 없었다.

李聖任 號月村 九流六藝 無不通曉

• **기진흥**

기진흥奇震興은 단련을 잘했다.

奇震興 善鍛

---

408 이성임李聖任(1555~?) : 본관은 전주全州, 자는 군중君重, 호는 월촌月村이다. 문장과 글씨에 뛰어나고 목소리와 용모가 아름다워 필한筆翰·문사文辭·언어言語·가성歌聲·용모를 합하여 오옥五玉이라는 별명을 가졌다.

• **곽여**

곽여郭輿[409]는 유교경전과 역사서를 섭렵하고 갖가지 기예에 모두 통달했다.

郭輿 涉獵經史 百藝皆通

• **안맹담**

안맹담安孟聃[410]은 초서를 잘썼고 음률에 통달했다.[「음양陰陽」편에도 보인다.]

安孟聃 善草書 曉音律[又見陰陽]

• **이광**

이광李光은 문장에 능했고 서예를 잘했으며 또 활쏘기와 말 몰기를 잘했다.

李光 能文章 善書 又善射御

---

409 곽여郭輿(1058~1130) : 본관은 청주淸州, 자는 몽득夢得, 호는 동산처사東山處士이다. 그는 예종으로부터 선생의 대우를 받아 항상 왕과 담론창화談論唱和하였는데, 당시 사람들은 그를 금문우객金門羽客이라 불렀다. 도교, 불교, 의약, 음양의 설까지 두루 섭렵하였다. 『동문선東文選』에 그의 시가 수록되어 있다.

410 안맹담安孟聃(1415~1462) : 본관은 죽산竹山, 자는 덕수德壽, 시호는 양효良孝이다. 초서草書에 능하였고, 사어射御를 잘하였으며 음률音律·약물藥物에도 밝았다. 술을 지나치게 좋아했으며 풍류에 밝았던 것으로 전해진다. 1462년 12월 48세의 나이로 사망했다.

진벌휘고속편震閥彙考續編 권4

시인들詩家

• 김충렬[411]

김충렬金忠烈[412]은 홍문관 아전弘文館吏이었다. 호는 옥호자玉壺子이고, 자는 이언而彦이다. 시의 운율을 조금 이해했고 강릉사람이다. 광해군 때에 김상궁이 제멋대로 하는 것에 비분강개하여 상소를 올리기를

"'빛나는 주나라, 포사褒姒가 멸망시킨다.[413]'라고 했으니 조선 3백년 종사宗社가 장차 김상궁의 손에 멸망하리니, 신이 가만히 전하를 위하여 통곡합니다."라고 하였다.

비답을 내리지 않았다.[414]

金忠烈 弘文館吏 號玉壺子 字而彦 稍解詩律 江陵人 光海時 憤惋 金尙宮用事 上疏云 赫赫宗周 褒姒滅之 三百年宗社 將滅於金尙宮之手 臣竊爲殿下痛哭云云 不報

---

411 『진휘속고震彙續攷』「시인詩人」편에도 나오는데, 내용에 일부 차이가 있다.

412 김충렬金忠烈 : 자는 이언而彦, 호는 옥호玉湖·설봉雪篷이다. 서민출신으로 어려서부터 글공부를 많이 하여 재능 있는 학자로 알려졌다. 한때 홍문관 서리를 하였으나 불의에 꺾이지 않고 바른 말을 잘하여 간신들의 모해를 받아 한생을 불우하게 살았다. 서민 시선집인 『소대풍요』를 비롯한 여러 작품집들에 시가 실려 전해지고 있다.

413 빛나는~멸망시킨다 : 『시경詩經』, 소아小雅 「기보지십祈父之什 정월正月」에, "혁혁한 종주를 포사가 멸망시키리로다.[赫赫宗周 褒姒威之]"라는 구절이 있다.

414 이긍익의 『연려실기술』 제21권 「폐주 광해군 고사본말廢主光海君故事本末 광해군의 난정亂政」에 유사한 내용이 실려 있다.

• 박계강[415]

박계강朴繼姜[416]은 시정市井에 사는 사람으로 호는 시은市隱이다. 그의 시가 『국조시산』에 들어가 있다. 그 밖의 행적은 다른 곳에도 보인다.

朴繼姜 市人 號市隱 詩入國朝詩刪 餘見他

• 김부현[417]

김부현金富賢[418]은 시강원서리侍講院書吏였다. 자는 예경禮卿이며, 호는 항동巷東이다. 최기남崔奇男[419]의 외손으로 여항의 시인 중에 가장 우수했다. 삼연三淵 김창흡金昌翕[420]이 그를 보고서 기이하게 여기고는 그와

---

415 『진휘속고震彙續攷』「시인詩人」편에도 나오는데, 내용에 일부 차이가 있다.

416 박계강朴繼姜 : 호는 시은市隱이다. 『이향견문록里鄕見聞錄』에 의하면 원래 부유한 집안출신으로 40대까지 문자를 전혀 알지 못하였는데, 어느 날 길거리에서 천례賤隷의 질문에 대답하지 못한 수모를 당하자, 즉시 발분하여 학업에 열중한 나머지 수년 만에 문명文名을 드날리게 되었으므로 사십문장四十文章이라 일컬어졌다고 한다. 작품으로「증인贈人」등 3수의 시가 남아 있을 뿐이다.

417 『진휘속고震彙續攷』「시인詩人」편에도 나오는데, 내용에 일부 차이가 있다.

418 김부현金富賢(?~1714) : 본관은 광산光山, 자는 예경禮卿, 호는 항동巷東이다. 오언절구 5수, 칠언절구 5수, 등 총 31수의 시가 『소대풍요』에 실려 있다. 그의 작품 가운데는 주로 지방의 병영에 서리로 나가면서 그곳을 들렀다가 지은 시가 다수 있다. 그의 시에는 신분적 갈등이 강하게 드러났다.

419 최기남崔奇男(1586~?) : 본관은 천녕川寧, 자는 영숙英叔, 호는 구곡龜谷·묵헌默軒이다. 시의 재능이 뛰어나 사대부들 사이에서도 이름을 날렸다. 경전에 밝았고 『주역』을 좋아하여 직접 베껴서 탐독하였다. 75세 때인 1660년에는 교유하던 위항시인인 정남수鄭枏壽·남응침南應琛·김효일金孝一·최대립崔大立·정예남鄭禮男 등과 함께 동인지 『육가잡영六家雜詠』을 간행했다. 저서로는 『구곡집龜谷集』 2권이 있다.

420 김창흡金昌翕(1653~1722) : 본관은 안동安東, 자는 자익子益, 호는 삼연三淵이다. 형 김창협과 함께 성리학과 문장으로 널리 이름을 떨쳤다. 저서로는 『삼연집三淵集』·『심양일기瀋陽日記』 등이 있다.

시를 논했는데, 시에 기발한 구절이 많았다. 혹은 사도시司䆃寺[421]의 서원書員이라고도 한다. 홍세태洪世泰[422]와 시를 짓는 친구가 되었다.

金富賢 侍講院 書吏 字禮卿 號巷東 崔奇男外孫 閭巷之詩 最爲首 金三淵 見而異之 與之論詩 詩多警句 或云 司䆃寺書員 與洪世泰 爲詩伴

• 강취주[423]

강취주姜就周[424]는 집안이 한미하고 천한 사람이었다. 젊어서 마을의 협객이 되어 뒷골목을 쫓아다니다가 마침내 다리가 부러져서 폐인이 되었다. 만년에 시가를 업으로 삼아 사대부들 사이를 노닐며 즐겼다. 그의 아내가 털옷을 꿰매어 밥을 먹고 지냈는데 욕되게 여기지 않았다. 사람됨이 비분강개하고 슬퍼하면서도 호쾌하며 기상과 의리를 좋아하고 풍류가 있었다. 한 발이 구부러져서 부목을 짚고서 뛰어다녔기 때문에 동강東岡 조상우趙相愚[425]가 호를 노주鷺洲라 했다. 평소

---

421 사도시司䆃寺 : 원래 공정고供正庫로 조선조 때 대궐 안의 쌀·간장 등의 공급을 맡아 보던 관아인데 나중에 사도시司䆃寺로 바꾸었다.

422 홍세태洪世泰(1653~1725) : 본관은 남양南陽, 자는 도장道長, 호는 창랑滄浪·유하柳下이다. 5세에 책을 읽을 줄 알고 7, 8세에는 글을 지을 만큼 뛰어난 재주를 타고났으나 신분이 중인층이라 제약이 많았다. 시로 이름이 나서 김창협金昌協·김창흡金昌翕·이규명李奎明 등의 사대부들과 절친하게 지냈다. 위항인의 시를 모아 『해동유주 海東遺珠』라는 위항시선집을 간행하였다. 『유하집柳下集』이 있다.

423 『진휘속고震彙續攷』「시인詩人」편에도 나오는데, 내용에 일부 차이가 있다.

424 강취주姜就周 : 자는 여재汝載, 호는 노주鷺洲이다. 어렸을 때 여항의 협사들과 부리며 다니다가 다리를 다치게 되었는데, 작대기를 짚고 겅중겅중 뛰었기 때문에 조상우가 노주라는 호를 붙여 주었다고 한다. 그의 시에 대하여 '평소에는 글을 읽지 않으나 그의 시는 천기에서 나와 뜻을 얻은 구절이 자못 청고한 울림이 있었다.' 고 평한다. 그의 행적과 관련된 내용은 『진휘속고』의 내용이 자세하다.

425 조상우趙相愚(1640~1718) : 본관은 풍양豊壤, 자는 자직子直, 호는 동강東岡이다. 오랜 기간 관직에 있으면서 부세제도·형사제도·예론을 비롯한 국정 전반에 대한 건의를 많이 하였다. 글씨를 잘 써서 장렬왕후莊烈王后의 옥책문을 쓰는 데 선발되

에는 책을 읽지 않았으나 그의 시는 유독 천기에서 나와 그 뜻을 얻은 구절은 자못 맑고도 고고하며 울림이 있었으니 대개 또한 유희경과 백대붕 사이의 시인이었다. 동계東谿 조구명趙龜命[426]이 찬贊하기를[427]

"내가 취주의 사람됨을 봄에 우락부락한 얼굴에 머리를 까딱거리고 기괴스럽게 생겼지만 시의 풍미는 소탈하여 굳이 입으로 드러내지 않더라도 그 모습이 시인 같지 않음이 없다. 담론을 잘하여 그 소리가 맑고 깨끗하며, 매번 머리를 흔들며 시를 외움에 묘하게 알맞은 가락이 있어 마치 거문고와 피리가 울림을 남기는 듯하니, 지금도 바람 불고 달뜨는 밤이면 일찍이 생각하지 않은 적이 없다."라고 하였다.

姜就周 寒賤人 少爲閭里俠 馳逐幽隱 終以折脚爲廢人 晩業詩歌 遊歡士夫間 家縫毛衣以資食 不辱也 爲人忼慨悲爽 好氣義有風流 以一足拳行 扶木跳躍 故趙東岡 號爲鷺洲 平居不讀書 其詩獨發自天機 其得意句 頗淸孤有響 蓋亦劉白之間也 趙東谿贊曰 余視就周爲人也 黴顔顫頭古怪 而風味蕭然 不必發諸口 而其貌無非詩者 善談論 其聲瀏亮 每搖頭誦詩 妙有節奏 如絲管遺響 至今風月之夜 未嘗不思也

• 오일명[428]

오일명吳一明은 자가 사함士咸이며, 신분이 낮고 미천했다. 눈썹과

었고, 충현서원忠賢書院의 사적비 등을 남겼다.

426 조구명趙龜命(1692~1737) : 본관은 풍양豊壤, 자는 석여錫汝·보여寶汝, 호는 동계東谿·건천자乾川子이다. 조선 후기 소론의 벌열가문인 풍양조씨 종중에서 태어났으나 벼슬에는 뜻을 두지 않고 문장에만 정진하였다. 시문보다는 산문에 특히 뛰어나 당대 팔문장八文章으로 평가되기도 하였다. 주요 저서로 『동계집東谿集』, 『건천고乾川藁』등이 있다.

427 조현명趙顯命의 『귀록집歸鹿集』 권18, 서序 「노주집서鷺洲集序」,에 찬이 실려 있다.

428 『진휘속고震彙續攷』 「시인詩人」 편에도 나오는데, 내용에 일부 차이가 있다.

눈이 그림 같았고 문사가 풍부하고 넉넉했으며 총명함이 남보다 뛰어나 책을 읽음에 남들은 겨우 한 줄을 읽을 때 이미 다섯 줄을 읽었다. 어렸을 때 『맹자孟子』를 2번 읽고서 암송할 수 있었다. 장성한 후에 7번을 읽고서 드디어 잊지 않았다. 일찍 죽어서 이룬 것이 없고 동계東谿 조구명趙龜命과 과거 공부를 익혔다.

吳一明 字士咸 門地側陋 眉目如畵 文辭富贍 聰明絶人 讀書人纔一行而已五行 幼時讀孟子二遍 而成誦 長後讀七遍 而遂不忘 早死無成 與趙東谿肄擧業

• 박창원[429]

박창원朴昌元은 밀양사람으로 자는 선장善長이고, 호는 담옹澹翁이다. 여항에서 태어났으며 아버지는 가선대부嘉善大夫를 지낸 박흥준朴興俊이다. 시문에 능했고 문집 한권이 있다. 박창원은 모습이 예스럽고 기이했으며 지조가 굳세었고 소탈하고 과묵하며 조용히 수양하였다. 젊었을 때 삼복재三復齋 이동언李東彦[430]을 좇아서 노닐었는데 몹시 친밀함과 사랑을 받았다. 부모님을 일찍 여의고 가난으로 먹고 살 수 없어서 언젠가 조보朝報를 쓰는 품팔이로 생계를 삼았다. 타고난 성품이 속세와 단절하고 가무와 여색을 한 결 같이 끊고 기호가 담박하였다. 기억력이 남보다 뛰어나서 한번 보면 잊지 않았고, 경전을 널

429 『진휘속고震彙續攷』「시인詩人」편에도 나오는데, 내용에 일부 차이가 있다.

430 이동언李東彦(1662~1708) : 본관은 전주全州, 자는 국미國美, 호는 삼복재三復齋이다. 1697년 성균박사가 되었고, 4년 뒤에 사간원정언에 승진하였다. 이때 과거시장科擧試場의 문란과 대간선발의 공정을 강조하는 소를 올렸다. 지평持平·정언正言·문학 등을 역임하면서 활발한 언론활동을 전개하였는데, 그 중 재상災傷의 피해구제책 및 파주목의 봉상시奉常寺 시장柴場 폐해의 시정책 등이 채택되었다.

리 섭렵하였고 『주역』에 더욱 뛰어났으며, 천문天文, 음률音律, 지리地理, 의학醫學, 점술卜筮의 학설에 이르기까지 또한 자세하게 능통하였다. 또 언젠가 자신이 죽을 연도를 예언했다. 시어가 청담淸澹하여 당唐의 풍조風調에 가까우니, 어떤 이들은 그를 시인으로 지목하였다. 또한 서예를 잘했다. 숙종 계해년(1683)에 태어나서 계축년(1733)에[431] 죽으니 71세였다. 묘는 양근楊根[432]에 있다.

朴昌元 密陽人 字善長 號澹翁 生於閭巷 父嘉善興俊 能詩文 有集一卷 形貌古奇 志操狷介簡黙養靜 少時 從三復齋李東彦遊 甚見親愛 早喪父母 貧無以資生 嘗傭書朝報以爲食 天稟絶俗 一切聲色 嗜好泊如也 記性過人 一覽不忘 博涉經傳 尤長於易 至於星曆音律地理醫卜之說 亦皆旁通 又嘗自言其死年 詩語淸澹 逼唐調 或以詩人目之 又善筆法 肅宗癸亥生 癸丑歿 年七十一 墓楊根

· 백대붕[433]

홍여하洪汝河[434]가 백대붕白大鵬[435]의 전을 짓기를 "백대붕의 자字는 만리萬里이고 아버지의 이름은 연근蓮根이다. 나의 외증조 철성鐵城 이

---

431 원문에는 癸丑年으로 되어있으나 71세의 나이를 볼 때 癸酉年(1753)년이 되어야 한다.

432 양근楊根 : 지금의 경기도 양평군을 말한다.

433 『진휘속고震彙續攷』「시인詩人」편에도 나오는데, 내용에 일부 차이가 있다.

434 홍여하洪汝河(1620~167) : 자는 백원百源, 호는 목재木齋이다. 주자학에 밝아 당시 사림의 종사宗師로 일컬어졌다. 저서로는 『목재집木齋集』이 있고, 편서로는 『휘찬여사彙纂麗史』·『동국통감제강東國通鑑提綱』등이 있다.

435 백대붕白大鵬(?~1592) : 본관은 임천林川, 자는 만리萬里이다. 천인의 신분으로 시를 잘 지어 이름을 날렸다. 같은 천인으로 시를 잘 지은 유희경과 함께 유劉·백白으로 일컬어졌다. 같은 처지의 위항인끼리 모여 시를 짓는 모임인 풍월향도風月香徒를 주도하였다.

암李嵒공[436]의 노자奴子였다. 어머니가 전함시의 비婢이었기 때문에 어머니를 따라서 전함시의 노奴가 되었다."

대붕은 젊어서 시에 능하여 구절을 내면 사람들을 놀라게 했다. 한때의 명사대부인 서익徐益공[437]과 한준겸韓浚謙공[438] 홍적洪迪공[439] 같은 사람들과 모두 더불어 사귀었다. 대붕이 언젠가 한준겸과 홍적의 자를 부르며

"한익지, 홍태고"라고 하였는데도 여러 공들이 마음으로 친구가 되기를 기약했고, 자신들이 양반이라는 명분으로 그를 책잡지 않았다. 그들이 언젠가 백대붕에게 이조吏曹의 아전이 되어 살아갈 방도를 도모하게 했는데 대붕이 말하기를

"나는 성현의 글을 읽는데 어찌 도필리刀筆吏[440]가 될 수 있겠는가?"라고 하고 끝내 기꺼이 하려고 하지 않으니 그들이 더욱 그를 중히 여겼다.

---

436 철성이공鐵城李公 : 이암李嵒을 가리킨다. 그의 초명은 군해君侅, 자는 고운古雲, 호는 행촌杏村이다. 글씨에 뛰어나 동국東國의 조자앙趙子昻이라고 일컬어졌다.

437 서익徐益(1542~1587) : 본관은 부여扶餘, 자는 군수君受, 호는 만죽萬竹·만죽헌萬竹軒이다. 문장과 도덕, 그리고 기절氣節이 뛰어나 이이李珥·정철鄭澈로부터 지우志友로 인정받았다. 저서로는 『만죽헌집萬竹軒集』 1권과 시조 2수가 있다.

438 한준겸韓浚謙(1557~1627) : 본관은 청주淸州, 자는 익지益之, 호는 유천柳川이다. 1579년 생원시·진사시에 합격, 1585년 태릉참봉에 제수되었다. 이듬해 별시문과에 병과로 급제했고, 예문관검열이 되어 홍문록弘文錄에 오르고 문장으로 이름을 날린 후 여러 관직을 두루 역임하였다. 1623년 인조반정으로 그의 딸이 인열왕후仁烈王后로 책봉되자 영돈녕부사領敦寧府事로 서평부원군西平府院君에 봉해졌다. 저서로 『유천유고柳川遺稿』가 있다.

439 홍적洪迪(1549~1591) : 본관은 남양南陽, 자는 태고太古, 호는 양재養齋이다. 이황의 문인이며 관직은 병조정랑에 이르렀다. 홍문관에서 '학사전재學士全才'라 불렸다. 저서로는 『하의집荷衣集』과 『하의시십荷衣詩什』이 있다.

440 도필리刀筆吏 : 글씨를 쓰는 천한 벼슬을 가리키는 말로 곧 아전衙前을 말한다.

白大鵬 洪汝河撰傳曰 白大鵬 字萬里 父名蓮根 余外曾祖鐵城李公之奴子 母典艦寺婢也 故從母爲典艦寺奴 大鵬少能詩 句出驚人 一時名士大夫如徐公益 韓公俊[441]謙 洪公迪 皆與之定交 大鵬嘗字呼 韓益之 洪太古 諸公托以心期 不以名分見責也 諸公嘗使爲吏曹政吏 以謀食 大鵬曰 吾讀聖賢書 豈能作刀筆吏乎 終不肯 諸公益重之

441 俊 : 『진휘속고』 「詩人」에 백대붕조에는 '浚'으로 되어 있으나, 여기서는 『진벌휘고속편』의 글자를 그대로 사용했다.

• 박숭현

박숭현朴崇賢의 호는 창설재蒼雪齋로 글씨를 잘썼다. 어려서부터 왕희지王羲之의 난정집蘭亭集서문의 글씨체를 익혀서 크게 정례程隷(예서隸書)에 공교함이 있었다. 사자관寫字官[442]으로 홀로 한 세대를 주름 잡았다. 죽음에 이르기 며칠 전에 그의 동료에게 말하기를

"내가 꿈을 꾸었는데 한사람이 와서 말하기를 '나는 천제天帝의 사신으로 바야흐로 광한전을 지어 그대를 데려가 상량문을 쓰게 하려기 때문에 팔을 쓰지 못하도록 묶어 놓고 갑니다.'라고 했는데 꿈에서 깨니 팔이 저리면서 아픈 듯하네."라고 하였다.

다음날 갑자기 세상을 떠났다.

朴崇賢 號蒼雪齋 善書 自幼習永和體 大有工程隷 寫字官 獨擅一世 臨沒前數日 語其同僚曰 吾夜夢一人來言 我是天帝使 方搆廣寒殿 邀君寫上樑文 故封臂而去 覺來臂麻似痛 翌日暴逝

• 유이손

유이손柳耳孫[443]은

---

442 사자관寫字官 : 승문원·규장각에 소속되어 사대교린문서事大交隣文書와 자문咨文·어첩御牒·어제御製·어람御覽등의 문서를 정서正書하던 관원이다. 이들은 외국사행에도 수행하였다. 특히, 승문원은 사대교린문서를 관장하여 사대문서 및 부본副本들은 선사자善寫者가 서사書寫하여야 하였으므로 당상관이나 문신이 아니더라도 사자寫字에 특이한 재능이 있는 자로 하여금 서사하게 하였다.

443 유이손柳耳孫 : 도화서圖畫署 화원으로 서예에도 능했다. 사자청寫字廳의 필요성을 건의하여 설치하게 하고 최초로 사자관寫字官이 되었다. 1543년 예조의 명으로 신정申珽·유항柳沆이 번역한 『유향열전劉向列傳』을 사자寫字하였는데, 삽화는 도화

명나라 사신 공용경龔用卿[444]이 우리나라에 와서 운흥관雲興館에 지어놓은 시의 현판을 보고

"누가 쓴 것인가?"라고 물었다.

역관이 대답하기를

"호음湖陰 정사룡鄭士龍[445]의 막하에 있는 유이손이 쓴 것입니다."라고 하였다.

불러서 술을 주며

"너의 얼굴을 처음 본다만 너에게 진필晉筆[446]이 있을 줄 몰랐다"라고 하였다.

후에 사신 화찰華察이 지어준 시는 다음과 같다.

예로부터 코가 할아버지 됨은 들었건만
지금 귀가 손자 됨을 보게 되었네
버들이 만약 듣는 것이 없으면
매미 소리가 무슨 일로 시끄럽겠는가

由來聞鼻祖　　今見耳爲孫
楊柳如無聽　　蟬聲何事喧

서圖畫署 화원畫員 이상좌李上佐가 그렸다.

444 공용경龔用卿(1500~1563) : 명나라 복건福建 회안懷安 사람으로 자는 명치鳴治, 호는 운강雲岡이다. 저서에 『사조선록使朝鮮錄』과 『운강집雲岡集』이 있다.

445 정사룡鄭士龍(1491~1570) : 본관은 동래東萊, 자는 운경雲卿, 호는 호음湖陰이다. 중국에 사신으로 가서 문명을 떨쳤을 뿐만 아니라 중국 사신을 접대하는 동안 중국인과 주고받은 시가 많았다. 중국에 다녀와서 『조천록朝天錄』을 남겼다. 관료적인 시인으로 시문·음률에 뛰어났고 글씨에도 능했다. 저서로는 『호음잡고湖陰雜稿』 등이 있고, 글씨로는 광주廣州에 있는 이둔촌집비李遁村集碑가 있다.

446 진필晉筆 : 진필은 진晉나라 때 왕희지王羲之·왕헌지王獻之등의 명필들이 쓴 필첩筆帖을 가리킨다.

또 시를 읊기를

내가 위대한 글을 지으려하는데
듣건대 그대 역시 자못 익숙하다하니
어찌 너의 임금께 고하지 않는가
류공권柳公權이 붓으로 간한 일이 있었음을

我欲作大書　聞君亦頗慣
何不告爾王　公權有筆諫

라고 하였다. 글씨를 잘 쓰는 것으로 한 시대를 주름잡았다. 언젠가 주국鑄局[447]의 결자缺字에 보임을 받았는데 최흥효崔興孝[448]가 쓴 익재집益齋集[449]을 가지고 다니면서 매번 책을 펼쳐 자체를 본떴다. 글자체가 정교하고 아름다워 우리나라에서 그에게 미칠 자가 적었다.

柳耳孫 襲天使用卿東來 見雲興館所作詩板 問曰 誰所寫 譯官對以遠接使 鄭湖陰幕下 柳耳孫之筆也 招而與酒曰 始見汝之面而已 不知汝之有晉筆也 後華天使祭贈詩曰由來聞鼻祖 今見耳爲孫 楊柳如無聽 蟬聲何事喧 又曰我欲作大書 聞君亦頗慣 何不告爾王 公權有筆諫 以能書擅一時 嘗補鑄局缺字 以崔興孝所寫益齋集自隨 每開卷倣之 字體精妙 東方少其比

---

447 주국鑄局 : 활자를 만들던 관청을 말한다.
448 최흥효崔興孝(1370~1452) : 본관은 영천永川, 자는 백원百源, 호는 월곡月谷이다. 초서로 일가를 이룬 서예가로, 관직에 있을 당시에는 국가의 대외 문서와 각종 필사 업무를 주로 담당하였다. 『해동명적海東名蹟』·『동국명필東國名筆』·『대동서법大東書法』 등의 법첩에도 초서 필적이 모각되어 전한다.
449 익재집益齋集 : 고려 말 익재益齋 이제현李齊賢의 문집을 가리킨다.

진벌휘고속편震閥彙考續編 권5

화가들名畫

• 강희안

강희안姜希顔의 호는 인재仁齋이다. 시서화詩書畵 삼절三絶로 당대에 독보적이었으며 산수화를 잘그렸다. 용재慵齋 성현成俔[450]이 말하기를

"강인재姜仁齋의 그림의 품격은 타고난 자질이 높고 오묘해서 옛사람들이 생각하지 못한 것을 터득하였다. 산수화와 인물화에 모두 뛰어났다. 언젠가 그가 그린 「여인도麗人圖」를 보니 실물과 조금도 어긋남이 없었고, 「청학동靑鶴洞」, 「청천강菁川江」 두 족자와 「경운도耕雲圖」는 모두 기이한 보배였다."

라고 하였다.[451]

사가四佳 서거정徐居正이 말하기를

"시는 왕유王維[452]와 위응물韋應物[453]을 닮았고 글씨는 왕희지王羲之[454]

---

450 성현成俔(1439~1504) : 본관은 창녕, 자는 磬叔경숙. 호는 용재慵齋·부휴자浮休子·허백당虛白堂이다. 성종 이후에 한성판윤漢城判尹, 공조판서工曹判書와 대제학大提學을 겸임했다. 저서로 『허백당시문집·보집虛白堂詩文集·補集』·『풍아록風雅錄』·『부휴자담론浮休子談論』·『주의奏議』·『용재총화慵齋叢話』·『금낭행적錦囊行跡』·『악학궤범樂學軌範』·『상유비람桑楡備覽』 등이 있다.

451 이와 유사한 이야기가 성현成俔, 『용재총화慵齋叢話』 권1 「용재총화권지일慵齋叢話卷之一」에 보인다.

452 왕유王維(699/701~759/761) : 당唐나라 때의 관리이자 시인, 화가이다.하동河東 포주蒲州 사람으로 자는 마힐摩詰, 호는 마힐거사摩詰居士이다. 젊었을 때에 도교道敎를 믿었으나, 뒤에 선불교禪佛敎에 심취했다. 현재 시 4백여 수首가 남아있다. 시서화詩書畫 및 음악音樂에 정통했다. 맹호연孟浩然과 더불어 왕맹王孟으로 일컬어진다. 저서로 『왕마힐문집王摩詰文集』이 있다.

453 위응물韋應物(737~792) : 당唐나라 때의 관리이자 시인이다. 경조京兆 만년萬年 사

와 조맹부趙孟頫[455]를 겸하고 그림은 곽희郭熙[456]와 유도권劉道權을 다 터득했으니 천기가 조예의 이름이 초연한 경지에 홀로 이르러 재주가 온갖 묘함을 겸했다."

라고 하였다.

남들에게 팔지 않았지만 전해지는 작품은 매우 신묘했다.

姜希顔 號仁齋 詩書畵三絶 獨步一世 善山水 成慵齋曰 姜仁齋畵品 天機高妙 得古人所不料處 山水人物俱優 嘗見所畵麗人圖 毫髮無差訛 靑鶴洞菁川江兩簇 及耕雲圖 皆奇寶也 徐四佳曰 詩似王韋 書兼王趙 畵得劉郭 天機造到 超然獨詣 才兼衆妙 不衒於人 傳者甚妙

람으로 세간에서 '위소주韋蘇州'로 일컬어진다. 그의 시풍詩風은 고요하고 담박하면서 고원高遠했으며, 경치와 은일생활을 잘 묘사했다. 저서로 『위강주집韋江州集』·『위소주시집韋蘇州詩集』·『위소주집韋蘇州集』 등이 있다.

454 왕희지王羲之(303, 321~361, 379) : 동진東晉 시대의 관리이자 서법가書法家이다. 조상의 본적은 낭야琅琊이고, 뒤에 회계會稽 산음山陰으로 이주했다. 자는 일소逸少이다. 서법書法에 정통했는데 예서隸書, 초서草書, 해서楷書, 행서行書에 모두 능통하여 '서성書聖'으로 일컬어지고, 그 중에서 '천하제일행서天下第一行書'로 일컬어진다. 대표작품으로 「난정서蘭亭序」·「황정경黃庭經」·「악의론樂毅論」·「십칠첩十七帖」·「초월첩初月帖」 등이 있다.

455 조맹부趙孟頫(1254~1322) : 절강浙江 호주湖州 사람으로 관리이자 화가, 서법가書法家이다. 자는 자앙子昂, 호는 송설松雪·송설도인松雪道人·수정궁도인水精宮道人·구파鷗波·맹부孟俯이다. 박학다식하고 시문詩文과 서화書畵에 능했는데, 특히 행서行書, 해서楷書에 조예가 깊었다. 대표작품으로 「천자문千字文」·「낙신부洛神賦」등이 있다. 저서는 『상서주尙書注』·『송설재문집松雪齋文集』이 있다.

456 곽희郭熙(1020?~1090?) : 북송 하양河陽 온현溫縣 사람으로 자는 순부淳夫이다. 이성李成에게 한림산수寒林山水를 익히고 관동關仝의 화풍을 곁들여, 북방계 산수화 양식의 통일을 완성했다. 일찍이 고당高堂의 벽에 장송長松과 거목을 그렸는데, 천태만상千態萬象이 당시에 독보적이었다. 나이를 먹을수록 붓놀림이 더욱 굳세졌다. 저서에 화론 『임천고치林泉高致』가 있다.

• 김시

김시金禔[457]는 자는 계수季綏이고 김안로金安老의 아들이다. 호는 양송헌養松軒 또는 취면醉眠이다. 벼슬은 사포별제司圃別提에 그쳤고 과거에 나가지 않고 글씨와 그림으로 스스로 즐겨서 산수화와 각체를 잘했다. 지봉芝峯 이수광李睟光이 말하기를

"간이簡易의 글과 석봉石峯의 글씨, 취면醉眠의 그림 같은 경우는 세상에 드문 재주이다."라고 하였다.

金禔 字季綏 安老子 號養松軒 又醉眠 官止司圃 不赴擧 以書畵自娛 善山水各體 芝峯曰 如簡易文 石峯筆 醉眠畵 間世才也

• 석양정 정

석양정石陽正 이정李霆[458]은 자는 중섭仲燮이고 호는 탄은灘隱이다. 대나무를 잘 그렸고 시에 능했으며 또 글씨를 잘썼다. 일시의 명류名流들이 좇아서 노니는 사람들이 많았다. 난초와 매화 대나무를 잘 그려서 한 시대에 이름이 났다. 임진왜란 때 왜적의 창에 찔려 오른팔이 거의 끊어질 뻔했다가 다시 붙었는데 스스로 말하기를

"그 후로부터 붓을 잡으면 마치 신이 돕는듯하다."

457 김시金禔(1524~1593) : 본관은 연안延安, 자는 계수季綏, 호는 양송당養松堂·양송헌養松軒·양송거사養松居士·취면醉眠이다. 과거에 뜻이 없었고 오로지 서화에 전념하여 인물·산수·우마·초충草蟲·영모翎毛 등을 그림에 있어 정묘精妙하였다. 당시의 최립崔笠의 글월, 한석봉의 글씨와 더불어 삼절三絶이라 하였다.

458 이정李霆(1554~1626) : 본관은 전주全州, 자는 중섭仲燮, 호는 탄은灘隱이다. 시·서·화에 뛰어났으며 묵죽墨竹으로 이름을 떨쳤다. 조선시대의 화단畵壇은 도화서圖畵署 중심이었으나 중국의 영향을 많이 받은 사대부 중에는 묵죽을 전문으로 하는 사람이 많았는데 그런 속에서 소박한 화풍으로 그 방면에 독자성을 개척한 작가로서 주목된다. 작품으로 「풍죽도風竹圖」·「죽도竹圖」·「난도蘭圖」 등이 있다.

라고 하였다.

石陽正霆 字仲燮 號灘隱 善畵竹 能詩又善書 多從 一時名流遊 善畵蘭梅竹 名一世 壬辰亂 被賊鋒 右腕幾絶復續 自言 自其後 把筆 若有神助云

<이심권>

• 소를 잘 그린 맹만시

맹만시孟萬始[459]는 자가 원지元之, 호는 백평栢坪으로 관직이 군수郡守에 이르렀다. 어려서 글씨와 그림 그리기를 잘했다. 그는 소를 그린 작품으로 세상에 이름이 났는데, 친구들이 돌려가며 구경하고 보물로 여겨 보관하였다. 하루는 중사中使[460]가 내지內旨[461]라고 칭하면서 몰래 이를 구하려고 하자 고집을 피우면서 말을 따르지 않았으며, 다시는 그림을 그리지 않았다.

孟萬始 字元之 號栢坪 官止郡守 少癖書畵 其畵牛名一世 士友傳玩爲寶藏 一日 中使稱內旨潛求之 堅執不從 更不畵

• 서화로 이름난 윤두서

윤두서尹斗緖[462]는 자가 효언孝彦, 호는 공재恭齋, 또는 종애鍾崖이다.

---

459 맹만시孟萬始(1636~?) : 본관은 신창新昌, 자는 원지元之, 호는 백평柏枰이다. 1673년 진사시進士試에 합격하고 군수를 지냈다. 서화에 뛰어난 솜씨를 보이고 특히 소牛를 즐겨 그렸다.

460 중사中使 : 왕의 명령을 전하던 내시內侍를 말한다.

461 내지內旨 : 임금이 은밀히 내린 명령命令을 뜻한다.

462 윤두서尹斗緖(1668~1715) : 본관은 해남海南, 자는 효언孝彦, 호는 공재恭齋이다. 고산孤山 윤선도尹善道의 증손으로, 성호 이익의 형인 이잠李潛의 절친한 친구이다. 특히 인물화와 말을 잘 그렸고 하층민의 일상생활을 소재로 한 서민 풍속화 분

현종顯宗 무신년(1668)에 태어나 진사進士를 지냈으며 서화書畵를 잘하였다. 옥동玉洞[463]에게 서화書畵를 배웠는데 호탕하면서 재주가 많았다. 또한 류죽오柳竹塢[464]와 이담헌李澹軒[465]을 만나게 되었는데 이들이 감상鑑賞하는 벗이 되어 글을 지어 품제品題를 평가하며 칭찬하였다.

그의 아들 윤덕희尹德熙는 자가 경백敬伯이고, 호는 낙서駱西, 또는 연옹蓮翁으로 관직이 도사都事에 이르렀다. 서화書畵를 잘했는데, 특히 말과 신선 그리기를 잘했다.

윤덕희의 아들 윤용尹熔은 자가 군열君悅, 호는 연헌蓮軒으로 진사進士를 지냈는데 그림을 잘 그렸다.

尹斗緖 字孝彦 號恭齋 又鍾崖 顯宗戊申生 進士 善書畵 學玉洞書畵 澹蕩多藝 又得柳竹塢 李澹軒 爲鑑賞友 爲文品題評贊 其子德熙 字敬伯 號駱西又號蓮翁 官止都事 善書畵 尤善畵馬畵仙 子熔 字君悅 號蓮軒 進士 善畵

• 80여 세에 섬세한 그림을 그린 정선

정선鄭敾[466]은 자가 원백元伯, 호는 겸재謙齋로 벼슬이 첨정僉正에 이

야를 개척하였다. 작품으로는 「윤두서 자화상」 등의 인물화와 「나물 캐는 아낙네」 등의 풍속화와 「노승도老僧圖」·「출렵도出獵圖」·「백마도白馬圖」·「우마도권牛馬圖卷」·「심산지록도深山芝鹿圖」 등이 있다.

463 이서李溆(1662~1723) : 본관은 여주驪州, 자는 澄之징지. 호는 玉洞옥동이다.

464 조유수趙裕壽의 후계집后溪集 권8에 '제류죽오가공재선보책題柳竹塢家恭齋扇譜冊'이 보인다.

465 이하곤李夏坤(1677~1724) : 본관은 경주慶州, 자는 재대載大, 호는 담헌澹軒·계림鷄林이다. 그의 교유관계 중 당대의 유명한 시인이었던 이병연李秉淵과 서예와 문장으로 유명한 윤순尹淳, 화가였던 정선鄭敾과 윤두서尹斗緖와의 교유는 특히 주목된다.

466 정선鄭敾(1676~1759) : 본관은 광주光州, 자는 원백元伯, 호는 겸재謙齋·난곡蘭谷이다. 그리고 그의 뛰어난 그림 재주 때문에 관료로 추천을 받았으며 마침내 화단에서 명성을 얻게 되었다.

르렀다. 일찍이 『도설경해圖說經解』 등의 글을 서술하였는데, 송천松泉[467]이 화평畵評에서

"겸재의 산수화는 장건壯健하면서도 웅혼雄渾하고 넓고 크면서 멋있어서[468] 한유韓愈의 문장 같다."

라고 하였다. 나이 80여 세에 눈에 몇 겹의 안경을 걸치고 등잔불 아래에서 섬세하게 그림을 그리는데 조금도 어긋남이 없었다.[469]

鄭敾 字元伯 號謙齋 官止僉正 嘗述圖說經解等書 松泉畵評曰 謙齋山水壯健雄渾 浩汗淋漓 如昌黎之文 年八十餘 眼掛數重眼鏡 燭下作細畵 不錯毫髮

• 인물화로 이름난 조영석

조영석趙榮祏[470]은 자가 종보宗甫이고 호는 관아재觀我齋로, 벼슬이 도정都正에 이르렀다. 인물화를 잘 그렸는데, 그림의 품격이 정묘精妙했다. 송천松泉이 화평畵評에서 "관아재觀我齋의 인물화는 가파른 암벽이 깎은 듯이 드러나며, 맑고 깨끗함이 아득하여 마치 유종원柳宗元의 문

---

467 심재沈鋅(1722~1784) : 송천松泉은 그의 호이다. 대표적인 저술로, 학문·정치·경제를 비롯하여 미담과 가화佳話를 듣고 본 대로 기록·정리한 책인 『송천필담松泉筆談』이 있다.

468 임리淋漓 : 긴 칼처럼 멋있게 보이는 모습을 표현한 것인데, 『초사楚辭』 권8 애시명哀時命에 "우뚝하게 쓴 관은 구름을 뚫을 듯, 길고 긴 칼은 또 종횡무진이라.[冠崔嵬而切雲兮 劍淋漓而縱橫]"라는 말이 나온다.

469 박지원朴趾源, 『열하일기熱河日記』, 「관내정사關內程史」에 유사한 내용이 실려있다. "鄭敾字元伯 康熙乾隆間人 年八十餘 眼掛數重鏡 燭下作細畵 不錯毫髮 "

470 조영석趙榮祏(1686~1761) : 본관은 함안咸安, 자는 종보宗, 호는 관아재觀我齋·석계산인石溪山人이다. 산수山水·인물人物을 잘 그렸다. 겸재謙齋·현재玄齋와 더불어 세칭 삼재三齋로 알려졌으며 문장, 서, 화 文章書畫 모두 뛰어나 삼절三絶이라 불리었다.

장을 보는 듯하다."

라고 했다.

趙榮祏 字宗甫 號觀我齋 官止都正 善畵人物 格精妙 松泉畵評曰 觀我齋人物畵 巉巖刻露 瀟灑縹緲 如柳州之文

• 산수화를 잘 그린 심사정

심사정沈師正[471]은 자가 이숙頤叔, 호는 현재玄齋이다. 산수화를 잘 그렸는데 그림의 품격이 기묘奇妙하며, 종횡縱橫으로 분방奔放하면서도 대필大筆과 세필細筆이 모두 적절하였다.

沈師正 字頤叔 號玄齋 善畵山水 畵格奇妙 縱橫奔放 巨細俱宜

• 근세 그림의 일인자 임희수

임희수任希壽[472]는 승지承旨를 지낸 충렬공忠烈公 임위任瑋의 아들로, 어렸을 때 자字는 불남芾男이었는데 나이 17세에 요절했다. 용모가 수려하여 마치 여자 같았다. 일찍부터 문예에 능하였으며 그림에는 더욱 신묘한 재주가 있었다. 그의 전신첩傳神帖 세 권이 전하는데 모두

---

471 심사정沈師正(1707~1769) : 본관은 청송靑松, 자는 이숙頤叔, 호는 현재玄齋·묵선墨禪이다. 포도를 잘 그렸던 심정주沈廷冑의 아들이다. 포도와 인물을 잘 그렸던 정유승鄭維升의 외손자이기도 하다. 명문 사대부 출신이면서도 과거나 관직에 오르지 못하고 일생 동안 화업畵業에 정진하였다.

472 임희수任希壽(1733~1750) : 본관은 풍천豐川, 자는 불남芾男이다. 문예文藝가 숙성하고 그림에도 뛰어났는데 17세에 죽었다. 초상화의 재능이 뛰어나 『초상화첩肖像畵帖』3권이 전한다고 하나 현재 『칠분전신첩七分傳神帖』 한 권이 알려져 있다. 장지연의 『진휘속고震彙續考』에 의하면, 화첩에 포함된 강세황 자화상에 임희수가 가필을 하였더니 그림이 더욱 살아나 강세황도 탄복을 아끼지 않았다는 내용이 전한다.

한때 명사名士였던 사람들의 초상화가 들어있다. 그는 나이가 어렸기 때문에 일찍이 많은 인사들을 만나지 못했다. 그의 아버지 초상을 당했을 때에 높은 벼슬아치들로 조문온 자가 많았는데, 임희수가 곁에서 가만히 보고 기억해 두었다. 또 길을 가다가 문득 들었던 사람을 만나면 즉시 그 모습을 그리기도 했다. 집이 가난하여 채색 물감을 갖출 수 없었으므로 대부분 먹만을 가지고 그렸는데도 모두 살아 있는 것처럼 생생하였다.

표암豹菴 강세황姜世晃[473]이 자화상을 그렸는데, 여러 번 그렸지만 모두 만족하지 못하여 임희수에게 가지고 갔다. 임희수가 광대뼈 사이에 몇 번 가필加筆을 하니, 강세황의 실물과 아주 비슷하게 되었으므로 그는 크게 탄복하였다. 세마洗馬[474]인 원계손元繼孫[475]이 일찍이 말하기를

"이언진李彦瑱[476]의 시와 임희수의 그림은 근세 제일이라 할만하다."

라고 하였다.[477]

---

473 강세황姜世晃(1713~1791) : 본관은 진주晋州, 자는 광지光之, 호는 첨재忝齋·산향재山響齋·박암樸菴·의산자宜山子·견암蠒·노죽露竹·표암豹菴·표옹豹翁·해산정海山亭·무한경루無限景樓·홍엽상서紅葉尙書이다. 시·서·화 삼절三絶로 일컬어졌으며, 남달리 높은 식견과 안목을 갖춘 사대부 화가로서 스스로 그림 제작과 화평畵評 활동을 통해 당시 화단에서 '예원의 총수'로서 중추적인 구실을 하였다. 저서로는 『표암유고豹菴遺稿』 등이 있다.

474 세마洗馬 : 조선 시대에 세자익위사世子翊衛司에 속하는 정9품正九品 벼슬을 뜻한다.

475 원계손元繼孫(1733~1772) :본관은 원주原州, 자는 자승子承, 호는 환범재換凡齋이다. 진사에 합격하고 현감縣監을 지냈으며 글씨를 잘 썼으므로 당시에 이언진李彦眞의 시詩와 임비남任芾男의 그림과 더불어 이름을 떨쳤다.

476 이언진李彦瑱(1740~1766) : 본관은 강양江陽, 자는 우상虞裳, 호는 송목관松穆館·창기滄起이다. 어려서부터 재주가 뛰어나 시문과 서예에 능하여 스승 이용휴에게 영이적靈異的 천재로 인정받았다. 그의 시는 자연·영물·회고·풍자·변새邊塞·궁원宮怨 등 다양한 내용을 소재로 다루고 있다. 27세에 요절하였다. 그에 관한 한문단편소설로 연암 박지원朴趾源이 지은 「우상전虞裳傳」이 전한다.

477 이덕무李德懋 , 『청장관전서靑莊館全書』, 권 50, 「이목구심서耳目口心書[三]」에 임

任希壽 承旨忠烈公瑋之子也 小字芾男 年十七夭 眉目娟秀如婦人 文藝夙就 畵尤通神 有傳神帖三卷 皆一時名士像也 年幼 未嘗多見人士 及忠烈遭艱時 達官多來吊者 希壽從傍竊識之 又行路逢聞人 輒貌之 家貧不能具丹靑 率以漫墨設色 皆若寫生 姜豹菴世晃 自寫其眞 屢易本不稱意 乃就希壽 希壽於顴頰間 略加數筆 絶似之 豹菴大歎服 元洗馬繼孫 嘗言李彦瑱之詩 任希壽之畵 可謂近世第一云

• 천하의 절필 최수성

최수성崔壽城[478]은 호가 원정猿亭이다. 시에도 능하고 그림에도 능하였다. 하루는 호당湖堂[479]에 이르러 충암冲菴 김정金淨을 방문하니 충암이 술통을 열어놓고 극진히 환영하였다. 이에 송죽도松竹圖 그리기를 부탁했다. 최수성이 곧 취하여 누워서 붓을 휘저으니 곧 족자簇子가 완성되었다. 이를 아는 자들이 말하기를

"참으로 천하의 절필絶筆이다."

라고 했다. 그의 그림은 일찍이 내장고內藏庫에 두었는데 왜놈들이 여러 그림을 구하여 보고 모두 칭찬할 뜻이 없다가 최수성의 그림을 보고는 보검寶劍 한 쌍으로 바꾸기를 구하며 말하기를

"검의 값어치가 300금 입니다."

라고 하였으나 임금은 허락하지 않았다. 또한 조칙을 들고 온 중국

희수와 관련된 내용이 보인다.

478 최수성崔壽城(1487~1521) : 이름을 수성壽峸으로 쓴 자료도 있다. 본관은 강릉江陵, 자는 가진可鎭, 호는 원정猿亭이다. 학문과 도의를 깊이 연구하여 절세기재絶世奇才요 대유大儒가 되었으나, 1519년 기묘사화己卯士禍를 보고 벼슬길에 나가지 않기로 결심하고 명산을 유람했다. 문장文章·서법書法·화격畫格·음률音律등에 모두 정통했으나 간신의 무리가 모함해 사망했다.

479 호당湖堂 : 독서당을 달리 이르는 말이다.

사신이 그의 그림을 보고 말하기를

"이는 참으로 천하의 뛰어난 보배이다."

라고 했다.[480]

崔壽城 號猿亭 能詩能畫 一日到湖堂[481] 訪冲菴 冲菴開樽極歡 請掃松竹圖 公卽醉臥揮筆 仍成簇子 知音者曰 天下[482]絶筆 公之畫 嘗在內藏庫 倭人求見諸畫 皆不稱意 見公所畫 以寶劍一雙求換曰 劍直三百金 上不許 又詔使見公畫曰 此誠天下絶寶

· 본의로 그림을 감식한 안견

안견安堅[483]은 자가 가도可度이고, 어릴 때 이름은 득수得壽이며, 호는 현동玄洞이다. 본관은 지곡池谷으로 산수山水를 잘 그렸다. 세종조世宗朝의 인물로 호군護軍을 지냈다. 왕명을 받아 태조太祖가 거느린 바의 8마리 준마를 그리게 되었는데, 집현전集賢殿의 여러 공들이 여기에 찬贊을 지었다. 옛날에 중국에서 좋은 그림을 구매한 자가 있었는데 장송長松 아래에 어떤 사람이 소나무를 우러러 보고 있는 그림으로 신묘한 광채가 살아있는 듯하여 세상 사람들이 천하의 명품이라고 했다. 안견이 이를 보고 말하기를

"이 그림이 비록 좋아 보이기는 하지만 무릇 사람이 위를 쳐다볼 때는 머리 뒤에 반드시 주름이 있어야 할 터인데 이곳에는 그런 모습이 보이지 않으니 본래의 그 취지를 크게 잃은 것 같다."

---

480 안로安璐의 『기묘록보유己卯錄補遺』 권하卷下에 「최수성전崔壽城傳」이 보인다.

481 송징은宋徵殷 『약헌집約軒集』권14, 「贈領議政猿亭崔公行狀」에 "公一日到東湖 訪金冲庵 冲庵顚倒趨迎 開樽極歡 酒酣"라는 내용이 보인다.

482 下 : 원문에는 '才'로 되어 있으나 '下'로 바로 잡는다.

483 신숙주申叔舟, 『동문선東文選』, 권82에 안견의 내용이 보인다.

라고 하니, 이로부터 마침내 버리는 물건이 되었다. 또한 오래된 그림 중에 오묘한 필획으로 칭송되던 작품이 있었는데, 늙은이가 손자를 안고 숟가락으로 밥을 떠서 먹이는 모습으로, 그 신비함이 살아 있는듯하였다. 강정대왕康靖大王(성종)이 이를 살펴보게 하니 안견이 말하기를

"이 그림이 비록 좋으나 일반적으로 사람이 아이에게 음식을 먹일 때에는 반드시 스스로가 자신의 입을 벌리게 되어 있는데, 이 사람은 입을 다물고 있으니 크게 그림 그리는 법도를 잃은 것입니다."

라고 하여 이로부터 작품이 마침내는 버리는 종이가 되었다.

대저 그림과 문장이 어찌 차이가 있겠는가? 한번 본의本意를 잃으면 비록 화려한 문장이라도 아는 사람은 취하지 않을 것이니, 오직 안목을 갖춘 자가 능히 알아볼 수 있다.

성종 때에 중국 사신 김식金湜은 대나무를 잘그려 한 세상의 뛰어난 필치였다. 그는 우리나라 고금古今의 대나무 그림을 보기를 청했다. 임금이 명하여 온 나라에서 널리 찾아내어 보여주었다. 김식이 두루 살펴보고 말하기를

"모두 대나무가 아닙니다. 혹 삼이 아니면 갈대이지 대나무는 아닙니다."

라고 하면서 진짜 대나무 그림 보기를 청했다. 당시에 안견의 신묘한 그림은 중국 곽희郭熙[484]에 버금갔다. 그리하여 중국에서도 평소 그의 신묘함에 감복했었다. 임금이 안견에게 일생의 필력을 다해서 대나무를 그림 몇 폭을 여러 가지 모양으로 올리게 하니, 김식이 보고 말하기를

---

484 곽희郭熙(1000~1090) : 송宋 나라 때 화식畫式이 되었던 산수화山水畫의 대가이다.

"이는 좋은 작가의 손에서 나왔으나 대나무가 아니고 갈대입니다."

라고 했다. 임금도 또한 평소에 화법畫法을 알아서 명하여 나라 동산에 심은 하나의 화분에 담긴 대나무를 내어놓고 조밀한 잎을 모두 따버리고 몇 가지의 잎만 남겨 동헌東軒에 두었다. 석양夕陽이 질 무렵을 당하여 곧 안견에게 그 모양대로 그리게 했다. 이를 시험 삼아 김식에게 보이니 김식이 한번 보고 곧 크게 놀라며 말하기를

"이는 진짜 대나무입니다. 비록 중국에 이름난 화가라도 상대하기 어려울 것입니다."

라고 했다. 임금이 크게 안견을 기특하게 여겼다. 이에 상방尙方[485]에서 비단을 내어서 김식의 그림을 그려서 경복궁에 보관하게 하고, 강감찬姜邯贊[486]이 박연朴淵 폭포에서 용을 채찍질하고 당시에 얻은 바의 푸른 용 비늘 한 개[487]와 함께 모두 문무루文武樓 위의 보관함에 두게 되었는데, 뒤에 경복궁景福宮의 화재로 그림과 오래된 보배가 함께 타버렸다.

安堅 字可度 小名得壽 號玄洞 池谷人 善畵山水 世宗朝人 官護軍 承命

---

485 상방尙方 : 상의원尙衣院을 가리키는 말이다. 임금의 의복과 궁내의 일용품, 보물 따위의 관리를 맡아보던 관아이다.

486 강감찬姜邯贊(948~1031) : 본관은 금주衿州. 초명은 강은천姜殷川이다. 1018년 거란의 장수 소배압이 쳐들어왔을 때, 상원수가 되어 흥화진에서 적군을 물리쳤고, 다음 해에는 후퇴하는 적을 귀주에서 크게 격파하였다.

487 푸른 용 비늘 한 개 : 고려가 개성에 도읍했을 때, 마침 가뭄을 당하여 왕이 직접 여기 [박연]에 와서 제사를 지냈지만 효과가 없었다. 이에 도술자가 막대기로 물을 치니, 용이 물위에 떠올라 왕 앞에 엎드렸다. 곧 용에게 형벌의 매를 쳤는데, 이때 그 용의 비늘 몇 개가 떨어져서, 이 비늘을 거두어 나라의 창고 속에 보관했다. 중국 사신 동월(조선부 지은 사람)이 왔을 때 그 비늘을 보여주려 하니, 동월이 볼 필요가 없다고 말해 그만두었다.(고려시대) (김현룡, 한국문헌설화7, 건대출판부, 2000. 58-59쪽 참조.)

畵太祖所御八駿 集賢諸公製贊 古有買妙畵於中國者 畵長松下 有人仰面看松 神彩如生 世以爲天下絶品 堅見之曰 是畵雖好 凡人之仰面也 須後必有皺紋 此則無有 大失其旨 自是終爲棄物 又有古畵 稱妙筆畵 老叟抱兒孫 匙飯以食之 神妙如活 康靖大王覽之曰 是畵雖好 凡人之食兒 必自開其口 是則 含之 大失畵法 自此終爲棄紙 夫畵與文章 奚異 一失本意 雖錦章繡句 識者不取也 惟具眼者 能知之 康靖大王朝 華使金湜 工畵竹 爲一世絶筆 請見東國古今畵竹之筆 上命廣搜國中 以視之 湜遍覽之曰 皆非竹也 或麻也 或蘆也 非竹也 請觀眞竹 時安堅妙畵 亞郭熙 中國素服其神妙 上使堅用盡一生筆力 畵竹若干幅 各體以進之 湜曰 此雖好手 非竹也蘆也 上亦素知畵法 令苑囿進一盆竹 盡摘密葉 存疎葉置軒 當夕陽 便安堅依樣畵之 試示湜 湜一見輒大驚曰 此眞竹 雖中國妙畵 罕與之倫 上大奇之 於是 出尙方縑素 受湜畵藏之 景福宮與姜邯贊朴淵 鞭龍時所得 靑龍鱗一隻 並爲至寶藏 文武樓上 後景福宮災 其畵與古珍俱火

• 칠칠이란 자로 49세에 죽은 최북

최북崔北[488]은 자가 칠칠七七[489]이고, 호는 호생관毫生館, 또는 삼기재三奇齋, 또는 성재星齋, 또는 기암箕菴으로 본관은 무주茂朱이다. 시에 능하고 술을 즐겼다. 성품은 뻗대고 거만했다. 그림은 화훼花卉, 영모翎毛(나는 새나 짐승), 괴석怪石, 고목枯木, 유희로 그린 광초狂草에 더욱 뛰어났다. 금릉金陵 남공철南公轍[490]이 그의 전傳을 지었다. 산수山水, 집, 나무

---

488 최북崔北(1720~?) : 본관은 무주茂朱, 자는 성기聖器·유용有用·칠칠七七, 호는 성재星齋·기암箕菴·거기재居其齋·삼기재三奇齋·호생관毫生館이다. 초명은 식植이다. 칠칠이라는 자는 이름의 북北자를 둘로 나누어 스스로 지은 것이다. 메추라기를 잘 그려 최메추라기라고도 하였으며, 산수화에 뛰어나 최산수崔山水로도 불렸다.

489 남공철의 『금릉집金陵集』 권30에 위의 내용이 보인다.

490 남공철南公轍(1760~1840) : 본관은 의령宜寧, 자는 원평元平, 호는 사영思潁·금릉

를 잘 그렸는데, 필의筆意가 울창하였다. 황공망黃公望[491]에게 배웠으나 자기의 뜻대로 마치는 것으로 일가一家를 이루었다. 사람됨이 격앙激昻하고 배항排亢하여 작은 절의에 스스로 속박되지 않았다. 한번은 아무개 집에서 고관을 만났는데 고관이 최북을 가리키며 주인에게 물으며 말하기를

"저 나그네의 성은 무엇인가?"

라고 하니, 최북이 얼굴을 쳐들고 고관을 향해 말하기를

"그대의 성이 무엇인지 먼저 묻겠소."

라고 하였다. 그 오만함이 이와 같았다.

일찍이 금강산에 놀러 갔다가 구룡연에 이르렀는데 갑자기 크게 부르짖어 말하기를

"천하의 명사名士는 천하의 명산名山에서 죽어야 족하다."

라 하고 연못에 뛰어들어 거의 죽을 뻔 했다. 한 귀인貴人이 최북에게 그림을 요구했는데 받지 못하자 장차 협박을 하려 하니, 최북이 성을 내며 말하기를

"남들이 나를 저버리지 않았는데 내가 곧 스스로를 버려야 한다."

라 하고 곧 한쪽 눈을 찔러 애꾸가 되었다.

나이 49세에 죽으니 사람들은 칠칠七七이란 자字의 예언이라 했다.

金陵이다. 평소 독서를 좋아했고, 경전의 뜻에 통달했다. 구양수歐陽修의 문장을 순정淳正한 법도라 하여 가장 존중했고, 많은 금석문·비갈을 남긴 당대 제일의 문장가였다.

491 황공망黃公望(1269~1354) : 중국 원말의 문인화가로 자는 자구子久, 호는 일봉一峯·대치大癡이다. 후에 전진교全眞敎에 귀의하여 소주에 3교당을 세웠고, 만년에 서호의 소기천宵箕泉, 부춘산富春山에 은거했다 전해진다. 현존하는 대표작 『부춘산거도권』은 구성 필묵법면에서 동거파의 산수형식을 소화하여 독자적 양식에 도달한 뛰어난 작품이다.

崔北 字七七 號毫生館 又三奇齋 又星齋 又箕[492]菴 茂朱人 能詩嗜酒 性亢傲 畵尤長於花卉翎毛 怪石枯木 狂草戲作 南金陵作傳 善畵山水屋木 筆意蒼鬱 辦香大痴 終以己意 成一家 爲人激昻排亢 不以小節自束 嘗於某家逢達官 達官指北 問主人曰 彼客姓誰 北仰面向達官曰 先問君姓誰某 其傲慢如是 嘗遊金剛 至九龍淵 忽大叫曰 天下名士 死於天下名山 足矣 墜淵幾至不救 一貴人要畵於北 而不能致 將脅之 北怒曰 人不負吾 吾乃自負 乃刺一目而眇 年四十九而死 人以爲七七之讖

• 대나무와 난초를 잘 그린 임희지

임희지林熙之의 호는 수월도인水月道人으로 통역관을 지냈다. 대나무와 난초를 잘 그렸다. 대나무는 표암豹菴 강세황姜世晃과 이름을 나란히 하였으나 난초는 표암보다 더 잘 그렸다.

林熙之 號水月道人 漢譯人也 善寫竹蘭 竹與姜豹菴並名 而蘭則過之

• 산수 인물 화훼 영모에 능한 김홍도

김홍도金弘道[493]는 자가 사능士能이고 호가 단원檀園으로 본관은 김해金海이다. 풍채가 아름답고 성격이 뇌락磊落하여 어디에도 얽매이지 않았다. 산수山水 인물人物 화훼花卉 영모翎毛를 그리면 오묘한 경지에 이르지 않은 것이 없었고, 더욱 신선도神仙圖에 뛰어났다. 준찰皴

492 箕 : 원문에는 '其'로 되어 있으나 '箕'로 바로 잡는다.

493 김홍도金弘道(1745~1806) : 본관은 김해金海, 자는 사능士能, 호는 단원檀園·단구丹邱·서호西湖·고면거사高眠居士·취화사醉畵士·첩취옹輒醉翁이다. 어린 시절 강세황의 지도를 받아 그림을 그렸고, 그의 추천으로 도화서 화원이 되어 정조의 신임 속에 당대 최고의 화가로 자리 잡았다. 특히 산수화와 풍속화에서 뛰어난 작품을 남겼다.

擦 구염句染 구간軀幹 의문衣紋의 기법은 앞사람들을 답습하지 않고, 스스로가 천기天機를 운용하였다. 그림의 정신과 생리가 소슬, 상쾌하고 광채가 혁혁奕奕하여 사람을 기쁘게 하니 예원藝苑의 특별한 솜씨였다. 정조 때에 일찍이 회칠한 큰 벽에 해상海上의 여러 신선들을 그리라고 명하였다. 환관에게 짙은 먹물 두어 되를 받들게 하고 모자를 벗고 옷을 걷어 올리고 서서 붓을 휘두르기를 풍우와 같이하여, 두어 시간이 못되어 완성하였다. 물은 넘실넘실하여 건물을 무너뜨릴 듯하고, 신선은 생동하는 모습으로 구름을 뚫고 하늘을 올라가려는 듯하니 옛날 대동전大同殿의 벽화가 족히 더 낫다고 할 수 없을 것이다.

또한 금강산 사군四郡의 산수山水를 그리라고 명하였을 때는 각 고을에 음식 제공을 마치 경연을 맡은 신하와 같이하도록 명하였으니 대개 특별한 대우였다. (음직으로) 벼슬이 연풍현감延豊縣監에 이르렀으나, 집이 가난하여 간혹 끼니를 잇지 못했다. 하루는 어떤 사람이 매화 한 그루를 팔았는데, 매우 특이하였다. 살만한 돈이 없던 차에 마침 3,000전을 주고 그림을 그려 달라는 사람이 있었다. 이에 2,000전을 떼어내어 매화를 사고, 800전으로 술 몇 말을 사서 시 벗을 모아 놓고 매화음梅花飮[494]을 마련하고, 200전으로 쌀과 땔 나무의 비용으로 삼았으니, 하루를 살아갈 계책도 못되었다. 그 소탈하고 광달함이 이와 같았다. 그의 아들 김양기金良驥는 자가 천리千里, 호는 긍원肯園이다. 그의 그림은 가법家法이 있었는데 산수山水·집·나무는 아버지보다 더 낫다는 지목이 있었다.

金弘道 字士能 號檀園 金海人 美風度 磊落不羈 畵山水人物 花卉翎毛

494 매화음梅花飮 : 매화꽃이 피면 벗들을 초대해 주연酒宴을 베풀고 시회詩會를 갖는 것을 말한다.

無不臻妙 尤工神仙皴擦句染 軀幹衣紋 不襲前人 自運天機 神理蕭爽 奕奕怡人 藝苑之別調也 正廟 嘗於粉堊巨壁 命畫海上群仙 使宦者奉濃墨數升 乃脫帽攝衣而立 揮毫若風雨 不數時而成 水涵涵欲崩屋 人踽踽欲凌雲 古之大同殿 未足多也 又命寫金剛四郡山水 令列郡 廚供如經幄之臣 蓋異數也 官至延豐縣監 家貧或食不繼 一日 有人賣一梅 甚奇 無金可易 適有饋錢三千者 要畫之贅 乃捐二千易梅 以八百沽酒數斗 聚詩朋作梅花飮[495]二百爲米薪資 不一日計 其疎曠如是 其子良驥 字千里 號肯園 畫有家法 山水屋木有跨竈之目

• 초상화에 뛰어난 이재관

이재관李在寬[496]은 자가 원강元剛, 호는 소당小塘이다. 어려서 고아가 되어 집이 가난하여 그림을 팔아 어머니를 봉양했다. 그림은 스승에게서 배운 것이 없는데, 아득히 옛 법에 합치되었으니 자못 천재라 할 수 있다. 연기·구름·풀·나무·날짐승·들짐승·곤충·물고기 그림이 모두 정묘精妙한 경지에 들어갔다. 더욱 초상화에 뛰어나 위아래 100년 동안 이를 대적할 자가 없다. 일본 사람이 동래東萊 관아로부터 와서 소당의 그림을 구매했는데 해를 거른 적이 없었다. 헌종憲宗 정유(1836)년에 태조太祖의 영정을 다시 그리게 하고 등산첨사登山僉使에 제수하였다. 사직하고 돌아와 병으로 죽으니 나이 55세였다.

---

495 飮 : 원문에는 '餘'로 되어 있으나,『이향견문록里鄕見聞錄』에 의거하여 바로 잡았다.

496 이재관李在寬(1783~1837) : 본관은 용인龍仁, 자는 원강元綱, 호는 소당小塘이다. 화원畵員으로 벼슬은 감목관監牧官을 지냈다. 그림을 따로 배우지는 않았지만 뛰어난 재주로 자가自家를 이루었다는 기록이 조희룡趙熙龍의『호산외사壺山外史』에 전한다. 그러나 유재건劉在建의『이향견문록里鄕見聞錄』에는 문인화풍의 화가인 이유신李維新의 조카라고 되어 있다.

李在寬 字元剛 號小塘 少孤家貧 售畵以養母 畵無師承 而沕合于古法 殆天才也 煙雲草木飛走 蠹潛 俱入精妙 尤長於傳神 上下百年 無此筆也 日本人從萊館 購小塘畵 無虛歲 憲宗丁酉重模太祖影幀 授登山僉使 解歸病沒 年五十五

<최종호>

• 시와 그림에 뛰어났던 전기

전기田琦[497]는 자가 위공瑋公이고 호는 고람古藍이다. 인물이 헌걸차고 빼어났으며 그윽한 정취와 예스러운 운치가 있었다. 안개와 구름 낀 산수를 그리면, 그의 쓸쓸하고 담박한 필치가 문득 원나라 화가의 오묘한 경지에 들어가곤 하였다. 이는 그의 그림 그리는 의취가 우연히 도달한 것이니, 원나라 화풍畵風[498]을 배우지 않았으나 원나라 화풍과 같이 된 것이다. 그의 시는 기이하고 깊은 맛이 있었으나, 나이 겨우 30세에 집에서 죽었다. 호산壺山 조희룡趙熙龍은 다음과 같이 말하였다.

“고람의 시와 그림은 당대에 견줄 만한 이가 드물 뿐 아니라 상하 100년을 두고도 견줄 만한 이가 드물 것이다.”

고람은 「매화서옥도梅花書屋圖」를 그리고, 3수의 절구를 지었는데 다음과 같다.

평생 매화 그리는 비법을 알지 못하여

---

497 전기田琦(1825~1854) : 본관은 개성開城, 자는 위공瑋公, 호는 고람古藍이다. 오경석과 함께 이상적의 문하에 출입하면서 김정희를 알게 되었고, 유재소·유숙·김수철·허련 등과 함께 김정희의 화평을 통해 그림지도를 받았다. 대표적인 작품으로는 「계산포무도溪山苞茂圖」·「매화서옥도梅花書屋圖」 등이 있다.

498 원나라 화풍 : 남종화南宗畵를 일컫는 말이다. 남종화는 화가의 영감, 내적 진리를 중요시하는 문인 사대부들의 즉각적 깨달음 즉 돈오적 화풍이다. 우리나라에서 남종화의 보급과 토착화는 김정희파金正喜派인 허련·조희룡·전기 등에 의해 이루어졌다.

가슴속 얽힌 번뇌 괴롭게도 깎아내지 못했는데
오직 부옹涪翁[499]의 경지 따라 묘리를 찾아서
싸늘한 날씨 맑은 경지가 고산孤山[500]에 이르렀네[501]

平生不識梅花訣　　胸裏槎牙苦未刪
獨向涪翁參妙理　　嫩寒淸境到孤山

먹물로 초서 쓰듯 이러저리 휘갈기나
화폭에 남의 비평 필요 없다네
짧은 촛불 가물거리는 갈대 주렴 밑에서
꿈은 막 눈 그친 동갱산銅坑山[502]으로 떨어지네

墨汁縱橫當草書　　不須珠暈鐵圈於
幢幢短燭蘆簾底　　落銅坑雪霽初

왕희지 필첩[503]같이 좋은 그림에, 일제히 매화 피어나니

---

499 부옹涪翁 : 북송北宋의 시인 황정견黃庭堅의 호이다.

500 고산孤山 : 고산은 북송의 시인 임포林逋가 살았던 항주杭州의 지명이다. 임포는 이곳에서 매화를 심고 학을 기르며 살았다.

501 싸늘한~이르렀네 : '싸늘한 날씨의 맑은 경지'는 전기 본인이 그린 매화 그림의 분위기를 말한 것이고, '고산孤山에 이르렀네'는 고산에 있는 매화와 같은 경지에 이르렀다는 뜻이다. 즉 매화 그리는 비법을 알게 되어 자신이 그린 매화 그림이 고산에 있는 실제 매화와 핍진하게 되었다고 자부한 것이다.

502 동갱산銅坑山 : 중국 강소성江蘇省 오현吳縣의 서남쪽에 있는 산으로 매화가 유명하다.

503 왕희지 법첩 : 시에는 '靑李'라고 되어 있는데, 청리靑李는 왕희지王羲之의 필첩筆帖인 내금첩內禽帖을 일컫는 말이다. 진晉 나라 명필 왕희지가 '청리내금靑李來禽'이라 써서 서첩書帖을 만들었다. 청리는 오얏(자두), 내금은 능금(사과)이다.

우열 가리기 어려운 오형제[504]같은 아름다운 시구들 청신함 다투네
매화를 낮은 병풍처럼 두르고 시경詩境을 새롭게 해서
처마 돌며 매화 찾아 웃던 두보[505]를 생각하는가

青李齊頭一樹春　　五兄佳句鬪淸新
短屛圍住新詩境　　憶否巡檐索笑人

호산 조희룡은 시 한 수를 지어 그를 애도하였다.

그대 갑자기 천고의 객이 되었으니
풍진 세상에 남은 빚을 전부 없애버릴 생각이네
비록 흙은 비정한 사물이라 하지만
끝내 이 사람 손가락을 썩게 할 것인가

自子遽爲千古客　　塵寰餘債意全孤
雖云土壤非情物　　果朽斯人十指無

田琦 字瑋公 號古藍 頎而秀 有幽情古韻 畵山水煙雲 蕭寥簡澹 輒到元人妙境 筆意偶到 非學元而元者也 詩則奇奧 年才三十 歿于家 趙壺山曰 古藍詩畵 非直當世寡儔 可以上下百年同論也 古藍題梅花書屋圖 詩有三絶曰

504 우열~오형제 : 오형은 마씨馬氏 형제 다섯 사람(마초·마휴·마철·마량·마속)이다. 이 시에서는 마씨 오형제처럼 우열을 가리기 어려운 아름다운 시구를 가리키는 말로 쓰였다.

505 처마~두보 : 두보의 시 「사제관부남전취처자도강릉희기舍弟觀赴藍田取妻子到江陵喜寄」 둘째 수에 "처마를 따라다니며 매화와 함께 웃고자 하니, 찬 꽃술 성근 가지가 반은 꽃망울 터뜨렸네.[巡簷索共梅花笑, 冷蘂疎枝半不禁]"이라는 구절이 있다.

平生不識梅花訣 胸裏槎牙苦未刪 獨向涪翁參妙理 嫩寒淸境到孤山 墨汁縱橫當草書 不須珠暈鐵圈於 幢幢短燭蘆簾底 夢落銅坑雪霽初 靑李齊頭一樹春 五兄佳句鬪淸新 短屛圍住新詩境 憶否巡簷索笑人 壺山 以一詩悼之曰 自子遽爲千古客 塵寰餘債意全孤 雖云土壤無情物 果朽斯人十指無

• 시·서·화·거문고에 뛰어났던 이우

이우李瑀[506]의 호는 옥산玉山이다. 시를 잘 지었고 그림을 잘 그렸으며, 거문고를 잘 탔고 글씨도 잘 써서 세상에서 '사절四絶'이라 일컬었다. 어머니 사임당 신씨는 그림에 뛰어났다. 7세에 안견의 그림을 본떠서 산수도를 그렸고, 또 포도 그리기를 잘 했다. 『패관잡기』에는 다음과 같이 기록하였다.

"동양 신씨의 호는 사임당이다. 어릴 때부터 그림에 뛰어났는데, 그녀가 그린 포도와 산수는 한 시대에 절묘하였다. 평론하는 자들이 사임당의 그림은 안견과 버금간다고 하였으니, 부인의 그림이라 하여 어찌 소홀히 여길 수 있으리오."

李瑀 號玉山 能詩善畫 能琴善書 世稱四絶 母夫人申氏 工於繪事 七歲倣安堅畵 作山水圖 又善畵葡萄 稗官雜記曰 東陽申氏 號思任堂 自幼工畵 其葡萄山水 妙絶一時 評者謂亞於安堅 豈可以婦人之筆而忽之

506 이우李瑀(1542~1609) : 본관은 덕수德水, 자는 계헌季獻, 호는 옥산玉山이다. 신사임당의 아들이요, 율곡 이이의 동생이다. 비안현감과 괴산·고부군수를 거쳐 군자감정에 이르렀다. 시詩·서書·화畫·금琴을 다 잘하여 4절四絶이라 불렸다. 유작으로는 「설중매죽도雪中梅竹圖」·「노매도老梅圖」 등이 있다.

• **인물화를 잘 그린 최경**

최경崔涇[507]은 인물을 잘 그렸다. 덕종德宗[508]이 동궁東宮으로 있다가 죽게 되자, 아버지 세조는 덕종의 자제들이 모두 어려서, 아비의 모습을 자세히 그려 남기지 않을 수 없다고 여겨 화사 최경과 안귀생에게 덕종의 모습을 그려 보관하게 하였다. 덕종의 아들 성종이 즉위하자마자 두 사람에게 상과 작위를 내리려고 하니, 간언하는 관리는 그것이 지나친 처사임을 논하였다. 임금은 다음과 같이 하교하였다.

"나는 태어난 지 겨우 한 달 만에 부친의 보살핌을 잃었다. 뜻밖에 오늘 다시 부친의 얼굴을 다시 뵐 수 있게 되었으니, 두 사람을 녹훈하지 않을 수 없다."

이에 그 자리에서 임금의 말을 들은 사람들 중에 눈물을 흘리지 않은 자가 없었다. 최경은 마침내 별제別提에 제수되었다.

崔涇善畫人物 德宗在東宮薨逝 世祖以爲其嗣皆幼 不可不傳其貌以遺之 命畫師崔涇安貴生 圖寫以藏之 及成廟卽位 賜二人賞爵 言官論其濫 上教曰 予生纔月 乃失顧復 不意今日復覩天顔 二人不可不錄 筵中聞天語者 莫不下淚 遂除官別提

---

507 최경崔涇 : 인물화에 뛰어났으며 산수화의 대가인 안견安堅과 병칭되었다. 어용·불상·인물 등의 그림에 있어서 뛰어난 재주를 지녔으며, 또한 허세를 부리고 과시적인 성격을 지녔었기 때문에 승진을 거듭하기도 하고 도화원에서 파직되어 매를 맞고 관노官奴가 되기도 하는 등 파란이 많은 생애를 살았다. 주로 도화서의 동료인 안귀생安貴生·배련裵蓮 등과 함께 활약하였다.

508 덕종德宗(1438~1457) : 이름은 이장李暲. 본관은 전주全州, 자는 원명原明이다. 아버지가 세조이며, 어머니는 참판 윤번尹璠의 딸 정희왕후貞熹王后이다. 성종의 아버지이다. 평소 병약했는데 1457년에 병이 크게 들어 20세의 나이로 죽었다.

• 어진을 그려 관직을 받은 안귀생

안귀생安貴生[509]은 최경과 함께 소헌왕후·세조·예종·덕종의 유진遺眞[510]을 그려, 함께 주부主簿[511]라는 관직을 하사받았다. 그러나 대간의 논의에 의해 윤허되지 않았다.

安貴生與崔涇 模寫昭憲王后世祖睿宗德宗遺眞 並蒙賜爵主簿 臺論不允

• 뛰어난 화가 이상좌·이흥효·이승효·이정

이상좌李上佐[512]는 어떤 선비의 집안 노비였다. 어릴 때부터 그림을 잘 그렸는데, 그의 산수화와 인물화는 한 시대에 가장 뛰어났다. 종종中宗은 특별히 그를 면천하라고 명하고 그를 도화서에 귀속시켰다. 중종이 승하하자, 임금의 얼굴을 그렸다. 가정嘉靖 병오년(1546)에는 공신상을 그려 녹훈되었다. 그의 아들 이흥효李興孝[513]는 자가 중순仲順이고 그림을 잘 그렸다. 명종明宗의 어진을 그렸다. 그의 손자 이

509 안귀생安貴生(?~1476) : 최경, 배련裵連 등과 함께 성종 대의 대표적인 화원畵員이었다. 초년에는 지도를 제작하거나 실경산수實景山水를 그리는 등, 산수화가로 명성을 얻고 화원으로서의 기반을 다졌다. 그는 1472년에 최경, 배련 등과 함께 소헌왕후·세조·예종·덕종의 어용御容을 성공적으로 그려 화원으로서는 최초로 당상관에 제수되는 파격적인 대우를 받았다.

510 유진遺眞 : 사람이 죽은 후에 그린 그림이다.

511 주부主簿 : 조선 시대 관서의 문서와 부적符籍을 주관하던 종6품 관직이다.

512 이상좌李上佐 : 본관은 전주全州, 자는 공우公祐, 호는 학포學圃이다. 인물화에 특히 뛰어나서 1545년 중종어진을 석경石璟과 함께 추사追寫하였으며, 1546년에는 공신들의 초상을 그려 원종공신原從功臣의 칭호를 받았다. 그의 그림으로 「송하보월도松下步月圖」가 전한다.

513 이흥효李興孝(1537~1593) : 본관은 전주全州, 자는 중순仲順이다. 이상좌李上佐의 아들이다. 화원이었으며 수문장을 지냈다. 그림을 잘 그려 명종의 어용御容을 그렸고 군직軍職을 제수 받았다.

정李楨[514]은 자가 공간公幹이고, 호는 나재懶齋이다. 간이 최립을 추종하여 시문을 배웠다. 또 그림을 잘 그려서 3대가 그림으로 이름을 날렸다. 산수를 잘 그렸고, 중종과 명종의 어진을 그렸다. 선조宣祖 정미년(1607)에 권력 있는 재상의 심기를 거슬러서 서호湖西[515]에서 죽었다.

이정의 부친 이승효와 조부 이상좌와 이정 3대, 이정의 숙부 이흥효가 모두 그림으로 이름을 날렸다. 이정이 5세에 붓을 휘둘러 승려의 모습을 그렸는데 매우 잘 되었다. 숙부 이흥효가 기이하게 여겨 집안의 필법을 가르쳐주니, 10세에 이미 대성하였다. 기축년(1589)에 금강산의 장안사長安寺를 개축하였는데 그 벽의 산수山水와 사천왕상四天王像은 모두 이정이 그린 것이다. 당시 나이 12세였다.

李上佐 士人某家奴也 自幼工畵 其山水人物 冠絶一時 中宗特命贖之 令屬圖畵署 中廟昇遐 畵御容 嘉靖丙午 圖功臣像錄從勳 其子興孝 字仲順 善畫 寫明宗御容 其孫楨 字公幹 號懶齋 又懶窩 又雪岳 從崔簡易 學詩文 三世以畫名 善畫山水 寫中明兩廟御容 宣廟丁未忤權相 歿于湖西 父祖三世及叔父興孝 俱以畵擅名 五歲弄筆作僧形 甚善 興孝奇之 教以家法 十歲已大成 己丑 改構金剛山長安寺 其壁畵山水及天王諸軀 皆其所畵 時年十二

• 세조의 영정을 그린 장득만과 이치

장득만張得萬[516]과 이치李穉는 모두 화사畫師이다. 영조英祖 을묘년

514 이정李楨(1578~1607) : 본관은 전주全州, 자는 공간公幹, 호는 나재懶齋·설악雪嶽이다. 화원 이흥효의 조카이다. 허균 등에 의해 당대 최고의 화가로 꼽혔다. 1589년 장안사를 개축할 때 벽에 산수와 천왕도 등을 그렸다.

515 서호西湖 : 서호는 서도西都(평양)의 오기誤記로 보인다. 허균은 「이정애사李楨哀辭」에서 이정은 서도西都에서 죽었다고 하였다.

516 장득만張得萬(1684~1764) : 본관은 인동仁同, 자는 군수君秀, 호는 수은睡隱이다.

(1735)에 영희전에 있는 세조世祖의 영정을 모사하였다.

張得萬李珆 並畵師 英宗乙卯 模寫永禧殿世祖影幀

• 영조의 어진을 그린 김홍도

김홍도金弘道는 영조의 어진을 모사하였다.

金弘道 模寫英宗御眞

• 포도를 잘 그린 이제현

이제현李齊賢의 자字는 중현仲賢이고, 호는 율촌栗村 또는 실재實齋이다. 포도를 잘 그렸다.

李齊賢 字仲賢 號栗村 又實齋 善畵葡萄

• 인조 대의 뛰어난 화가 김명국

김명국金鳴國[517]의 호는 연담蓮潭이다. 산수와 인물을 잘 그려 화사畵師를 지냈다. 명국明國이라고도 한다. 또 글씨를 잘 썼고, 다른 호는 취옹醉翁이다. 일찍이 용주龍洲 조경趙絅을 수행하여 일본에 갔다. 김명국은 술을 즐겼고 자신을 단속함이 없었다. 화선지 앞에 임하여 붓을

화원을 거쳐 동지중추부사에 이르렀다. 1735년에 어진화가로서 영희전에서 세조 영정을 모사하였고 1748년에는 숙종 어진 모사에 참여하였다.

517 김명국金鳴國(1600~?) : 자는 천여天汝, 호는 연담蓮潭·국담菊潭이다. 도화서 화원을 거쳐 사학교수四學教授를 지냈고, 1636년과 1643년 2차례 통신사를 따라 일본에 다녀왔다. 1651년에는 현종명성후顯宗明聖后의 제작에 참여했다. 「달마도達磨圖」는 그의 대표작으로 호방한 필법을 잘 보여준다.

놀릴 때면 반드시 술을 찾았는데, 그림을 다 끝내지 못한 채 취하여 잠이 들었다. 그의 그림은 마음에서 터득한 것이지 옛 법도를 따라 한 것이 아니었다. 인조仁祖 때에 임금은 김명국에게 노란 비단으로 만든 빗 주머니를 주며 그림을 그려 바치라고 하였다. 김명국은 10일이 지난 후에 비로소 그림을 바쳤다. 그러나 어디에도 그림은 그려져 있지 않았다. 인조가 화를 내며 그를 벌주려고 하자, 김명국은 다음과 같이 대답하였다.

"신은 그림을 그리지 않은 것이 아닙니다. 뒷날에 응당 저절로 알게 될 것입니다."

다음 날에 공주가 아침 일찍 머리를 빗는데, 이[蝨] 두 마리가 머리카락 끝에 붙어 있어서, 손톱으로 눌러 죽이려고 해도 죽지 않기에 그것을 보니 그림이었다.

김명국은 사람됨이 호방하였고 해학을 잘하였다. 술은 한번 마시면 몇 말을 마실 수 있었는데, 술에 취하여 그림을 그리면 입신의 경지로 들어갔다. 영남의 한 중이 언젠가 큰 폭의 비단을 가지고 와서 명사도冥司圖[518]를 그려주기를 부탁하면서 그림 값으로 고운 삼베 수십 필을 맡겼다. 김명국은 몹시 기뻐하며 베를 하인에게 주며 말했다.

"이것을 술집에 주어 나에게 몇 달 동안 술을 실컷 마시도록 해주면 좋겠다."

얼마 뒤에 중이 그림을 받으러 왔다.

김명국은 말했다.

"그대는 우선 물러가서 내가 흥이 일어날 때까지 기다리게."

이와 같이 한 것이 서너 번이었다. 하루는 술을 실컷 마시고 취하

518 명사도冥司圖 : 지옥地獄의 모습을 그린 지옥도이다.

게 되자, 비단을 펴놓고 한참 동안 주시하다가 곧바로 붓을 휘둘러 짧은 시간 만에 완성하였다. 그림 속의 불전佛殿은 매우 깊고 어두웠으며 귀물鬼物들은 움직이는 것처럼 삼엄하게 널어서 있었는데, 그 그림 속의 머리털을 잡혀 앞에 끌려 나온 자, 끌려가 형벌을 받는 자, 절단되어 불에 태워지는 자, 찢어지고 갈려지는 자들이 모두 화상과 비구들이었다.

중이 그것을 보고 깜짝 놀라니, 김명국이 두 다리를 뻗고 앉아서 웃으며 말했다.

"너희 무리는 혹세무민惑世誣民을 일삼으니, 지옥에 들어갈 자는 너희들이 아니고 누구이겠는가?"

중이 얼굴을 찡그리며 말했다.

"공은 어찌하여 나의 큰일을 그르치셨습니까? 나의 베를 돌려주십시오. 다시 다른 방도를 찾아야겠습니다."

김명국이 웃으며 말했다.

"만약 술을 더 사온다면 내가 너를 위해 그림을 고쳐 주겠네."

중이 곧장 술을 갖추어 오니, 김명국은 힘차게 술잔을 기울이고 취기가 이르자 곧장 붓을 잡으니 머리털이 없는 자들이 모두 머리털이 생겼다. 명국은 곧바로 붓을 던지고 크게 웃고는 말했다.

"이제 그대들 뜻에 충족하는가?"

중은 그의 기이함에 감탄하며

"공은 진실로 천하의 신필神筆입니다."

하고 감사의 절을 올리고 떠났다.

金鳴國 號蓮潭 善畫山水人物 畫師 一作明國 又善書 又號醉翁 嘗隨趙龍

洲 聘日本 嗜酒無拘檢 臨紙下筆 必索酒 未竟醉眠 其[519]畵得於心 不泥古法 仁祖時 以黃綃梳貼 命繪進 十日而後始進 而固不畵 仁廟怒欲治之 對曰 臣未嘗不畵 他日當自知之 其後公主早梳 有二蝨緣髮末 爪之故不死 視之畵也 鳴國爲人豪放 善諧謔 嗜酒 能一飮數斗 醉而畵 方入神 嶺南僧 嘗持大綃乞寫冥司圖 用細布數十匹爲贄 鳴國喜甚 以布付家人曰 用此付酒家 使我得數月快飮 足矣 旣而僧來索圖 鳴國謂曰 汝姑去 俟我興到時 如是者數四 一日痛飮至醉 臨綃瞪視良久 卽奮筆 頃刻而就 殿宇甚幽陰 鬼物森列若動 其捽而前 曳而刑者 剉燒者 舂磨者 皆和尙比丘也 僧見之愕然 鳴國箕踞而笑曰 爾徒以惑世誣民爲事 入地獄者 非爾徒而誰耶 僧嚬蹙曰 公何以誤我大事 還我布 當更求他. 鳴國笑曰 若益市酒來 吾爲爾改之 僧卽具酒至 鳴國健倒至酣 卽援筆 髡者盡髮矣 卽投筆大噱曰 此可以足汝意乎 僧嘆異曰 公誠天下神筆矣 拜謝而去

• 목호룡의 초상을 그리지 않은 진재해

진재해秦再奚[520]는 경종景宗 계묘년(1723)에 위훈을 기록할 때, 당시 훈부勳府[521]에서 화사畵師 진재해로 하여금 목호룡睦虎龍[522]의 초상을 그리게 하였다. 진재해는 듣지 않고 말했다.

---

519 其 : 원문에는 '眞'으로 되어 있으나, 성해응의 『연경재전집硏經齋全集』 권57 「초사담헌사草榭談獻四」 <김성기金聖基 , 김명국金鳴國>에 의거하여 바로잡았다.

520 진재해秦再奚(1691~1769) : 본관은 풍기, 자는 정백井白, 호는 벽은僻隱이다. 벼슬은 첨절제사僉節制使와 충익장忠翊將을 지냈다. 초상화에 뛰어나 1713년에 제작된 숙종어진 주관화사로 참여 하였으며, 산수화에도 뛰어나 「월하취적도」 등을 남겼다.

521 훈부勳府 : 조선시대, 공신과 그 자손을 대우하기 위하여 설치한 관청. 세조 때 충훈사忠勳司를 고친 이름으로, 1894년에는 기공국紀工局으로 이름을 고쳤다.

522 목호룡睦虎龍(1684~1724) : 본관은 사천泗川, 남인南人의 서얼庶孽이다. 1722년 소론편에 가담하여 경종을 시해하려는 모의가 있었다는 이른바 삼급수설三急手說을 고변告變하였다. 이 고변으로 인하여 4대신四大臣인 이이명李頤命·김창집金昌集·이건명李健命·조태채趙泰采 등이 사형되는 신임사화가 있었다.

"나는 지난 해(1713)에 숙종肅宗의 어진을 그렸는데, 지금 이 손으로 목호룡을 그리는 것은 불가합니다."

진재해는 굳게 사양하며 따르지 않았다. 을사년(1725)에 이르러 영조英祖는 그 일을 듣고 진재해를 기특하게 여겨 특별히 품계를 올려주었다. 정조正祖 기해년(1779)에는 그의 손자를 등용하였다.

秦再奚 景宗癸卯 錄僞勳 時勳府使畵師秦再奚畵虎龍像 不聽曰 吾於昨年畵肅廟御眞 今不可以此手畵之 牢拒不從 至乙巳 上聞而奇之 特加資 正宗己亥 錄用其孫

• **채색을 잘 구사한 화가 조세걸**

조세걸曺世傑[523]은 평양사람으로 호는 패주浿洲이고 동지첨사同知僉使를 지냈다. 여러 종류의 그림을 잘 그렸는데, 서계西溪 박세당朴世堂의 초상화를 그리고 그의 이름이 화원畵苑에 들어갔다. 다음과 같이 스스로 말하였다.

"부친은 진사이고 집안은 본래 부유하였다. 서화書畫를 좋아하여 중국의 이름난 작품들을 많이 구하여 그것을 집에 모았는데, 여러 칸이나 되는 집에 가득찼다."

조세걸은 어렸을 때 몹시 그림에 빠져, 아버지가 소장하던 그림을 골라 보았다. 밤낮으로 손에서 그림을 놓지 않더니, 비로소 그림을 배웠다. 그의 그림은 특히 정교하고 채색을 잘 구사하여 한양의 여러 화가들이 수묵水墨만을 발라서 추태가 백출한 것과 달랐다.[524]

---

523 조세걸曺世傑(1636~?) : 본관은 창녕昌寧, 호는 패주浿洲이다. 평양지역에서 화가로 성장하며 활동하였고, 중년 이후에 상경하여 어진御眞 제작에 참여하였다.

524 박세당의 『서계선생집』 권8, 「조장군화첩발曺將軍畫帖跋」에 조세걸에 대한 자세한

曺世傑 平壤人 號浿洲 同知僉使 善畵各體 畵西溪朴公眞 名入畫苑 自言父爲進士 家素饒 嗜書畫 多求中國名迹 聚之家 滿屋數間 世傑幼時尤耽畵取看所藏 日夜不釋 遂學 其畵特精硏 善設丹彩 不類都下諸史水墨塗抹 醜態百出

• 임금의 명령에 통탄하고 절필한 화가 김진규

김진규金鎭圭[525]는 그림을 잘 그렸는데, 숙종肅宗도 일찍부터 들어 알고 있었다. 정묘년(1687)에 태조太祖 이성계李成桂의 영정을 다시 그리는 사업이 있었다. 당시 김진규는 부친상을 당했는데, 임금이 상복을 입고 영정 그리는 일에 종사하라고 명하였다. 대신의 말에 따라 명이 중지되었으나, 이 때문에 김진규는 스스로 깊이 통탄하고 한탄하였고, 이로부터 절필하였다.

을해년(1695)에 임금이 다시 내전으로 들어와서 인현왕후仁顯王后[526]의 영정을 그리라고 명하였다. 이에 김진규는 오래전 이미 절필하였고 또 외신外臣으로서 내전에 들어와 인현왕후를 모시는 것도 예법이 아니며, 게다가 염입본閻立本[527]의 일을 생각하며 매우 부끄럽게 여겨[528] 사력을 다해 고사하니, 임금도 억지로 오게 할 수 없었다.

기록이 있다.

525 김진규金鎭圭(1658~1716) : 본관은 광산光山, 자는 달보達甫, 호는 죽천竹泉이다. 문장에 뛰어났고 전서·예서와 산수화·인물화에 모두 능하였다. 거제의 반곡서원盤谷書院에 배향되었다. 문집으로 『죽천문집竹泉文集』, 편저서로 『여문집성儷文集成』, 글씨로 「강화충렬사비문江華忠烈祠碑文」 등이 있다.

526 인현왕후仁顯王后(1667~1701) : 본관은 여흥驪興이다. 여양부원군 민유중의 딸이다. 조선 제19대 임금 숙종의 2번째 왕후王后이다.

527 염입본閻立本(600~673) : 당唐대 인물화의 대가이다. 정무에도 밝아 높은 관직에 있기도 했으나, 화가로서 명성이 더 널리 알려져 있다. 불교와 도교를 주제로 한 그림을 잘 그렸다. 특히 당태종은 그를 우대하여 늘 예우해 주었다고 한다.

528 부끄럽게 여겨 : 이는 숙종이 자신(김진규)을 예우해 주지 않았다고 생각했기 때문

계사년(1713)에 장녕전長寧殿[529]에 전시된 어진이 미진한 것이 많아 도청을 설치하고, 화공 진재해로 하여금 다시 모사하게 하였는데, 특별히 김진규를 공조판서에 제수하고 도화원 제조로 차출하여 그로 하여금 그 일을 감독하게 하였다. 김진규는 사양하였으나 허락을 얻지 못하였다. 경현당景賢堂[530]에서 입시入侍하여 정신을 다해 지시하고 가르쳐주니 그때마다 초상화에는 생기가 더해졌다고 한다.[531]

金鎭圭 善於繪事 肅廟亦嘗聞知矣 及丁卯 太祖影幀改模之役 時方丁憂 上命墨縗從事 因大臣言 旋寢之命 以是 深自痛恨 自此絶筆 乙亥 又命入內 寫出仁顯王后影眞 乃以久已絶筆 且外臣入侍內殿 爲非禮 更以閻立本事爲深耻 以死力辭 上亦不能强 癸巳 以長寧殿御眞 多有未盡者 設都廳 使畫工秦再奚 更爲模寫 特拜公工判差提調 使董其事 辭不獲 入侍景賢堂 專精指授 動加生色云

• 북경 관사의 병풍을 먹칠한 화가 이종준

이종준李宗準[532]의 호는 용헌慵軒이다. 문장에 능했고 글씨와 그림을 잘했다. 언젠가 서장관으로 북경에 갔는데, 역참에 있는 관사의 병풍 그림을 보고 붓으로 먹칠을 했다. 역참의 관리가 통사通事를 불러 따

에 당태종이 염입본을 예우한 일을 예로 들어 말한 것이다. 숙종은 부친상을 당한 김진규에게 상복을 입고 이성계의 영정을 그리라고 명한 바 있었다.

529 장녕전長寧殿 : 강화군 강화도에 있는 제19대 숙종의 영정을 봉안한 전각이다.

530 경현당景賢堂 : 서울 종로구 경희궁에 있던 건물이다.

531 김진규金鎭圭에 대해서는 이이명의 『소재집疎齋集』 권18, 「좌참찬죽천김공행장左參贊竹泉金公行狀」에 기록되어 있는데, 내용이 자세하다.

532 이종준李宗準(1458~1499) : 본관은 경주慶州, 자는 중균仲鈞, 호는 용재慵齋이다. 김종직의 문인이다. 문집으로는 『용재유고慵齋遺稿』가 있고, 현재 「송학도松鶴圖」 1점이 그의 전칭 작품으로 전하고 있다.

지니, 통사는 다음과 같이 대답했다.

"서장관은 서화書畫에 능하니, 반드시 만족하지 않은 것이 있어 그런 것일 것입니다."

역참의 관리는 수긍하였다. 이종준이 일을 마치고 돌아와 역참의 관사에 이르자, 역참의 관리는 새로 단장한 흰 병풍 2개를 펼쳐놓았다. 이종준은 그의 뜻을 헤아리고, 곧바로 글씨 한 점을 적고 그림 한 점을 그렸는데, 모두 지극히 뛰어났다.

李宗準 號慵軒 能文章 善書畵 嘗以書狀官赴京 見驛館畫屛 以筆塗抹 驛官招通事詰之 答以書狀能書畵 必不滿意而然也 驛官首肯之 及回程 至其處 張新粧素屛二坐 公揣其意 乃一書一畵 俱極妙

<김봉남>

• 고려 시대와 조선 시대 유명 화가들

성현成俔은 『용재총화慵齋叢話』[533]에서 이렇게 말했다.

우리나라의 훌륭한 화가들의 전해지는 작품이 매우 적다. 근래로부터 살펴보면 공민왕恭愍王[534]의 화격畫格이 매우 높다. 지금 도화서圖畫署에 소장된 「노국대장공주魯國大長公主의 초상」과 흥덕사興德寺[535]에

---

533 『용재총화慵齋叢話』: 성현이 고려로부터 조선 성종대에 이르기까지의 민간 풍속·문물 제도·문화·역사·지리 등 문화 전반을 다룬 잡록이다. 10권으로 구성되어 있다.

534 공민왕恭愍王(1330~1374) : 초명은 기祺이고, 뒤에 전顓으로 고쳤다. 아호는 이재怡齋·익당益堂이다. 충숙왕忠肅王의 둘째 아들로, 원나라 위왕魏王의 딸 노국대장공주魯國大長公主를 아내로 맞이했다. 즉위 후 고려의 중흥을 꾀하는 많은 개혁을 시도했으나, 1365년 왕비인 노국대장공주가 죽자 실의에 빠져 모든 국사를 신돈에게 맡기고 정사를 소홀히 했다. 그림에 뛰어나 고려의 대표적 화가의 한사람으로 일컬어지며, 글씨에도 능했는데 특히 큰 글자에 뛰어났다.

535 흥덕사興德寺 : 충북 청주에 있었던 흥덕사를 뜻하는 듯하다. 현재 이 절은 전하지 않고, 다만 절터만 남아 있다. 이 절은 고려시대 가장 오래된 금속활자본 「백운화상

있는 「석가출산상釋迦出山像」은 모두 공민왕의 솜씨이며, 간혹 권문세족의 저택에서 소장한 산수화가 매우 기이하고 뛰어나다.

윤평尹泙이란 사람도 산수화를 잘 그려 지금 사대부들이 이것을 가지고 있는 사람이 많으나 필법이 평범하여 기이한 운치가 없다.

본조本朝인 조선에 이르러서는 고인顧仁[536]이라는 사람이 중국에서 왔는데, 인물을 잘 그렸다. 그 뒤에 안견安堅·최경崔涇이 이름을 나란히 하였는데, 안견의 산수화와 최경의 인물화는 모두 신묘한 경지에 들었다. 근래 사람들이 안견의 그림을 금지옥엽金枝玉葉처럼 사랑하여 소중하게 여기고 있다.

내가 승지가 되었을 때 궁중에 수장된 「청산백운도靑山白雲圖」를 보았는데 참으로 뛰어난 보배였다. 안견은 일찍이 말하기를

"평생의 정력이 여기에 있다."

라고 하였다.

최경도 또한 만년에 산수와 고목古木을 그렸으나 마땅히 안견에게는 양보하여야 한다. 그밖에 홍천기洪天起[537]·최저崔渚·안귀생安貴生 등이 산수화에 이름이 있으나 모두 평범한 작품이다. 다만 사인士人 김서金瑞[538]의 말 그림과 남급南汲의 산수화는 다소 훌륭했다.

배련裵連이란 화가가 있어 산수화와 인물화를 모두 잘 그렸는데, 평소 최경을 대단하게 평가하지 아니하였다. 이 때문에 최경과 서로 사이가 나빴다.

초록불조직지심체요절白雲和尙抄錄佛祖直指心體要節」을 인쇄한 곳이다.

536 고인顧仁 : 중국에서 귀화하여 조선 초기에 활동한 화가인데 자세한 사항은 위의 『용재총화』 기록 외에는 없으며 현전하는 작품도 없다.

537 홍천기洪天起 : 자세한 인적사항은 미상이나, 성현의 『용재총화』에 의하면 여성 출신의 도화서 화가로 종7품의 화사畫史를 지냈고 미모가 뛰어났다고 한다.

538 김서金瑞 : 15세기에 활동한 인물인데 자세한 인적사항은 미상이다.

인재仁齋 강희안姜希顔[539]은 일찍이

“배련은 아취雅取가 있고, 이장손李長孫[540]·오신손吳信孫·진사산秦四山·김효남金孝男·최숙창崔叔昌·석령石齡은 오늘날 유명하지만 아직은 모두 더불어 그림을 논하기에는 부족하다.”

라고 말하였다.

慵齋叢話曰 我國名畫史傳罕少 自近代觀之 恭愍王畫格甚高 今圖畫署所藏魯國大長公主眞像 興德寺所在釋迦出山像 皆王手跡 往往甲第有畫山水 甚奇絶也 尹泙者亦善山水 今士大夫多有藏之者 然筆法平澹無奇趣 至本朝有顧仁者 自中國出來 善畫人物 其後安堅·崔涇齊名 堅山水涇人物 皆入神妙 今人愛寶堅畫如金玉 余爲承旨 見內藏靑山白雲圖 眞絶寶 堅嘗云平生精力在此 涇晩年亦畫山水古木 而當讓於堅矣 其他洪天起崔渚安貴生之屬 雖名山水 而皆庸品 惟士人金瑞之馬 南汲之山水稍佳 裵連者 俱善山水人物 平生不數涇 由是與涇相惡 仁齋嘗稱連有雅趣 李長孫吳信孫秦四山金孝男[541]崔叔昌石齡 今雖有名 而皆未可與論畫域也

---

539 강희안姜希顔(1417~1464) : 본관은 진주晉州, 자는 경우景愚, 호는 인재仁齋이다. 정인지와 「훈민정음」, 최항과 「용비어천가」를 주해하였으며, 신숙주·박팽년 등과 「동국정운」 편찬에도 참여했다. 시와 글씨, 그림에 뛰어나 삼절三絶이라고 불렀다. 저서로 꽃 재배법을 기술한 『양화소록養花小錄』이 전한다.

540 이장손李長孫 : 1469년 영양 낙산사 범종의 보살상 제작에 참여했으며, 세조의 어진에 참여하였다. 그의 작품으로 일본 대화문화관大和文華館 소장 「산수도」가 있는데, 짙은 안개에 싸인 산천을 묘사하여 자연의 분위기 묘사에 특출한 솜씨를 발휘했다.

541 金孝男 : 원문에는 ‘金男’으로 되어 있으나, 『용재총화』를 참고하여 수정하였다.

• 조선 초기 화가들

어숙권魚叔權[542]은 『패관잡기稗官雜記』[543]에서 다음과 같이 말하였다.

근래에 그림을 잘 그리는 자가 가장 많았다. 산수화에는 별좌別坐 김장金璋과 사인士人 이난수李蘭秀의 아내 신씨申氏와 학생學生 안찬安璨[안찬安瓚이라고 하기도 한다], 영모翎毛·잡화雜畫에는 종실宗室 두성령杜城令 이암李巖[544]이 있으며, 풀벌레 그림에는 정랑인 채무일蔡無逸이 있고, 묵죽墨竹에는 현감 신잠申潛[545]이 있으니, 이들이 가장 뛰어난 자들이다

稗官雜記曰 近來工於畫者最多 山水則有別坐金璋 士人李蘭秀妻申氏學生安璨[一云瓚]翎毛雜畫則有宗室杜城令巖 草虫則有正郎蔡無逸 墨竹則有縣監申潛 此其最著者也

---

542 어숙권魚叔權 : 본관은 함종咸從, 호는 야족당也足堂·예미曳尾이다. 중국어에 능통하여 중국에 자주 드나들었으며, 시에도 능하여 중국 사신과 시를 화답하고 논했다. 저서로는 『고사촬요攷事撮要』·『패관잡기稗官雜記』가 있다.

543 『패관잡기稗官雜記』 : 어숙권이 지은 필기집으로, 우리나라의 풍속부터 중국·일본·유구琉球 등의 일화를 수록했다. 6권으로 구성되어 있다.

544 이암李巖(1499~?) : 본관은 전주全州. 자는 정중靜仲이다. 왕손으로 세종의 넷째 아들 임영대군臨瀛大君의 증손이며, 두성령杜城令을 제수 받았다. 그림에 뛰어났는데 특히 그의 강아지 그림은 전형적인 우리나라 강아지를 그리고 있어서 한국회화사에서 뚜렷한 위치를 점하고 있다. 유작으로는 「모견도母犬圖」(국립중앙박물관 소장), 「화조구자도花鳥狗子圖」(삼성미술관 리움 소장), 「화조묘구도」(평양박물관 소장), 「견도犬圖」(미국 필라델피아미술관 소장) 등이 있다

545 신잠申潛(1491~1554) : 본관은 고령高靈, 자는 원량元亮, 호는 영천자靈川子·아차산인峨嵯山人이다. 1521년 신사무옥 때 안처겸安處謙 사건에 연루되어 장흥長興으로 귀양갔다가 양주楊州로 이배되었으며, 뒤에 풀려났다. 그 뒤 20여년간 아차산 아래에 은거하며 서화에만 몰두하였다. 묵죽墨竹에 뛰어났다.

진휘속편震彙續編 2

진벌휘고속편震閥彙考續編

권 6 안방 여인들閨英

권 7 의리를 지킨 여인들烈女

권 8 궁궐 여인들嬪御

부附 궁녀宮女

권 9 별채의 여인別室

권 10 기녀들娼妓

권 11 신분이 천한 여인들常賤

권 12 하녀들婢使

진벌휘고속편震閥彙考續編 권6

안방 여인들閨英

• 백 세 부인 김씨金氏

김씨金氏는 직학直學[546] 김인관金仁琯의 딸로, 전적典書[547]을 지낸 전의全義 이구직李丘直[548]에게 시집갔다. 임오년(1342)에 태어나 신유년(1441)에 졸하였다. 백세의 수를 누렸고,[일설에는 102세를 누렸다고도 한다.] 정대부인貞大夫人에 봉해졌다.

아들 이정간李貞幹[549]이 노래자老萊子의 재롱[550]을 부리며 온갖 방법으로 기쁘게 해드렸다. 세종 갑인년甲寅年(1434)에 어명으로 초자超資[551]하게 했고, 아울러 주악酒樂을 하사하여 연회를 베풀었는데 (당시 공경公卿들이 시를 지어 칭송한) 『경수집慶壽集』이 전한다.

부인이 살아계실 때 내외 증손曾孫이 120여 명이었고, 현손이 90여

---

546 직학直學 : 조선 초 성균관의 정9품 벼슬을 말한다.

547 전서典書 : 조선 초 육조六曹의 으뜸 벼슬을 말한다. 품계는 정3품으로 태종 5년(1405)에 판서判書로 고쳤다.

548 이구직李丘直(?~1394) : 본관은 전의全義이다. 문음門蔭으로 관직에 나아가 형조판서刑曹判書 등을 지내고, 조선이 개국하자 개국원종공신開國原從功臣에 책록되고 호조 전서戶曹典書 등을 지냈다.

549 이정간李貞幹(1360~1439) : 본관은 전의全義, 자는 고부固夫이다. 원종공신이었던 부친 이구직李丘直의 음덕으로, 벼슬에 올라 강원도관찰사에 이르렀다. 이후 관찰사를 사임하고 향리에 은거하면서 노모봉양에 정성을 다하였다.

550 노래자老萊子의 재롱 : 노래자는 중국 초楚 나라 사람으로, 그는 효심이 지극하여 나이 70에 색동옷을 입고 어린애 울음을 하는 등 아직도 어리다는 것을 보여 부모를 기쁘게 한 바 있다.

551 초자超資 : 관직의 차례를 건너뛰어 정삼품 통정대부 이상의 품계를 올리던 일을 말한다.

명이었다. 어떤 이가 장수하는 비결을 물으니, 부인이 말하기를

"해와 달을 향하여 소변을 보지 않으면 장수한다."

라고 하였다.

한양에서는 이를 두고 다음과 같은 노래가 생겨났다.

어머니는 자식 때문에 존귀해졌고
자식은 어머니 때문에 존귀해졌으니
어머니는 기뻐하며 수를 누리네[552]

母以子貴　　子以母貴　　熙熙壽母

金氏 直學仁琯女 適典書全義李丘直 壬午生 辛酉卒 壽百歲[一云一百二歲] 賜封貞大夫人 子貞幹爲老萊戱 怡悅無方 世宗甲寅 命超資兼賜酒樂以宴之 有慶壽集 夫人在世時 內外曾孫一百二十餘人 玄孫九十餘人 或問能壽之由 夫人曰不向日月便旋則壽矣 京城爲之謠曰 母以子貴 子以母貴 熙熙壽母

• 백이 세 수를 누린 채씨蔡氏

채씨蔡氏는 현감을 지낸 인천 채년蔡年[553]의 딸로, 봉사奉事에 제수된 신평新平 이세순李世純[554]에게 시집갔다. 그녀는 연산군 갑자년甲子年

---

552 어머니는~누리네 : 이긍익의 『연려실기술』에도 위 노래가 소개되어 있는데, 이곳에는 위 구절 아래 "그 아들은 재상이 되었네[公伯其子]"라는 구절이 추가로 첨부되어 있다.

553 채년蔡年(1454~1511) : 본관은 인천仁川으로 채신보蔡申保의 아들이자 채수蔡壽의 동생이다. 송화 현감松禾縣監을 지냈다.

554 이세순李世純 : 본관은 신평新平, 호는 모정慕亭이다. 그는 정암靜菴 조광조趙光祖

(1504) 생으로 102세를 누렸다. 당시에 선조께서 연회를 베풀며 「경수연도慶壽宴圖」 그려 바치게 하였고 또 역사책에 기록하도록 명령하였다. 백헌白軒 이경석李景奭[555]과 미수眉叟 허목許穆[556]이 모두 경수연서慶壽宴序를 지었다.[557] 아들 거蘧는 참판을 지냈고 77세를 누렸으며 그의 부인 이씨는 74세를 누렸다. 또 다른 아들 원蘧은 군수를 지냈고 71세를 누렸다.

선조 임인년壬寅年(1602) 승정원에서

"전 참의參議 이거李蘧[558]의 노모는 올해 99세이니 마땅히 노인을 공경하는 은전이 있어야 합니다."

라고 아뢰었다.

다음 해 정월이 되자 희름餼廩[559]을 내렸고 그 아들의 작위를 우윤右尹으로 더해주고, 아버지·할아버지·증조할아버지 3대까지 은혜를 베풀었다.

또 경기도 관찰사에 제수되자 술을 마련하여 축수하는데 경대부卿

의 문하에서 배웠으며, 청송聽松 성수침成守琛·용문龍門 조욱趙昱과 친밀하게 지냈다. 봉사奉事에 제수되었으나 벼슬하지 않았다.

555 이경석李景奭(1595~1671) : 본관은 전주全州, 자는 상보尙輔, 호는 백헌白軒이다. 인조 때 문과에 급제하여 효종 때 이조판서·우의정·좌의정·영의정을 역임했다. 저서로는 『백헌집』이 전한다.

556 허목許穆(1595~1682) : 본관은 양천陽川이고 자는 문보文甫·화보和甫이며, 호는 미수眉叟이다. 저서로는 『동사東事』·『방국왕조례邦國王朝禮』·『경설經說』·『경례유찬經禮類纂』·『미수기언眉叟記言』이 있다.

557 백헌~지었다 : 이경석의 『백헌선생집白軒先生集』 권30에 「백세채부인경수연도서百歲蔡夫人慶壽宴圖序」와 허목의 『미수기언 眉叟記言』에 「경수연도기慶壽宴圖記」·「경수연도후서慶壽宴圖後序」가 전한다.

558 이거李蘧(1532~1608) : 본관은 신평新平으로, 이세순李世純의 아들이다. 허엽許曄의 문인으로 경기 감사京畿監司 등을 지냈다.

559 희름餼廩 : 벼슬아치가 봉록으로 받는 쌀을 말한다.

大夫로서 대부인을 모시고 봉양하는 사람이 진흥군晉興君 강신姜紳[560]·금계군錦溪君 박동량朴東亮· 판서判書 윤돈尹暾[561]·참판叅判 한준겸韓浚謙·중추中樞 홍이상洪履祥[562]·참판叅判 남이신南以信[563]·중추中樞 이 아무개·진창군晉昌君 강인姜絪[564]·여흥군驪興君 민중남閔中男[565]·참지叅知 윤수민尹壽民[566]·소정少正 권형權詗[567]·익위翊衛 강 아무개·중부中部 이 아무개 등 13명이었다.

이듬해 4월에 합동으로 경수연을 크게 열게 되자 임금께서 여러 도道로 하여금 물품을 공급하게 하고 또 법악法樂[568]을 내렸다. 백세부인百歲夫人은 상수上壽[569]로서 나이가 가장 높고, 강상국姜相國의 정경부인貞敬夫人은 명부命婦[570]로서 품계가 가장 존귀하므로 모두 당堂 중앙에서 남향으로 앉고, 이 이하 여덟 대부인들은 각기 품계에 따라 차례를 정하여 동쪽과 서쪽으로 마주 앉았으며, 그 나머지 여러 부인들은 각각 뒷줄에 차서대로 앉았다. 자리를 정하는 예가 끝나자 진흥

560 강신姜紳(1543~1615) : 본관은 진주晉州, 자는 면경勉卿, 호는 동고東皐이다. 정여립의 옥사에 난을 평정한 공로로 진흥군晉興君에 봉해졌다.

561 윤돈尹暾(1551~1612) : 본관은 남원南原, 자는 여승汝昇, 호는 죽창竹窓이다. 선조 때 문과에 급제하여 1604년 공조판서에 올랐다.

562 홍이상洪履祥(1549~1615) : 본관은 풍산豊山, 자는 군서君瑞·원례元禮, 호는 모당慕堂이다.

563 남이신南以信(1562~1608) : 본관은 의령宜寧, 자는 자유自有, 호는 직곡直谷이다. 선조 때 문과에 급제하여 형조참판을 지냈다.

564 강인姜絪(1555~1634) : 본관은 진주晉州, 자는 인경仁卿, 호는 시암是庵이다. 임진왜란 때 호종한 공로로 진창군에 봉해졌다.

565 민중남閔中男(1540~1605) : 본관은 여흥驪興, 자는 직부直夫이다. 선조 때 문과에 급제하여 선정을 베푸는 관리로 명성이 나서 여흥군에 봉해졌다.

566 윤수민尹壽民(1555~ ?) : 본관은 파평坡平, 자는 인수仁叟이다.

567 권형權詗(1541~1605) : 본관은 안동安東, 자는 중오仲悟이다.

568 법악法樂 : 국가에서 쓰는 정악正樂을 말한다.

569 상수上壽 : 100세 나이를 지칭하는 말이다.

570 명부命婦 : 조선시대 국가로부터 작위를 받은 여인들의 통칭하는 말이다.

군 강신 이하 제공諸公들이 모두 재배再拜하였다. 자손 중에 의관을 갖추고 모시고 열을 지어 선 사람이 19명이나 되었는데 절충장군折衝將軍 이문전李文荃[571]·성균관 전적成均館典籍 강홍립姜弘立[572]·헌납獻納 윤양尹讓[573]이 가장 현달하였고 집사의 반열에 있는 자 또한 16명이었는데 차례대로 각각 잔을 올려 축수하였다.

백세 부인은 채수蔡壽의 질녀인데 홍치弘治[574] 갑자년(1504)에 출생하였다가 만력萬曆[575] 병오년(1606)에 세상을 떠나 날짜로는 3만 6천일을 지나서 102세가 되었다. 아들 이거는 77세에 세상을 떠났으나 두 누이는 모두 90세를 살았고 손자 추부공樞府公은 또한 80여 세를 살았으며 여러 집사의 자손 중에는 정승이 된 자가 1명, 어사가 되어 조정에 오른 사람이 7명, 대성臺省[576]의 관원이 된 사람이 1명, 지방 수령이 된 사람이 6명이었다.

蔡氏 縣監仁川蔡年女 適奉事新平李世純 燕山甲子生 百二歲 時 宣廟賜宴 命圖畵以進 又命書諸簡冊 李白軒許眉叟並撰慶壽宴序 子蘧叅判 七十七 夫人李氏七十四 蘧郡守七十一 宣祖壬寅 政院啓 前叅議李蘧母 今年九十九 當有老老之典 明年正月 賜餼廩 加爵其子右尹 推恩三世 又拜圻伯 置酒上壽 卿大夫有大夫人承養者 晉興姜紳 錦溪君朴東亮 尹判書暾 韓叅判浚謙

571 이문전李文荃(1561~?) : 본관은 신평新平, 자는 군응君應이다.

572 강홍립姜弘立(1560~1627) : 본관은 진주晉州, 자는 군신君信, 호는 내촌耐村이다. 명나라의 원병으로 5도도원수가 되어 후금을 쳤으나 대패하였다. 적지에서 포로로 잡혀 고생한 강홍립을 옹호하는 견해도 있었지만 삼사의 관료들은 그를 후금에 투항한 역신으로 몰았고 모든 관직을 삭탈하였다. 그해 7월 강홍립은 병을 얻어 사망하였고 사후 복관되었다.

573 윤양尹讓(1603~1641) : 본관은 파평坡平, 자는 심원深源이다.

574 홍치弘治 : 명나라 효종의 연호를 말한다.

575 만력萬曆 : 명나라 신종의 연호를 말한다.

576 대성臺省 : 사헌부와 육조를 말한다.

洪中樞履祥 南叅判 李中樞 晉昌君姜絪 驪興君閔 尹叅知 權少正 姜翊衛 李中部爲十三人 明年四月 大合設慶壽宴 上令諸道供給 又賜法樂 百歲夫人以上壽最尊 姜相國貞敬夫人 以命婦最貴 並中堂南面 其下八大夫人 各以命數爲敍 東西相向 諸夫人 各從後列序 禮畢 晉興以下諸公 皆再拜 子孫衣冠而侍列者 十九人 折衝文荃 典籍弘立 獻納讓最顯 其在執事之列者 又十六人 各擧觴上壽 百歲夫人 蔡壽之從女 生於弘治甲子 歿于萬曆丙午 歷三萬六千甲子 爲一百二[577]歲 蘧七十七歿 有二姊 皆九十 孫樞府又八十餘 諸執事子孫入相者一人 繡衣陞朝者七人 爲臺省者一人 出宰百里者六人

• 94세 수를 누린 송씨

송씨宋氏는 영의정 송질宋軼의 딸이자 묵재默齋 홍언필洪彦弼의 부인이며 인재忍齋 홍섬洪暹[578]의 어머니이다. 삼종三從[579]이 모두 재상에 올랐고 또한 94세의 수를 누렸다.

아울러 삼종이 모두 평안도 관찰사를 지냈는데, 부친이 평안도 관찰사가 되었을 때는 처녀로 따라가서 정원 가운데 복숭아를 심었다. 남편이 평안도 관찰사가 되었을 때는 부인 자격으로 따라가니 그 복숭아꽃이 진실로 흐드러지게 피었고, 뒤에 아들이 평안도 관찰사가 되었을 때는 다시 대부인 자격으로 아들을 따라가 보니 복숭아나무가 노쇠하였다. 마침내 가지를 부여잡고 한숨을 쉬며 금성읍류金城泣

---

577 一百二 : 원문에는 '一百三'으로 되어 있으나 앞의 문맥 및 다른 기록들을 참조하여 바로 잡았다.

578 홍섬洪暹(1504~1585) : 자는 퇴지退之, 호는 인재忍齋이다. 조광조趙光祖의 문인으로 문장에 능하고 경서經書에 밝았다. 중종 때 문과에 급제하여 선조 때 좌의정, 영의정에 임명되었다. 저서에는 『인재집忍齋集』·『인재잡록忍齋雜錄』이 있다.

579 삼종三從 : 옛날에 여자로 태어나서 출가하기 전에는 아버지를 따르고[從父] 출가해서는 지아비를 따르고[從夫] 지아비가 죽은 뒤에는 아들을 따랐던[從子] 부녀자의 도리에서 유래한 것으로, 부친과 남편, 아들을 가리킨다.

柳의 탄식[580]을 자아냈다.

부인 말년에[581]에 인재忍齋 홍섬이 70세로 궤장几杖[582]을 하사받았는데 소재蘇齋 노수신盧守愼[583]이 축하시를 이렇게 지었다.

삼종이 모두 재상의 지위 벗어나지 않았으니
이러한 경사 지금 여기서나 볼 수 있다네
조정에서는 다시 영수장靈壽杖[584] 짚고 다니다가
집안에서는 도리어 노래자의 옷을 입었네
우로와 같은 은혜 진실로 천년에 한 번 있을 법이고
기쁘게 맞아들인 대관들 당대의 높으신 분들이네
어느 곳에서 이런 좋은 자리 참석할 수 있을까
좋은 시로 정승 집[585] 꾸미지 못함이 부끄럽네

三從不出相門闈　　　此事如今始見之

---

580 금성읍류金城泣柳의 탄식 : 진晉 나라 시대의 환온桓溫이 강릉江陵에서 북벌北伐하러 나갈 적에 금성을 지나다가, 젊어서 낭야瑯琊 지방관으로 있을 때 심어 놓았던 버드나무들가 모두 열 뼘이나 된 것을 보고 감개하여 '나무가 오히려 저렇게 컸는데 사람이 어떻게 늙지 않을 수 있겠는가?'라고 하며 하며 가지들을 부여잡고 눈물을 흘렸다는 고사가 전한다.

581 말년에 : 『청장관전서』에는 계유년(1757)으로 기록되어 있다

582 궤장几杖 : 통일신라시대부터 조선시대까지 여러 왕조에서 70세 이상의 연로한 대신들에게 하사한 안석案席[앉을 때 몸을 기대는 방석]과 지팡이를 말한다.

583 노수신盧守愼(1515~1590) : 본관은 광주光州, 자는 과회寡悔, 호는 소재蘇齋·이재伊齋·암실暗室·여봉노인茹峰老人이다. 그는 온유하고 원만한 성격을 가진 문신이자 학자로서 사림의 중망을 지녔으며, 특히 선조의 지극한 존경과 은총을 받았다. 시·문·서예에 능했다. 저서로는 『시강록侍講錄』·『소재집蘇齋集』이 있다.

584 영수장靈壽杖 : 영수목靈壽木으로 만든 지팡이로 궤장을 하사할 때 원로를 예우하는 최고의 선물이다.

585 정승 집 : 원문은 황비黃扉로, 재상의 청사廳舍 문을 황색으로 꾸몄기 때문에 정승 집 또는 재상의 거처를 뜻하는 말이 되었다.

更拄省中靈壽杖	却被堂上老萊衣
恩承雨露眞千載	歡接冠紳盡一時
何處得來叨席次	愧無佳句賁黃扉

또 송씨가 돌아가시자 소재 노수신이 만사[586]를 지었다.

공손히 생각건대 정경대부인과 같은 분
저 세상은 모르겠거니와 인간 세상에서 들어보지 못했네
한결같은 덕으로 삼종하며 정승의 영화를 보고
100세에서 6살 모자란 94세 수를 누렸구나
부의를 보낸 임금의 은혜는 상례를 뛰어넘었고
상복 입은 효성은 옛 글에도 없을 정도이네
어찌하면 당대의 대 문장가를 얻어
자세히 기록하여 천하를 빛나게 하리

恭惟貞敬大夫人	天外難知世未聞
一德從三上台貴	百年除六壽星尊
恩加賵賻逾常典	孝俯衰麻掩古文
安得當時大手筆	却將詮載照乾坤

宋氏 領相宋軼女 洪默齋夫人 忍齋母夫人 三從皆上相 壽又九十四 三從又皆是箕伯 父時以處子隨往 種桃于園中 夫時以夫人往 其桃花實爛熳 後又以大夫人往 桃已老衰矣 遂攀枝噓唏 有金城泣柳之歎矣

586 만사 : 『소재집蘇齋集』에 「홍정승모부인만洪政丞母夫人挽」이란 제목으로 실려 있다.

其季年 忍齋以七十賜几杖 盧蘇齋作賀詩曰 三從不出相門闈 此事如今始見之 更拄省中靈壽杖 却被堂上老萊衣 恩承雨露眞千載 歡接冠紳盡一時 何處得來叨席次 愧無佳句賁黃扉 及卒蘇齋又輓曰 恭惟貞敬大夫人 天外難知世未聞 一德從三上台貴 百年除六壽星尊 恩加賵賻逾常典 孝俯衰麻掩古文 安得當時大手筆 却將詮載照乾坤

• 88세 수를 누린 유씨

유씨柳氏는 고흥 유당柳樘의 따님이자 어우於于 유몽인柳夢寅[587]의 누님이다. 율정栗亭 홍천민洪天民[588]의 후처이며, 학곡鶴谷 홍서봉洪瑞鳳 어머니이다. 경술생(1550)으로, 88세까지 수를 누렸다. 어린 시절 동생 유몽인이 수학을 함에 옆에서 몰래 기억하고 외워서 경전과 역사에 박통하고 문장이 세상에 뛰어났다. 그러나 스스로 부인이 시를 읊조리는 것은 옳지 않다고 여겨 전하는 것이 없다. 오직

봄빛을 뚫고 골짜기에 들고
물소리를 밟으며 다리를 건너네

入洞穿春色　　　　行橋踏水聲

라는 한 구절만이 세상에 전한다. 율정이 세상을 뜨고 난 뒤에 매

---

587 유몽인柳夢寅(1559~1623) : 본관은 고흥高興, 자는 응문應文, 호는 어우당於于堂·간재艮齋·묵호자默好子이다. 문장가 또는 외교가로 이름을 떨쳤으며 전서·예서·해서·초서에 모두 뛰어났다. 저서로는 야담을 집대성한 『어우야담於于野談』과 시문집 『어우집於于集』이 있다.

588 홍천민洪天民(1526~1574) : 본관은 남양南陽, 자는 달가達可, 호는 율정栗亭이다. 부친은 홍춘경洪春卿(1497~1548)이다.

번 부인 유씨는 초하루와 보름이 되면 반드시 제문을 지어 읽고서 제를 올린 다음 즉시 불살라 버렸다. 율정의 아우 졸옹拙翁 홍성민洪聖民[589]이 옆에서 들어보니 제문의 기운이 비장하고 간절하면서도 엄격하여 감히 제문을 보자고 청하지 못하였다.

학곡이 일찍이 부친을 잃자, 부인이 직접 스스로 가르치며 학문의 과정을 엄격히 독려하고, 조금이라도 소홀히 하면 피가 나도록 때렸다. 그리고 비단 보자기로 회초리를 싸서 보관하며 말하기를

"집안의 흥망성쇠와 자식의 부지런함과 게으름이 이것에 달려 있으니, 생각건대 소중하지 않겠는가?"

라고 하였다.

부인은 아들이 외운 것을 점검할 때에는 반드시 휘장을 치고 외우는 소리를 들었다.

"혹시라도 잘 외우면 내가 반드시 기쁜 마음이 생길 터인데, 아들이 만약 어머니의 기뻐하는 모습을 보면 교만하고 게으른 마음이 생겨날 것이다. 그러므로 장막을 치고 가리는 것입니다."

라고 하였다.

부인 노년에 독서당을 지나다가 올라 구경하였는데, 수직소의 늙은 노파가 전해져 오는 옥배를 꺼내 보이며 말하기를

"문인학자가 아니시면 이 잔에 마시지 못합니다."

라고 하였다.

이에 부인이 웃으며 말하기를

"내 비록 부인이지만 시아버지와 남편, 시동생과 내 자식, 그리고 조카가 모두 독서당에 선발되었거늘 어찌 나만 유독 이 잔에 마시지

589 홍성민洪聖民(1536~1594) : 본관은 남양南陽, 자는 시가時可, 호는 졸옹拙翁이다.

못하겠는가?”

라고 하였다.

듣는 사람들이 전하여 미담으로 여겼다.

인조 경오년(1642)의 일이다. 좌참찬 홍서봉洪瑞鳳, 형조판서 장유張維, 호조판서 김기종金起宗[590], 호조참의 안응형安應亨[591]을 비롯한 조정의 당상 벼슬아치 열 여덟 사람이 잔치를 베풀어서 부인의 장수를 기원했다. 이 때 인조 임금이 그 어머니들의 장수를 기리며 풀솜[592]과 면화씨 각각 세 근을 특별히 하사하였다. 유씨 부인은 시에 대한 감식안을 가지고 있었다. 집안 아이들이 어려서 지은 시를 보고 그 아이가 곤궁할지 현달할지를 예측하였다. 이웃집 한 아이가 다음과 같이 시를 지었다.

> **수탉이 담장에 올라가 우네.**
>
> **雄鷄上墻鳴**

또 한 아이는

> **수탉이 울면서 담장에 오르네.**
>
> **雄鷄鳴上墻**

---

590 김기종金起宗(1585~1635) : 본관은 강릉江陵, 자는 중윤仲胤, 호는 청하聽荷이다. 장만이 이괄의 난을 평정할 때 종군하여 공을 세운 것으로 진무공신에 책록되고 영해군에 봉해지고, 호조판서를 지냈다. 편서로 『서정록西征錄』이 있다.

591 안응형安應亨(1578~?) : 본관은 광주廣州, 자는 숙가叔嘉, 호는 정재靜齋이다. 동부승지·경기감사·평양감사·개성유수·홍주목사·한성부 좌윤 등을 역임하였다.

592 풀솜 : 생사生絲를 켤 수 없는 고치를 삶아서 늘여 만든 솜이다.

라고 지었다. 부인은

"'담장에 올라가 우네'라고 한 아이는 반드시 병조판서에 이를 것이고, '울면서 담장에 오르네'라고 한 아이는 반드시 일찍 죽을 것이다."

라고 예언하였는데, 나중에 그대로 증명되었다고 한다.

종손인 홍명구洪命耉[593]가 어린애였을 때 시구를 지었는데

> 꽃이 지니 천지가 붉구나
>
> 花落天地紅

라고 했다. 부인이 그것을 보고 말했다.

"이 아이는 반드시 귀하게 되겠지만, 요절할 것 같다. 만약에 '꽃이 피니 천지가 붉구나[花發天地紅]'라고 했다면 복록이 엄청났을 것인데 '락落' 자에는 큰 복이 없으니 아이의 기상이 아깝다."

선조 때에 성균관에서 과거 시험을 열었다.

정중鄭衆[594]이 군사마에 제수된 것에 감사 인사를 하다[鄭衆謝拜軍司馬]'

를 가지고 시제를 내었다. 응시자 만 여명에 절반이 '내시(환관) 정중'으로 답을 해서 그 뜻을 잃었고, 그 중에 환관인지 구별할 줄 아는 자는 백중에 한 둘도 안되었다. 모두가 역사책을 읽어서 그렇게 된

593 홍명구洪命耉(1596~1637) : 본관은 남양南陽, 자는 원로元老, 호는 나재懶齋이다. 우승지·대사간·부제학·평안도관찰사 등을 역임했다. 1636년 병자호란이 일어나자 자모산성慈母山城을 지키다가 적병이 남한산성을 포위하였다는 소식을 듣게 되었다. 이에 근왕병勤王兵 2,000명을 거느리고 남하하던 중 김화에 이르러 청나라 대군과 맞서 싸우다가 전사하였다.

594 정중鄭衆은 경학가 정중과 환관 정중 두 사람이 존재한다. 경학가 정중(?~83)은 자는 중사仲師이고, 하남 개봉사람으로 동한東漢 시대의 경학가이다. 환관 정중은 자는 계산季產이고, 남양군南陽郡 주현犨縣 사람으로 동한東漢 시대 환관이다.

것이었다. 과거 시험을 마치고 부인의 조카 류황柳滉[595]이 인사를 드리러 왔을 때 부인이 시제를 물었다. 그리고 말했다.

"후한 때에 두 명의 정중이 있었는데 '선비 정중'인지 '내시[환관] 정중'인지 모르겠지만, 이는 필시 선비 정중일 것이다."

류황이 놀라며 말했다.

"부인께서도 오히려 이러한 사실을 아는데, 과거 시험 응시자 대부분이 모른다니 참으로 애석하네요."

광해임금이 통치할 때 큰아들 임해군은 이미 죽고 없었다. 그의 생모인 공빈 김씨의 사당을 받들 곳이 없어서 임시로 효경전[596]의 낭저에 임시로 신위를 안치하였다. 예를 맡은 관리들이 이것조차 그렇게 할 수 없다고 말했다. 부인의 조카 류심柳深이 예랑禮郞으로써 여러 대신에게 일일이 찾아다니며 올바른 처사를 물었는데 마침 유씨 부인의 집을 지나다가 들러서 이 일을 진술했다. 부인이 다음과 같이 말했다.

"예로부터 제왕들 중에는 사가의 부모[597]를 왕이나 왕후[正位: 왕의 지위]로 봉하지 않은 적이 없다. 한나라 문제가 생모인 박씨를 박태후薄太后로 봉해 주면서부터[598] 한나라 소제가 생모를 구익부인으로 봉해 주었다[599]. 한 애제는 생부와 생모를 공황과 공후로 봉했고[600] 송나라

---

595 류황柳滉(1562~1620). 본관은 흥양興陽, 자는 무숙武叔이다. 의금부도사·교리를 지냈다.

596 효경전孝敬殿 : 조선 선조의 비妃인 의인왕후懿仁王后 박씨朴氏의 혼전魂殿이다.

597 사친私親: 후궁에게서 난 임금이 자기 어머니를 가리키는 말이다.

598 박희薄姬는 한고조가 총애하는 빈비嬪妃로 한 문제의 생모이다. 한고조 때는 지위가 낮았으나, 문제가 황제가 된 뒤에 생모 박희를 왕태후로 봉했다.

599 구과부인鉤弋夫人 조씨趙氏는 이름은 알려져 있지 않다. 한무제가 총애하던 비로 한 소제의 생모이다. 지위가 낮았는데 소제가 황제가 된 뒤에 구과부인으로 봉했다.

600 한 애제는 원제元帝의 손자이고 아버지는 정도왕定陶王, 어머니는 정희丁姬이다. 성제成帝는 그의 큰 아버지이다. 그는 성제 죽고 난 후에 황제가 되었다. 황제가 되

인조는 생모를 신비로 봉하였으니[601], 역대 황제들이 자신의 생부나 생모를 추존하여 봉해주고 호를 높이지 않은 적이 없었다. 유독 한나라 장제章帝만이 생모를 봉하지 않았기 때문에[602] 지난 역사서에서 그 일을 아름답게 여겼다. 지금 네가 만약 주장하는 것이 옳다고 하면 아첨에 가까운 것이고, 저지하고 배척하고 그르다고 한다면 책만을 따른다는 재앙이 있을 것이다. 하물며 이 효경전 아래 낭저에 신위를 봉하는 것도 오히려 '불가하다'고 하면 어찌 끝내 살아남겠는가? 너는 신중하거라."

그 후에 추존해서 봉하고 능을 만들고 대비의 호를 내릴 것을 주청하였다. 한결같이 부인의 말대로 하였다.

광해군 집권 초기에 중국의 조사 웅화熊化[603]가 사신으로 왔다. 종사관 아무개가 근심하며 말했다.

"우리나라에 아마도 화재가 있을 것이다."

이 말을 들은 자는 무슨 말인지 몰랐으나, 부인이 그 말을 듣자 이렇게 말했다.

"그런 일이 『시인옥설』에 보이는데, '웅화能火'의 뜻을 취한 것이다."

어 아버지 정도왕을 공황恭皇으로 어머니 정희를 공후恭后로 봉하였다.

601 송나라 인종仁宗은 진종眞宗의 아들이다. 진종은 유후柳后를 총애했으나, 후사가 없자 유후의 시종 이씨가 씨받이가 빌려 진종을 낳았다. 그리고 유후가 낳은 것으로 공표하였다. 이후 진종이 죽고 유후는 황후가 되어 진종을 등극시키고, 그의 생모인 이씨를 신비宸妃로 봉하였다.

602 한나라 장제의 생모는 가귀인賈貴人이었다. 유달(劉炟: 장제)이 태어났을 때 명제明帝가 마귀인馬貴人으로 하여금 양육하게 했다. 명제가 즉위하고 마귀인을 황후로 봉하고 유달을 황태자로 삼았다. 마황후는 자식이 없었고 명제가 죽고 장제가 황제가 되었다. 장제는 마부인을 황태후로 봉했으나, 생모인 가귀인은 조금도 봉호를 높이지 않았다.

603 웅화熊化(1576~1649) : 자는 춘벽春碧, 호는 仲龍이다. 선조가 죽자 1609에 제문祭文과 부의賻儀를 가지고 중국에서 온 행인사 행인行人司行人으로 왔다.

얼마있다가 송도에서 사백 여채의 집이 평양에서는 천 여채의 집이 열흘 안에 다 타버렸다. 부인의 넓은 학식과 선견지명이 이와 같았다. 다만 집에 있을 때에 부친이 엄하게 저술하는 것을 금하였다. 그래서 한 조각의 말이나 한 구의 말도 세상에 전하는 것이 없으니 안타깝다.[『어우야담於于野談』에 나온다.]

柳氏 高興柳檣女 於于夢寅姊 洪栗亭後配 鶴谷母夫人 庚戌生 壽八十八 兒時見弟夢寅受學 從傍竊記誦 博通書史 文章絶世 然自以婦人不宜吟咏 絶無所傳 惟入洞穿春色 行橋踏水聲一句 傳于世 栗亭喪後 每朔望 必操文讀而奠 後卽焚之 栗亭弟拙翁傍聽 則文辭悲切而嚴 不敢請見 鶴谷早孤 夫人親自教授 勸課甚嚴 小忽則撻之流血 以錦袱裹笞而藏之曰 家之興替 兒之勤怠 係于此 顧不重歟 其受誦也 必隔帳而聽之曰 或善誦 我必有善色 兒若見之 易生驕怠之心 故爲障蔽云 晩年 過湖堂 登覽 守直老嫗 出示傳來玉杯曰 非先生 不得飮 夫人笑曰吾雖婦人 尊舅及家夫 家夫之弟及吾兒吾姪 俱選湖堂 顧吾獨不可飮此杯乎 聞者傳爲美談 仁祖庚午 左參贊洪瑞鳳 刑判張維 戶判金起宗 戶參安應亨 及堂上朝官十八人 設宴壽母 自上特賜其母雪綿子 各三斤 夫人有詩鑑 見家內兒少所作 則豫卜其窮達 有隣兒作詩曰 雄鷄上墻鳴 一兒曰 雄鷄鳴上墻 夫人曰 上墻鳴者必位至兵判 鳴上墻者必夭折矣 後果驗云 從孫命耈 兒時作句云 花落天地紅 夫人見之曰 此兒必貴然似夭折 若曰 花發天地紅 則福祿無量 而落字無遐福 氣像可惜哉 宣廟朝試士泮宮 以鄭衆謝拜軍司馬爲題 擧子萬餘人 太半以宦者鄭重失指 而其知有儒宦之別者 百不能一二 皆因閱史得之 試罷 夫人之姪柳洸過拜夫人 夫人問題 仍曰 後漢有兩鄭衆 未知儒者歟 宦者歟 是必儒者鄭衆也 洸瞿然曰 夫人尙知之 擧場萬人猶未知識耶 良可惜也 光海朝臨海旣死 私親廟無所奉 姑安于孝敬殿廊底 禮官猶以爲不敢 夫人之姪 柳深以禮郞 歷咨其

議于諸大臣 路過夫人 陳其事 夫人曰 自古帝王未有不封私親爲正位者 自漢文封薄太后 漢昭封鉤弋夫人 漢哀封恭皇恭后 宋仁封宸妃 無不追封顯號而獨漢章不封私親 前史美之 今若主張爲是則近於諂 沮斥伐爲非 則必有師冊之禍 況此廊底之奉 猶曰 不可 豈終得之 爾其愼之 其後追封成陵 奏請大妃之號 一如夫人言 光海初詔使熊化來 從事官某患之曰 我國其有火災乎聞者未之知 夫人聞之曰 事見詩人玉屑 取能火之義也 未幾松都四百餘家平壤千餘家 旬日內俱火 夫人之博學先見如此 但在家時 大人嚴禁勿令著述文字 故無片言隻句傳世惜哉[野談]

<정은진>

• 원자를 보살핀 안씨 부인

안씨安氏는 사숙재 강희맹姜希孟[604]의 부인이다. 성종 정유년(1477)에 원자가 병이 들었다. 장차 궁궐을 피해서 여염집에서 임시로 지내고자 했다. 승정원에서 정승 가문 가운데 법도를 숭상하는 집안을 선택해서 요양토록 주청했다. 성종 임금은 원자를 안씨 부인댁에 머물며 지내도록 하고 원자의 몸조리와 치료를 부탁하였다. 이에 부인은 온도를 잘 조절하여 원자를 먹이고 보살핀지 열흘도 안되어 병이 낫고 기가 강건해졌다. 궁궐에서 부인이 법도 있게 집안을 다스린다는 말을 듣고 당시 어의 여러 벌, 순면, 땔감 등의 물건과 백미 칠십 가마를 하사하였다. 경자년(1480)에는 부인이 감서증에 걸리자 중종이 특

---

604 강희맹姜希孟(1424~1483) : 본관은 진주晉州, 자는 경순景醇, 호는 사숙재私淑齋·운송거사雲松居士·국오菊塢·만송강萬松岡이다. 『진산세고晉山世稿』를 편찬했으며, 『신찬국조보감新撰國朝寶鑑』·『경국대전』의 편찬과 사서삼경의 언해, 성종 때는 『동문선』·『동국여지승람』·『국조오례의』·『국조오례의서례』 등의 편찬에 참여했다. 저서로는 『사숙재집私淑齋集』·『금양잡록衿陽雜錄』·『촌담해이村談解頤』 등이 전하고 있다.

별히 의약과 음식을 보내는 것이 끊이지 않았다. 임인년(1482)에 안씨 부인이 돌아가시자 쌀과 베, 종이, 관과 널 그리고 기름과 자리, 송진 등의 물건을 특별히 하사하였다. 대개 부인의 집에 임금이 물건을 하사하는 것은 예로부터 드문일이다.

安氏 姜私淑希孟夫人 成宗丁酉 元子有疾 將避寓閭家 政院請擇卿相法家以養之 上命留接于安夫人家 托其調治 夫人調其寒溫 節其乳哺 不旬日病愈氣健 宮中聞夫人治家有法 特賜御衣數襲 純綿蘇木等物 白米七十斛 庚子[605]夫人感暑症 中廟特賜醫藥廚饌絡繹 及壬寅[606]卒特賜米布紙棺槨油席松脂等物 蓋以婦人家殊賜 卽前古罕聞者也

• 성격이 사나운 정씨 부인

정씨鄭氏는 상락군 김질金礩[607]의 부인이다. 성격이 질투가 심하고 사나웠다. 김공이 소실을 들이려고 했으나 부인이 꺼려져서 감히 하지 못했다. 성종이 그 말을 듣고 부인 정씨를 불러 들여서 꾸짖었다.

"투기는 부인의 악행이니 국법에 사형에 해당 되니 그대는 마땅히 고치도록 해라. 그렇지 않으면 이것을 먹고 자진하도록 해라."

임금의 위엄이 매우 무서웠다. 이에 내시에게 명하여 한 그릇의 약을 내렸다. 부인이 무릎을 꿇고 울며 말했다.

"신첩이 살아서 보고 싶지 않은 사람을 보느니 차라리 이것을 마

605 庚子 : 원문에는 '庚午'로 되어 있으나 『사숙재집』「부록」에 의거해 바로잡았다.
606 壬寅 : 원문에는 '壬申'으로 되어 있으나 『사숙재집』「부록」에 의거해 바로잡았다.
607 김질金礩(1422~1478) : 본관은 안동安東, 자는 가안可安, 호는 쌍곡雙谷이다. 평안도관찰사·공조판서·병조판서·우참찬·경상도관찰사·우의정·좌의정 등을 역임하였다. 세조의 공신으로 병제 개편에 깊이 관여하였으며 『경국대전』 편찬에 참여하였다.

시고 죽는게 낫습니다."

드디어 그것을 다 마셨다. 그러나 그것은 독을 타지 않은 술이었다. 임금이 상락군을 불러서 충고했다.

"경의 아내는 어찌할 수 없는 사람이니 그대는 감히 다른 마음을 먹지 않도록 해라."

鄭氏 金上洛礩夫人 性妬悍 公欲卜姓 而憚不敢 成廟聞之 命招夫人 責曰 妬忌夫人惡行 法當死 卿宜改之 否則飮此自盡 天威震怖 仍命中使 宣賜一椀藥 夫人跪泣曰 臣妾 與其生見不欲見之人 寧飮此而無知 遂盡飮之 乃不毒之酒也 上召諭上洛曰 卿妻不可化 卿勿生他意

• 엄격하고 안목이 높은 이씨 부인

이씨李氏는 청풍 군수 이고李股의 딸이며, 약봉藥峯 서성徐渻[608]의 모부인이다. 집안을 다스리는데 법도가 있었으며 자식 손자들을 교육할 때 바르게 했기에 아이들이 부인의 두 눈을 쳐다볼 수 없을 정도였으나 익히는 바가 많았다. 일찍이 약고개[609]에 집을 지을 때 목수들을 감독하였는데 허튼짓을 용납하지 않았다. 목수들이 부인의 엄한 단속을 원망하며 아주 못된 짓을 꾸몄으니 대청 첫 번째 기둥을 거꾸로 세워 놓았던 것이다. 부인이 손으로 나무 결을 어루만져 보고는 거꾸로 세웠다는 것을 알고 목수를 불러 꾸짖었다. 목수들이 부인의 안목에 놀라고 기이하게 여기며 감탄하여 다시는 감히 속이지 못했다고 한다.

---

608 서성徐渻(1558~1631) : 본관은 대구大丘, 자는 현기玄紀, 호는 약봉藥峯이다. 예조좌랑, 사헌부지평, 경상우도감사, 평안감사, 호조판서, 병조판서 등을 역임했다. 저서로 『약봉집藥峯集』이 있다.

609 약고개[약현藥峴] : 중구 만리동 입구에서 충정로3가로 넘어가는 고개로서, 이곳에 약초를 재배하는 밭이 있던 데서 유래된 이름이다.

李氏 郡守股女徐藥峯母夫人 治家有法 敎兒孫以正 兩眼不能視 而多所諳練 嘗造藥峴第 檢督工匠 使不得容僞 匠人恨之 欲逞毒 乃倒竪廳堂第一柱 夫人手撫木理 召匠責之 匠乃驚異感服 不敢更欺云

• 남편 신숙주를 꾸짖은 윤씨 부인

윤씨尹氏는 보한재保閑齋 신숙주申叔舟[610]의 부인이다. 사육신 옥사가 일어났을 때 부인이 속마음으로 공이 동료들과 함께 화를 당할 것을 알고서 마침내 베를 가지고 누각 위에 앉아서 스스로 목을 매려고 했다. 신숙주 공이 집에 아무 일 없이 돌아오자 윤씨 부인은 신숙주를 꾸짖었는데 이때 공은 아무 말도 못하고 부끄러워했다.

尹氏 申保閑叔舟夫人 六臣獄發 夫人意謂 公同被禍 乃持布巾 坐樓上欲自縊 及公還 夫人責之 公默然有慚色

• 죽은 전처를 감동시킨 이씨 부인

이씨李氏는 창수倉守 윤명우尹明遇[611]의 세 번째 부인이다. 하루는 꿈에 한 여자가 사당으로부터 나와서 말했다고 한다.

"나는 네 서방님의 전처 되는 사람이다. 둘째 처는 조상님을 성의 없이 모시고 내 아이를 매우 구박했기 때문에 내가 죽였느니라. 지금 자네의 훌륭한 덕망에 나와 가족 모두가 감동하고 미쁘니, 반드시 귀한 자식 둘을 낳게 해줄 것이다."

---

610 신숙주申叔舟(1417~1475) : 본관은 고령高靈, 자는 범옹泛翁, 호는 희현당希賢堂·보한재保閑齋이다. 직제학·도승지·대제학·대사성·우의정·좌의정·영의정을 역임하였다. 세종 때 훈민정음 창제에 기여하였다. 글씨를 잘 썼는데 특히 송설체에 뛰어났다고 한다. 저서로는 『보한재집保閑齋集』이 전한다.

611 윤명우尹明遇(1642~1718) : 일명 윤명운尹明運. 본관은 파평坡平. 자는 여회汝會이다..

후에 봉구鳳九와 봉오鳳五[612]를 낳았다. 그의 말이 과연 그대로 증명되었다.

李氏 倉守尹明遇三配 一日夢一女子 自祠堂出來語 吾乃家翁前室也 前者繼室享先無誠 待吾兒深薄 故吾殛之 今君懿德感孚幽明 必生貴子二人云云 後生鳳九鳳五 其言果驗

• 스스로 이혼을 요구한 박씨 부인

박씨朴氏 부인은 현풍 선비 박아무개의 아내이다. 박아무개의 부인은 남편과 부부 사이가 좋았으나 자식이 없었다. 그 남편의 집안이 후손이 거의 없어 같은 성씨의 자식으로 양자들일 후손도 없었다. 남편은 후손이 끊어질까 근심하여 맘속으로 소실을 들이고자 했다. 아내가 말했다.

"『예기』에 '서자는 제사 지낼 수 있는 것이 부모에 그치고, 선대의 제사는 받들 수가 없다.' 했으니, 차라리 저와 이혼하고 새 장가 드시는 것만 못합니다."

남편이 차마 그렇게 못하자. 아내는 고집스럽게 말했다.

"제가 비록 원하지 않고 당신이 그렇게 한다고 해도 마땅한데. 하물며 제가 원합니다. 이렇게 하려는 까닭은 당신이 조상님께 죄를 짓지 않게 하려는 겁니다."

이어서 말하였다.

"저를 위해 별채를 지어 주시고 다만 한 개의 문을 설치해주고, 우

---

612 윤봉오尹鳳五(1688~1769) : 본관은 파평坡平, 자는 계장季章, 호는 석문石門이다. 부수찬·홍천현감·동지의금부사·대사헌·판돈녕부사 등을 역임하였다. 저서로는 『석문집石門集』 8권이 있다.

물과 절구를 문 안에 두는게 좋겠어요.”

남편은 부득이 그녀의 말대로 따랐다. 새 아내를 맞아 아들 둘을 낳았다. 하루는 첫 부인이 그리워 밤을 틈타 몰래 가서 문을 두드렸다.

“나 아무개요. 문 열어주시오.”

아내는 거절하고 들이지 않으며 말했다.

“당신과 나의 운명이 이혼하여 사는 것은 거역할 수가 없습니다. 밤이 깊은지라 아는 이도 없고 사적으로도 만날 수 없습니다.”

그녀는 통곡하며 남편을 돌려보냈다. 남편도 슬퍼하며 돌아갔다. 슬프다! 남편에게 다시 아내를 얻으라고 권한 것은 의이고 문을 닫고 남편을 들이지 않은 것은 예이다. 부인과 같은 이는 ‘여사女士’라고 할 만하다.[『약포집藥圃集』에 나온다.]

朴氏婦 玄風士人朴某妻 某氏與夫諧洽 而無子 其夫家孤甚 無他子姓可以爲繼者 夫 愍其絶嗣 意欲卜姓 妻曰 禮庶子止祭考妣 不可奉先世祀 不如離異 改娶之爲得 夫不忍 妻固曰 妾雖不欲君宜爾 況妾之願乎 所以爲此者欲使君無得罪於先祖也 且曰 爲吾別作舍 只設一門 井臼皆置門內 可也 夫不得已勉從其言 改娶生二子 一日感念舊情 乘昏潛往叩門曰 我某也 門可開也 妻拒不納曰 君命離異 不可逆也 暮昏無知 不可私也 慟哭而送之 夫亦悲悵而返 噫 勸夫改妻義也 閉門不納禮也 如婦人者可謂女士矣[藥圃集]

• 나라의 난을 대비했던 김씨 부인

김씨金氏 부인은 임진난 때 의병을 일으킨 김천일金千鎰[613]의 부인이

613 김천일金千鎰(1537~1593) : 본관은 언양彦陽, 자는 사중士重, 호는 건재健齋이다. 수원부사 등을 지냈다. 임진왜란이 일어나자 나주에서 송제민·양산숙·박환 등과 의병을 일으켜 수원·금령·통천·양천·양화도 등의 전투에서 큰 공을 세웠다. 저서로

다. 결혼한 뒤에 하는 일 없이 다만 낮잠만 잘 뿐이었다. 그녀 시아버지가 집안을 다스리고 가산을 돌보라 훈계하자 부인이 대답했다.

"제 비록 가산을 돌보고자 해도 빈손이라 어쩔 수 없네요."

시아버지는 바로 벼 삼천 석과 노비 네댓 명과 소 몇 마리를 주었다. 부인은 사양하지 않았다. 물러나 노비를 불러 명령하였다.

"너는 소에다 곡식을 싣고 무주 모처의 깊은 협곡에 들어가 나무를 하고 집을 지어라. 이 곡식으로 농사짓는 양식을 삼고 부지런히 화전을 개간하여 농사를 짓도록 해라. 매년 가을에 소출이 얼마인지 와서 고하도록 해라. 벼는 찧어서 쌀로 만들어 창고에 저장해 두도록 해라. 매년 이와 같이 하면 좋겠다."

며칠이 지나서 남편 김공에게 말했다.

"남자가 수중에 돈과 곡식이 없으면 그 어떤 일도 성취할 수 없습니다. 제가 들으니 마을에 갑 아무개는 집안에 수만의 재물을 쌓아두었는데, 내기 장기를 좋아한다고 하네요. 한번 가서 천 석 노적가리를 내기해서 따오면 어떨까요?"

김공은 대답했다.

"이 사람은 국수로 이름난 사람인데 내가 어떻게 대국할 수 있겠소?"

"어렵지 않습니다."

부인은 이렇게 말하고는 바로 장기판을 가져다가 여러 가지 묘수를 가르쳐 주었다. 김공은 지혜롭고 영민해서 하루도 안 되어 신이한 비법을 다 깨달았다.

부인이 말하기를

는『건재집健齋集』이 있다.

"이제 되었습니다. 내일은 가서 대국을 청하십시오. 세 판을 두어 삼판양승제로 하되 첫판은 져주시고 둘째 셋째 판은 간신히 이기기를 도모하십시오. 이미 노적가리를 따게 되면 그는 분통이 터져 다시 승부를 내자고 할 터인데, 그 땐 신묘한 수를 두어서 그가 도저히 손을 써볼 수도 없게 만들어야 됩니다."

라고 하자 김천일이 부인의 말을 따라 그에게 가서 내기 장기를 두자고 청하였다. 모갑이는 웃으며

"그대는 내 적수가 아니니 내기를 해서 무엇 하리오?"

하고 얕잡아보고는 대국을 하려고 하지 않았다. 재삼 간청을 한 뒤에 비로소 두기를 허락하였다. 드디어 문전에 쌓아놓은 천석의 곡식을 담보로 하고 삼판양승제로 한정하기로 하였다. 김천일이 이에 첫 대국을 거짓으로 져주었더니, 모갑이가

"그것 보시오. 그대가 어찌 나를 대적할 수 있겠소이까? 일찌감치 제 발로 물러나 적지 않은 재산이나 함부로 던져버리지 않는 것만 못할 게요."

라고 하였다. 김천일이 또 대국을 하자고 굳게 청하여 마침내 대국을 하여 두 판을 내리 이겼다. 모갑이 놀래고 믿기지 않아서

"어찌 이럴 이치가 있는가? 이미 약조한 곡식은 즉시 실어가되, 다시 한 판을 두어야 하겠소이다."

라고 한다. 김천일이 그제서야 귀신도 알 수 없는 묘수를 내어 대국이 반도 안 되어 모갑이가 크게 패하여 감히 다시 손을 써볼 수도 없게 되었다.

김천일이 돌아가서 부인에게

"과연 부인의 말대로 되었소이다. 이 곡식을 장차 어디에 쓰지요?"

라고 말하자, 부인은

“당신이 일찍부터 아는 사람 중에 빈궁하여 의지할 곳 없는 자들의 관혼상제를 도와주기도 하고 혹은 그들의 생활 밑천을 대어주시되 신분의 귀천이나 친소관계를 따지지 말고 마땅히 구휼하기만을 생각하십시오. 만약 기걸하고 용맹과 지혜를 가진 사람이 있다면 또한 그들과 깊이 관계를 맺어 날마다 불러 오신다면 술과 음식의 비용이야 제가 감당하지요.”

라고 하였다. 김천일이 부인의 말대로 하여 호남지방의 영웅호걸들과 모두 교유하였다. 하루는 또 부인이 시아버지께 고하여 울타리 밖의 닷새갈이 밭[614]을 청하여 박씨를 두루 심었다. 박이 익기를 기다렸다가 그 중의 가장 큰놈만을 골라서 옷칠을 하여 대여섯 칸의 창고에 가득 쌓아두었다. 또 대장장이에게 쇠로 된 바가지 서너 개를 만들게 하였는데 무게가 각기 수 백 근이나 되었다. 역시 창고 안에 넣어두었는데, 사람들은 어디에 쓰려는지 그 뜻을 알지 못하였다.

임진년에 왜구가 크게 이르자 적들이 고을의 경계까지 침범하였다. 부인이

“평일에 서방님에게 권하여 빈궁한 사람들을 구제하고 영웅적인 사내들과 친구를 맺으라고 한 까닭은 바로 이런 때에 그들의 힘을 얻으려고 했기 때문입니다. 시부모님의 피난 갈 장소는 제가 이미 따로 무주의 모처에 준비를 해두어서 집도 있고 양식도 있어서 아마도 서방님에게 염려를 끼치지 않을 겁니다. 저는 여기에 있으면서 군자금과 군량미를 맡아 준비할 터이니, 바라건대 서방님은 평일에 교유했던 사람들과 함께 의병을 일으켜 적의 무리를 쳐부수어 나라의 은혜

614 닷새갈이 밭 : 닷새 동안 김을 매야 할 정도 넓이의 밭을 뜻한다.

를 갚는 것이 어떻겠습니까?”

라고 하였다. 김천일이 흔연히 그 말을 좇아 드디어 의병을 일으켰다. 원근에서 다투어 좇아와서 열흘 사이에 정예병 4, 5천을 얻었다. 군졸들에게 각각 옻칠한 바가지를 차고 전투에 나가게 하였다가 진영으로 돌아올 때에 철바가지를 길에 흘리고 돌아오게 하였다. 왜병들이 주워서 들어보려고 했으나 힘으로 능히 들 수가 없었다. 그제야 크게 놀라서 신의 힘이 미치는 것이라 생각하고는 김천일의 의병군을 보면 겁을 집어먹고는 감히 덤벼들려고 하지 못했다. 김천일이 기이한 전공을 많이 세울 수 있었던 것은 대체로 그 부인의 계책이었다.

金氏婦 金倡義千鎰夫人 于歸之後 無所事爲 只事晝寢 其舅戒之以治家營産 夫人對曰雖欲治産 其奈赤手何 其舅乃以租三十石奴婢四五口 牛數隻分給 夫人不辭而退 仍呼奴婢命之曰 汝可駄穀於此牛 入茂朱某處深峽中伐木結屋 以此穀爲農粮 勤墾火田 每秋以所出幾石來告 粟則作米儲置庫中每年如是可也 居數日 謂金公曰 男子手中無錢穀 則百事不成 竊聞 洞中某甲家積置累萬財 而性嗜賭博云 何不一往賭取千石露積乎 公曰 此人以國手名 吾豈可對局乎 夫人曰 此不難 乃取博局教以諸般妙手 金公性慧悟 未竟日通曉神法 夫人曰可矣 明日往 請對局 以三局兩勝 而初局則輸 二三局僅僅圖勝 既得露積後 彼必奮然更欲賭勝 始出神妙之手 使彼不得下手 可也 金公從其言 往請賭博 某甲笑曰 君非吾敵 決賭何爲 乃低視 而不欲對局懇請再三然後 始許之 遂以門前千石霧穀 一塊爲注 兩勝爲限 金公乃佯輸初局 某甲曰 然矣 君豈敵吾 不如早自退去 無浪擲不小之財也 金公又堅請竟局連勝二局 某甲驚訝曰 寧有是理 既許之穀 即當輸去 而更賭一局 可也公乃出妙手 神鬼莫測 未半局 某甲大敗 不敢復下手矣 金公歸言夫人曰 果符夫人之言 此穀將焉用之 夫人曰 君子所嘗親知中 貧窮無賴者 或助其婚

喪或資其生濶 毋論貴賤遠近 量宜救恤 如有奇傑智勇之人 又與之深結 逐日來致 則酒食之資 吾自當之矣 金公如其言 盡交湖南雄傑之人 夫人又於一日 告于其舅 請得籬外五日耕田 遍種瓠子 待熟而取其最大 加柒以置充積五六間庫 又使冶工造鐵瓠三四箇 重各數百斤 亦置庫中 衆莫曉其意 及壬辰倭寇大至 賊犯邑境 夫人曰 平日勸夫子 以恤窮濟貧 交結英男者 欲於此等時得力故也 舅姑避兵之所 吾已區處於茂朱地 有屋有穀 庶不貽夫子之憂 吾則在此 當辦備軍資軍粮 願君子與平日所與遊者 倡起義兵 摧陷敵徒 以報國恩 如何 金公欣然從之 遂倡義兵 遠近爭附 旬日之間 得精兵四五千 使軍卒各持柒瓠而赴戰 及其回陳之時 遣棄鐵瓠於道 倭衆取而欲擧 力不能勝 乃大驚以爲神力所及 見公軍則畏怯 不敢向前 金公之多建奇功 蓋夫人之策也

<송병렬>

• 104세에 눈을 감은 최씨

최씨崔氏는 진필복秦必復의 아내였다. 진씨 집안은 금화金化[615]에 살았으며, 80세에 품계를 더하여 받았고 복을 누렸다. 나이가 백세를 넘어서는 여러 차례 노인을 우대하는 나라의 은전을 입었다. 계사년 8월에 생을 마쳤는데, 103세를 수하였다. 그 때 최씨부인의 나이 104세였는데 자손들을 불러서 타이르길

“내가 서방님과 80여 년을 해로하며 매번 소원하길 서방님보다 하루 먼저 죽어서 서방님이 직접 나를 염을 하여 장례를 지내주기를 바랐는데 불행하게도 서방님이 먼저 죽었으니 나는 통곡한다. 내가 비록 살 날짜가 얼마 남지 않았다는 것을 알기는하지만 그러나 하루

615 금화金化 : 강원도 북쪽에 있는 군 이름이다.

라도 살아 있으면 한갓 하루의 슬픔을 덧보탤 것이다. 나의 뜻은 결정이 되었다”

라고 하고는 드디어 눈을 감고 벽을 바라보고 누웠다. 말씀도 아니하고 곡기를 끊은 지 이틀 만에 서거하였다. 그 아들 처겸處謙이 국가의 은혜를 입어 선공감繕工監 감역監役에 제수되었다.

崔氏 秦必復妻 秦家居金化 壽資崇福 以年過百歲 屢蒙優老之典 癸巳八月終 壽百三歲 崔氏時年百四歲 召子孫諭之曰 吾哭家翁偕八十餘年 每願一日先死 使家翁親檢殮葬矣 不幸家翁先亡 吾雖知死無餘日 而一日在世徒增一日之悲 吾志決矣 遂闔眼面壁而臥 不言食 二日而逝 子處謙蒙恩 除繕工監役

진벌휘고속편震閥彙考續編 권7

의리를 지킨 여인들烈女

• 호랑이를 감동시킨 열녀 허씨

허씨許氏는 대사헌 허응許應[616]의 따님으로, 광산光山 김씨의 가문으로 출가하였다. 나이 17세에 청상과부가 되었는데 유복자가 있었다. 파주坡州에 있는 친정 부모에게 의지해서 살았는데, 그 부모가 개가시키려고 하여 혼약이 이미 정해졌다. 허씨 부인이 이를 알게 되자 아이를 업고 밤길을 걸어 십 리 밖의 시아버지 집에 가던 중에 호랑이가 앞길을 막았다. 부인이 탄식하며

"이 아이는 죽은 남편의 유복자인데, 너는 모름지기 나를 잡아먹어라."

라고 하였더니, 호랑이가 머리를 떨구며 앞서서 갔다. 부인이

"네가 나를 인도하여 시아버님 집까지 가려고 하느냐?"

라고 하니, 호랑이가 머리를 끄덕거렸다. 드디어 시댁에 이르게 되었는데, 그래서 그 고개를 호랑이가 넘은 고개라는 뜻에서 호유치虎踰峙라고 이름하였다. 일이 조정에 알려지자 정려가 내려졌다.

---

616 허응許應(?~1411) : 본관은 양천陽川이다. 1371년 식년문과에 급제하여 낭사郎舍가 되었다. 1391년 시폐를 들어 배불론排佛論을 주장하다가 왕의 노여움을 샀다. 그 뒤 이성계의 신진세력에 가담하여 시폐를 혁신할 것과 전제의 개혁을 주장하였다. 조선이 개국된 뒤 여러 요직을 거쳐 태종 초에는 대사헌이 되어 배불정책을 강경하게 주장하였고, 부녀의 정절을 중시하여 과부의 개가改家를 금지하자고 주장하였다.

許氏大憲應女 適光山金門 年十七而寡 有遺腹子 依父母在坡州 父母欲嫁之 約已定 夫人知之 乃負兒夜行 至舅家十里地 有虎當前 夫人歎曰 此兒乃亡夫遺骸 汝須食我 虎低首前行 夫人曰汝欲導我 至舅家耶 虎點頭 遂至舅家 仍名其峙曰 虎踰峙 事聞旌閭

· 비밀스런 꾀로 남편을 구한 허씨

허씨許氏는 세종조의 조정 관원인 오吳씨 성을 가진 사람의 아내이다. 오씨가 장물에 연루되어 사형을 당하게 되었다. 언부讞府(형조)에서 세 번이나 복계[617]하여 다음날 사형에 처해지도록 이미 판결이 났다. 아내 허씨가 비밀스런 꾀를 내어서 노복 한 명에게 명하여 부인의 의복을 입히고 모자로 머리를 싸매게 하였다. 감옥의 옥리 앞에 가게 하여

"나는 죄인 오吳 아무개의 아내 되는 사람인데, 듣자하니 내일 서방님이 사형에 처해진다고 하니 얼굴 한 번이라도 보고 영결하기를 소원합니다."

라고 고하게 하였다. 옥리가 불쌍하게 여겨서 이를 허락하였다. 한쪽 빈틈에 나아가 통곡하고 눈물을 흘리며 부부가 영결하는 모습을 하였다. 노복이 미리 소매 속에 준비해간 톱으로 즉시 수갑을 잘라 자기 몸에 채우고 부인의 복장을 그 주인의 몸에 입혔다. 옥문을 밀쳐서 나가게 하고는

"허씨는 이별을 고하고 물러갑니다."

라고 소리쳤다. 따로 옥밖에 준마를 두었다가 즉시 타고 달아나게 하였다. 얼마 있다가 옥리가 들어와서 보니 죄인이 아니고 바로 노복

617 복계覆啓 : 사형에 처한 죄인의 조서調書를 다시 신중히 검토하여 임금에게 아뢰는 일을 이르던 말이다.

이었다. 좇아가서 체포하려고 했으나 미치지 못하였다. 임금이 그 노복을 의롭게 여겨 그를 방면하였다.

許氏 世宗朝朝官吳姓人 坐贓當刑 讞府三覆啓 已判明日當刑 妻許氏出秘計 命一奴服婦人服 以帽裹頭 詣獄吏前 告以我是罪人吳某之妻 聞良人明當就戮 願一面以訣 獄吏哀而許之 就一隙地 哭泣爲夫婦永訣之狀 奴預袖刀鉅 隨手截去鑽杻 轉加身上 以婦人服加其主 擠出獄門曰 許氏告別辭去 別置駿駒於外 卽使騎走 有頃 獄吏入視 非罪人乃奴也 追捕不及 上義其奴而免之

• 시댁에 지혜와 효성을 다한 정씨

정씨鄭氏는 군수인 초계정씨 정묵鄭默의 따님으로 목사인 연안김씨 김래金琜에게 시집갔다. 성품과 식견이 밝고 민첩하여 어려서부터 여훈女訓 등의 여러 서적을 익혀서 대의를 통하였다. 계축癸丑 옥사 때 시댁이 흉화를 입어 그 원통함을 슬피 여기고 울부짖었다. 밤에는 반드시 분향을 하고 하늘에 기도하며 지극한 원한을 갚기를 고하였다. 밤에는 이부자리도 피지 않고 잤으며 추운 날에도 옷을 껴입지 않았다. 봉두난발로 얼굴을 씻지도 않고 외롭게 떠돌며 눈물을 흘린 지 십년이 되었다. 지아비가 옥중에서 운명하자 거적에 싸서 다른 산에 장례를 지냈다. 혹 화가 무덤에까지 미칠까 걱정이 되어 고향 선산에 장례를 치른다고 사람들에게 선언하고는 몰래 장례도구를 준비하여 은밀한 곳에 묻어 사람들이 알지 못하게 하였다. 맏아들 천석天錫에게는 헤진 의복을 입혀 몰래 달아나게 하고는 병들어 죽어서 슬픔으로 죽은 아들을 보냈다고 사람들에게 말하였다. 시어머니 노盧부인이 옥에 갇혀 끼니도 올리지 못하게 되자 몰래 간수에게 뇌물을 주어 끼니가 끊어지는 것을 면하게 하였다. 탐라에 귀양을 가게 되자 비복들에게 넉넉히 주어 왕래가 끊어지지 않고 음식과 의복이 떨어지지 않게 하였다. 이런 일들은 모두 남자들도 능히 감당하기 어려운 것이거늘 일개 부인의 몸으로 그것도 곤궁하고 위축된 상황 중에 지혜와 효성을 다하여, 끝내는 천도를 감동시켜 되돌아오도록 하였도다.

아! 또한 기이하도다. 뒷날 노盧부인이 연로하여 병으로 죽게 되자 정씨는 약 수발을 들다가 병을 얻게 되고 초상에는 슬픔이 지나쳐 몸을 상하게 되어 일생을 마치게 되었다. 청음淸陰 김상헌金相憲이 묘지를 지었고, 일찍이 학을 읊은 시 「영학시咏鶴詩」를 지었다.

한 마리 신선 같은 학이 맑은 밤에 소리치니
신선 사는 곳의 옥피리 소리 이런가
삼도십주의[618] 신선 사는 곳으로 돌아가 살려고 생각하는데
하늘 가득한 풍우가 찬 깃털 씻는구나

一隻仙鶴呌淸宵　　疑是丹邱弄玉簫
三島十洲歸思濶　　滿天風雨刷寒毛

鄭氏 郡守草溪鄭默女 適牧使延安金球 性識明敏 自幼習女訓諸書 通大義 癸丑 舅家被凶禍 哀號冤痛 夜必焚香 禱天籲雪至寃 夜不設寢 寒不襲衣 蓬首垢面 煢煢泣血者十年 夫殞于獄中 藁葬他山 或恐禍及泉壤 宣言歸葬故壟 潛備棺斂 瘞于隱處 莫使人知之 又使長子天錫 羸服潛逃 而宣言病歿

---

618 삼도십주三島十洲 : 도교에서 말하는 바닷속의 선경仙境이다. 십주는 조주祖洲·영주瀛州·현주玄洲·염주炎洲·장주長洲·원주元洲·유주流洲·생주生洲·봉린주鳳麟洲·취굴주聚窟洲이고, 삼도는 봉래蓬萊·영주瀛洲·방장方丈의 이른바 삼신산三神山이다.

發哀送死 及姑盧夫人幽囚 爨火不擧 潛賂守者 俾免絶炊 及配耽羅 厚給僕人 往來不絶 無乏餠服 此皆男子之所難能 而以一婦人 在畏約中 智謀誠孝 終致感回天道 吁亦異哉 後盧夫人年老病歿 侍湯成瘁 居喪過毁 以卒 淸陰撰誌 嘗有咏鶴詩曰 一隻仙鶴叫淸宵 疑是丹邱弄玉簫 三島十洲歸思濶 滿天風雨刷寒毛

• 지아비의 절개를 지키며 자결한 이씨

이씨李氏는 충의忠義[619] 이잠李潛의 따님으로 충민공忠愍公 임경업林慶業의 부인이다. 임공이 망명했을 때에 조정에서는 공의 식솔들을 거두어 심양으로 보내었다. 부인의 감금 생활이 오래 되자 침범하여 해를 끼치는 것이 날로 심해졌다. 부인이 비분강개하며

"내 지아비가 이미 명나라의 충신이 되었건만 내가 다만 충신의 아내가 되지 못하겠는가? 어찌하여 개돼지에게 욕보는 것을 참아가며 내 지아비의 절개를 더럽히랴?"

하고는 드디어 칼을 뽑아 자결하였다.

李氏忠義潛女 林忠愍慶業夫人 公之亡命也 朝送收公家屬入送瀋陽 夫人久被留繫 侵毒日甚 夫人忼慨 曰吾夫旣爲大明忠臣 吾獨不得爲忠臣之妻乎 奈何忍辱於犬豕 以汚吾夫之節 遂引刀自決

<김혈조>

• 시댁의 신주를 잘 간수한 신씨

신씨申氏는 시정寺正 건健의 딸이다. 시직侍直 류광찬柳光纘[620]에게 시

619 충의忠義 : 종친부宗親府와 충훈부忠勳府에 속하는 하급 직원을 이른다.

620 류광찬柳光纘 : 자는 종백宗伯이다. 사도시 정司導寺正 엄渰의 아들인데 숙부 유관

집갔으며 충숙공忠肅公 류관柳灌[621]의 며느리이다. 본래 의리를 알았고 경전과 역사서를 대략 섭렵하였다. 을사년乙巳年(1545)에 시댁이 형벌의 화를 당하자 곧 시아버지와 남편을 거두어 안장하고 함께 과천果川에 상을 치렀다. 초하루와 보름날에는 반드시 묘소에 올라갔는데 비바람이 쳐도 그치지 않았다. 두 신주를 받들고 남의 집을 빌려 품팔이를 하며 제사를 받들어도 절물節物[622]이 갖춰지지 않음이 없고, 한 모금의 물도 입에 넣지 않았으며 밤낮을 부르짖으며 곡하였다.

정미년丁未年(1547)에 이르러 집안 재산을 몰수당한 후[623]에는 몹시 수척해져 길에 기어 다닐 정도가 되어도 오히려 두 신주를 가슴 속에 품었고, 엎어질 듯 위급한 상황에도 잠시도 손에서 놓지 않았다. 경오년庚午年(1570)에 이르러 신원이 되자 두 신주를 받들어 소격서의 옛집으로 다시 들어갔다. 대개 을사년乙巳年 이후로는 머리에 빗질을 하지 않고 옷도 새것으로 바꿔 입지 않고는 흐트러진 머리와 해진 옷을 입고 부르짖으면서 곡하고 집으로 돌아오니 보는 사람들이 감동하여 눈물을 흘리지 않는 이가 없었다. 영종 병인년丙寅年(1746)에 정려旌閭의 명이 내려졌다.[624]

의 양자로 들어갔다. 연루되어 형을 받게 되었을 때에 집안사람이 이 문서를 가지고 관가에 가서 죽음을 면해 줄 것을 빌려 했으나 공은, "한번 아버지와 아들로 이름을 삼았으니, 좋으나 나쁘나 달리 생각할 수 있느냐." 하면서, 드디어 그 문서를 소매에 넣어 내놓지 않고 죽음을 당하였다고 한다.

621 류관柳灌(1484~1545) : 본관은 문화文化, 자는 관지灌之, 호는 송암松庵이다. 1543년 왕의 특명으로 평안도 관찰사에 부임하여 소란한 북변지대를 평정平靜시켰다. 인종이 즉위하자 다시 불리어 우의정이 되고 이어 좌의정에 전임했으며, 인종이 죽자 원상院相이 되어 서정庶政을 맡았다. 을사사화乙巳士禍 때 윤임尹任 일당으로 몰려 과천果川에서 사사賜死되었다. 문집에 『송암집松庵集』이 있다.

622 절물節物 : 철을 따라 나는 산물産物을 말한다.

623 적산籍産 : 죄인의 재산을 모두 몰수하는 것을 이른다.

624 이중열李中悅, 『을사전문록乙巳傳聞錄』, 「류관전柳灌傳」에 신씨와 관련된 내용이 보인다.

申氏 寺正健女 適侍直柳光纘 忠肅公灌子婦也 素知義方 畧涉經史 乙巳夫家遘刑禍 乃收葬忠肅侍直 兩喪于果川 朔望 必上塚 風雨不廢 奉二主僦人屋 傭賃以奉祭 節物未嘗不備 勺飮不入口 晝夜號哭 及丁未籍産後 柴毁已極 匍匐道路 猶以二主抱懷中 顚沛不暫捨 至庚午伸雪 奉二主還入昭格署舊第 而蓋自乙巳後 頭不加櫛 衣不易新 亂髮弊衣 號哭返家 觀者莫不感泣 英宗丙寅旌閭

진벌휘고속편震閥彙考續編 권8

궁궐 여인들嬪御

• 궁중을 어지럽게 한 경신군

경신군庚申君[625]이 고려의 기비奇妃를 총애하여 후后로 책봉하자 권세를 마음대로 휘두르며 당파를 만들어 궁중을 어지럽게 하였다. 그래서 성의백誠意伯[626]이 「무산고巫山高[627]」·「초비가楚妃歌」·「양보음梁甫吟[628]」을 지어서 풍자하였다. 원나라 제도에 세공歲貢으로 고려에서 미녀를 바치게 하였는데, 명나라 초기에도 인습되어 고쳐지지 않아 효릉孝陵[629]은 공비碽妃가 있었고, 장릉長陵[630]은 권비權妃가 있었다.[631]

---

625 경신군庚申君 : 원元 순제順帝를 말한다. 순제 27년(1367) 8월 경신일庚申日에 명明나라의 군사가 원 나라의 수도를 점령하여 원 나라가 멸망하였으므로, 원 순제를 경신군이라 하였다.

626 성의백誠意伯 : 명明나라 태조太祖 때의 학자 유기劉基를 말한다. 자字는 백온伯溫, 호號는 욱리자郁離子이며, 청전靑田 사람이다. 여러 번 승진하여 총관부판總管府判이 되었으나, 관직을 버리고 청원 산중으로 들어갔다. 뒤에 청전에서 의병을 일으켜 태조를 도와 왕조를 창건하는 데 공을 세워 개국 원훈開國元勳이 되었고, 성의백誠意伯에 봉해졌다.

627 무산고巫山高 : 시의 원문은 다음과 같다. 산속의 여우 늙도록 죽지 않고, 연꽃처럼 고운 미녀로 둔갑해서, 자취 감추고 꿈속에 나타나, 눈물을 환화幻化시켜 좋은 구슬 만드네.[山中妖狐老不死 化作婦女蓮花腮 潛形譎跡托夢寐 變幻涕淚成瓊瑰]

628 양보음梁甫吟 : 시의 원문은 다음과 같다. 외간의 황보 염처의 소문 듣고, 뿔난 말이 암탉과 결탁하듯 하였네. [外間皇父聞艶妻 馬角突兀連牝鷄]

629 효릉孝陵 : 명나라 태조太祖 주원장朱元璋의 묘호廟號이다.

630 장릉長陵 : 명나라 성조成祖의 묘호이다.

631 이덕무李德懋, 『청장관전서靑莊館全書』 권60, 『앙엽기盎葉記 7』, 「공비碽妃」에 이와 관련된 이야기가 수록되어 있다.

庚申君 寵高麗奇妃 立以爲后 專權植黨 濁亂宮闈 故誠意伯作巫山高楚妃歌梁甫吟以刺之 元制 歲貢高麗貢美女 明初相沿未改 孝陵有碽妃 長陵有權妃

<박다원>

· 명나라 황제에게 총애를 받은 현비 권씨

권씨權氏는 공부전서工部典書 권집중權執中의 딸이다. 영락永樂 을유년(1405)에 권씨를 선발하여 명나라 황실에 올리자 황실에서 현비賢妃에 봉하였다. 영락 갑오년(1414)에 역관譯官 민원생閔元生[632]이 북경에 갔다가 돌아왔는데 황제의 교지에 다음과 같은 내용이 있었다.

"황후가 세상을 떠난 뒤로 너희 나라 권비權妃에게 육궁六宮[633]의 일을 관리하도록 하였다. 그런데 너희 나라 여씨呂氏가 고려 때 내관 김득金得과 김양金良에게 요청하여 은장이[銀匠]에게 비상砒霜을 빌어다 호도차[胡桃茶]에 섞어서 올렸는데 이 때문에 권비가 독에 중독되어 죽었다. 내가 이미 내관과 은장이를 죽였고, 또 달군 인두로 여씨를 고문하여 한 달 만에 죽여버렸다. 이를 권영균權永均(권씨의 오빠)에게 알려주라."

라고 하였다. 권비가 죽은 지 2년 뒤에 권비의 계집종이 여씨의 계집종을 꾸짖기를,

"네 주인이 우리 권비님을 독살 하였다."

라고 했는데 황제께서 이를 듣고서 신문해보니 과연 그러했다.[『패

632 민원생閔元生 : 『패관잡기』에는 원민생元閔生으로 기록되어있다.

633 육궁六宮 : 황후皇后의 궁중宮中을 말한다. 『예기禮記』에, "옛날 천자의 후后는 6궁六宮·3부인三夫人·9빈九嬪·27세부二十七世婦·81어처八十一御妻를 세웠다."고 하였다.

관잡기稗官雜記』에 나온다.]

홍희洪熙 을사년(1425)에 황제가 소감少監 김만金滿을 보내 권씨의 오빠 권영균의 제사를 지내도록 하였다. 어떤 곳에는 다음과 같이 기록되어 있다.

"광록경光祿卿 권영균의 누이가 영락 기축년(1409)에 선발되어 명나라 황실에 들어갔는데 얼굴이 하얗고 모습이 예쁘고 순수하였다. 옥피리를 잘 불었는데 그 소리가 오묘하여 멀리까지 울리니 궁중에서 이를 많이 따라했다. 황제가 현비賢妃에 책봉하였고, 경인년(1410)에 세상을 떠나자 시호를 공헌恭獻이라 하였다. 그 관을 택현澤縣에 안치하였다."

라고 하였다. 권씨 족보에는 '현인비顯仁妃'로 기록되어 있다.

權氏 工部典書 執中女 永樂乙酉 選進皇朝 封賢妃 永樂甲午 譯官閔元生赴京回來 聖旨 自皇后崩逝後 令汝國權妃 管六宮事 汝國呂氏 請於高麗內官金得金良 借砒礵於銀匠 和胡桃茶 以進權妃 因致毒死 朕已殺內官銀匠又用烙鐵烙宮人 一箇月殺了 說與權永均知通 妃薨後二年權妃之婢 罵呂氏婢曰 汝主藥殺我妃子 帝聞而訊之 果然 出稗官雜記 洪熙乙巳 帝遣少監金滿 賜祭權氏兄永均 一云 光祿卿權永均妹 永樂己丑選入 色白質穠粹 善吹玉琯 窈妙多遠音 宮中多效之 冊賢妃 庚寅薨 諡恭獻 措其柩于澤縣 權譜稱顯仁妃

• 경태황제를 낳은 오 태후

오吳 태후太后는 우군사右軍司 정正 오척吳倜의 딸이다. 충청도 진천鎭川 사람으로 정미년(1427)에 선발되어 중국에 들어갔다. 처음에 황제

후궁으로 경태황제景泰皇帝[634]를 낳았는데, 경태황제가 즉위하자 태후太后의 자리에 올랐다. 태후가 고국을 슬피 그리워했기 때문에 화상畵像을 고국으로 보내와 절에 안치하게 하였다고 한다.

吳太后 右軍司正 吳倜女 鎭川人 丁未選入 始爲後宮 誕景泰皇帝 景泰卽位 尊爲太后 太后悲念故國 故以畵像 歸于我國 置之僧舍云

• 옥피리를 잘 불어 황제에게 총애를 받은 권씨

권씨權氏는 공조전서工曹典書 권극화權克和[635]의 딸이다. 명나라 성종成宗 조에 공녀貢女로 황실에 들어갔다. 자태가 농염하고 옥피리를 잘 불어 후궁들 가운데 가장 총애를 받았다. 명나라 사람이 지은 궁사宮詞 중에도 그 당시 권씨 사적을 읊은 사詞가 있다.

權氏 工曹典書 權克和女 皇明成宗朝入貢 穠艶善吹玉笛 寵冠後宮 明人宮詞中 亦有咏其時事者

• 청나라 황실에서 버림받은 의순공주

효종孝宗 경인년(1650)에 금림군錦林君 이개윤李愷胤[636]의 딸을 공주[637]

---

634 경태황제景泰皇帝(1428~1457) : 중국 명조의 제7대 황제로 이름은 주기옥朱祁鈺이다.

635 권극화權克和 : 본관은 안동安東, 자는 용부庸夫, 호는 습재習齋이다. 문장으로 이름이 높아 『신증동국여지승람』에 시문이 다수 전한다. 화산부원군花山府院君에 추봉되었다.

636 이개윤李愷胤 : 본관은 전주全州, 조선 왕실의 종친이다. 성종의 4대 후손으로, 효종과는 10촌 사이이다. 금림군錦林君에 봉해졌다.

637 공주 : 의순공주義順公主(?~1662)를 말한다. 1650년에 청의 황자皇子 구왕九王으로부터 조선의 공주를 얻어 결혼하겠다는 요청이 있자, 우리 조정에서는 이개윤의 딸을 뽑아 공주로 봉한 다음 사신 원두표元斗杓와 함께 청으로 보냈다. 용모가 아름답지 못한 탓으로 구왕의 총애를 받지 못하였다. 다음 해에 구왕이 반역죄로 몰

로 봉하여 청나라에 보내며 12명을 함께 보내 황자皇子 구왕九王(예친왕睿親王 다이곤多爾袞)에게 시집보냈다. 뒷날 버림을 받고 다시 시집갔다가 금림군이 데리고 돌아와 청나라 패륵貝勒[638]에게 시집을 보냈다. 패륵이 매우 좋아하여 백송골白松鶻이라 하였는데, 대개 자태가 뛰어난 것을 그렇게 부른다고 한다.

패륵은 곁에서 모시는 여자가 10여 명이었는데 모두 남다른 미모가 있었으나 그 가운데 한 사람이 더욱 절세미인이었다. 패륵이 우리 사신에게 다음과 같이 말하였다.

"네가 이 사람을 알겠느냐? 이 사람은 너희 나라 한윤韓潤[639]의 딸이다."

라고 하였다.

義順公主 孝宗庚寅 以錦林君愷胤女 封爲公主 入送于淸 以十二人資送適汗九王子 後見棄 改適 錦林率還 遣嫁淸貝勒 貝勒大悅 以爲白松鶻 蓋言其姿態橫生也 貝勒有侍姬十餘皆殊 而其中一人 尤絶艶 貝勒 謂我朝使臣曰 爾能識此人否 此是爾國韓潤之女也

리면서 구왕의 부인들이 여러 왕족과 장수들에게 분배될 때, 의순공주는 구왕의 부하장수에게 넘겨졌다. 그 뒤 아버지인 금림군이 사신이 되어 청으로 들어갔을 때 딸의 환국을 간청하여 허락을 받아 1656년 함께 돌아왔다.

638 패륵貝勒 : 청 나라의 작위로, 만주어로 부장部長의 뜻이다. 청조淸朝에서는 만주滿洲 및 몽고 출신의 작호로 하였는데, 군왕郡王의 아래, 패자貝子의 위에 위치한다.

639 한윤韓潤 : 함경도 문화출신으로 한명련韓明璉의 아들이다. 한명련이 이괄李适과 난을 일으켰다가 살해되자 후금後金 건주建州로 탈출하였다가 강홍립姜弘立의 휘하에 들어갔다. 병자호란 때 금나라 선봉장으로 조선을 침공한 뒤 화의和議가 이루어진 뒤에도 재침하도록 오랑캐를 부추겼다. 이 때문에 당시 조선에서 한윤을 한적韓賊이라 불렀다.

부附 궁녀宮女

• 명나라 황실의 회복을 기원한 굴저[640]

굴저屈姐는 중국 소주蘇州의 양민 집 딸이다. 7세에 선발되어 궁중에 들어가 주황후周皇后를 모셨다. 숭정崇禎 갑신년(1644)에 연경이 함락되고 주황후가 세상을 떠나자 굴씨가 달아나 민간에 숨었는데 청나라 군사가 연경에 들어와서 굴씨를 잡았다. 이때 소현세자昭顯世子가 청나라 사람을 따라 연경에 들어왔는데 청나라 사람이 굴씨에게 세자를 모시도록 하였다. 소현세자가 우리나라로 돌아오자 굴씨도 따라와서 만수전萬壽殿에 배속시켜 장열왕후莊烈王后를 섬기도록 하였다. 늘 북쪽 중국 땅을 바라보며 하염없이 눈물을 흘렸는데, 이때 효종이 한 두 신하들과 북벌北伐에 관한 일을 의논하고 있었다. 굴씨 홀로 그 일을 마음속으로 알고는 늘 죽음을 참는 것은 명나라 황실이 회복되는 것을 보고 싶어서라고 하였다. 나이 일흔 남짓에 세상을 떠났는데 죽으려 할 때,

"혼백이나마 의로운 군사의 출병을 볼 수 있도록 저를 서쪽 교외에 장사지내 주십시오."

라고 하여 그 유언을 따라 고양高陽 목장동木葬洞에 장사지냈다.

언젠가 효종이 굴씨에게 부인들의 머리에 쪽을 찌는 제도에 대하여 물었는데, 우암尤庵 송시열宋時烈이 그 제도를 대대로 따르도록 주청하였다. 굴씨는 날짐승과 들짐승 들을 잘 길들여 뜻대로 부리지 못하는 짐승이 없었다. 제자로 진춘進春이라는 자를 두어 그 방법을 잘 전수하였다. 숙종이 광평전씨廣平田氏 전회일田會一 집에 명하여 굴씨

---

640 이 이야기는 성해응成海應의 『연경재전집研經齋全集』 43권 「황명유민전皇明遺民傳」에도 실려 있다.

의 제사를 주관하게 하고 해마다 제수를 공급하였다. 회일은 바로 전호겸田好謙[641]의 아들이다.

굴씨는 글을 몰랐는데 스스로 말하기를,

“황조皇朝에 있을 때 궁인이 녹봉을 지급 받을 때 장부에 그 성을 적도록 하였는데 ‘척尺’ 자처럼 쓰고 그 음을 ‘규圭’라 읽었다.”

라고 하여 우리나라 사람들이 규씨 여자라는 뜻으로 ‘규저圭姐’라 불렀다. 그 말을 기록하여 중국말로 바꾸어보니 바로 ‘굴屈’ 자였다. 임창군臨昌君 이혼李焜[642]이 묘지명墓誌銘을 지었다.

屈姐 中國蘇州 良家女 七歲選入 侍周皇后 崇禎甲申 京師陷 周皇后崩 屈氏逃匿民間 及清人入燕 獲屈氏 時我昭顯世子 從清人入京師 清人以屈氏侍 及世子東歸 屈氏從之 屬萬壽殿 事莊烈王后 常北望中州 泫然泣下 時孝廟與一二臣 議北伐事 屈氏獨心知之 常願忍死 見皇朝之興復云 年七十餘卒 將死 言願葬我於西郊 魂魄得見義師之出 遵其言葬之高陽木葬洞 孝宗嘗詢髻制于屈氏 尤菴請其制世守之 屈氏善擾禽獸 指使無不如意 有弟子進春者 頗傳其法 肅宗命廣平田會一家 主屈氏祀 歲給祭需 會一卽好謙之子也 屈氏不知書 自言 在皇朝時 宮人頒廩 籍書其姓 如尺字 其音爲圭 我人呼以圭姐 錄其語 翻于燕 乃屈字 臨昌君焜 撰誌

641 전호겸田好謙 : 광평전씨의 시조이다. 본래 명나라의 경적례經籍隷 향학생鄕學生으로 명나라가 청나라에 멸망하자 인조 14년(1636)에 귀화하였다.

642 이혼李焜(1663~1725) : 소현세자昭顯世子의 손자이다.

• 조선에 와서 상궁이 된 최회저[643]

최회저崔回姐는 중국 청주부青州府 수광현壽光縣 사람이다. 아버지 운부雲溥가 홍통紅通 현감으로 나갔다가 집으로 돌아온 뒤에 딸아이를 낳았기 때문에 '회저'라 이름을 지었다고 한다. 같은 고을의 수재秀才 장구소張九簫에게 시집갔다가 숭정崇禎 임오년(1642)에 청나라 사람들에게 사로잡혔다. 이듬해 6월에 심양에서 소현세자를 모시다가 을유년(1645)에 소현세자를 따라 우리나라로 들어왔다.

회저는 그림을 잘 그리고 수를 잘 놓아 늘 궁궐에서 지냈다. 황조의 여자들 중에 다른 나라로 떠나온 사람이 한두 사람뿐만이 아니었으나 모두 벌써 고인이 되어버렸고 최회저 한 사람만 남아 여러 임금을 모시며 나이가 여든 살에 가까웠다. 임금이 특별히 더 돌봐주어 이조吏曹에 명하여 상궁의 교지를 내려주도록 하였고, 호조에 명하여 의복과 양식을 넉넉히 지급해주도록 하였다.

사람 됨됨이가 총명하고 투철하여 모르는 일이 없어서 우리나라 사람들이 알지 못하는 것을 많이 알고 있었다. 을유년(1705)에 세상을 떠나니 향년 81세였다. 양주楊州 향화촌香花村에 장례를 지냈다. 언젠가 말하기를,

"명나라 말 재변災變에 하얀 개가 사람처럼 서서 '세상이 어지럽고 세상이 어지럽다'라고 하였고, 또 한 남자가 인가로 새처럼 날아들어 스스로 신선이라 일컫고 차를 요구해서 마시더니 다시 날아가 버렸다. 세 가닥으로 머리를 땋았는데 내가 그것을 보았다."

라고 하였다.

---

643 이 이야기는 이덕무李德懋의 『청장관전서青莊館全書』 47권 『뇌뢰락락서보편磊磊落落書補編』과 성해응成海應의 『연경재전집研經齋全集』 43권 「황명유민전皇明遺民傳」에도 실려 있다.

또 유저柔姐가 있었는데 수를 잘 놓았다. 경신년(1680)에 죽으며 화장해달라고 유언하였다. 긴저緊姐는 바로 황조 재상의 후처였다. 곱고 수려했으며 화장과 빗질을 잘하여 사족士族들의 풍이 있었다. 정해년(1707)에 죽었다. 모두 갑신년(1644) 전란 때 회저와 함께 우리나라에 와 궁중에서 자랐다. 글자를 몰라 그 성명과 관향을 알 수가 없다.

崔回姐 中國青州府壽光縣人 父雲溥 爲紅通知縣 還家而生姐 故名回姐云 嫁同縣秀才張九簫 崇禎壬午 爲淸人所掠 翌年六月 侍昭顯世子于瀋陽 乙酉 隨世子東歸 姐能善畵刺繡 常在宮掖 皇朝女子之仳離殊方者 不啻一二 而皆已身故 只有回姐一人 侍衛累朝 年迫八十 上特加軫恤 令吏曹 賜尙宮敎旨 令地部 優給衣資食物 爲人明透 無事不解 多有我國人所不及者 乙酉歿 年八十一 葬楊州香花村 嘗言 明季災異 有白狗人 立而言曰 天亂天亂 又有一男子 飛入人家 自稱仙人 索茶啜已 復飛去 編髮[644]爲三條 姐見之云 又有柔姐 善刺繡 庚申死 遺言火葬 緊姐 卽皇朝宰相後妻也 娟秀善粧梳 有士族風味 丁亥死 皆於甲申之亂 與回姐東來 長于宮中 不解書 其姓名籍貫 不可考

• 청나라 장수의 총애로 교만을 부리다 쫓겨난 의영

의영義英은 처음 이름이 춘절春節이고 뒷날 의영으로 고쳤다. 도성 동쪽 석관리石串里에 집이 있었다. 일찍이 인목대비전仁穆大妃殿의 시녀가 되었는데 병자호란 때 청나라 장수에게 잡혀갔다. 청나라 장수는 많은 처첩을 데리고 살았지만 끝내 후사를 보지 못하였는데, 의영이 뒤늦게 들어와 홀로 아들 하나를 낳으니 청나라 장수가 매우 애지중지하였다. 뒷날 이런 총애를 믿고 교만과 투기를 부리다가 끝내 성

644 髮 : 원문에는 '受'로 되어 있으나 이덕무李德懋의 『청장관전서靑莊館全書』에 실려 있는 내용을 따라 수정하였다.

밖으로 쫓겨나 근근이 살아갈 의식만 공급해주었으나 그 아들은 성인이 되어 장군의 직첩을 얻었다고 한다.

경술년(1670)에 동평위東平尉 정재륜鄭載崙[645]이 사절로 연경에 들어갔는데 도중에 한 여자를 만났다. 자신이 조선 사람이라고 하며 문 앞에서 뵙기를 청하였다. 들어오게 하여 물어보니 바로 춘절이었다. 계축년간(1613)에 영창대군永昌大君이 화를 입은 곡절과 인목대비가 서궁西宮에 유폐된 일부터 계해년(1623)의 사건[646]까지 낱낱이 말하였는데 눈으로 보는 것처럼 생생하였다. 그리고 다른 일들까지 언급하였는데 들을 만한 이야기가 많이 있었다.

義英 初名春節 後改義英 家在城東石串里 曾爲仁穆大妃殿侍女 丙子亂爲淸將所擄 淸將廣畜姬妾 終無嗣續 義英以晩進 獨生一子 淸將大愛之 後因恃寵驕妬 終被黜斥于郊庄 僅給衣食 而其子成人得職云 庚戌 東平尉奉使入燕 路有一女 自稱朝鮮人 到門求謁 進而問之 則乃春節也 歷言癸丑間 永昌被禍委折 及大妃幽閉西宮 以至癸亥事 歷歷如目覩 傍及他事 多有可聽者

• 세조의 비가 될 인물을 알아 본 감찰각씨

세종世宗 조에 세조世祖의 혼례를 아직 결정하지 못하여 막 정희비貞熹妃[647]의 언니와 혼사를 의논하고 있을 때였다. 감찰각씨監察閣氏가

---

645 정재륜鄭載崙(1648~1723) : 본관은 동래東萊, 자는 수원秀遠, 호는 죽헌竹軒이다. 1656년 효종의 다섯째 딸 숙정공주淑靜公主와 혼인하여 동평위東平尉가 되었다. 1670년 사은정사로, 1705년에는 동지정사로, 1711년에는 동지 겸 사은정사로 청나라에 세 차례나 다녀왔다. 1716년 『열성지장통기列聖誌狀通記』를 증보, 간행하였다. 또한, 저서로 『공사견문록公私見聞錄』·『한거만록閑居漫錄』 등 수필형식의 기록이 있다.

646 계해년(1623)의 사건 : 인조반정仁祖反正을 이른다.

647 정희비貞熹妃(1418~1483) : 파평 윤씨로 아버지는 판중추부사 윤번尹璠이다. 1428

희비의 집에 이르니 주인 부인이 그 처자를 데리고 나와 함께 대면하고 앉았다. 이때 정희비는 나이가 아직 어려서 짧은 치마에 아이 머리를 묶고 부인의 자리 뒤에 숨어서 보고 있었다. 주인 부인이 밀어서 방으로 들어가게 하니 각씨가 말하기를,

"애기씨 기상이 비범하니 한번 보고 싶습니다."

라고 하였다. 부인이 나오도록 허락하자 각씨가 보고 감탄해 마지않았다. 내전에 들어가 그 일을 아뢰자 드디어 그녀와 혼사를 정하게 되었다. 이것은 진실로 하늘이 맺어준 인연이요 사람을 알아보는 각씨의 감식안이니 지금까지도 그 이야기가 자자하다.

監察閣氏 世宗朝 世祖吉禮未定 方議婚於貞熹妃之兄 監察閣氏 至其家 主夫人奉其處子而出 與之對坐 貞熹年尙稚 短裳童髻 隱蔽於夫人之座後而觀之 主夫人推使入室 閣氏曰 阿只氣像非凡 願見之 主夫人許出見 閣氏嘉歎不已 及入內啓其事 遂與之定禮 是固天作之合 而閣氏知人之鑑 至今稱之

• 인목대비 대신 죽은 경운궁의 궁녀

경운궁慶運宮 궁녀는 그 성명을 알 수 없다. 광해군 임술년(1622)에 백대형白大珩[648], 이위경李偉卿[649] 등이 몰래 서궁西宮(인목대비仁穆大妃)을 해

년 수양대군首陽大君과 가례를 올리고 낙랑부대부인樂浪府大夫人에 봉해졌다.

648 백대형白大珩(1575~1623) : 본관은 수원水原, 자는 이헌而獻이다. 이이첨李爾瞻의 심복으로 한찬남韓纘男 등과 폐모론의 주동이 되었고, 또 1622년 섣달 그믐날 귀신 쫓는 굿을 핑계로 인목대비를 살해하려 계획하고 이위경李偉卿과 함께 서궁인 경운궁으로 들어가 일을 도모하려다가 실패하였다. 인조반정으로 이귀李貴에게 한찬남·이위경·정몽필鄭夢弼 등과 함께 붙잡혀 참수 당하였다.

649 이위경李偉卿(1586~1623) : 본관은 전의全義, 자는 장이長而이다. 1622년 섣달 그믐날 귀신 쫓는 굿을 핑계로 인목대비를 살해하려 계획하고 이위경李偉卿과 함께 서궁인 경운궁으로 들어가 일을 도모하려다가 실패하였다. 인조반정으로 이귀李貴에게 한찬남·이위경·정몽필鄭夢弼 등과 함께 붙잡혀 참수당하였다.

치려고 도모하였다. 그 무리들을 모아서 나희儺戲[650]를 한다는 명목을 빌어 섣달그믐날 쇠북을 치며 왁자지껄하게 서궁으로 들어갔다. 이날 저녁 인목대비의 꿈속에 선조宣祖가 찾아와서 말씀하시기를,

"도적이 막 이를 터이니 피하지 않으면 죽을 것이네."

라고 하였다. 대비가 일어나 눈물을 흘리자 곁에서 모시고 있던 궁녀가 그 까닭을 여쭈었다. 대비가 꿈속 이야기를 다 말해주자 궁녀가 말하기를,

"잠시 피해 계십시오. 제가 대신 기다려보겠습니다."

라고 하니 대비가 이 말을 따랐다. 도적이 들어와 침상에 있는 궁녀를 살해하였는데 이때 날이 어두워 사람을 분별하지 못하였다. 영상 박승종朴承宗이 일이 급하다는 소식을 듣고 서궁으로 달려 들어가 적들을 몰아내니 이 때문에 백대형 등이 여러 후원을 뒤질 수가 없었다. 대비가 궁녀를 후원에 몰래 묻어두도록 명하고, 인조반정仁祖反正 후에 바로 예를 갖추어 장사지냈다.

慶運宮宮人 失其姓名 光海壬戌 白大珩李偉卿等 潛謀逼害西宮 聚其徒 假儺戲名 歲除日 張金鼓 呼噪入西宮 是夕大妃夢 宣祖來臨 教曰 賊方至 不避則死 大妃覺而泣 宮侍在傍 請其故 大妃具言之 宮人曰 請少避 妾代以待 大妃從之 賊入殺宮人于床 時昏黑不辨人 令相朴承宗 聞事急 馳入西宮 逐賊徒 以是大珩等 不得搜諸苑 大妃命潛瘞宮人于後苑 反正後 乃葬之以禮

<김남규>

650 나희儺戲 : 음력 섣달그믐날 밤에 민가와 궁중에서 사신邪神을 쫓기 위하여 치르는 의식이다. 가면을 쓴 사람들이 창과 방패를 들고 주문을 외면서 귀신을 쫓는 동작을 한다.

• **광해군을 농락한 김개시**

상궁尙宮 김개시介屎[개똥]는 선조宣祖를 가까이 모셨는데, 사람됨이 흉악하고 교활하였다. 선조가 세자를 바꾸려는 뜻이 있음을 알아차리고는 은밀히 광해와 접촉하며 뒷날의 계책을 세웠다. 독으로 선조를 시해하는 참혹함도 그녀의 손에서 나온 것이나 광해군은 실제로 음모에 미리 관여하지 않았다. 혹자는 당시의 사초史草에 바로 쓰기를

'약밥이 동궁에서 왔는데 임금이 승하하였다.'

라고 전하는데, 이야기가 또한 유영경柳永慶[651]의 무리가 기록한 말이어서 다 믿을 수는 없다. 광해군이 즉위해서는 궁중의 일이 모두 그녀의 손에서 나왔다. 궁녀가 잠자리를 모시는 것도 광해군은 반드시 그녀의 허락이 떨어져야 이룰 수 있어서, 그녀가 여러 여인들에게 뇌물을 받아 그 값의 많고 적음에 따라 광해에게 잠자리를 갖추게 하여도 광해군은 감히 어길 수 없었다. 하루는 광해가 개시를 데리고 침소에 들려고 하였는데, 상궁尙宮 박씨朴氏가 간하자 광해군은 부끄러운 낯빛이 있었다고 한다.

광해군이 조금이라도 개시의 뜻에 어긋나면 개시는 성내며 말하기를,

"주상께서는 감히 저에게 입은 큰 덕은 잊으셨습니까? 내 입에서 말이 나온다면 주상께서는 스스로 자리를 보전할 수 없을 것입니다."

라고 했다고 한다. 이 때문에 추악한 소문이 밖으로 퍼져나가게 되었다. 혹은 이르기를,

---

651 유영경柳永慶(1550~1608) : 본관은 전주全州, 자는 선여善餘, 호는 춘호春湖이다. 조선 중기의 문신이며 소북小北의 영수이다. 북인이 대북·소북으로 분당될 때 소북파의 영수가 되었고 남이공과의 불화로 탁소북으로 분파하였다. 선조 말 영창대군을 세자로 옹립하려 하였으나 광해군 즉위 후 대북 일파의 탄핵을 받고 죽었다. 인조반정 뒤에 복권되었다.

'궁녀로 들어가 모시며 총애가 후궁 중에 으뜸이어서 관직의 낙점을 모두 제 멋대로 결정하였으며, 광해는 뜻대로 할 수 없었다.'

라고 하였고,

'조카사위인 정몽필鄭夢弼[652]과 음란한 짓을 하며 양자가 되었다고 핑계를 대고는 마음대로 외궁外宮에 들여 한밤중에 출입했고, 심지어 소의昭儀 윤씨尹氏를 아울러 중매하여 몽필과 음란한 짓을 하게 했다.'

라고도 하였다.

광해군이 언젠가 화완금火浣錦[653]을 연경燕京에서 사들여 보물로 보관해 두었는데, 김상궁이 몰래 가지고 갔다. 하루는 광해군이 한가로이 지낼 때에 여러 첩들이 앞에 있어 과시하고 싶은 마음이 생겨 보관해 둔 비단을 꺼내게 하였다. 김상궁이 일어나 상자를 열고는 깜짝 놀라 누르며 정신없는 듯한 모습을 하더니 까무러치며 땅에 거꾸러졌다. 좌우에서 급히 부축하여 약을 입에 부어 살리니 한참 있다가 비로소 정신이 돌아와 마음을 안정시키고 앉았다. 광해가 괴이하게 여겨 그 이유를 물으니 덜덜 떨며 두려워하는 모습을 하며 말하기를,

---

652 정몽필鄭夢弼 : 『조선왕조실록』 광해군 15년 계해조에 '김상궁金尙宮의 조카 사위인 정몽필鄭夢弼은 바로 아전의 자식이었는데 권력을 믿고 기세를 부려 길가는 사람들이 모두 눈을 흘겼다. 그는 명례궁明禮宮의 본궁에 사옥私獄을 설치해 놓고 남의 노비를 빼앗고는 그 주인을 잡아 가두고 혹독한 매질을 가하여 노비문권을 바친 뒤에야 풀어주었다.'는 기록이 보인다.

653 화완금火浣錦 : 화완포火浣布를 가리킨다. 『열자列子』「탕문湯問」에 "화완포의 때를 씻으려면 반드시 불 속에 던져 놓아야 한다. 그러면 베는 불빛이 되고 때는 잿빛이 되는데, 불 속에서 베를 꺼내어 툭툭 털어버리면 희고 깨끗하기가 마치 눈빛 같다.〔火浣之布 浣之必投於火 布則火色 垢則灰色 出火而振之 皓然疑乎雪〕"고 하였다. 『신이경神異經』에 의하면 남황南荒 밖에는 화산火山이 있어 폭풍과 맹우猛雨에도 불이 꺼지지 않는데, 그 불 속에는 무게가 10근, 털의 길이가 2척이나 되는 큰 쥐가 사는바 그 털이 마치 실처럼 가늘어서 베를 짤 수가 있으니 그것으로 짠 베를 화완포라 한다고 하였다.

"열어서 보니 괴이하고 경악스러운 물건이 그 위에 앉아 있었습니다."

라고 하니, 광해가 말하기를,

"지극한 보물은 반드시 신물이 지키고 있으니, 급히 상자를 닫고 다시 열어 보지 말라."

라고 하였다. 그녀의 위급한 상황에서 기지를 발휘해 꾀를 내는 것이 대부분 이와 같았다.

金尙宮 介屎 承命於宣廟 爲人凶狡 揣知上有易儲意 密交光海 爲後日計 毒弑之慘 出於其手 光海實無預謀事 或傳當時史草直書 藥飯自東宮來 上昇遐 所謂亦柳永慶之黨所記之言 不可盡信 及光海卽位 宮中之事 一出其手 宮女進幸 光海必得其允許而成歡 受賂諸姬 從其價多小 令光海備寢 光海不敢違 一日光海携介屎 將入寢所 尙宮朴氏諫之 光海有慚色云 光海少拂介屎意 則介屎怒曰 主敢忘大德乎 言發吾口 則上無以自立云云 是以醜聲聞外 或云更衣入侍 寵冠後宮 官職落點 皆自擅斷 光海不得自由云 淫於其姪女婿鄭夢弼 托爲假子 擅入外宮 昏夜出入 至於兼媒尹昭儀 以淫夢弼云 光海嘗貿火浣錦於燕京 寶藏之 金尙宮竊取而去 一日光海燕居 衆妾在前 欲誇示之 使出藏中金尙宮起而開籠 陽若驚壓不省之狀 昏絶倒地 左右急扶救 以藥灌口 良久 始還魂定精而坐 光海怪問其故 悚然作震慴之容曰 開視則有怪愕難狀之物 坐於其上云 光海曰 至寶必有神物守之 急閉籠勿復開視 其臨急弄權多如是

• 광해를 그리워한 궁녀 한씨 보향韓氏保香

한보향韓保香은 광해군 때의 궁녀이다. 계해년(1623) 인조반정 후에 옛 임금(광해)을 잊지 못하여 때때로 몰래 울었는데, 같이 있던 궁녀가 인

열왕후仁烈王后[654]에게 알렸다. 왕후가 보향을 불러 위로하며 말하기를,

"네가 옛 임금을 그리워하는 마음이 이와 같으니 내 아이의 보모[655]가 될 만하다."

라고 하고는 드디어 명하여 보모상궁保母尙宮으로 삼았다. 또 후추 한 말을 내려주고[656], 밀고한 사람은 벌을 내리니 보향이 감동하여 울었다. 이로부터 옛 궁인들 중에 불안한 마음을 가졌던 자들이 모두 마음을 놓을 수 있었다.

韓氏保香 光海時宮人 癸亥後 不能忘舊主 有時竊泣 同列告于仁烈王后 后召保香慰教曰 汝之戀舊如此 可以阿保吾子 遂命爲保母尙宮 且賜胡椒一斗 引言者罰之 保香感泣 自是舊人之不自安者 皆釋然

---

654 인열왕후仁烈王后 : 본관은 청주淸州이며 성은 한韓씨이다. 조선 제16대 인조의 비이다. 1610년 능양군과 결혼해 청성현부인으로 봉해졌으며, 1623년 인조반정으로 능양군이 왕이 되자 왕비가 되었다. 그후 소현세자와 후일의 효종인 봉림대군·인평대군·용성대군을 낳았다.

655 아보阿保 : 귀족 자녀를 양육하는 부녀婦女를 이르는 말이다. 『후한서後漢書』 52권 「최식전崔寔傳」에 "부유한 사람은 먼저 돈을 바치고, 가난한 사람은 관직에 부임한 뒤에 돈을 배로 바쳤는데, 간혹 상시常侍나 아보阿保를 통해 별도로 통달通達하기도 하였다."라고 하였는데, 이현李賢의 주에 "아보는 부모傅母이다."라고 하였다.

656 후추~내려주고 : 후추가 매워서 먹으면 눈물이 나기 때문에 후추를 먹으며 마음껏 울어도 된다는 왕후의 배려심을 볼 수 있는 대목이다.

진벌휘고속편震閥彙考續編 권9

별채의 여인別室

• 선천 아전의 딸

선천宣川(평안도) 아전의 딸은 성이 전해지지 않는다. 수촌水村 임방任埅[657]의 『천예록天倪錄』에 다음과 같은 기록이 있다.

상당부원군上黨府院君 한명회韓明澮[658]가 서백西伯(평안감사)이 되었을 때 선천 공조의 아무개 딸을 위협하여 첩[659]으로 삼으려 하였다. 그의 딸은 어두운 밤에 서슬이 시퍼런 칼을 쥐고서 (첩이 아닌 정실이 되기 위해) 사생을 결단하려 하니, 상당은 어쩔 수 없이 배필의 예로 맞이하였다. 체직되어 데리고 돌아오자 집안사람들은 그녀를 부인으로 대접하지 않았다. 훗날 세조가 미행하여 한명회의 집에 들렀을 때 그의 아내에게 술을 따라 바치게 하였는데, 임금이 그녀를 형수라 불렀다. 그러자 그녀가 뜰로 내려가 땅에 엎드리고 울며 매우 원통함을 하소연하였다. 임금이

---

657 임방任埅(1640~1724) : 본관은 풍천豊川, 자는 대중大仲, 호는 수촌水村·우졸옹愚拙翁이다. 『주역』·『논어』를 직접 손으로 베껴 써가면서 그 뜻을 깊이 연구하였고, 시에 있어서는 특히 당시唐詩를 좋아하여 『당률집선唐律輯選』·『당아唐雅』 등의 시가집을 엮었으며, 이밖에도 『선문選文』·『철영시掇英詩』·『수촌집水村集』 등의 저서를 남겼다.

658 한명회韓明澮(1415~1487) : 본관은 청주淸州, 자는 자준子濬, 호는 압구정狎鷗亭·사우당四友堂이다. 조선전기 계유정난 때 수양대군을 도와 왕위에 등극하는데 공을 세웠으며 사육신의 단종 복위운동을 좌절시키고, 그들을 살해하는데 가담하였다. 병조판서로 있으면서 북방의 수비를 견고하게 하는데 공을 세웠다. 관직이 삭탈되어 압구정에서 노년을 보내다 사망하였다.

659 복성卜姓 : 첩妾을 얻을 적에 동성同姓을 피하여 고르는 일을 말한다. 여기서는 첩을 얻는 것을 의미한다.

곧 어필로 전지傳旨[660]를 써서 봉지를 내려 부인夫人으로 삼고, 자손들도 청현淸顯[661]직에 오르는 것을 막지 않는다는 교지를 내리고 수결[662]과 옥새를 찍어 주었다. 또 정경부인첩貞敬夫人帖을 하사하였다. 이로부터 그녀에게서 태어난 첨정僉正 한목韓睦의 일파는 사족士族으로 행세하였다.

宣川功曺女 姓佚不傳 任水村 天倪錄云 韓上黨明澮爲西伯時 欲威脅卜姓於宣川功曺某氏女 女於昏夜 操霜刃 將以決死生 上黨乃不得已伉儷禮娶之 及遆而挈歸 家人不以夫人待之 後世祖微行臨第 上黨以某氏進酒 上呼之以嫂 某氏仍下庭伏地泣訴甚冤 上乃以御筆書傳旨 使封爲夫人 子孫勿拘淸顯爲教 御押安寶而與之 又賜貞敬夫人帖 自是某氏所生僉正睦之一派 以士族行世

• **영통부인**靈通夫人

소재蘇齋 노수신盧守愼이 아직 혼인하지 않았을 때였다. 마침 송도를 지나다가 밤에 여관에서 묵었다. 한밤중에 어떤 한 여종이 촛불을 들고 있는데 뒤에는 한 여자아이가 있었다. 사뿐사뿐 얌전히 앞으로 나와서는

"안방으로 들기를 청합니다."

라고 하였다. 공은 영문도 알지 못하고 뒤를 따라서 들어가 방 안을 보니 펼쳐놓은 것이 마치 신혼방 차림과 같았고, 여자아이가 곁에

660 전지傳旨 : 예전에, 상과 벌에 관한 임금의 뜻을 해당 관청이나 관리에게 전하여 알리는 일을 이르던 말이다.

661 청현淸顯 : 청환淸宦과 현직顯職으로, 높고 좋은 지위를 이르는 말이다.

662 어압御押 : 임금이 문서 등에 재가할 때 사용하는 수결手決을 말하는데, 승하한 임금의 어압은 장사를 지낼 때 시신과 함께 묻고, 새로 즉위한 임금의 어압은 새로 만들었다.

서 모시며 앉았다. 조금 있다가 저녁밥을 올렸는데 매우 풍성하였다. 식사가 끝나자 주인이 섬돌에서 배알을 하여 공이 그 까닭을 물으니 대답하기를,

"이 아이는 소인의 딸입니다. 오늘 저녁 잠자리를 받들게 할 것이니 공의 처분대로 하십시오."

라고 하여 공은 드디어 잠자리를 하고는 정이 매우 돈독해지게 되었다. 여러 날을 머물다가 공이 데리고 돌아가려하자 여인은 거부하며 말하기를,

"어찌 훗날이 없겠습니까?"

하고는 의복을 많이 갖추어 보내고, 또 당시唐詩 중에

'쓸쓸한 나그네의 배가
저물녘 찬 강에 내리는 비속으로 들어가네.

蕭蕭楚客帆 暮入寒江雨[663]'

라는 한 구절을 외우며 거듭 부탁하기를,

"바라건대 이 구절을 잊지 마십시오."

라고 하였다. 그 후 공은 혼인을 하고 급제를 해서도 수 차례 가서 보았고, 송도에 머물러 살면서 함께 돌아가고자 하였으나, 여인은 끝내 따라가기를 원하지 않았으니 공은 또 그 까닭을 알지 못하였다. 하루는 경연에서 임금을 모실 때 갑자기 얼핏 잠들었는데, 잠든 가운데에 문득 '초객범楚客帆' 한 구를 외웠다. 아마도 항상 잊지 않고 있

---

663 당唐 유중용柳重庸이 지은 「강행江行」에 다음과 같은 구절이 보인다. "繁陰乍隱洲 落葉初飛浦 蕭蕭楚客帆 暮入寒江雨"

어서 어느 때건 외지 않고 지나친 적이 없었기 때문이었을 것이다. 임금이 괴이하게 여겨서 물으니 공이 사실대로 대답하였다. 임금이 기이하게 여겨 드디어 그날로 특명을 내려 그 여인을 불러 입궐하게 하였는데, 여인이 나아가 대함에 용모와 행동거지가 모두 법도에 맞았다. 임금이 자세히 물으니 여인이 대답하기를,

"신첩이 7, 8세 때에 집 뒤의 정원에서 노닐다가 문득 어떤 백발노인이 저에게 와서 '너는 마땅히 귀한 사람의 소실이 될 것이고 복과 녹봉도 예사롭지 않을 것이다.' 라고 하였습니다. 이로부터 낮이나 밤이나 항상 와서 보았습니다. 하루는 또 와서 이르기를, '오늘 너의 남편이 이를 것이니, 삼가 헛되이 보내지 말고 마땅히 이러이러하게 하고 따라가지 말거라.' 하고는 이어서 당시를 외워 전해 주었는데, 이것은 모두 노인이 지도하고 가르쳐준 것입니다."

라고 하여 노공은 그제야 그 이유를 상세히 듣게 되었다. 임금도 크게 기이하게 여겨 어필로 '영통부인靈通夫人' 네 글자를 써서 하사하였는데, 그 뒤로 종신토록 두터운 복을 누리게 되었다.

靈通夫人 盧蘇齋未娶時 適過松京 夜坐逆旅 夜分後 有一婢執燭 後有一童女 傳仃綽約進前曰 請入內室 公莫知其意 踵後而[664]入 見房中 鋪設若新房樣 童女侍側而坐 俄進夕飯 十分豊侈 食罷主人拜謁于階 公問其故 對曰 此乃小人之女也 今夕薦枕 任公處分 公遂與同歡 情私甚篤 留數日 欲携歸 女拒之曰 豈無後日耶 多備衣服而送之 且以唐詩蕭蕭楚客帆 暮入寒江雨一句 誦以申托曰 願勿忘此也 後公娶婦登第 數次往見 及居留松京 欲與同歸 而女終不願從往 公又莫知其故矣 一日 侍筵中 忽昏睡 睡中忽誦楚客帆一

---

664 而 : 원문에는 '而'가 한 번더 쓰여 있는데 의미상 오기로 보여 바로잡는다.

句 蓋常常不忘 無時不誦過故也 上怪問之 公對以實 上異之 遂卽日特命召其女入闕 女進對 容貌擧止 十分稱當 上細問之 女對曰 臣妾七八歲時 遊戲於家後園林 忽有白髮老人來謂曰 汝當爲貴人小室 福祿非常 自是 或晝或夜 常常來見 一日又來謂曰 今日汝夫至矣 愼勿虛送 宜如此如此 勿爲從往 仍誦傳唐詩 此皆老人所指敎也 盧公始聞其詳 上亦大異之 以御筆書賜靈通夫人四字 終身享厚福

• **정선旌善 역리의 딸**

봉래蓬萊 양사언楊士彦의 어머니는 정선군 여량餘粮[665] 역리의 딸로 자태와 용모가 매우 아름다웠다. 14~5세 때에 양사언의 부친이 삼척의 수령으로 부임하여 마침 감영에서 만나고는 곧 손에 쥐고 있던 색부채를 주었다. 그 후로 부모가 그녀를 시집보내려 하였지만, 그녀는

"이전에 양사군께서 저에게 부채로 뜻을 보여주셨으니 저버릴 수 없습니다."

라고 거절하여 부모는 그녀를 억지로 시집보낼 수 없었다. 이에 사실대로 양공에게 고하자 양공은 드디어 그녀와 함께 집으로 돌아왔다. 세 아들을 낳았는데 모두 총명하고 뛰어났으나 나라의 제도에 구애되어 장차 벼슬길이 막히게 되자 항상 탄식하며 애석해하였다. 임종에 이르러서는 더욱 슬픈 낯빛을 보이자 정실부인의 소생이 아버지에게 말하기를,

"바라건대 염려하지 마십시오. 제가 마땅히 계모를 섬길 것이니,

665 여량餘粮 : 아우라지역을 가리킨다. 강원도 정선군 여량면 여량리에 있는 정선선의 철도역이다. 개업 당시 역명은 소재지 지명인 북면 여량리의 이름을 딴 여량역餘糧驛이었으나, 두 개의 물줄기가 이 곳에서 서로 어우러지며 합류한다는 의미로 아우라지역으로 개명하였다.

어머니가 돌아가시더라도 삼년복을 입어 사람들로 하여금 정실의 자식으로 알게 할 것입니다."

라고 하였다. 양공이 죽고 장사를 끝내자 양사언의 어머니가 유서로 말하기를,

"내가 죽어 적자에게 상복을 입게 하는 것은 마음이 몹시 편하지 않으니, 오늘 자결해서 다른 상복을 입지 않게 하는 것이 좋게 됨만 못하다."

하고는 이에 스스로 양봉래의 아버지를 뒤따라 죽었다. 그의 처신하며 세상을 살아간 것이 식견이 있는 대장부에게도 부끄러울 것이 없었으니 더욱 기이할 만하다. 이후에 양사언은 과거에 급제하여 서자로 불리지 않았다고 한다.[『무송소설撫松小說』에 나온다.]

旌善郵吏女 楊蓬萊母氏 旌善郡餘粮郵吏女也 姿貌絶艶 年十四五時 蓬萊之大人 出宰三陟 適見於營下 乃以所把色扇贈之 其後父母欲嫁之 辭曰 前日楊使君贈我以扇以示意 背之不可 父母不能强之 乃以實告于楊 楊遂載歸 生三子 竝聰俊 以拘於國制 將見枳於仕路 居常歎惜 臨沒尤示慨悼之色 嫡子曰 願勿介念 兒當以繼母事其母 母死 當服三年 使人認以爲嫡出矣 及楊沒旣葬 蓬萊之母 遺書曰 我死使嫡子服喪 心甚不安 不如引決於今日 毋使另服爲可 乃自縊死 其處身行世 毋愧於有識丈夫 尤可異也 後蓬萊登科不以庶稱云[撫松小說]

· 집안을 잘 가꾼 이현달의 소실

성씨가 알려져 있지 않은 여인은 통제統制 이현달李顯達[666]의 소실이

---

666 이현달李顯達(1591~1645) : 별천으로 내외 관직을 역임하다가 가자되어 1628년 의주부윤에 제수되었으나, 의주는 국가의 서문西門으로 위임받은 직임이 중차대하

다. 이현달은 여러 차례 중직重職[667]을 지내 집안의 재산은 풍요로웠지만 마침 아들이 없었고 첩에게서 아들을 두었다. 그래서 첩으로 하여금 집안 살림을 책임지게 하고 부인은 별실에 두고 옷이나 먹을 것을 스스로 해결하게 하였다. 이현달이 죽음에 부인이 다시 안방의 자리에 처하자 첩이 무릎을 꿇고 봉해둔 문서 하나를 올리며 말하기를,

"이것은 집안 재산 총록입니다. 가공家公은 무인으로 집안을 다스리는 법을 알지 못하여 저에게 집안 재산을 관리하게 하였습니다. 저는 천한 사람이라 지아비의 명령을 감히 어길 수 없었고 대략이나마 신분의 높낮이를 알고 있었습니다. 그래서 한 자의 베와 눈금만큼의 은도 감히 사사롭게 쓰지 않고 항상 가중소유록家中所有錄에 기록하여 한 책을 만들어 오늘을 기다려 바치려 하였습니다."

라고 하니 부인은 열어보지 않고 다시 건네주면서 말하기를,

"내가 만약 지아비에게 허물을 탓한다면 이것은 지아비의 허물을 드러내는 것이니 내 차마 하지 못하겠다. 자네는 예전과 같이 창고를 관리하는 일을 전담할 수 있을 것이다. 그리고 나를 입히고 먹이는 일은 주인 영감이 계실 때와 같이 따라서 행할 것이다."

라고 하고 드디어 함께 살며 전에 있었던 일로 마음에 두지 않았다고 한다.

失姓氏 李統制顯達少室 李屢經梱任 家財豊饒 而適無子 而妾有子 使妾秉家政 置夫人于異室 自分衣食 及李歿 夫人反處正室 妾跪進一封文書曰

여 장수와 다름없는 자리이므로 경험이 부족한 신임 부윤으로서는 이 직임을 완수할 수 없다는 사헌부의 수차례에 걸친 건의에 따라 체임되었다. 1645년 병조판서에 추증되었다.

667 곤임梱任 : 곤외지임梱外之任의 준말로 병마를 통솔하던 구실, 곧 장군의 직무를 이르는 말이다.

此乃家財摠錄也 家公武人 不識御家之道 使妾管家財 妾賤人不敢違其令 而粗識尊卑之分 尺布銖銀 不敢私用 嘗錄家中所有錄 成一冊 擬待今日以獻矣 夫人不坼見 還授曰 吾若追咎於夫子 是彰夫子之失 吾不忍爲也 汝可仍舊專管庫事 衣吾食吾 與家翁在時 一遵以行 遂與同居 不以前日介懷焉

<양재성>

• 성씨가 알려져 있지 않은 여인

인산부원군 홍윤성洪允成[668]이 도원수로써 호남에 출진했을 때이다. 전주의 명망 있는 아무개 집안에 세 딸이 있는데 모두 아름답다는 소문을 듣고는 그의 딸을 첩으로 삼고자했다. 호남 관찰사와 전주 부윤이 그녀의 아비를 불러 겁을 주고 억지로 그에게 혼인시키도록 하였다. 그 아비는 집에 돌아와 아내와 마주보고 울었지만 뾰족한 수가 없었다. 그의 셋째 딸이 말하기를

"부모님께서는 걱정하지 마세요, 제게도 생각이 다 있습니다."

라고 하였다.

약속한 날에 이르러 홍윤성이 그 집에 이르렀다. 그녀는 화려하게 꾸미고서 중문에 서 있다가 안으로 들이며 말하기를

"만약 저를 정식 아내로 삼으려 하면 이 몸을 허락하겠으나, 기어이 첩으로 삼고자 하신다면, 저는 장차 공의 앞에서 죽을 것입니다."

라고 하며 품속에서 서슬 퍼런 칼을 꺼내어 자신의 목에 갖다 대었다.

---

668 홍윤성洪允成(1425~1475) : 본관은 회인懷仁, 초명은 우성禹成, 자는 수옹守翁, 호는 영해領海이다. 1450년 식년문과에 병과로 급제, 승문원부정자에 임명되었다. 그리고 무재武才가 있어 특별히 사복시주부를 겸임하였다. 1471년 성종의 즉위를 보좌한 공으로 좌리공신佐理功臣 1등에 책록되었다.

홍윤성이 놀라고 두려워 마지못해 대답하기를

“그대가 원하는 대로 할 터이니, 이제부터 의심하지 말라.”

라고 하였다.

그리고는 세조에게 은밀히 고하기를

“신에게 지혜롭지 못한 아내가 있는데, 듣건대 지금 아무개 집안의 여식이 어질다고 하니 원컨대 계실로 삼고자 합니다.”

라고 하였다.

드디어 폐백을 갖추고 부인을 맞는 예를 갖추어 장가들었다.

홍윤성이 죽은 후에 두 처가 정실자리를 다투었는데 그 여자가 말하기를

“아무 해 아무 달 아무 날 선대왕 세조께서 우리 집에 행차하셨을 때 저에게 술을 올리게 하셨습니다. 승정원일기에 나를 부인이라 쓰여 있을 것이니 원컨대 살펴보고 정실을 정합시다”

라고 하였다.

승정원일기를 살펴보니 과연 ‘부인이 술을 올렸다.’라고 쓰여 있었다. 성종이 드디어 명하여 정실로 삼았다고 한다.[669]

失姓氏 仁山府院君洪允成 以都元帥 出鎭湖南 聞全州望族某家 有三女皆美 欲取以爲妾 方伯府尹招其父 恐喝勒使成婚 其父歸家 與妻對泣 計無所出 其第三女曰 願父母勿憂 吾有以應之 及約日 洪至其家 女盛粧立於中門 內延與語曰 若以吾爲妻則 可許身 必欲爲妾則 吾將死於公前 自懷中出霜刃以擬頸 洪驚怖强對曰 從其所願 毋自疑也 乃密啓于光廟曰 臣有妻不慧 今聞某家女賢 願爲繼室 遂具幣備禮以娶 洪死後 兩妻爭嫡 其女曰 某年

---

669 『오주연문장전산고五洲衍文長箋散稿』, 인사편人事篇, 「이적처의변증설二嫡妻議辨證說」에 유사한 내용이 실려 있다.

月日 先王幸夫家 令我行酒 政院日記 以夫人書之 願攷定焉 及攷日記 果書以夫人行酒 成廟遂命爲正室

- **숙천지역의 기녀**

숙천肅川의 기녀는 중봉重峯 조헌趙憲[670]의 측실이었다. 『잠곡수필潛谷隨筆』에 다음과 같은 내용이 있다.

중봉이 정주교수定州[671]敎授가 되었을 때 숙천肅川[672]지방 기녀에게 한눈이 팔렸다. 그 후에 질정관[673]으로 북경에 갈 때에 숙천 기생이 어린아이를 안고 알현하며 말하기를

"이 아이는 나리의 아이입니다."

라고 하였다.

공이 거부하고 좇아내며 말하기를

"나이가 어렸을 때 우연히 서로 만났고 이 아이가 정말 내 자식인지도 모르겠다. 다시는 찾아오지 말라."

라고 하니 기녀가 말하기를

---

670 조헌趙憲(1544~1592) : 본관은 배천白川, 자는 여식汝式, 호는 중봉重峯·도원陶原·후율後栗이다. 12세 때 김황金滉에게 시서詩書를 배웠는데, 집이 몹시 가난해서 추운 겨울에 옷과 신발이 다 해어졌어도 눈바람을 무릅쓰고 멀리 떨어진 글방 가는 것을 하루도 쉬지 않았으며, 밭에 나가 농사일을 도울 때나 땔감을 베어 부모의 방에 불을 땔 때에도 책을 손에서 떼지 않았다고 한다. 1604년 선무원종공신宣武原從功臣 1등으로 책록되고, 1734년 영의정에 추증되었다. 저서로 『중봉집重峯集』이 있다.

671 정주定州 : 평안북도 정주군을 가리킨다.

672 숙천肅川 : 평안남도 평원 지역의 옛 지명을 말한다.

673 질정관質正官 : 조선시대 중국에 보내던 사신의 일원으로 특정의 사안에 대하여 중국 정부에 질의하거나 특수문제를 해명, 학습하는 일을 담당하였다. 조선 초기에는 동지사冬至使·성절사聖節使 등의 정기사행에 정규 사신의 일원으로 서장관書狀官과 함께 파견되었으나, 중기 이후에는 서장관이 질정관을 겸임하는 것이 관례화되어 정규 인원에서 제외되었다.

"신첩이 비록 천한 기생의 몸이지만 나리를 모신 뒤로는 아직까지 이놈 저놈에게 가까이 가지 않았는데 이 아이에게 어찌 의심할 만한 일이 있겠습니까?"

라고 하였다.

공이 완강히 거절하였는데 기생이 의주 지방까지 좇아가서 공이 돌아오기를 기다렸다. 공이 북경에서 돌아옴에 기녀는 여전히 의주에 있었고 공이 서울로 돌아가자 기생은 또 다시 아이를 업고 좇아왔다. 공은 그래도 굳게 거부하며 가까이 오지 못하게 했다. 기생은 공이 우계牛溪 성혼成渾[674]선생을 스승으로 모신 것을 알고 드디어 우계 선생에게 읍소하며 말하기를

"저 조공의 용모와 관직이 뭐 볼만한 것이 있습니까? 신첩은 그의 의리에 감복하여 먼 곳에서 찾아왔지만 시종일관 굳게 거부하며 자기 새끼도 자식이라 여기지 않습니다. 청컨대 이 뜻으로 그를 깨우치시어 저희를 바깥 행랑채에 살게 해주십시오."

라고 하였다.

우계 선생이 그녀의 진실된 뜻에 감격하여 공에게 이야기 하였더니, 공이 그제 서야 그들을 허락했다. 그 사내아이가 곧 조완도趙完堵이다. 후에 또 한 여자아이를 낳기까지 했다.

조공의 집이 몹시 가난하여 기생은 다만 베로 된 적삼과 베로 된 치마만을 입고서 나물을 캐는 일에 종사했다. 그녀의 동생은 무관의 첩

---

674 성혼成渾(1535~1598) : 본관은 창녕昌寧, 자는 호원浩原, 호는 묵암默庵·우계牛溪이다. 1551년에 생원·진사의 양장兩場 초시에는 모두 합격했으나 복시에 응하지 않고 학문에만 전심하였다. 「서실의書室儀」 22조를 지어 벽에 걸어놓고 제생을 지도했으며, 공부하는 방법에 관한 주자朱子의 글을 발췌하여 읽히기도 하였다. 저서로 『우계집牛溪集』 6권 6책과 『주문지결朱門旨訣』 1권 1책, 『위학지방爲學之方』 1책이 있다.

이되었는데 그녀가 진주목사의 임소로 가다가 언니를 찾아갔는데 동생의 의상은 깨끗하고 따르는 종들은 매우 성대했다. 그녀는 언니가 가난하고 헤진 옷을 보고 자신도 모르게 통곡하니 기생이 말하기를

"내 비록 이렇게 살지만, 나리와 행복하게 살고 있으니 너는 슬퍼하지 말거라."

라고 하였다.

肅川妓 趙重峯側室 潛谷隨筆曰 重峯爲定州教授時 眄肅川妓 後以質正官赴京時 妓抱兒來謁曰 此君之遺體也 公拒以不留曰 年少時偶然相逢 未知此兒之眞爲我子 愼勿來見 妓曰妾雖賤娼 自侍君以來未嘗他適 此兒豈有可疑之事乎 公固拒之 妓追至義州以待公回 公自北京還 妓尙在義州 入京妓又負兒追來 公猶堅拒不近之 妓知公師事 牛溪先生 遂泣訴於先生曰 趙公之容貌官職 豈有可觀 妾心服其義 自遠追來 而終始堅拒 不子其子 請以此意諭之 使留置於外廊 先生感其誠意爲言於公 公始許之 其兒卽完堵也後又生一女 公家甚貧 妓只着布衫布裙 以挑菜爲事 其妹爲武官之妾 赴晉州牧任所 過訪其姊 衣裳鮮楚 僕從甚盛 見其姊貧弊 不覺痛哭 妓曰 吾雖如此 自樂從公 汝勿慽也

• 물 긷는 아낙

물 긷는 아낙은 병사兵使[675] 우하형禹夏亨[676]의 소실이다. 우하형이 처

675 병사兵使 : 병마절도사兵馬節度使의 줄임말로 조선시대 각 도의 군사적인 지휘를 효율적으로 하기 위해 설치한 종2품 서반 관직이다.

676 우하형禹夏亨 : 본관은 단양丹陽, 자는 회숙會叔이다. 1710년 무과에 급제하였다. 1728년 이인좌李麟佐의 난 때, 곤양군수昆陽郡守로서 진주의 군사를 이끌고 거창에 이르러 선산부사 박필건朴弼健 등과 함께 난을 평정하였다. 1734년 위원군수를 거쳐 1739년 경상도병마절도사가 되었으나, 남형濫刑(지나친 형벌)하였다 하여 파직

음에 무과에 급제하여 관서 지방에 방비를 하러 갔다. 강가의 고을에서 한 명의 물 긷는 아낙을 보고서는 (온갖 구애 끝에) 드디어 함께 살게 되었다. 여인은 길쌈을 갖추어서 남편 공양을 매우 부지런히 했다. 기한이 되어 장차 돌아가게 되었을 때 여자는 몇 년간 모았던 은자 6백냥을 싸서 보내며 말하기를

"공의 용의를 살펴보면 평범하지 않습니다. 그러나 집이 가난하여 재물이 없다면 승진할 수 없으니 이것을 가지고 벼슬을 구해서 10년이 지나면 큰일을 할 수 있을 것입니다. 바라건대 시간을 지체하시거나 제 말을 의심하지 마십시오. 저는 천한 사람인지라 절개를 지킬 수 없으니 다른 사람에게 몸을 의탁하고 후일을 기다리겠습니다."

라고 하고 서로 이별하였다.

그리고는 고을 안의 홀아비로 사는 늙은 장교의 집에 짝이 되어 함께 살았다. 장교의 집은 본디 가난하지 않아서 이에 장교에게

"집에 있는 재물과 피륙, 돈과 곡식, 기물과 잡동사니와 모든 물건들이 몇 건이 남아 있는지를 기록해서 뒷날에 대조할 증거로 삼읍시다."

라고 청하자 장교가 괴이하게 여기고 허락하지 않았다.

그녀가 끊임없이 간청하자 결국 써서 주었다. 그녀는 그것을 상자 속에 보관하고 재물을 늘리는데 부지런히 하여 날마다 점점 부유해졌다. 또 장교에게 말하기를

"제가 글을 볼 줄 아는데 한양의 인사발령 기록 보기를 좋아합니다. 저를 위해 빌려 보여주지 않으시겠습니까?"

라고 하니 장교가 그녀의 말을 듣고 빌려서 보여주었다.

되었다. 그 뒤 1742년 회령부사 등을 역임하였다.

수년 사이에 우하형이 선전관宣傳官[677]에 제수되고, 도사[678]와 경력[679]을 지내고, 부정[680]에 올라 과연 7년 이내에 같은 도인 황해도의 부유한 고을에 제수된 것을 알게 되었다. 여자가 곧 장교에게 이르기를

"제가 그대와 동거하고는 있지만, 처음부터 오래 살 계획은 아니었습니다. 이제는 헤어집시다."

라고 하였다.

곧 상자 속에서 문서를 내어 주며 말하기를

"7년간 집안을 관리한 것인데 별로 줄어든 것은 없고 혹 본래 있었던 재물보다 혹 곱절은 될 것이니 다행히 큰 잘못은 면한듯합니다."

라고 하였다.

드디어 곧장 우하형이 다스리는 고을로 갔는데 그가 부임한지 겨우 하루가 되었을 때였다. 그 때 우하형은 이미 부인을 잃어 내정을 주관하는 사람이 없었다. 그리하여 그 여자가 내아에 머물며 집안일을 다 총괄했는데 본부인의 아들을 어루만지고 사랑하며, 비복들을 잘 다스리고 또 요리를 잘했다. 매번 우하형에게 권하여 당시에 명망은 있지만 이조판서, 병조판서가 되지 않은 자들에게 잘 대접하니 드디어 영향을 끼칠 수가 있었다. 여러 번 큰 고을을 담당하였으며 품계가 병마절도사에 이르렀고 80가까이를 살다가 죽었다. 그녀는 몸

---

677 선전관宣傳官 : 조선시대 선전관청宣傳官廳에 둔 서반 무관직으로 정삼품正三品 당상관堂上官부터 종구품從九品까지 있었다.

678 도사都事 : 고려시대 상서도성尙書都省의 종7품 관직이었다. 조선시대에는 종5품 관직으로 중앙의 충훈부忠勳府·의빈부儀賓府·충익부忠翊府·의금부義禁府·개성부에 두어 서무를 주관하도록 하였다. 또한 외관으로서 경력과 함께 수령관으로 통칭되면서 관찰사觀察使를 보좌하였다.

679 경력經歷 : 고려 말부터 조선시대에 걸친 주요부서의 실무담당 종4품 관직을 말한다.

680 부정副正 : 조선시대 종친부宗親府·돈녕부敦寧府·훈련원 등에 소속된 종3품 관직을 말한다.

소 우하영 시신의 염습을 검속하고 성복한 후에 문을 닫고 곡기를 끊어 수일 만에 죽었다. 남편과 같은 날 발인하여 우하형의 묘 곁에 장사지냈다.

汲水婦 禹兵使夏亨小室 禹初登武科 赴防於關西 江邊邑見一汲水婦 遂與同處其女 女工俱備供奉甚勤 及限滿將歸 女以積年所聚六百兩銀 齎送曰 觀公容儀 儘非草草 然家貧無資則 無以營進 將此求仕 十年可以有爲 幸勿虛徐 妾賤人也 不可守節 當托身於他人 以待後日矣 相別後 乃從邑中鰥居老校家 作配同處 校家素不貧 乃請于校 籍記家中所有財帛錢穀器用雜物凡幾件 留爲後考 校怪而不許 其女懇請不已 末乃書給 女藏之篋笥 勤於治產 日漸富饒 且謂校曰 吾粗解文字 喜見洛中政目 盍爲我借示 校依其言 借示之 數年間 禹除宣傳 歷都事經歷 陞副正 果於七年內 得拜同道腴邑 女乃謂校曰 吾與君同居 初非久計也 從此告別矣 乃出篋中籍記以贈曰七年內理家別無所縮 或有加倍於宿儲 幸免大過矣 遂直往禹邑 莅任纔一日矣 時禹已喪配 內政無主 乃處內衙 統理家事 撫愛嫡子 善御婢僕 又善料事 每勸禹厚饋 時宰之有名望 而未經兩銓者 遂得吹噓 屢典雄府 陞至兵使 年近八十而逝 其女躬檢殮襲成服 後仍閉戶 絕粒數日而死 同日靷發 從葬于禹之墓側

• 성씨가 알려져 있지 않은 여인

이 여인은 금남군錦南君 정충신鄭忠信[681]의 소실이었다. 정충신이 처음에 선사포宣沙浦[682] 첨사僉使에 제수 되어 여러 재상들에게 나아가 하

---

681 정충신鄭忠信(1576~1636) : 본관은 하동河東, 자는 가행可行, 호는 만운晚雲이다. 천문·지리·복서·의술 등 다방면에 걸쳐서 정통했으며, 청렴하기로 이름이 높았다. 광주光州경렬사景烈祠에 제향되었다. 저서로 『만운집晚雲集』·『금남집錦南集』·『백사북천일록白沙北遷日錄』등이 있다.

682 선사포宣沙浦 : 평안북도 철산군鐵山郡 운산면雲山面 남단에 있었던 포구의 이름

직인사를 하였다. 한 늙은 재상이 은근히 정성을 보이며 말하기를

"나는 그대가 큰 그릇이라 앞으로 얼마나 성장할지 모르겠네. 게다가 그대가 현재 부인이 없다하니, 내게 측실의 딸이 있으니 그대가 소성小星(소실) 되기를 허락해서 그녀에게 수발들게 한다면 어떻겠는가."

라고 하였다.

정공이 그 뜻에 감동하여 허락하니 늙은 재상이 말하기를

"그렇다면 사람들의 이목을 번거롭게 할 필요 없이 다만 그대가 출발하는 날에 내 마땅히 홍제원 다리 머리로 여식을 보낼 터이니 그녀와 함께 떠남이 어떻겠는가?"라고 하였다.

정공이 허락했다. 떠나는 날이 되자 과연 홍제교에서 만났는데 체격은 몹시 크고 말은 재미가 없었다. 몹시 마음에 들지 않아 사기당한 것이 한스러웠지만 이미 허락했기 때문에 물리쳐 버리기도 어려워 억지로 데리고 갔다. 진에 도착해서 그녀에게 음식 올리는 것과 살림살이 등을 주관하게 하고는 돌아볼 생각이 조금도 없었다. 하루는 관아의 비밀문서가 도착해서 그것을 보니

'군사에 관한 일로 서로 의논해야 할 일이니 성화같이 달려서 나아오라.'

라고 하였다.

드디어 떠날 채비를 재촉하고서 가다가 소실에게 들려 이별하니 소실이 말하기를

"공은 이번 행차에 무슨 일이 있을지 생각해 보셨는지요?"

라고 하였다.

정충신이 말하기를

이다.

"모르겠소."

라고 하니

소실이 말하기를

"이 의심스럽고 위태로운 때를 당하고서 일의 기미를 미리 헤아릴 수 없다면 장차 무엇으로써 임기응변하고 나라의 일을 구원하겠습니까?"

라고 하였다.

정공이 그 말을 기이하다 여기고는 묻기를

"그렇다면 장차 어떻게 해야겠소?"

라고 하니

소실이 말하기를

"반드시 어떠한 일이 있더라도 모름지기 이러저러하게 임기응변해야 절로 무사하실 것입니다."

라고 하고는 인하여 새로 만든 붉은 비단 철릭[683]을 꺼내 입혀주었다.

길이와 품이 몸에 딱 맞았다. 정공은 마음속으로 몹시 놀라고 기이하게 여겼다.

감영에 이르자 순사가 주변을 물리치고 비밀스럽게 말하기를

"지금 중국 사신이 돌아가는 길에 성에 잠시 머무는데 백은 만냥을 요구하며 만약 들어주지 않으면 도백을 효수한다고 하네. 변고가 뜻밖에 나오고 물건 또한 마련하기 어려운데 그대의 지략으로 임기응변할 수 있을 것이라 생각했기 때문에 격문으로 그대를 부른 것이네."

라고 하였다.

정공이 그것을 들어보니 과연 이것은 소실이 떠나는 길에 가리켜

---

683 철릭天翼 : 무관 공복의 일종으로 철릭의 색채는 그 종으로 당상관은 남빛, 당하관은 홍빛으로 구분했다.

알려준 일이었다. 드디어 그 말에 의지해서 스스로 조처하겠다고 했다. 이에 나가서 연광정에 앉아 감영의 장교 중 영리한 자 한 명을 불러서 귓속말을 오랫동안 하더니 곧 영내의 기생들 중 똑똑하고 예쁜 이 대여섯 명을 선발해서 그들에게 곁에서 모시며 노래하거나 거문고를 연주하여 낭자하게 술자리를 가지게 했다. 또 영교 몇 사람을 불러 귓속말하기를

"지금 은을 바치지 않으면 순찰사가 화를 입고 온 성의 백성들이 어육이 되어 오늘 죽음을 기다릴 뿐이니 어찌 앉아서 죽음을 기다릴 수 있겠는가? 너는 곧 성내로 가서 집집마다에 화약을 꽂고 연광정에서 포 3발을 발사하기를 기다려 일제히 불을 질러라."

라고 하니 영교가 영을 듣고서 물러났다.

이윽고 들어와 아뢰기를

"다 꽂았습니다."

라고 하였다.

잠시 뒤 한 번 발포를 명했다. 여러 기생들이 곁에 있다가 몰래 듣고는 몹시 두려워서

"잠시 피하겠습니다."

라고 거짓으로 핑계를 대고는 하나 둘씩 빠져나갔다.

각각 그들의 집에 가서 전하니 얼마 되지 않아 온성에

"아버지, 어머니."를 부르짖으며 처자식을 이끌고 다투어 성 밖으로 나갔다.

시끄러운 소리가 하늘에 진동했다. 중국 사신은 처음 포 소리를 듣고는 가만히 의심했다.

온 성에서 시끄러운 소리가 들려 급히 일어나 탐문하니, 진영의 장교 한 사람이 대답하기를

"선사宣沙의 첨사僉使께서 명령하기를 '이렇게 저렇게 같이 하라'라고 했습니다."

라고 하였다. 말이 아직 끝나지도 않았는데, 대포 소리가 또 들렸다. 만약 또 한 번만 대포 소리가 울리면 성 안의 사람들은 위아래 할 것 없이 불구덩이에 들어갈 것이다. 중국 사신이 넋 이 나가고 바빠서 신발도 신지 않은 채 달려가 정충신이 거처하는 곳에 이르러 손을 잡고 목숨을 구걸했다. 정충신이 사리에 근거하여 다음과 같이 꾸짖었다.

"명나라는 우리의 상국이고 부모의 나라입니다. 명나라 사신은 천자의 조서를 선포하러 온 것인데, 우리나라 배신들이 각별히 대접하였는데도 갑자기 전례에 없는 은을 내 놓으라고 하니, 이러한 행정은 있을 수 없는 행정이다. 성안의 백성이 죽는 것 외에는 다른 계책이 없으니 차라리 모두 함께 타는 불 속에서 죽고자 하는 것이오."

명나라 사신이 말했다.

"나는 당장 말을 타고 곧 출발하여 밤을 새워 달려가면 사흘 안에는 압록강을 건널 수 있을 것입니다. 마지막 포 한 발만은 멈춰주시기 바랍니다."

이에 정충신이 정색하며 말하였다.

"명나라 사신이 무례하니 나는 믿을 수가 없소."

라고 하고 포수를 불러 재촉하니 명나라 사신이 정충신을 끌어안고 울며 애걸하며 천 번 만 번 애걸복걸하며 슬피 하소연하였다. 정충신이 못 이기는 체 하며 그들이 말을 재촉하여 갈 것을 허락하니, 명나라 사신 일행이 바람과 번개처럼 달려 마침내 3일 내에 강을 건너서 달아났다. 이에 감사가 크게 기뻐하며 잔치를 베풀어 정충신에게 고마움을 표하였다. 이 사건으로 인해서 정충신의 이름이 당대에 떨쳤다. 이런 일이 있은 뒤에도 정충신은 매번 어려운 일을 만날 때마다 반드시 소실에게 물어서 결정을 하였다. 정충신이 벼슬생활의 업적은 소실의 덕분이었으니, 아! 정충신의 소실은 참으로 이인異人이로다.

失姓氏 鄭錦南忠信小室 初除宣沙浦僉使 歷辭諸宰 有一老宰 慇懃致款曰 吾知君大器也 前程不可量且知君常無室家 吾有側室女 許君爲小星 使奉巾櫛 未知何如 鄭公感其意許之 老宰曰 然則不必煩人耳目 第於君發行日 吾當治送于弘濟院橋頭 與之偕行何如 鄭公許之 臨發 果會于弘濟橋 見其婦人 軀幹甚大 語言無味 大不愜意 恨其見欺 而旣而許之 難於排却 黽勉率去 到鎭使之主饋 頓無顧念之意 一日 巡營祕關來到 見之則 以軍務相議事 星火馳進 遂促裝而行 入別小室 小室曰 公揣今行 有甚事否 曰不知 小室曰當此疑危之際 不能豫料事機 將何以應變而濟國事乎 鄭公奇其言 問之曰然則將若之何 小室曰 必有如許之事 須以如是制變自可無事矣 因出新製紅錦緞天翼着之 長短闊狹 適中於身 鄭公心甚驚異 及到營巡使辟人 密語曰 今天使回路 逗留城中 討索白銀萬兩 若不聽施 梟首道伯云 變出蒼黃 物亦難辦 君之智略 庶可應變故 所以檄召者也 鄭公聞之 則果是小室臨行指教事也 遂依其言對以自當措處 於是出坐練光亭 招營校之伶俐者一人 附耳語良久 卽選營妓之慧艶者 五六人 使之侍側 或歌或琴 杯酒浪藉 又招營校數人 附耳語曰 今不納銀 巡相被禍 滿城魚肉到今等死耳 豈可坐而待死乎汝卽往城內家家挿火藥 待練光亭放砲三發 一齊衝火 營校聽令而退 而已入告曰 盡挿矣 俄而命放砲一聲 諸妓在傍 竊聽之大恐 佯托少避 稍稍出去各傳于其家 須臾滿城號哭呼爺喚孃 挈妻携子 爭出城外 喧聲動天 天使初聞砲響竊疑之 及聞滿城喧鬧 急起探問 則營校一人對以宣沙僉使 發令若此若此云云 語未訖 砲響又發 若又一砲 則城中上下 盡入灰燼矣 天使神魂荒

錯 忙不及履 走到鄭公所握手乞命 鄭公據理以責曰 上國父母之邦也 天使之來宣詔也 陪臣 恪謹接待 而猝責無例之銀 此是行不得之政也 一城之人死外無策 寧欲共死于灰燼之中也 天使曰 俺當上馬卽發 罔夜疾馳 三日內當渡鴨江 願停一砲 鄭公正色曰 天使無禮 吾不之信 促呼砲手 天使抱鄭公泣乞 千萬哀訴 鄭公不得已 許其促駕 天使一行 風馳電邁 果於三日內 渡江而去 巡使大喜 設宴以謝之 由是 鄭公之名 振動一世 是後 鄭公每値難處之事 必咨于小室而決 鄭公宦蹟 多賴小室 嗚呼 鄭公小室 眞異人哉

<이심권/최종호>

• 길吉씨 성을 가진 정열貞烈의 여인

길정녀吉貞女는 영변寧邊 땅[684] 향관鄕官[685] 길 아무개의 서녀로, 신명희申命熙[686]의 소실小室이다. 정녀는 부모가 모두 돌아가시고 종부從父에게 의지하여 살았다. 나이 이십이 되었으나 시집가지 못하고, 길쌈과 바느질로 스스로 생계를 꾸려 나갔다.

이보다 앞서 경기 인천 도호부 관할 지역에 신명희라는 젊은이가 있었다. 꿈에 한 늙은이가 소녀아이 한명을 데리고 나타났는데, 나이는 5~6세 정도 되었으나, 얼굴에 입이 열 하나가 있어서 놀라고 두렵기까지 하였다. 늙은이가 소녀를 가리키며 신생申生에게 말하기를,

"이 아이는 훗날 자네의 배필이 될 것이니, 마땅히 함께 백년해로

684 영변寧邊 : 평안북도 영변군寧邊郡과 안주군安州郡 일부 지역에 있었다. 본래 연산延山·무산撫山 두 현縣으로 분리되어 있었는데, 조선 세종 때에 병합하여 영변도호부로 하였다.

685 향관 : 향품관鄕品官으로 지방 관아에 딸린 품관이다. 조선 숙종 때 신돈복辛敦複이 견문한 이야기들을 모아놓은 야담집인 『학산한언鶴山閑言』에 영변 길정녀吉貞女와 신명희申命熙의 결연담이 수록되어 있다.

686 조선 숙종 때 신돈복辛敦複이 견문한 이야기들을 모아놓은 야담집인 『학산한언鶴山閑言』에 영변 길정녀吉貞女와 신명희申命熙의 결연담이 수록되어 있다.

하게 될 것이도다."

라고 하거늘 꿈에서 깨어 마음으로 심히 괴이하게 여겼다. 그 후에, 나이 사십이 넘어서 아내를 잃으니 집안에 살림을 맡을 사람이 없어, 처량한 신세가 되었다. 마침 친척 중에 영변寧邊의 읍장으로 나아가 있는 자가 있어 그를 따라 약산藥山을 관광하면서 울적한 마음을 풀었다. 하루는 저녁에 또 꿈을 꾸었는데, 전에 꿈속에 나타났던 노인이 또다시 입이 열하나 달린 여자아이를 데리고 또 나타났는데, 나이가 이미 장성한 처녀였다. 늙은이가 말하기를,

"이제 그대에게 시집가리라."

라고 하니, 신생이 더욱 괴이하게 여겼다. 얼마 있다가 내아內衙[687]에서 가늘게 짠 베[688]를 사서 관아에 바치라는[689] 명이 내려졌다. 아전이 말하기를,

"우리 고을 관아에 처녀가 있는데, 베를 잘 짜서 한 고을에서 이름이 났으니 지금 짜게 하여도 완성할 것이니 조금 말미를 주십시오."

라고 하였다. 다음날에 과연 관아에 바쳤는데, 그 가늘기가 겨우 한 사발을 채울 정도이지만 베의 정밀함이 일찍이 보지 못한 바여서 감탄하지 않음이 없었다. 신생은 그 여인이 서녀임을 알고는 소실로 삼으려는 뜻을 가졌다.[690] 고을읍 사람으로 그 여자 집안과 친절한 자와 두텁게 관계를 맺고, 그 고을 사람으로 하여금 혼인의 말을 넣게 하였더니, 그 여자의 종부가 과연 즐겨 듣고는 혼인을 흔쾌히 허락을 하였다. 신생이 대략의 폐백을 갖추고 그 집안에 갔더니, 여자가 옷

---

687 내아內衙 : 조선 시대 수령의 가족이 거처하던 안채를 뜻한다.

688 세포細布 : 가늘고 곱게 짠 삼베. 세마포細麽布이다.

689 무납貿納 : 물건을 사서 관아에 바침을 뜻한다.

690 복성卜姓 : 첩妾을 얻을 적에 동성同姓을 피하여 고르는 일. 여기서는 첩을 얻는 것을 의미한다.

감을 짜는 데에 재주가 있을 뿐만 아니라 자태와 용모가 모두 아름다웠다. 행동거지가 단아하여 완연히 서울의 지위 높은 집안의 태도가 있었다. 신생이 기대 이상이라 크게 기뻐하였다. 비로소 꿈에 본 열 한 개의 입이 길吉자의 성으로 파자가 됨을 깨닫게 되어 깊이 하늘이 정해준 것에 감동하여 평소에도 정의情義가 날로 돈독했다.

몇 달을 머물렀다가 부득이 한양으로 돌아가게 됨에 서로 약속하기를,

"오래지 않아 돌아와서 맞이할 것이니 소식을 기다려라."

라고 하고, 또한 여인도 올 때까지 기다리겠다고 약속을 했다. 신생이 돌아감에 많은 일에 얽매여 시일을 미루다가[691] 3년을 끌게 되었는데, 그 약조를 실천할 수가 없었다. 거리가 멀고 소식이 끊어지니 정녀貞女의 여러 일가들이 말하기를,

"신생은 신의가 없으니, 더이상 믿을 수가 없다."

라고 하고 몰래 다른 사람에게 다시 시집보내려 하였다. 그러나 정녀는 지조를 더욱 굳게 하고 앞의 약속을 굳게 지켰다. 당시에 정녀가 살던 곳은 운산雲山의 종숙從叔의 집과는 단지 고개 하나를 사이에 두고 있었다. 운산의 수령은 무관 출신으로 나이가 젊은 자이니 바야흐로 첩을 두고자 하여 두루 고을 사람들에게 물으니, 종숙이 정녀를 보내어 향임鄕任 자리를 얻으려고 관부官府를 출입하며 계획을 짰다. 혼인 날짜를 정하여 알리고, 정녀로 하여금 알리게 하지 않고 고을 수령이 보낸 바의 비단과 옷가지의 재물을 받아 두었다. 종숙이 와서 정녀에게 일러 말하기를,

"내 아들이 장가가는데 혼인날이 멀지 않은지라 바야흐로 신부의

---

691 임염荏苒 : 시일을 자꾸 끎을 뜻한다.

옷을 만들어야 하는데 바느질을 잘하는 사람이 없어 너의 손을 빌리고자하니 잠시 와서 도와주면 어떻겠냐?"

라고 하니 정녀가 말하기를,

"여자가 대문 밖에 다니는 것은 자기 마음대로 다닐 수가 없습니다. 신생이 바야흐로 순영巡營에 머물고 있으니 저의 행동거지는 오직 그분의 말을 기다릴 뿐입니다. 비록 숙부의 명이 있다하더라도 결코 듣고 따르기 어렵습니다."

라고 하였다. 이에 그 아재비가 정녀의 쌀쌀한 말을 듣고는 다시 말하기를,

"내가 이 뜻을 편지로 신생에게 알려서 신생의 허락이 있다면 너는 올 수 있겠느냐?"라고 했다. 정녀가 억지로 대답하여 말하기를,

"만약 그분의 허락이 있다면 비록 어려움이 있을지라도 마땅히 가겠습니다."

라고 하였다. 숙부가 이에 신생이 힘을 써서 도와주도록 허락한다는 위조 편지를 썼다. 대개 이때는 상서尙書 조관빈趙觀彬[692]이 평양감사를 하였으니 신생과는 인척이 되는 사이여서 머물러 있었던 것이다. 이곳에 와서 머물면서 오래도록 돌아오지 않았으므로 숙부가 말하기를,

"이미 버렸다"

라고 하고 이같이 계교를 펴서 본 고을 수령의 비위를 맞추기 위해 맺어주고자 했던 것이다.

---

692 조관빈趙觀彬(1691~1757) : 본관은 양주楊州, 자는 국보國甫, 호는 회헌悔軒이다. 대사헌으로 신임사화를 논핵하였다. 철저한 노론 계열로 아버지의 신원과 포상의 추진에 일생을 보냈다. 문형文衡으로 많은 글을 남기기도 하였다. 저서로 『회헌집悔軒集』 20권이 있다.

정녀가 이미 위조편지를 보고 이미 어쩔 수가 없어서 따라갔다. 자르고 재고 바느질하는 수고로움은 이미 수일이 지났으나 오직 일에만 전념하며 한 번도 종형제의 사내아이들과 서로 말도 섞지 않았다. 하루는 숙부가 고을 수령을 맞이하여 집에 이르게 하고 장차 그녀의 모습을 엿보게 하여 자기의 말을 실행하도록 하였다. 날이 저물자 맏아들로 하여금 정녀가 있는 방에 나아가서 등불 아래로 끌어내어 이르게 하고 쉬면서 함께 이야기를 하게 하였는데 정녀가 그의 패륜적인 행동에 화를 내며 무례함을 꾸짖었다. 이 때에 고을 수령이 창틈을 따라서 용모를 엿보고 기대 이상에 놀라고 기뻐하며 입에서 나오는 대로 말하기를,

"이 같은 자태와 용모는 내가 처음 보는 바이다. 비록 서울의 아름다운 여자도 쉽게 견줄 수 없다."

라고 하였다. 정녀가 타인의 소리임을 알고 비로소 그 숙부가 딴 마음을 품고 자신의 몸을 더럽힐 것을 알아채고는 심장이 떨리고 기가 막혀 차라리 살고 싶은 생각이 없었다. 날이 밝기를 기다렸다가 장차 바느질 일을 집어치우고 서둘러 돌아가려고 했다. 숙부가 비로소 사실을 알리고 또한 말하기를,

"저 신생이란 자는 나이도 늙고 집안도 가난한데, 해를 넘겨도 오지 않으니 버림을 당한 것이 분명하다. 지금 본 고을의 수령은 나이도 젊고 무인으로 명성이 있어서 앞길이 창창하다. 너의 젊고 지혜로우며 아름다운 자태로 헛되이 오지 않을 사람을 부질없이 기다리며 일생을 그르치는 것은 옳지 않다."

라고 하며 감언이설로 달래기도 하고 위협으로 윽박지르기도 하였다. 이에 정녀는 분하고 성남을 이기지 못하여 꾸짖으며 죽음으로 맹세하자 숙부도 그녀의 뜻을 빼앗을 수 없음을 알았다. 또한 본 고

을의 수령에게 죄를 얻을까 두려워하여 자녀들을 동원하여 정녀를 조용하고 좁은 방에 가두고 문의 자물통을 굳게 잠그고 겨우 음식만 넣어주어 혼인날 밤이 오기를 기다려서 장차 본 고을의 수령으로 하여금 겁을 주어 데려가려고 했다. 정녀는 비로소 끌려가 자살해서 몸을 더럽히지 않게 하려고 하다가 돌연히 생각을 고쳐 말하기를

"의미 없이 한갓 죽기보다는 손수 저들을 죽여서 이 한을 조금이라도 씻고 함께 죽는 것이 낫겠다."

라고 하였다. 이에 먹을 것을 받아 기운을 차렸다.

숙부의 부자간이 정녀가 생각을 바꾸기를 바라며 음식을 후하게 들여다 주었다. 처음에 정녀가 가두어질 때에 몰래 칼 하나를 품에 감추었으나 아무도 이를 아는 사람이 없었다. 혼인날 밤이 되자 숙부가 비로소 문을 열고 정녀를 끌어내려고 했다. 정녀는 의지를 굳게 하고 몸을 곧게 세워 칼을 잡고 문이 열리기를 기다렸다. 문이 열리자마자 곧 몸을 떨쳐 먼저 숙부의 맏아들을 찔렀다. 드디어 이리 뛰고 저리 뛰고 하며[693] 누구라고 할 것 없이 마구 찌르고 크게 꾸짖으니, 서릿발보다 엄했다. 본 고을의 수령이 이를 보고는 정신을 잃고 입이 딱 벌어지며 머리를 부둥켜안고는 쥐구멍을 찾았다. 온 집안사람들이 벌벌 떨며 어찌할 줄 몰랐다. 사방의 이웃 사람들이 달려와 모여 연거푸 칭찬하는 소리를 내며 놀라고 탄식함을 그치지 않았다. 이웃 사람이 본가의 종부從父에게 달려가 알리자 종부가 이르러 달래어 데리고 갔다. 그 사건의 전말을 종부가 감영에 알리니, 신생이 감사를 만나서 그 이야기를 듣고는 놀라면서도 또한 화를 냈다. 운산의 수령을 파직하고 숙부와 아들을 엄하게 다스려 먼 곳으로 유배하게

693 도량跳踉 : 도량跳梁으로도 쓰이며, 뛰어 돌아다님을 뜻한다.

했다. 한편으로는 성대하게 의례를 갖추어 정녀를 맞이하여 감영의 별관에 이르러 거처하게 하고 아름다운 의복과 성대한 음식으로 일상을 넘을 정도로 특별히 관리하게 했다. 정성으로 대접하기를 일상에 벗어났다. 기증하고 물건 주는 것을 두텁게 하니 온 고을 사람들이 목을 빼서 듣곤 했다. 신생이 가족을 데리고 돌아가 아현阿峴에 거처하였는데, 몇 년 뒤에 인천의 옛날 살던 곳으로 돌아갔다. 정녀는 근검하게 집안을 다스려 자산이 풍요로웠다. 듣는 자가 모두 정조와 탁월한 식견에 흠모하여 감복하고, 그 재산을 일으켜 함께 즐김을 더욱 어질게 여겼다. 신생은 을축생인데 지금까지 아주 건강하여 심히 노쇠하지 아니했다. 상사上舍 유응상柳應祥이 이웃에 살면서 그와 밀접하게 사귀어 그 일을 소상하게 갖추어 이같이 말해주었다.

吉貞女 寧邊鄕品 吉某之庶女 申命熙小室也 貞女父母俱沒 依其從父 年二十而未嫁 以織紝針線自資 先是 仁川府 有申生命熙者 年少時 夢有一老翁 携一女 年可五六歲 面上有口十一 可驚怖 指謂生曰 是他日 君之配也 當與終老 及寤 心甚驚異之 其後 年踰四十 喪室家無主饋 身世凄涼 適從親知之出宰寧邊者 遊觀藥山 以暢幽鬱 一日夕又夢 前日夢中老翁 又率其十一口女而來 年已長成 今歸之君矣 生愈怪之 久之 自內衙 令貿納細布 吏曰 此有鄕品處女 善織布 擅名一府 今所織將斷手云 請少俟之 其翌日 果貿納而 其細僅盈一鉢 而織潔精緻 曾所未見者 莫不覺歎 申生知其爲庶 有卜姓之意 厚結邑人之與女家親切者 使之通言女之從父 果樂聞快許焉 生略備幣具 造其家 女非獨織紝之功 姿容都美 擧止閑冶 宛有京洛冠冕家儀度 生大喜過望 始悟十一口之爲吉姓也 深感天定有素情義日篤 留連數朔 不得已還洛 相約曰 非久迎歸且待來信 旣還事多牽掣 荏苒三載 不得踐言 關河迢遆 音墨斷絶 貞女之群從族黨 謂以申生無信 不可復恃 潛謀更嫁他人 而貞

女操持彌厲 宿約堅守 時貞女所居 與雲山從叔家 只隔一岡 而雲山倅 武官年少者也 方謀畜妾 博詢於邑人 從叔者 欲以貞女應之圖得鄕任 出入官府謀議綢繆 晤定婚日 不使貞女知之 受置邑倅 所送錦綺 衣裳之資 來謂貞女曰 吾子娶婦 婚期不遠 方製新婦之衣 而裁縫無人 願借汝手 暫來相助 不亦可乎 貞女曰 女子之行 閨門之外 不可擅行 申生方留巡營 女之行止 惟待其言 雖尊叔有敎 決難聽從 厥叔聞此洛莫 復曰 吾欲以此意 書報申生 申生有諾 則汝可肯來否 貞女黽勉對曰 若君子有諾 雖難當行 叔乃僞撰申生書 勉以敦親許其往助 蓋是時 趙尙書觀彬 按察關西 申生有姻誼來留 而以其久而不來故 謂已棄置 設計如此 要結本倅之歡情也 貞女旣見僞札 不獲已從往 刀尺針線之勞 已過數日 而惟勤於所事 未嘗與從兄弟男子輩 相接談話矣 一日叔邀倅至家 將使偸窺姿貌 以實其言 及暮 使長子就貞女所在之室引至燈下 要與休息談話 貞女恚其悖褻 責以無禮 是時 本倅從窓隙 窺覘容止 驚喜過望 不覺率口 語曰 如此姿貌 吾所創見 雖京洛佳麗 未易敵也 貞女認其爲他人聲 始揣厥叔 包藏異志 圖汚其身 心掉氣窒 寧欲無生 坐待天明 將撥棄奔歸 叔始以實告 且曰 彼申生者 年衰家貧 經年不來 見棄明矣今本倅 年少名武 進塗長遠 以汝靑春慧姿 不宜空待望絶之人 誤送一生也甘言以誘之 威力以脅之 貞女不勝憤恚 極口奮罵 死以爲誓 叔知其不可奪且恐得罪於本倅 乃率諸子 拘囚貞女於靜僻夾室 固其扃鐍 僅通飮食以待婚夕 將使本倅 劫率以去 貞女始欲引決 不汚其身 幡然改圖曰 與其徒死無成曷若手戕彼輩 少洩此恨 而俱死也 乃求食充氣 叔之父子 冀其意回 厚饋飮食 始貞女被囚時 潛藏一刀於懷中 而人莫知之 及至婚夕 叔始啓戶 欲引出貞女 貞女厲志竦身 持刀以待戶 纔開乃奮身 先刺其叔之長子 遂左右跳踉無論誰某 亂刺大罵 嚴於霜雪 本倅見之 魂慴口呆 抱頭鼠竄 闔家戰栗罔 知所爲 四隣奔集 嘖嘖稱善 驚歎不已 隣人走 告本家從父 卽至慰諭率去 以其顚末馳報 申生接使聞之 且驚且怒 啓罷雲山倅 嚴誶其從叔 父子流配遠地

盛備儀衛迎貞女 至營別館以處 美服盛饌 款待出常 贈遺腆厚 一道聳聽 申生率歸家 居阿峴 數年後 仍歸仁川舊居 貞女 勤儉治家 資産豊饒 聞者 皆欽 服其貞操 卓識而益賢 其致産偕樂矣 申生乙丑 而今尙康健 不甚衰老 柳上舍應祥 隣居交密 備知其事 言之如此

<최종호>

진벌휘고속편震閥彙考續編 권10

기녀들娼妓

• 양녕대군이 사랑한 여자, 정향

양녕대군讓寧大君이 성천成川에 목욕하러[694] 간다하니, 세종世宗이 내전內殿에서 전별연을 베풀었다. 세종은 양녕대군을 타일러 말했다.

"들으니 관서 지방의 창기들은 질병이 많다고 합니다. 몸가짐을 삼가서 혹시라도 가까이하지 마시기 바랍니다."

양녕대군은 왕명을 받고 감동하여 따르고자 하였다. 그래서 떠나기 전 미리 통지하는 공문에 다음과 같이 엄하게 경계하였다.

"탕과 술을 올릴 때 통인通引[695]에게 올리게 하고 기녀를 가까이 오지 못하게 하라."

양녕대군은 도중에 강동현江東縣[696]을 경유하자 말을 멈추고 하룻밤 묵었다. 그런데 저녁에 홀연히 어떤 시골 여자가 잠옷 차림을 하고 수심에 젖은 얼굴로 양녕대군이 있는 상방上房[697]에 급히 뛰어 들어가더니 창밖으로 급히 통인을 부르며 말했다.

"아버지의 병세가 위독하여 거의 죽어갑니다. 빨리 구제해야 합니

---

694 성천~목욕하러 : 성천온천은 지금의 평안남도 성천군 영천면 온정리에 있는데, 피부병·관절염·신경통·부인병·고혈압·창상 후유증·위궤양 등의 치료에 효험이 있다고 전해진다.

695 통인通引 : 조선조 때 지방 관아의 관장 앞에 딸리어 잔심부름을 하는 사람이다.

696 강동현江東縣 : 평안도 평양부 강동현(지금의 평양특별시 강동군)이다. 동쪽으로 3리쯤 가면 성천成川에 당도한다.

697 상방上房 : 관아의 우두머리가 거처하는 방을 이르던 말이다.

다."

양녕대군은 그녀를 보고 즉시 명령을 내려 현감을 잡아들이라 하였다. 그리고 현감이 자신의 명령을 어기고 여인이 자신이 있는 곳에 근접하도록 한 상황을 꾸짖었다. 현감은 이전에 알지 못했다고 진술하고 애처롭게 빌며 죄를 청하였다.

양녕대군은 못이기는 척 죄를 용서하고 다스리지 않았다. 다음날 몰래 통인을 불러 어제 급히 뛰어 들어온 여자를 불러올 수 있는지 물었다. 통인은 감히 명을 거역하지 못하고 즉시 그 여자를 끌고 오게 하였다. 그 여자는 과연 경국지색이었다. 양녕대군은 처음 그녀의 아름다운 용모를 보고는, 다시 그 모습을 보고 싶어 그녀를 끌고 오게 했던 것이다. 양녕은 이후 3~4일동안 강동현에 머물렀다. 그리고 성천에 가서 목욕하고 한양으로 돌아와 즉시 임금께 목욕 잘하고 왔음을 아뢰었다.

임금이 하루는 내전에서 측근들을 불러 잔치를 열고 양녕대군을 초청하여 함께 즐겼다. 술이 거나하게 취하자 임금은 가희歌姬에게 명하여 촛불 앞으로 다가와서 노래를 부르게 하였다. 임금은 말했다.

"이 노래는 모두 옛 곡조라서 더 듣고 싶지 않으니 새로운 노래를 불러 흥을 돋우도록 하여라."

그 가희는 명을 받들어 곧장 짧은 시 한 수를 노래했다. 그런데 그 노래는 바로 양녕대군이 전날에 강동현의 여인에게 선물로 남겨 준 시였다. 양녕대군은 참으로 이상한 일이라 생각하며 그녀를 자세히 보았다. 가희는 강동현의 그 여인이었다. 양녕대군은 두려움을 이기지 못하고 뜰로 내려가서 잘못을 인정하며 계율을 따르지 않은 죄를 주기를 청하였다. 임금은 친히 양녕대군의 몸을 일으키며 말했다.

"이것은 제가 꾸민 일입니다. 형님이 무슨 잘못이 있습니까?"

그리고 즐거움이 다하자 연회를 마쳤다. 이어서 임금은 태복太僕[698]의 말로 하여금 곧장 그 여인을 태워 양녕에게 보내라고 하였다.

대개 세종은 양녕대군에 대해 우애가 매우 돈독하여 예로써 대우함이 대단히 특별했고, 특별히 돌봐주고 아끼며 즐거워하고 장난치는 것이 일반인들과 다를 바 없었다. 그러므로 양녕대군이 관서지방으로 갈 때, 세종이 스스로 몰래 평안도 관찰사에게 부탁하여 미인을 고르고 골라 그녀로 하여금 양녕대군의 잠자리를 모시게 하였다. 평안도 관찰사는 정향이라는 이름의 기생 하나를 잘 골라 뽑아서, 시골 여자의 행색으로 꾸며 계책을 세워 양녕대군을 유혹하게 하였던 것이다. 양녕대군이 궁궐로 돌아온 뒤에 세종은 다시 하명하여 정향을 데리고 와서 촛불 아래에서 노래 부르게 하여 기이한 만남을 만들었다. 세종이 양녕대군의 마음을 기쁘게 하고 위로하고자 할 때 사용하지 않은 방법이 없었으니, 그 점은 지극히 성대한 것이었다. [『도재수필陶齋隨筆』[699]에 나온다.]

丁香 讓寧大君 往浴成川 世宗設餞于內 戒曰 聞西路娼妓多疾云 愼勿或近 讓寧承命感佩 其先文嚴飭 支待湯酒之際 皆用通引 而勿近女妓云 及路由江東縣 止宿之 夕忽有一村女 褻服愁容 突入上房 窓外急呼通引曰 父病革垂絶 可速出救也 讓寧見之 卽令拿入本倅 責其違令 女人來近之狀 主倅供以初未聞知 哀乞求罪 讓寧姑赦不治 明日潛招通引 問昨日突入之女 可圖招來否 通引不敢抗命 卽爲引來 果國色也 蓋讓寧始見其容色非常 欲更

---

698 태복太僕 : 관직명으로, 임금의 수레와 마필馬匹을 주관했다. 임금이 외출하면 태복이 수레를 총 관리하고 임금을 위해 직접 수레를 몰았다.

699 『도제수필陶齋隨筆』 : 윤흔尹昕이 지은 인물·역사·지리·풍속 등 광범위한 내용을 일정한 체계 없이 기술한 만록집漫錄集이다.

賞故也 於是 留連三四日 而往浴成川 而返卽復命 上一日設曲宴于內 請讓寧共歡 酒酣 上命歌姬命歌於燭前 上曰 此皆舊曲 不可足聽 可進新詞以助歡 其姬承命 乃唱一小詩 卽讓寧前日留贈江東姬所作也 心實疑訝 始審視之 則姬是其女也 不勝悚蹙 下庭引伏 以請不得遵戒之罪 上親挽以上之曰 是予所爲也 兄何咎焉 仍盡歡而罷 且命太僕馬卽馱姬 送于讓寧 蓋世宗於讓寧 友于甚篤 禮待出常 眷愛驩譴 無異私門 故讓寧西行 自上密囑西伯 極擇美色 使之薦枕 西伯妙選一妓名丁香者 扮作村女樣 設計而誘之也 讓寧上來後 上又下諭 載來以爲燭下唱歌之奇逢 其慰悅大君意 無所不用 其極盛矣哉. [陶齋隨筆]

• 중국 사신 예겸이 극찬한 기생 낙동선

시강侍講 예겸倪謙[700]이 사신의 임무를 받들고 조선에 왔다. 안평대군安平大君의 글씨를 보고 말했다.

"왕희지王羲之의 필체도 아니고 조맹부趙孟頫의 필체도 아닌 독자적인 천하제일의 글씨로다."

성삼문成三問을 보고 말했다.

"이 사람은 천하제일의 인물이다."

기생 낙동선洛東仙을 보고는,

"이 여인은 최고의 미인이다. 훗날 왕자군王子君[701]의 소실이 될 것이다."

---

700 예겸倪謙(1415~1479) : 중국 명대明代의 문신으로 자는 극양克讓이고, 호는 경서후인經鋤後人이다. 예부상서를 역임했다. 1449년 겨울에 경태제의 등극을 알리는 조칙을 가지고 조선에 왔다. 예겸은 조선에 머무는 동안 정인지, 신숙주, 성삼문과 더불어 매일 창화하며 시간을 보냈다.

701 왕자군王子君 : 조선시대에 임금의 서자에게 주었던 작위. 왕의 적자를 대군大君이라 하고, 왕의 서자를 왕자군王子君이라 하였다.

라고 하였다.

뒤에 시독侍讀 장녕張寧[702]이 황제의 조서를 받들고 조선에 왔다. 장녕은 바로 예겸의 제자였는데, 예겸은 장녕에게 말했다.

"조선의 삼절三絶을 만나보기를 요청하여라."

장녕이 조선에 이르러 뛰어난 세 사람을 만나기를 요청하였으나 안평대군과 성삼문은 모두 죽고 없었다. 장녕은 탄식하기를 그치지 않더니 다음과 같이 말했다.

"예겸선생께서 두 사람[703]은 천수를 보전하기 어려울 것이라고 하셨는데, 과연 그렇군요."

그리고 낙동선을 보고 싶다고 청하였다. 그러나 그때 낙동선은 왕자군의 소실이었으므로 다른 기생 중에 미모가 있는 여인을 대신 보게 하였다.

장녕이 말했다.

"제가 찾던 사람은 아니지만 어쩔 수 없지요."

그러자 임금은 낙동선에게 나가서 장녕을 만나도록 하였다. 이때 낙동선은 나이가 이미 많아 얼굴이 매우 늙었다.

그러나 장녕은 다음과 같이 말했다.

"이 여인은 바야흐로 최고의 미인입니다. 예겸선생의 안목이 틀리지 않았습니다."

洛東仙 倪侍講謙 奉使東來 見安平大君筆曰 非王非趙 自是天下第一筆也 見成謹甫曰 此第一人物也 見妓洛東仙曰 此第一色也 後爲王子君小室

---

702 장녕張寧 : 명대의 문신으로 시랑侍郞을 지냈다. 예겸의 제자로 사신의 임무를 띠고 조선에 온 적이 있었다.

703 두 사람 : 계유정란 때 희생된 안평대군과 성삼문을 가리킨다.

後張侍讀寧 奉詔東來 張卽倪之門人也 倪謂東國之三絶 可往求見之 張及至求見 則安平及謹甫 並死矣 張噓唏不已曰 先生曰此兩人難保其終 果然矣 乃求見洛東仙 時爲王子君小室 以他妓之有容色者代見 張曰 非是也 不得已 上命仙出見 時年已老矣 容貌甚衰 張曰 此方是第一色 先生之見不差矣

• 권경유의 마음을 사로잡은 기생 옥부향

옥부향玉膚香은 나주의 기생이다. 어렸을 때 이름은 덕오德烏이다. 재주와 미모가 마을에서 가장 뛰어나 선발되어 한양의 교방에 들어갔는데, 그곳에서 다시 이름을 날렸다. 권경유權景裕[704] 공이 아직 과거에 급제하지 않았을 때 옥부향의 이름을 듣고, 과거급제 후에 잠자리 시중을 들게 하리라 결심하였다. 권경유는 옥부향의 고향 집이 있는 마을 골목을 자세히 탐문하여, 꽃·나무·시내·돌과 같은 것들과 부모 형제의 이름·자字·나이를 또렷하게 기억하여 마음속으로 늘 생각하며 잊지 않았다. 몇 년이 흐른 뒤에 과연 과거에 급제하여 한림원에 들어갔다. 한림원에서 연회를 하던 중에 비로소 옥부향을 보았는데, 과연 절색이었다. 이에 권경유는 말했다.

"그대는 나를 기억하지 못하는가?"

옥부향은 말했다.

"기억나지 않습니다."

권경유는 즉시 거짓으로 다음과 같이 말하였다.

"자네가 나주에서 기생으로 있을 때 나는 벼슬 없는 선비로 그곳

704 권경유權景裕(?~1498) : 본관은 안동安東, 자는 군요君饒, 호는 치헌痴軒·취정翠亭이다. 김종직의 제자이다. 성종 때 김일손과 함께 사관으로 있으면서 스승 김종직의 「조의제문弔義帝文」을 사초에 실었다. 1498년 무오사화 때 이것이 문제가 되어 김일손 등과 함께 사형 당했다.

을 들렀네. 나주 통판 아무개가 그대로 하여금 잠자리 시중을 들게 하여 내가 자네의 집에 가서 며칠간 유숙하고 떠났네. 자네 어머니는 아무개이고, 자네 형제는 아무개 아무개이며, 나이는 몇 살쯤이고 대문 밖에 나무가 몇 그루 꽃이 몇 그루 시내가 몇 개 돌이 몇 개인지 모두 잊지 않았네. 또 자네가 이별할 때 말하길, '제가 다행히 한양의 기생이 되고 선비님도 돌아가서 과거에 급제한다면, 이는 일생의 다시 합칠 기약입니다.'라고 하였는데, 자네는 어찌 그것을 잊었는가?"

옥부향은 그 말을 기이하다 여기고 한참 만에 말하였다.

"한림의 말씀이 진정 이와 같으니, 얼굴이 옛날에 본 것과 같지 않지만 반드시 이 일이 있었다는 것은 분명한 듯합니다. 다만 제가 이 집 저집을 전전하며 이 남자 저 남자를 모시다 보니 모두 잊었던 것 같습니다."

이로 인해 권경유는 옥부향과 잠자리를 같이 하여 숙원을 이루었다.

玉膚香 羅州妓 少名德烏 才色甲於鄉 選入京中教坊 又播聲譽 權公景裕未第時 聞其名 期於登第後薦枕 詳探鄉家所在里巷 花木川石之類 父母兄弟之名字年記 歷歷記取 於心念念不忘 後數年 果登科爲翰林 於翰林宴中始見香妓 果絶艶也 乃謂曰 汝不記我耶 曰未諳也 權卽紿曰 汝隷羅州時 余以布衣過之 通判某使 汝薦枕 余歸汝家 留宿數日 乃去 汝母某 汝兄弟某某年紀幾許 門外樹幾花幾川幾石幾 摠不忘 且汝別之言曰 妾幸隷京妓 郎亦復捷科 則此一生再合之期也 汝何忘之乎 香異之 良久曰 翰林之言 誠如是顔面與曩者所見 雖不類 必有此事 則明矣 但妾東家西家 張郎李郎 胥忘之矣 因與共宿 宿願成

• 김도원이 사랑한 기생 옥매향

김도원金都元[705][이름은 모름]은 어려서 성균관에 들어가서 초당에서 학업에 힘썼다. 이웃에 종실 금계군錦溪君 이인수李仁壽[706]가 있었는데, 기생 옥매향을 보유하여 후원에 두었다. 김도원은 담을 넘어 그녀와 사통하다가, 하루는 금계군에게 붙잡혀 기둥에 묶여졌다. 장차 대곤大棍[707]을 치려고 하자, 훗날 판서를 지낸 김도원의 백씨[708][당시 정언正言으로 있었다]가 그 일을 듣고 매우 놀라 도보로 뛰어가서 애걸복걸 빌었다. 금계는 말했다.

"선비가 담을 넘어 남의 첩을 범한 것은 매우 놀랄 일이다."

그리고 포박을 풀며 말했다.

"이번 정시에서 그대가 장원을 차지하면 아예 매향을 줄 것이다."

도원은 마침내 갑과 2등을 차지하였다. 금계는 김씨 형제[709]를 초대하여 한껏 즐겼다. 그리고 매향을 내어주고 전송하며 말했다.

---

705 김도원金都元 : 김도원은 도원수를 지낸 김 아무개이다. 이름은 알 수 없다. 다만 아래 구절에 김도원의 백씨로 경림慶林이라는 인물이 나오는데, 경림은 경림부원군 김명원이다. 김명원에게는 두 형제가 있는데 형은 절충장군 충청도 병마절도사를 지낸 김경원金慶元이고 동생은 무명의 김호원金好元이다. 김도원은 김명원의 형 김경원일 가능성이 있다.

706 이인수李仁壽 : 조선 선조 때 종실에 속한 인물로, 1617년에 여러 종실과 이이첨을 탄핵하는 상소를 올린 적이 있다.

707 대곤大棍 : 정약용丁若鏞의 『목민심서牧民心書』「형전刑典」 6장에 "곤棍은 형구刑具의 한 가지로서 버드나무로 널찍하고 길게 만들어 도둑이나 군율을 어긴 죄인의 볼기를 치는 데 쓴다. 대소와 경중에 따라 중곤重棍, 대곤大棍, 중곤中棍, 소곤小棍, 치도곤治盜棍의 구별이 있다."고 하였다.

708 김도원의 백씨 : 김도원의 백씨는 아래 구절에 나오는 경림부원군 김명원이다. 김명원에게는 두 형제가 있는데 형은 김경원金慶元이고 동생은 김호원金好元이다. 즉 김명원은 김경원의 아우이며 김호원의 형이다. 그러므로 김명원은 누군가의 백씨가 될 수 없다. 저자의 기억에 착오가 있는 듯하다. 만약 절충장군 충청도 병마절도사를 지낸 김경원이 김도원이라면 김명원은 '김도원의 백씨'가 아니라 김도원의 아우가 되어야 맞다.

709 김씨 형제 : 김도원과 김명원을 가리킨다.

"약속대로 하였네."

그러나 경림慶林[710]은 옥매향을 금계에게 다시 보내며

"제가 지금 공과 친분이 있으니 감히 매향을 받을 수 없습니다."

라고 하였다. 그러나 금계도 매향을 받아들이지 않았다.

뒤에 옥매향은 영천위靈川尉 신의申檥[711]의 애첩이 되었는데, 장모인 문정왕후文定王后[712]가 그 일을 듣고 진노하여 옥매향을 강계江界[713]로 유배하라고 명하였다. 도원은 유배 가는 옥매향을 전송할 때 홍제원弘濟院[714]에까지 나가서 전송하였다.

玉梅香 金都元失名 少登上庠 隸業于草堂 隣有宗室錦溪君 畜妓玉梅香置之後園 都元踰墻通之 一日爲錦溪所捉 縛於柱 將施大棍 伯氏判書時以正言 聞之大驚 步往哀乞 錦溪曰 士子踰垣 奸人之妾 至爲駭愕 因解縛曰今庭試捷壯元 則當永與梅香矣 都元果捷亞元 錦溪邀金兄弟極歡 出梅香送之曰 依約耳 慶林還送曰 今與公子有親 不敢受 錦溪亦不納 後爲靈川尉寵妾 文定王后 聞之 怒命竄江界 都元 送人出餞于弘濟院

---

710 경림慶林 : 경림은 경림부원군慶林府院君 김명원金命元(1534~1602)이다. 김명원은 본관이 경주이고 자는 응순應順, 호는 주은酒隱이다. 이황의 제자로 임진왜란 때 팔도도원수를 지냈고, 6조의 판서와 좌의정을 지낸 인물이다.

711 신의申檥(1530~1582) : 1541년에 12세의 나이로 중종의 넷째 딸 문정왕후 소생의 경현공주敬顯公主와 혼인하였고, 명종 즉위년에 16세의 나이로 영천위에 봉해졌다.

712 문정왕후文定王后(1501~1565) : 본관은 파평坡平이다. 아버지는 영돈녕부사領敦寧府事 윤지임尹之任이며, 조선전기 제11대 임금 중종中宗의 왕비이고, 명종明宗의 어머니이다.

713 강계江界 : 평안북도 북동부(지금의 자강도 중북부)에 위치한 도시이다.

714 홍제원弘濟院 : 서울특별시 서대문구 홍제동지역에 있었던 건물이다. 고려 및 조선시대 역원제의 실시로 공무여행자에게 편의를 제공하기 위한 목적으로 설치되었다.

• 김응서를 도와 왜장을 죽인 기생 계월향

계월향桂月香[715]은 평양 기생이다. 임진년에 왜적이 평양을 점거했을 때, 왜장[716]이 그녀를 눈여겨보고 몹시 총애하였다. 왜장이 거처하는 누각은 매우 깊고 호위가 매우 견고하였는데, 다른 사람은 물리쳐 통행하지 못하게 하였고 오직 계월향만 출입할 수 있었다. 계월향은 총애를 받았지만 늘 탈출하여 집으로 돌아가고자 하였다. 그래서 왜장에게 부모를 뵈러 가고 싶다고 청하니, 왜장이 허락하였다.

계월향은 즉시 성 위에 올라 말했다.

"우리 오라버니는 어디에 계시나요?"

그때 별장別將 김응서金應瑞가 마침 왜군을 정탐하러 성 아래에 서 있다가 그 말을 듣고 말했다.

"내가 여기 있다."

계월향은 그를 맞이하여 은밀하게 말했다.

"공께서 만약 저를 빼내어 주시면 죽음으로써 보답하겠습니다."

마침내 김응서를 이끌고 성에 들어가서 왜장을 만났다. 왜장은 김응서를 계월향의 오라버니라 여기고 몹시 친애하고 신임하였다. 계월향은 왜장이 잠을 자는 틈을 타서 몰래 김응서를 이끌고 왜장의 처소로 들어가니, 왜장은 의자에 걸터앉아 있는데 얼굴은 붉고 두 눈을 부릅뜬 채 왼손으로 방울끈을 잡고 오른손으로는 마치 사람을 베려는 듯 칼을 지고 있었다. 김응서는 곧장 앞으로 나아가 그를 베었다. 왜적이 죽으면서 매달린 방울끈이 움직였고, 검을 땅에 던지니 땅에

---

715 계월향桂月香(?~1592) : 의기義妓로 계선桂仙이라고도 한다. 1592년 임진왜란 때 김응서와 밀통하여 자신을 총애하던 왜장 고니시 히[小西飛]의 목을 베었다. 훗날 조정에서 의기義氣를 가상히 여겨 평양 의열사義烈祠에 배향하였다.

716 왜장 : 고니시 유키나가[小西行長]의 부장 중에 평양성 함락(1592) 때 용장勇將으로 꼽힌 고니시 히[小西飛]를 가리킨다.

꽂힌 깊이가 여러 자나 되었다. 왜군 졸병들이 방울 소리를 듣고 떠들며 달려왔다.

계월향이 맞이하며 말했다.

"장군께서 취하셨습니다. 다른 일은 없습니다."

왜군들은 계월향의 말을 믿고 물러났다. 이에 김응서가 왜장의 머리를 허리에 차고 나가려고 하자, 계월향은 김응서의 옷을 끌며 따라갔다. 김응서는 스스로 두 사람 모두 온전할 수 없다고 생각하고, 즉시 계월향을 죽이고 성을 넘어 자기 군영에 이르러 왜장의 머리를 높이 걸어 왜군들에게 보여주었다. 왜군들은 놀라서 움찔하였다. 이로 인해 왜군의 기세가 움츠러져 감히 성 밖으로 나오지 못했다.

桂月香 平壤妓也 壬辰倭賊之據平壤也 爲倭酋所眄 甚寵之 所處樓幽深防禦甚固 屛人不得通 惟桂月香得出入 桂月香 雖被愛幸 每思欲脫歸 於是請於酋欲訪父母 酋許之 卽登城所曰 吾兄安在 時別將金應瑞 適偵倭立城下 聞之曰 我是也 桂月香迎之密語曰 公若脫我 請以死報 遂引以入城 謁倭酋 倭酋認以爲其兄 亦甚親信之 月香乘倭酋睡 潛引應瑞入 倭酋據椅坐 面紅目張 左執鈴索 右負釖若斫人者 應瑞直前斬之 賊殊而懸索動 釖投地 地穿數尺 卒倭聞鈴而譁 月香迎謂曰 將軍醉矣 無他事 卒倭信之而退 於是 應瑞佩酋頭欲出 月香牽衣從之 應瑞自度不能兩全 卽斬桂月香 踰城至軍 以其頭懸示倭 衆倭驚服 由是 蹙衒不敢出

• 왜장을 끌어안고 남강에 투신한 기생 논개

논개論介는 전북 장수군의 기생으로[진주 관기官妓라고도 한다] 병사兵使 최경회崔慶會[717]의 소실이 되었다. 계사년(1594)에 진주성이 함락되

717 최경회崔慶會(1532~1593) : 본관은 해주海州, 자는 선우善遇, 호는 삼계三溪·일휴당

어 인민들이 모두 죽고 적병들이 성에 난입하였다. 논개는 최경회 공이 죽었다는 것을 듣고도 슬픔을 내색하지 않았다. 평소 아름다운 용모가 있었는데 곱게 단장하고 예쁜 옷을 입고 촉석루 아래 바위 위에 서서 너울너울 춤을 추며 자신의 존재를 드러내었다. 여러 왜군들이 논개를 보고 좋아했지만 감히 가까이 가지 못했는데, 오직 왜장[718] 하나가 앞장서서 나와 앞에 서니 논개가 웃으며 그를 맞이하였다. 왜장이 논개를 두 팔로 끌어안으니 논개는 마침내 왜장을 꽉 껴안고 곧바로 바위 아래 남강南江에 몸을 던져 함께 죽었다. 뒤에 그 바위를 '의암義巖'이라 이름 붙이고 사적비를 세워 표창하였다.

論介 長水妓[一云晉州官妓] 爲崔兵使慶會小室 癸巳晉州城陷 人民俱死 賊兵闌入 論介聞公死而不慽 素有姿色 乃凝粧艶服 立于矗石樓下巖石上 婆娑以自衒 羣倭見而悅之 莫敢近 獨有一倭酋 挺身直前 論介笑而迎之 倭酋摟引之 論介遂抱持甚堅 直投巖下 俱死 後名其巖曰義巖 有事蹟碑以旌之

• 효종의 의중을 간파한 기생 매환

매환梅環은 장군 임경업林慶業의 소실이다. 임경업이 후금後金의 오랑캐에게 잡혀 심양瀋陽으로 끌려갈 때 매환을 돌아보며 말했다.

"나는 오랑캐에게 헛되이 죽을 수 없다. 너는 달아나서 허도許道의 집에 숨어 있거라."

허도許道는 장사壯士이고 집은 양주楊州에 있는 자이다. 임경업이 중

日休堂이다. 1593년 초에 경상 우도 병마절도사가 되어 6월 중순에 진주성에 입성하여 의병장 김천일, 충청 병사 황진, 복수 의병장復讐義兵將 고종후 등과 함께 성을 지키다가 남강에 몸을 던져 순국하였다. 화순현읍지에 그의 「투강시投江詩」가 실려 있다.

718 왜장 : 게야무라 로쿠스케[毛谷村六助]이다.

도에 도망가자 나라에서는 대대적으로 수색하였다. 임경업의 부인 이씨에게 형틀을 채우고 그녀를 심양의 옥에 유폐하니 이씨 부인은 목을 찔러 자결하였다. 매환은 허도의 도움으로 화를 면하였다.

뒷날에 효종孝宗이 북벌北伐에 뜻을 두고 재능과 용맹이 있는 무사를 찾을 때, 임경업의 죽음을 애석해하여 매환을 불러 임경업의 용맹하고 굳센 모습에 대해 물었다. 효종은 탄식하면서 말했다.

"어찌하면 임경업 같은 사람을 얻어 그를 장수로 삼을 수 있으리오."

"전하께서 임경업 같은 사람을 생각하시니, 그를 등용하여 북벌을 하실 겁니까?"

"그렇다."

"저는 전하께서 북벌을 실행하지 못할 것을 굳게 알고 있습니다."

효종이 웃으며 말했다.

"너는 무슨 이유로 내가 실행하지 못할 것을 아느냐?"

"병자호란 때 전하께서 강화도에 피난 가서 계실 때, 당시 여러 장수들이 일을 그르친 것[719]을 보고도, 어찌 그들을 참수하고 병사들을 점검하여 오랑캐를 막지 않으셨습니까? 전하께서 이 기회를 놓치셨으니, 저는 이 때문에 전하께서 북벌을 실행할 수 없다는 것을 아는 것입니다."

효종은 한참동안 멍하게 있었다.

梅環 林將軍慶業之小室 慶業之被執入瀋也 顧梅環曰 吾不可徒死於虜

---

719 여러~그르친 것 : 1636년 병자호란이 일어나자 봉림대군과 인평대군을 비롯한 왕실과 전현직 대신인 윤방, 김상용 등 많은 사람이 피난하였다. 이때 강도검찰사江都檢察使로 강화도 수어守禦의 임무를 수행하던 김경징金慶徵(승평부원군 김류의 아들)은 대군이나 대신들의 의사를 무시하면서 혼자서 강화도 안의 모든 일을 지휘하고 명령하였다. 그러나 강화성은 마침내 함락되고 말았다.

爾其走匿許道所 許道乃壯士 而家在楊州者也 及慶業之中途逸去 國中大索械其妻李氏幽之 瀋獄 李氏自刎死 梅環賴道得免 後孝廟有志北伐 求材勇之士 惜慶業之死 召梅環問慶業驍武狀 歎曰 安得慶業而將之哉 梅環請曰 上思慶業 欲用之北伐乎 上曰然 梅環曰 妾固知上之不能北伐也 上笑曰 若何由知吾不能用也 梅環曰 上在江都時 見諸將僨事 何不斬之 勒兵拒虜乎 上失此機 妾以是知上之不能北伐也 上憮然久之

<김봉남>

• 사랑한 사람도 거절한 무운巫雲의 수절

무운巫雲은 평안북도 강계江界의 기녀이다. 그는 용모와 재주로 당대에 이름을 떨쳤다. 한양 사는 성진사成進士의 눈에 띄어, 사랑하는 정이 매우 깊이 들었다. 성진사가 한양으로 돌아간 뒤에 다른 누구에게도 몸을 허락하지 않기로 마음으로 맹세한 뒤, 양쪽 허벅지 사이를 쑥으로 지져서 고의로 부스럼 자국을 만들고는 고약한 병이 있다고 핑계를 댔다. 때문에 전후의 사또들을 한 사람도 수청 들지 아니하였다.

판서 이경무李敬懋[720]가 부임함에 무운을 불러서 보고는 가까이하고자 했다. 무운은 부스럼 자국이 있는 곳을 보여주며 고약한 병이 있다고 거절하였다. 그러자 이공은,

"비록 수청을 들지 못하지만 내 앞에서 심부름을 하는 것은 어찌 불가능하겠느냐?"라고 하였다. 이 이후로 매일 낮에 일직을 서고 밤이 되면 물러나와 드디어 너 댓 달이 되었다.

어느 날 저녁 무운이 갑자기 이경무 앞으로 다가와 청을 하였다.

---

720 이경무李敬懋(1728~1799) : 본관은 전주全州, 자는 사직士直이다. 영조 때에 무과에 급제하여 승지를 거쳐 황해병사에 임명되었다. 정조 즉위 후에는 금위대장·포도대장·어영대장·훈련대장 등을 역임하였다.

“엎드려 바라건대 오늘 시침 들기를 바랍니다.”

이경무가 놀라며

“너는 고약한 병이 있다면서 수청을 들려하니 어찌된 영문이가?”

라고 말하니,

무운은 다음과 같이 대답하였다.

“사실 저는 성 진사를 위하여 수절하여 강제로 더럽혀지고 제 뜻을 빼앗길까 두려웠지요. 때문에 쑥으로 뜸을 떠서 병을 핑계를 대고는 다른 사람에게 욕을 당하는 것을 피했던 것입니다. 지금 사또님을 모신 지 이미 여러 달로, 정사를 펼치는 것을 가만히 살펴보니 사또님은 진실로 지금 세상의 대장부이십니다. 첩이 비록 미천한 기녀이지만, 어찌 가까이서 모시고 싶은 마음이 생기지 않겠습니까?”

이에 이경무가 웃으면서 허락하였다. 이경무가 임기가 다 되어 한양으로 돌아가려고 할 때, 무운은 그를 따라가기 원했다. 이경무가 말했다.

“나의 집에는 이미 세 명의 첩을 거느리고 있는데, 너까지 또 따라가는 것은 매우 긴요치 않은 일이다.”

라고 하자 무운이,

“그렇다면 첩은 마땅히 수절하겠나이다.”

라고 하자, 이경무가 웃으며 말했다.

“수절이라고 하는 것이 성진사를 위해서 했던 수절과 같은 수절을 말하는가?”

무운은 발끈 얼굴빛을 붉히며 차고 있던 칼을 가져다가 왼손 넷째 손가락을 베서 스스로 혈서로 맹세하였다. 이경무가 몹시 놀란 나머지 함께 데려가고자 하였으나 무운이 또한 허락하지 않았다. 이로 인하여 그들은 헤어지게 되었다.

십년이 지난 후 이경무는 훈련대장으로 함경북도 성진城津 지역에 임명되어 나가게 되었다. 대개 조정에서는 성진진城津鎭을 새로 설치했는데, 이경무가 노련한 장수로 두터운 신망이 있었기 때문에, 이러한 특별 제수를 받게 되었다. 이경무는 단신으로 말을 타고 부임하였는데, 성진은 강계와 접경지역으로 서로 거리가 300여 리였다.

무운이 이 사실을 듣고는 험난한 산을 넘고 물을 건너 곧장 성진으로 와서 알현했다. 이경무가 그녀를 보고 매우 기뻐 그녀와 함께 거처하였다. 밤이 되어 그녀를 억지로 껴안고자 하자 무운은 죽기를 각오하고 강하게 거절하였다. 이경무가 괴이하여 그 까닭을 물어보니, 대답하기를,

"공을 위해서 수절하는 것일 뿐입니다."

라고 하였다.

이에 이공이 웃으며,

"네가 나를 위해 수절한다고 해놓고서 어찌해서 나를 거절한단 말인가"

라고 하니, 무운은,

"저는 이미 남자를 가까이 하지 않기로 마음에 맹세하였습니다. 비록 공이라고 하더라도 특별하지 않습니다. 만약 한번 가까이 하면 이는 수절을 해치는 것입니다"

라고 하고는 그대로 강하게 물리치고 허락하지 않았다.

이공 또한 그녀의 뜻을 훌륭히 여기고는 일 년여를 함께 살아도, 다시는 억지로 가까이하지 않았다.

이공이 임기가 다되어 한양으로 돌아가게 되자 무운 또한 하직인사를 올리고 강계로 떠났다. 이 이후 이경무 부인의 상에 무운이 소식을 듣고 조문하러 왔었고 장례를 마친 뒤에 다시 돌아갔다. 이경무

의 상례에도 또한 그렇게 하였다. 스스로를 운대사雲大師라고 부르며, 그대로 노년을 보냈다.[721]

巫雲 江界妓也 姿貌才藝 擅名一世 爲京居成進士所眄 情愛甚篤 成生還京後 矢心靡他 艾灸兩股間 故作瘡痕 託言有惡疾 前後官長 一無薦枕者 李判書敬懋來莅 招見 欲近之 雲解示瘡處 辭以惡疾 李公曰雖不侍寢 在前事役 有何不可 自是晝直夜退 遂至四五朔 一日夕 雲忽近前 請曰伏乞今夜侍寢 李公曰汝有惡疾 侍寢何故 雲曰妾爲成進士守節 恐被强汚奪志 艾灸托疾 避人侵汚 今侍官家累月 微察政令施措 眞今世大丈夫 妾爲賤妓 豈無昵侍之心乎 李公笑而許之 及瓜遞歸 雲願從 李公曰家畜三姬 爾又隨去 甚不緊也 雲曰若然則當守節矣 李公笑曰守節云者 如爲成進士守節耶 雲勃然作色 引佩刀 斫左手第四指以自誓 李公大驚 欲與率歸 又不聽 仍與作別矣 後十年 李公以訓將出補城津 蓋朝家新設城津 而以公宿將重望 故有此特授也 李公單騎來赴 城津與江界接境 相距三百餘里 雲聞之 跋涉險阻 卽爲來謁 李公見之甚喜 與之同處 夜欲狎昵 則抵死牢拒 李公怪問其故 對曰爲相公守節故爾 李公笑曰 爾爲我守節 則何拒我耶 雲曰妾旣以不近男子 矢于心矣 雖公 非別人 若一近之 則是毁節也 仍堅辭不聽 李公亦嘉其志 同處一年餘 不復强之 及公遞歸 雲亦辭去 其後李公夫人之喪 雲聞報而來 葬後還去 李公之喪亦然 自號雲大師 仍終老焉

· 한주韓澍에 대한 의리를 지킨 관홍장冠紅粧

관홍장冠紅粧은 한양의 이름난 기녀로 자태와 모습이 세상의 으뜸

721 유사한 내용이 『계서야담溪西野談』·『청구야담靑邱野談』에도 수록되어 있다.

이었다. 이름이 장악원掌樂院 교방敎坊[722]에 올라있었는데, 한주韓澍[723]가 사인舍人[724]이 됨에 드디어 그의 첩으로 들어가게 되어 딸 하나를 낳았다. 을사사화(1545) 때 한주가 죄를 입고 멀리 남해로 유배가게 되었다. 관홍장은 신의를 지키고 홀로 거처하며 부자와 조정의 선비들이 다투어 와서 첩이 되어 달라고 요구했지만 일절 응대하지 않았다. 세월이 많이 지날수록 한주에 대한 조정의 여론이 더욱 나빠져서 여러 번의 대 사면령이 있었지만 오히려 사면되지 못하였다.

원래 관홍장은 어머니를 모시고 살아갔는데, 매우 가난하여 견디기 어려운 지경에 이르렀다. 이에 이천군伊川君[725]이 매파를 보내어 관홍장을 유혹하니 관홍장이 이렇게 말하였다.

"제가 비록 기생집 여인이지만 몸을 한공께 허락하였으니, 의리상 다른 사람을 모실 수 없습니다. 다만 노모老母가 계셔 굶주림과 추위를 견디지 못하십니다. 우선은 이천군의 말씀을 따르겠습니다. 다만

---

722 장악원掌樂院 교방敎坊 : 장악원은 조선시대 궁중에서 연주되는 음악 및 무용에 관한 모든 일을 맡아보던 음악관청이며, 교방敎坊은 그 중에서도 기녀들을 중심으로 한 가무歌舞를 관장하던 기관을 말한다.

723 한주韓澍 : 본관은 당진唐津, 자는 시중時仲이다. 중종 때 문과에 급제하여, 사간·응교 등의 청요직을 거쳤다. 하지만 1545년의 을사사화에서 관련자의 공초에 그의 형인 한숙韓淑의 이름이 드러나 형은 파직되었다가 이듬해에 그 여당을 일망타진하기 위해 대사헌 윤원형尹元衡 등이 다시 치죄를 청하여 변방에 안치되었다.

724 사인舍人 : 조선시대 의정부 정4품의 관직으로, 아래 품계를 지휘하면서 실무를 총괄하였다. 이외에도 중요 국사에 왕명을 받아 삼의정三議政의 의견을 수합하고 삼의정 또는 의정부당상의 뜻을 받들어 국왕에게 아뢰는 등 국왕과 의정부의 사이에서 중요한 임무를 담당하였다. 유몽인의 『어우야담』에는 한주가 의정부사인議政府舍人이 되었다고 기록되어 있다.

725 이천군伊川君 : 조선 전기의 종친으로 이름은 이수례李壽禮이다. 『명종실록』 1556년 3월 6일 조에 의하면 "이천군 이수례伊川君李壽禮는 전에 행실이 훌륭하다 하여 성조聖朝의 표창까지 받았는데, 창녀娼女 관홍장冠紅粧에 빠져 늘 그의 집에 살면서 그의 말만을 따라 정처正妻로 하여금 본가를 지키게 하면서 전혀 돌보지 않음은 물론, 매달 돈을 보내어 종처럼 여기고 있습니다."라고 하며, 사헌부에 관홍장과 관련된 이수례의 죄를 묻고자 한 기록이 보인다.

한공께서 살아 돌아오신다면 비록 공의 댁에서 9명의 아들을 낳는다 하더라도 저는 장차 뒤도 돌아보지 않을 것입니다. 원컨대 문서로 약조를 해주신 이후에 공의 뜻을 따르겠습니다."

이천군이,

"약조대로 하겠다."

라고 하자, 드디어 이천군의 댁에서 20여년을 살며 많은 자녀를 낳았다.

한주가 비로소 사면되어 돌아옴에[726] 관홍장은 이천군과 결별하고 집안의 생업을 포기하고 독신으로 떠나려 했다. 장차 길을 나섬에 먼저 딸에게 부친을 길에서 마중하게 하였다. 한주를 위해 옷과 버선 한 벌을 지어서 전송하며 이천군을 두고 한공에게 와서 따르고자 하는 뜻을 소상히 말하게 하였다. 딸이 교외로 나가 맞이하니 부녀가 서로 만나서 자신들도 모르게 눈물을 흘렸다. 곧 그 딸이 어머니가 했던 말을 전해 올리고 이어서 옷과 버선을 바쳤다. 한주가 웃으며 말하기를,

"너의 어머니가 늙어서도 오히려 나를 잊지 않았구나. 그러나 내 이전의 일을 훤히 이해하지만 어찌 감히 공자의 부인을 취하겠느냐? 두 번 다시 말하지 말거라. 혹시 따르러 온다하더라도 나는 반드시 내칠 것이다."

라고 하며 마침내 옷과 버선도 모조리 돌려보냈다.

딸이 눈물을 흘리며,

"지엄하신 분부가 이와 같지만, 돌아가서 어머님께 뭐라 고할 말

---

726 한주가~ 돌아옴에 : 『선조실록』 1567년 10월 12일 조에 "한주를 방면하라"라는 내용이 보인다. 이를 통해보면 한주는 1545년부터 1567년까지 22년을 유배생활을 했음을 알 수 있다.

씀이 없습니다. 옷과 버선은 별 것 아닌 물건이니 남겨둔들 무슨 해가 되겠습니까?"

라고 하자 한주가 곧 그 옷은 돌려보내고 그 버선은 신었는데, 버선이 발에 꼭 들어맞았다. 딸은 돌아와서 부친이 엄하게 거절하신 말씀을 어머님께 고하였다. 이에 관홍장은 방성통곡하니, 이천공은 꾸짖지 못하였다.

한주에게 나은 딸은 뒤에 부제학副提學 홍인경洪仁慶[727]의 소실小室이 되었는데, 혼인을 함에 이천공의 집에서 혼수를 모두 마련하여 한결같이 자기 여식처럼 해주었다. 이천공에게 낳은 자녀들은 모두 관직을 받아 군수가 되었고 자손들은 모두 현달하였다.[『어우야담於于野談』[728]에 나온다.]

冠紅粧 長安名妓也 姿容絶代 屬名掌樂院敎坊 韓澍爲舍人 納以爲妾 生一女 及乙巳禍 韓公被讁 遠竄南海 冠紅粧 守信獨居 富人朝士爭求之 悉不應 多歷年歲 朝論持韓益篤 累經大赦 猶不見 原紅粧 將母食 貧甚若不可堪 伊川君遣媒娼誘之 紅粧曰吾雖娼家女 許身韓公 義不可他適 第有老母 不耐飢寒 姑從公子之言 但韓公生還 雖生九子於公子家 吾且不顧 願書成約而後從之 伊川曰如約 遂居伊川家二十餘年 多生子女 韓始宥還 紅粧乃與伊川訣 捨棄家中生業 獨身而往 將行 先令其女 徼之路見 爲韓製衣襪一件而送之 具道捨伊川 來從之意 其女出迎郊外 父女相見 不覺涕下 其女乃傳

---

727 홍인경洪仁慶(1525~1568) : 본관은 남양南陽, 자는 응선應善이다. 명종 때 문과에 급제하여 우부승지·대사간·부제학을 거쳐 다시 대사간을 역임하다가 44세로 졸하였다. 당시 사론에서 자품이 온아하고 마음 씀씀이가 크며 일을 잘 처리한다는 평을 받았다.

728 『어우야담於于野譚』 : 유몽인이 야사·항담·가설 등을 모아 엮은 기록으로 5권 1책이다.

致母語 仍獻衣襪 韓笑曰汝母老而猶不忘我耶 然我安敢理會前事 還取公子室人耶 更勿復言 倘使來從 我必毆之 遂幷還其衣襪 其女垂涕曰 嚴敎若是無以歸告母 衣襪微物 留之何傷 韓乃還其衣而穿其襪 襪甚襯足 女歸以其父嚴拒之辭 告于母 於是紅粧 失聲大哭 伊川不能呵 韓之女 後爲副學洪仁慶小室 其婚也伊川家辦具資裝 一如己女 伊川之子 皆受爵爲守 子孫俱顯 [野談]

• 노래를 좋아해서 명창이 된 석개石介

석개石介는 여성위礪城尉 송인宋寅[729] 집의 여종이다. 얼굴은 늙은 원숭이처럼 생겼고 눈은 그을린 화살처럼 째졌다. 어렸을 때 외방外方[730]으로부터 들어와 영하鈴下[731]의 허드렛일을 하는 여종으로 충당되었다. 처음에 나무통을 이고 물을 길어 오라 하니, 곧 우물로 가서 우물가에서 통을 메고 종일토록 노래를 불렀다. 그 노래가 곡조를 이루지 못하니 마치 나무하는 아이요 나물 캐는 여자의 노래 같았다.

날이 저물어 빈 통으로 돌아와 매를 맞았는데도 오히려 고치지 않고, 이튿날 다시 이처럼 했다. 다시금 그를 시켜 나물을 캐오라 하니, 광주리를 끼고 교외로 나가 광주리는 밭 중간에 두고 작은 돌을 많이 주어서 한 곡을 부르곤 돌 하나씩을 광주리에 던졌다. 광주리가 이미 차서는 돌 하나씩을 밭으로 꺼내놓으며 노래를 불렀다. 또 차면 또

---

729 송인宋寅(1517~1584) : 본관은 여산礪山, 자는 명중明仲, 호는 이암頤庵·녹피옹鹿皮翁이다. 글과 글씨에 능하여 산릉山陵의 지誌와 궁전의 액額으로부터 사대부의 비갈碑碣에 이르기까지 많은 글과 글씨를 남겼다. 송인은 특히 오흥吳興의 필법을 받아 해서를 잘 썼다고 한다. 저서로는 『이암유고頤菴遺稿』 12권 4책이 있다.

730 외방外方 : 한양 이외의 모든 지방을 뜻하는 말이다.

731 영하鈴下 : 군영에서 심부름을 하는 군졸이나 노비를 지칭한다. 이들은 방울이 달린 협문夾門 아래에 있으면서 비상시나 교대할 때 방울을 울려 전한 데에서 이렇게 부르게 되었다.

다시 쏟아버리기를 두세 번하니 날은 저물어 빈 광주리로 돌아왔다. 매를 맞고도 오히려 고치지 않고 이튿날도 또 다시 이와같이 했다.

여성위가 듣고는 그를 기이하게 여겨 노래를 배우게 하여 드디어 장안의 제일 명창이 되었으니, 근래 100년간 들어보지 못한 재주였다. 조각한 안장에 비단옷을 입고 날마다 권세 있고 고귀한 집 잔치에 가니 노래하고 춤춘 대가로 받은 금과 비단이 집에 쌓여 마침내 부유한 집의 부인이 되었다. 대개 그 근면함으로 이름을 이룬 것이다. 임진왜란 이후에 해주에 부임하여 행재소에 불량스럽게 우쭐거리는 종놈이 있었다. 관에 고소하여 죄를 다스리려 했는데, 도리어 석개가 종놈에게 살해를 당했다. 그 딸 옥생玉生 역시 노래를 잘하여 당대의 제일이 되었다.

石介 礪城尉家婢也 顔如老玃 眼如燃箭 兒時自外方 入充鈴下之役 始使之戴桶汲水 乃之井 掛桶井欄 終日唱歌 不成腔調 如樵童採女之謳 日暮空桶而歸 受笞猶不悛 明日復如是 更使挑菜 持筐出郊 措筐野田中 多拾小石 唱一曲 投一石於筐 筐旣盈 出一石于田 且盈且瀉 至于再三 日暮空筐而反 受笞猶不悛 明日復如是 礪城聞而奇之 使之學歌 遂爲長安第一唱 近來百年間所未聞 雕鞍繡衣 日赴權貴之筵 纏頭金帛 積于家 終爲富家婦 蓋以其勤而成名也 亂後赴海州 行在有豪奴不服 欲訴官治罪 反爲所殺 其女玉生亦能唱 爲當今第一

• 욕심으로 화를 만난 옥생

옥생玉生은 노래를 잘 부른 이름난 기녀 석개石介의 딸이었다. 옥생 또한 노래로 한양에서 이름이 나 있어, 늘 박상朴瑺에 의해 후원을 받았다. 박상이 장흥부사가 되었을 때 어부가 수레만한 거북을 잡아 관아에 바쳤다. 박상이 기이하게 여기고 관아 동헌에서 기르며 애완거리로 삼았다.

하루는 어떤 객이 말하기를,

“내가 듣자하니 바다의 거북이와 악어의 배 속에는 야광주가 많다고 합니다. 배를 갈라서 취하시지요.”

라고 하였다.

이에 옥생이 박생에게 청하여 거북이를 죽여 야광주를 꺼내자고 했지만, 박상은 이를 만류하며,

“영험한 동물이라 죽여서는 안되네.”

라고 하였다.

옥생이 몰래 그 객에 명령하여 가르게 하였으나 배에는 아무 보물도 없었다. 몇 달이 되지 않아 집안에서 두 아들의 죽음에 곡을 하였고, 이후 박상의 어머니와 배를 가르자고 한 객, 실제 칼을 잡은 옹기장이가 서로 연달아 죽은 자가 5명으로 고을 사람들은 모두 거북이를 죽인 동티라고 말하였다.

玉生 善歌名妓石介之女也 玉生亦以唱名於長安 常爲朴瑺所畜 瑺爲長興府使時 漁人得巨龜如車 獻之衙 瑺奇而畜之衙軒 以爲玩 有一客曰吾聞海中龜鼉服中 多夜光珠 可剖而取之 於是 玉生請于瑺 殺龜出珠 瑺止之曰靈物不可殺 玉生密令其客剖之 腹無物焉 不數月 家室哭二子 及瑺母夫人及其勸剖之客及操刀之甕子 相繼而死者五人 邑人皆言殺龜之徵也

<정은진>

진벌휘고속편震閥彙考續編 권11

신분이 천한 여인들常賤

• 성씨를 모르는 여인

그녀는 이기축李起築[732]의 부인이다. 기축은 어려서 기축己丑이라고 했는데 태어난 해의 간지로 이름을 한 것이고, 기축起築은 인조 임금이 하사한 이름이다. 인물이 노둔하고 동서조차 분간을 못했으며, 다만 밥만 축내었다. 힘은 남이 따를 수 없는 장사여서 한 가게의 머슴 노릇을 하였다. 가게 주인이 그를 노예처럼 부렸다. 주인집에 열다섯 살 된 딸이 있었는데 글을 좀 알았다. 성품 또한 영민해서 부모의 사랑을 독차지했다. 좋은 사윗감을 택하여 시집 보내려 했으나 그녀는 이를 원치 않았다.

"제 신랑은 제가 택할 수 있게 해주세요. 이기축에게 시집가려 합니다."

그녀의 부모는 크게 놀라 그녀를 야단치며 다시는 그런 말을 하지 말라고 하였다. 그러나 그녀는 그에게 시집을 가지 않으면 죽겠다고 맹세하면서 다른 사람에게 시집가는 것을 원치 않았다. 그녀의 부모는 어쩔 수 없이 둘을 혼인시켰다. 그녀는 혼인 후에도 친정집에 사는 것을 바라지 않고, 기축과 함께 한양에 가고자 해서 집을 팔아 살 방도를 마련했다. 그녀의 부모 또한 함께 데리고 지내는 것이 부끄러

---

732 이기축李起築(1589~1645) : 본관은 전주全州, 자는 희열希說이다. 어릴 때부터 비범했다 하며, 궁마弓馬로 단련한 뒤 1620년 무과에 급제하였다. 인품이 기개가 있고 의협심이 강하며 비범한 점이 있었다 한다. 한성부판윤에 추증되었다.

워 바로 살 밑천을 주어서 보내었다. 그녀는 곧장 한양 장동에 집을 사고는 술을 팔아 생계를 마련했다. 그녀가 만든 술은 매우 맑고 톡 쏘았는데 사람들이 맛이 좋다고 칭찬했다.

하루는 그녀가 『사략史略』[733] 첫 권을 가지고 와서 '이윤이 태갑을 폐하고 동궁에 가두다[伊尹廢太甲放桐宮]'[734]편에 표를 해서는 기축을 가까이 오게 하고는 그에게 다음과 같이 일러 주었다.

"신무문 밖 소나무 그늘 아래에 가면 반드시 여러 사람이 모여 있을 것입니다. 이걸 가지고 가서 그들에게 배우기를 청하세요."

기축이 그녀의 말대로 그곳에 가니 과연 일고여덟 사람이 모여 있는 것이 보였다. 기축이 아내의 말대로 그들에게 가서 배우기를 청하니 여러 사람이 서로 돌아보며 크게 놀라 말했다.

"누가 시킨 것이요."

기축이 사실대로 대답하니 여러 사람이 기이하게 여겼다. 드디어 기축을 따라서 그의 집에 갔는데 그녀가 인도하여 자리에 오르니 술과 안주를 차려놓고 기다리고 있었다. 그리고 다음과 같이 말했다.

"여러 공들이 의논하는 일을 첩은 이미 알고 있습니다. 제 남편이 아둔하지만 다만 힘이 장사이니 훗날에 쓸 곳이 있을 것입니다. 일이 성공한 뒤에 논공행상에 끼워주길 바랄 뿐입니다. 또한 첩의 집에 술이 있으니 여러 공들이 일을 의논하시고자 할 때는 반드시 저희 집

---

733 사략史略 : 증선지曾先之의 『십팔사략十八史略』을 말한다.

734 이윤이~가두다 : 이윤이 태갑을 폐위시켰다가 다시 태갑을 왕위에 즉위시킨 이야기이다. 탕왕이 죽고 난후 태자 태정太丁이 일찍 죽었다. 아우 외병外丙이 즉위했으나 2년 만에 죽었다. 다시 동생 중임仲任이 즉위했으나 4년 만에 죽었다. 이에 태정의 아들 태갑이 즉위했는데 아둔하고 어리석었다. 이에 재상 이윤이 태갑을 폐하고 별궁인 동궁桐宮에 가두었다. 3년 동안 선왕 중임의 상을 마치고 나서 자신의 부덕을 깨달았다. 이후 이윤이 태갑을 다시 왕위에 앉혔다. 『십팔사략』

에서 모여주시길 바랍니다. 저희 집이 조용하고 구석진 곳이라 사람들이 아는 자가 없습니다."

여러 공들이 모두 놀라고 기이하게 여기며 그녀의 제안을 받아들였다. 대개 이들은 승평부원군 김류金瑬[735]와 연평부원군 이귀李貴[736]였다.[737] 그 후에 거사를 일으켜 창의문으로 들어갈 때 기축이 앞에서서 장군목[738]을 꺾어서 들어갔다. 일이 평정된 뒤에 기축은 제2등 공신이 되었다.

失姓氏 李起築夫人也 起築兒名己丑 以生年錫名也 爲人魯鈍 不分東西 而只以飽飯爲業 有絶倫之力 爲店舍雇傭 店主使之如奴 主家有女及笄 而稍解文字 性又穎敏 父母鍾愛 欲擇佳婿 而嫁之 其女不願 曰 吾之良人 吾請自擇 願從李己丑 其父母大驚 叱責使勿更言 其女以死自誓 不願他適 父母不得已成婚 其女又不願在家 欲與己丑上京 鬻屋以資生 父母亦以率畜爲恥 仍給家産之資 而送之 其女乃買舍于壯洞 以沽酒資生 酒甚清烈 人皆稱之 一日取史略初卷 標於伊尹廢太甲放桐宮篇 而授己丑 而戒之曰 往神武

---

735 김류金瑬(1571~1648) : 본관은 순천順天, 자는 관옥冠玉, 호는 북저北渚이다. 형조좌랑·전주판관·병조판서 등을 역임하였다. 이괄의 난 때 병조판서로 인조를 호가하였고, 정묘호란 때는 부체찰사로 강도江都로 인조를 호종하였다. 병자호란 때에는 주화파의 뜻을 따라 삼전도에서 맹약을 맺는데 주도적인 역할을 하였다. 저서로는 『북저집北渚集』이 있다.

736 이귀李貴(1557~1633) : 본관은 연안延安, 자는 옥여玉汝, 호는 묵재默齋이다. 호위대장, 이조참판 겸 동지의금부사, 우참찬, 대사헌, 좌찬성 등을 역임하였다. 김류, 최명길 등과 인조반정을 주도하였다. 저서로는 『묵재일기默齋日記』 3권이 있다.

737 1616년 광해군 때에 김류·신경진·최명길·김자점 등이 반정을 모의하고 이듬 해 봄에 반정을 일으켜 광해군을 폐위시키고 인조를 왕으로 추대했다. 김류·이서·심기원·김자점·신경진·최명길·이흥립·심명세·구굉 등이 정사공신靖社功臣 1등에 책록되었다.

738 장군목將軍木 : 대궐·성문 등의 큰 문을 닫고 잠글 때 빗장처럼 가로지르는 굵고 긴 나무를 말한다.

門外松陰下 則必有諸人之聚會者 持此請學焉 己丑依其言 往則果有七八人團會見 己丑請學 諸人相顧大驚曰 誰所使也 己丑對以實 諸人異之 遂從己丑至其家 其女延之上座 設酒肴以待 且請曰 諸公所議之事 妾已知之 家夫愚痴 而但有膂力 日後自有用處 事成後 得參勳錄幸矣 且妾家有酒 更願諸公議事時 必會于妾家幸矣 且妾家靜僻 無有人知者 諸人皆驚異而許之 蓋是昇平延平諸公也 其後擧義 入彰義門時 己丑居前 折將軍木而入 事定 第二等功臣

• 약혼자가 죽자 수절한 여인, 성가

성가聖哥는 시골 여인이다. 혼인날을 받아놓았는데 정혼자가 바로 죽었다. 그녀는 드디어 다른 곳에 시집가지 않고 소주 만드는 것을 업으로 삼아서 살 방도를 마련했다. 흰 병풍에 남편의 혼령 상을 그리고 작은 발을 걸어 놓고 아침저녁으로 제사 지냈다. 권극중權克中[739]이 열녀의 전을 지었다.

聖哥 村女也 定婚有期 而即死 遂不他適 業燒酒資生 以素屛像其夫靈 揭小簾 朝夕祭之 權克中作烈女傳

• 친정 어머니를 봉양한 금일춘

금일춘今日春은 영양英陽 땅의 시골 여인이다. 시집가서 아이를 낳고 기른 뒤에 어느 날 그녀의 어머니가 늙고 의지할 만한 다른 자녀가

739 권극중權克中(1585~1659) : 본관은 안동安東, 자는 정지正之, 호는 청하靑霞이다. 최명룡에게 성리학을 배우는 한편, 최명룡의 지도로 조찬한趙纘韓을 따라 시문을 배웠다. 저서로 『청하집靑霞集』, 『참동계주해 參同契註解』, 『비요복서결備要卜筮訣』 등이 있다.

없는 것을 걱정하였다. 남편에게는 다른 여자에게 장가들도록 했다. 얼마 있다가 작별하고는 어머니 집으로 가서 자기 어머니를 지극 정성으로 모셨다. 옷과 음식을 구걸하거나 빌려서 어머니에게 제공하면서도 부족함이 없었다. 어머니가 돌아가시자 상복을 입고 곡하며 우는 것이 매우 애통했다. 고향 마을 어른들이 모두 말했다.

"효녀다."

임인년(1722)과 계묘년(1723)에 강박姜樸[740]이 영양 고을 수령으로 있었는데, 그때 그녀가 생존해 있는 것을 보았다고 한다.

今日春 英陽村女也 卽嫁産育後 一日愍其母年老 無他子女可依者 勸夫他娶 已乃謝歸母所 養母至誠 丐貸以供衣食 未嘗匱乏 及沒衰絰 哭泣甚哀 鄕里父老咸曰 孝女 壬寅癸卯 姜樸爲本邑倅時見其生存云

• 전 재산을 향교에 기부한 여인, 두금

두금頭今은 시골 여인이다. 집이 안동부 안에 있었다. 밭과 토지 및 노비가 많았지만 나이가 늙도록 의지할 만한 자녀가 없었다. 장차 죽으려 할 때 관아 부사에게 다음과 같이 말했다.

"밭과 노비를 향교에 기부하고자 합니다. 매년 큰 제사 때마다 노비들에게 저의 신위神位를 진설케하고 큰 제사의 남은 음식으로 저의 제사를 지내주기 바랍니다."

안동 부사가 이를 허락하였다. 지금도 그의 말대로 제사를 지내주고 있다. 노비가 점점 늘어서 향불이 끊이지 않았으며, 안동부에서는

---

740 강박姜樸(1690~1742) : 본관은 진주晉州, 자는 자순子淳, 호는 국포菊圃이다. 당대의 이름난 문장가이다. 오상렴吳尙濂·채팽윤蔡彭胤 등을 계승한 시인으로 잘 알려졌다. 저서로 『국포집菊圃集』·『국포쇄록菊圃瑣錄』 등이 있다.

향교와 함께 처음부터 끝까지 제사를 잘 맡아 지내주었다. '두금은 사리가 밝고 사려가 있는 사람'이라 말할 만하다.[『효빈잡기效顰雜記』에 나온다.]

頭今 村女也 家居安東府內 富田土及奴婢 而年老無子女可依賴 將死告于官曰 請以田民屬鄕校 每歲大祭時 令奴輩設位 祭以餕餘 是所願也 府使許之 至今祭如其言 而奴婢漸殖 香火之不絶 當與府校相終始 頭今可謂達事理有慮者也[效顰雜記]

· 남편을 기다리다 죽은 사근역 여인, 월명

월명月明은 사근역沙斤驛[741] 주위에 살던 여인이다. 한양에 사는 장사꾼에게 시집을 갔다. 시집간 지 얼마 되지 않아 장사꾼은 큰 이익이 걸린 거래로 한양에 갔다. 월명은 남편 생각을 그치지 않아서 아예 먹고 마시는 것을 중단하였다. 병이 이미 위중해져서 그 남편에게 편지를 보냈다. 남편은 소식을 듣고 배를 품고 산을 넘고 물을 건너 서둘러 왔다. 그러나 미처 도착하기 전에 그녀의 병이 심해졌다. 장차 죽으려 할 때 부모에게 부탁하였다.

"저를 서산 꼭대기에 묻어주세요. 그러면 제가 죽어서도 남편이 돌아오는 길을 바라보고 있다가 남편이 올 때를 알 수 있을 것이에요."

그녀의 부모가 그녀를 가련하게 여기고 그녀 말대로 서산 꼭대기에 묻어주었다. 장례 지내는 날에 남편도 비로소 도착하였는데 그는 매우 슬퍼하다 죽었다. 그래서 두 사람을 같은 무덤에 묻어주었다. 장례를 지낸 후에 배나무가 무덤 위에서 자라났는데, 남편이 품고 있

741 사근역沙斤驛 : 경남 함양군 수동면 원평리로 교통의 요지이다.

었던 배였다. 세월이 오래되어 나무는 지금 없다. 고상안高尙顔[742] 공이 함양군수로 갔는데 4년 동안 두 번이나 큰 가뭄이 들었다. 마을의 나이 많은 노인들은 말했다.

'월명의 무덤을 파내면 비가 올 것이다.'

이른바 '땅을 판다'는 것은 깊이 파는 것이 아니라, 흙을 열 덩이 정도 떼어낼 뿐이었다. 두 해 모두 무덤에서 흙을 파내자 단비가 왔다. 중국 사람의 「망부석」 시에 '산마루에 날마다 바람 불고 비가 내리네'[743]라는 말이 이상한 게 아니다. 어떤 사람이 말했다.

"그렇다면 월명의 무덤은 왜 날마다 바람 불고 비가 내리지 않는가?"

고공이 말했다.

"망부의 남편은 끝내 오지 않았지만, 월명의 남편은 죽어서 함께 묻혔다. 그러니 그 원한 또한 깊고 얕음이 다르니, 비바람이 일정함이 없는가보다"[『효빈잡기效顰雜記』에 나온다.]

月明 沙斤驛女也 許嫁京商 結髮未久 商重利上京 女念夫不已 專廢食飮 病已危重 折簡厥夫 夫聞而懷梨 跋涉而來 未及到 而女疾革矣 將死囑其父母曰 葬我於西山絶頂 使沒而有知當望夫婿歸路也 父母憐之 葬如其言 及葬日 商始至亦悼傷而死 同墳而葬 葬後有梨生于塚上 卽所懷梨也 歲久樹今不存 高公尙顔出宰咸陽 四載再遭旱暵 父老言掘月明塚則雨 所謂掘者非深掘也 不過墮其土 十餘塊而已 兩年掘土俱得甘雨 則唐人望夫石詩 山頭

---

742 고상안高尙顔(1553~1623) : 본관은 개성開城, 자는 사물思勿, 호는 태촌泰村이다. 지례현감·함양군수·울산판관을 역임했다. 저서로 『태촌집泰村集』이 있고 편서로 『효빈잡기効嚬雜記』·『유합類合』·『해동운부군옥海東韻府群玉』 등이 있다.

743 당나라 시인 왕건王建이 이 시를 읊었다. '望夫處 江悠悠 化爲石 不回頭 上頭日日風複雨 行人歸來石應語'

日日風和雨者 無足怪也 或曰 然則月明塚何無日日風雨乎 高公曰 望夫之夫終不來 月明之夫死而同穴 怨恨亦有深淺 則風雨豈無所恒乎[效顰雜記]

• 아홉 번 혼인한 여인, 만덕

만덕萬德도 사근역沙斤驛 주위에 살던 여인이다. 결혼만 하면 남편이 죽었다. 모두 아홉 번이나 결혼해서 아홉 번 다 남편을 잃었다. 사근역에 일 꾸미기를 좋아하는 자가 있었다. 그는 죽은자의 무덤을 연이어서 매장을 했는데 곧 장사일로 한양간 남편을 기다리다가 죽은 월명의 무덤이 있는 산 아래였다. 만덕이 죽자 아홉 개 무덤 아래에다 묻었다. 열 개의 무덤이 마치 구슬을 이은 것 같았다. 어떤 사람이 시를 지었다.

시집갈 때마다 남편은 죽고 이렇게 이생을 보내니
아홉 번 과부가 된 것을 어떤 이는 마음 아파하네
산 허리에 열 개의 무덤 줄줄이 있어
지하에서 천년 세월 지나도록 월명에게는 부끄러우리

隨嫁隨亡過此生　　九爲孀婦或傷情
山腰十塚累累在　　地下千秋愧月明

[『효빈잡기效顰雜記』에 나온다.]

萬德 亦沙斤驛女也 娶者輒死 凡九嫁而九喪夫 驛有好事者 連塋而葬 卽月明塚山下也 及萬德死又葬于九塚之下 十塚相次如連珠焉 有人作詩曰 隨嫁隨亡過此生 九爲孀婦或傷情 山腰十塚累累在 地下千秋愧月明[效顰雜記]

• **남편 대신 복수한 아전의 아내**

강석창姜碩昌[744]이 선산의 부사로 있을 때 한 아전에게 곤장의 벌을 주다가 죽인 일이 있었다. 아전 아내의 나이가 아직 서른이 안되었는데도 미모와 지조가 있었다. 강석창이 임기가 다 되어 돌아가는데 아전의 아내가 몰래 뒤를 따라서 한양에 들어갔다. 그집 문까지 따라가 종이 되기를 청하였다. 강석창 집안에서는 아무 것도 모른 채 그녀를 노비로 받아들였다. 아전의 부인은 민첩하고 지혜로웠으며 그들의 마음에 들게 하기를 게을리하지 않았다. 강석창이 크게 믿고 아꼈다. 그녀로 하여금 모든 일을 오로지 맡게 하였다. 아전의 부인이 이미 신임을 얻게 되자 몰래 저주 술법을 행하였다. 얼마 안가 강석창이 죽고 그의 자녀들도 여럿이 죽었다. 오랜 뒤에 그 집에서 그녀가 묻어 놓은 물건을 찾아냈지만, 그집 사람들은 누가 한 일인지를 알 수가 없었다. 이에 아전 부인이 스스로 남편의 복수를 하기 위해서 한 일이라고 말하였다. 강씨 집안에서 드디어 그녀를 죽였다.

善山吏妻 姜碩昌爲善山府使 苔殺一吏 吏之婦 年未三十 有容操 及碩昌解歸 潛踪隨以入洛 踵門乞爲婢 姜家不知而納之 婦敏慧不怠甚適其意 姜大信愛之 使之專管諸事 婦旣得親近 潛行咀呪之術 未幾碩昌沒 而子女多死焉 久後其家得其瘞物 莫知其誰爲也 婦自言其爲夫報讐之故 姜家遂殺之

• **화장분 파는 노파**

한양에 화장분 파는 노파가 있었는데 사노비였다. 어려서 얼굴이 예뻐 이웃의 사내애가 좋아하여 그녀에게 집적거렸다. 그녀는 이를

744 강석창姜碩昌(1634~1681) : 본관은 진주晉州, 자는 숙하叔夏이다. 고산찰방, 종성부사 등을 역임하였다.

거절하며 다음과 같이 말했다.

"담장을 넘고 구멍을 뚫고 들어가 사통하는 일은 나는 하지 않는다. 부모가 살아계시니 당신이 나를 버리지 않는다면 부모님께 청혼을 아뢰시오. 부모님께서 허락하신다면 일이 잘될 것이다."

이웃집 사내아이가 물러나 폐백을 갖추어서 그녀의 부모에게 찾아가서 사위로 삼아 줄 것을 청하였다. 부모가 허락해 주지 않았다. 그러자 사내아이가 사모하는 마음이 맺혀서 병이 되어 죽고 말았다. 그녀가 그 소식을 듣고 울며 말했다.

"이 사람은 내가 죽였습니다. 나는 비록 저 사람에게 몸을 주지는 않았지만, 이미 내 마음을 허락하였습니다. 저 사람이 이미 죽었다고 내 마음을 바꿀 수 있겠습니까? 무릇 어떤 이가 나를 사모하다가 죽음에 이르렀는데, 내가 만약 그 사람을 저버리고 다른 사람과 기쁨을 누린다면 이는 개돼지입니다."

마침내 시집가지 않기를 맹세하고 화장분 파는 것을 업으로 삼았다.

賣粉嫗 京城有賣粉嫗 私婢也 少有姿色 隣之子悅而挑之 謝曰 踰墻穿穴 吾不爲也 有父母在 若不捨我 告于父母 父母許之 事可諧矣 隣子退而具幣 造女之父母 請爲婿 父母不許 於是思慕欝悒 成疾以死 女聞之 泣曰 是我殺之也 吾雖不汚身於彼 而固心許之矣 彼旣死 吾心可改乎 夫人慕我 而至死 我若負人 而與他人歡 是圖則是狗彘也 乃誓不嫁 賣粉以爲業

• 도적의 아내가 되어 도적에게 복수한 여인

선조 갑오년(1594) 때 나라의 기근이 매우 심했다. 도적들이 무리지어 날뛰어 상주 등지를 지나는 곳마다 장정들이 남아 있지 않았다.

어떤 사람이 은척리에 살았는데, 도적이 그를 죽이고 그녀의 아내를 빼앗았다. 그의 아내가 힘으로는 대항할 수가 없어 도적을 따라갔다. 그녀는 몰래 복수를 하고 싶었으나 미처 좋은 기회를 얻지 못했다. 세월이 지나 3년 째에 아들 하나를 낳았다. 하루는 도적이 먼 길을 떠났다. 그래서 그녀는 맛있는 술을 빚어서 그를 기다렸다. 도적이 돌아와 마실 것을 찾자, 연이어 여러 사발 술을 갖다주었다. 도적이 술이 몹시 취해 곤죽이 되었다. 이에 곧 그를 끌고 방안으로 들어갔다. 그의 곁에 그 아들을 나란히 두고 문을 닫아걸고 불을 질렀다. 이웃을 부르고 그들에게 말했다.

"도적놈은 남편도 아니고 저의 원수입니다. 두 번이나 그에게 원수를 갚고자 했습니다. 여러분은 불을 끄지 마십시오."

이웃 사람들은 그녀를 의롭다고 생각해서 누구도 감히 달려가서 불을 끄는 자가 없었다. 불길이 꺼지고 나니 도적은 재가 되었다. 그녀는 마침내 맨손으로 떠나갔다.

아! 부인이 자식을 아끼는 마음은 매우 지극했을 것이나, 불 속에 같이 둔 것은 도적의 씨앗을 남기지 않고자 해서였다. 무릇 스스로 인질이 되어 원수를 갚고자 한 일은 다른 사람들도 하기 어려운 것인데, 사랑하는 마음을 무릅쓰고 함께 그 자식마저 죽인 것은 더욱 어려운 일이다. 원수를 갚은 것은 초문왕에게 평생 말을 하지 않았던 식부인[745]조차도 따를 수 없구나.[『효빈잡기效顰雜記』에 나온다.]

銀尺烈婦 宣祖甲午 饑荒太甚 獷賊作黨橫行 尙州等地 所過丁壯無遺 有

745 식부인息夫人 : 춘추시대 진陳 장공의 딸이다. 식국息國으로 시집갔다. 초나라 문왕이 식부인을 좋아하여 식후에게서 빼앗아 첩으로 삼았다. 식부인은 식후와 식나라를 위해 문왕의 첩이 되어 두 아들을 낳고도 수치스러워 평생 말을 하지 않았다.

人居銀尺里 賊殺之而奪其婦 婦力不能抗 隨賊而歸 陰欲復讐而未得其便 荏苒三載乃生一子焉 一日賊有遠行 婦釀旨酒以待之 及賊歸求飮 連進數鉢 賊醉倒如泥 卽曳入房中 幷置其子於傍 闔門而放火 呼于隣里曰 賊奴非夫伊讐 再欲爲之報仇 諸人愼勿救火 隣里義之 莫敢奔救 火炎旣熄 賊爲灰燼 乃赤手而去 噫婦人愛子之情 無所不用其極 而並置火中者 不欲使賊有遺種也 夫委質而圖復其讐 人所難也 割愛而並殺其子尤所難也 其去息夫人遠矣

[效顰雜記]

<송병렬>

진벌휘고속편震閥彙考續編 권12

하녀들婢使

· 복수의 화신 갑이

재상을 지낸 류관柳灌이 을사사화 때 죄를 입게 되었는데, 재상 정순붕鄭順朋[746]이 역모로 그를 엮어 넣었다. 유관의 가족들과 하인들이 모두 적몰되어 정순붕 집안의 노비가 되었다. 이름이 갑이甲伊라는 한 여종이 있었는데, 나이는 열네댓 살 되었다. 총명한 지혜가 절륜하여 정순붕이 매우 어여쁘게 여겨 의식衣食을 자신의 자녀와 같게 하였다. 갑이는 또 정순붕의 뜻을 먼저 알아차리고 영합하였다. 정순붕이 일을 처리하며 매양 옛 주인인 유관을 들먹거리면 반드시 그를 매도하며 욕을 하기를,

"그놈이 일찍이 나를 대우하기를 은혜가 적었으므로 제가 이 때문에 그 앙갚음을 하는 겁니다."

하니, 정순붕이 더욱 갑이를 믿어 의심치 않았다. 하루는 갑이가 정순붕의 보배로운 그릇을 숨겼는데, 정순붕이 갑이에게 트집을 잡아서 따져 물었다. 갑이는 훌쩍거리며,

---

746 정순붕鄭順朋(1484~1548) : 본관은 온양溫陽, 자는 이령耳齡, 호는 성재省齋이다. 조광조趙光祖 등 신진사류와 교유했으나 기묘사화에 연루되어 전주부윤으로 좌천되었다. 그 후 기용되어 대사헌을 거쳐 지중추부사로 있을 때 인종이 죽고 나이 어린 명종이 즉위하자 소윤에 가담하여 윤원형尹元衡·이기李芑 등과 함께 윤임尹任·유관·유인숙柳仁淑 등 대윤을 제거하는 데 적극 활약했다. 을사사화 때 유관으로부터 빼앗은 노비 중 주인의 원수를 갚으려던 여종 갑이에 의해 염병에 전염되어 죽었다.

"제가 이 집에 온 이래로 주인 자제분과 같은 옷과 음식을 입고 먹어 그 은혜로운 대우가 비길 데가 없는 판에 어찌 좀도적 일을 할 수 있겠습니까?"

라고 하였다. 정순붕은 의심이 들었지만 갑이를 풀어주었다. 갑이는 일찍이 그 집안의 젊은 노비와 사통을 하였다. 그래서 그 노비에게 이르기를,

"마님이 만약 나를 추궁한다면 나는 그 고초를 견디지 못하고 장차 너를 끌어들여 증거로 삼아야 하겠다."

라고 하니, 그 노비는 크게 두려워하며,

"어찌 하면 좋을꼬?"

라고 하였다. 그러자 갑이는,

"내가 살풀이를 하려는데, 모름지기 갓 죽은 송장의 사지를 찾아오너라."

라고 하였다. 노비가 그가 시키는 말대로 하여 역병으로 죽은 자의 팔 하나를 잘라 와서 갑이에게 건네주었더니 갑이는 정순붕의 침낭 가운데에 몰래 집어넣었다. 1년 사이에 일곱 번이나 줄초상이 나고, 정순붕 또한 지독한 돌림병에 걸려 죽었다. 정순붕의 베게 속에서 일찍이 귀신 소리가 났는데, 정씨 집에서 그것이 저주에 의한 것임을 알아차리고는 여러 여종들을 매질로 신문하였다. 갑이가,

"그들은 모두 죄가 없고, 사실은 내가 그런 짓을 했다. 우리 주인 재상댁이 일찍이 역모에 걸렸는데, 너희 집안에서 무고를 하여 그분을 죽였으니 너희는 곧 나의 원수이다. 내가 수치를 참아가며 원수를 섬긴 까닭은 반드시 원한을 갚고 죽으려고 했기 때문이다. 이제 나는 내 뜻을 이루었으니 속히 나를 죽여라, 아직도 뭐 물어볼 게 있느냐?"

라고 하였다. 드디어 매를 맞아 죽었다. 영조 임금 병인(1746)년에

나라에서 정충비旌忠碑를 내렸다.

甲伊 柳相國灌乙巳被罪 鄭相順朋構以謀逆 家屬及臧獲 幷沒爲鄭家奴婢 有一婢 名甲伊 年僅十四五 聰慧絶倫 鄭甚加憐愛 衣食視同子女 甲又先意迎合 隨事每擧舊主 則必罵辱之曰 彼嘗遇我少恩 我以此報之 鄭愈信之不疑 一日甲匿其寶器 鄭詰甲 甲涕泣言曰 自吾來此 衣主衣 食主食 恩遇無比 何若爲穿窬之事乎 鄭疑而釋之 甲曾與其小奴通 乃謂其奴曰 主若責我 我不耐楚毒 將引汝爲證 奴大懼曰 爲之奈何 甲因曰 吾欲攘之 須覓新死人肢體來 奴依其言 斫得疫死者一臂 與之甲潛納于順朋枕囊中 一年間 連出七喪 順朋亦遘毒癘而死 順朋枕中嘗有鬼聲 鄭家始覺其爲咀呪 杖訊諸婢甲曰 彼皆無罪 吾實爲此 吾家相公嘗爲逆 而爾家搆誣而殺之耶 爾卽吾讐也 吾含忍事讐者 必欲報怨而死 今吾已遂志 爾速殺我 尙何問焉 遂殞於杖下 英宗丙寅 命旌忠碑

• 두옥

조선조 중엽, 한 종친 집안에 어린 여종이 있었다. 나이는 열일곱에 미모가 매우 뛰어났다. 대군이 마음으로 그를 어여쁘게 여겼다. 언젠가 조정에 들어감에 두옥杜玉이 의복을 바쳤는데 대군이 그 여종의 손을 몰래 잡았다. 대군의 부인이 이를 알고는 인두를 가지고 그 여종을 박살을 내버렸다. 그런 일이 있고 난 뒷날이다. 류柳씨 성을 가진 한 무변이 벼슬을 구하기 위해 한양의 청파동에 살았다. 언젠가 빗속에 홀로 앉았더니 한 미녀가 대문에서 비를 피하는 것을 보았다. 류씨가 마음으로 염모하다가 집으로 불러들여 그와 관계를 가지게 되었다. 애정이 매우 무르익자 물어보았다.

"너희 집에서는 너를 찾는 사람이 없느냐?"

"우리 아버지 집은 초전동草廛洞에 있고 뜰 가운데는 커다란 괴목나무가 있습니다. 지아비 집도 멀지는 않으나, 제가 여기 온 뒤로는 다시 돌아갈 면목이 없습니다."

그로 인해 3년의 세월이 지났다. 하루는 류씨가 술에 취해 초전동을 지나가다가 우연히 어떤 집의 뜰에 커다란 괴목나무가 있는 것을 보고는 홀연히 그 여자의 말이 생각났다. 집에 들어가서 주인을 부르니 주인이 나와서 보았다. 자녀가 몇이나 있냐고 물었더니, 주인은 눈물을 흘리며

"딸 하나가 있었는데 이미 죽었습니다."

라고 하기에 그의 죽음에 대해 따져 물었다.

"나는 아무개 대군 집의 노비입니다. 미모가 있는 딸아이가 있었으나 부인의 시새움을 받았지요. 분노해서 그 아이를 죽였습지요."

그의 생김새와 나이를 물었더니, 과연 그 여자였다. 드디어 그 사정을 말하였더니, 주인은 놀라서

"그 아이는 제 딸입니다. 지금 귀신짓거리를 이렇게 하니 필시 대군 집에 화를 끼칠 것입니다. 그대가 금일 그를 죽여서 화의 빌미를 끊어야 옳을 것입니다."

라고 하였다. 류씨가 크게 놀라서 예리한 칼을 품에 품고서 돌아왔다. 여자가 맞이하며

"낭군님은 변심했습니다. 쫓아내려면 곧 쫓아낼 것이지 하필 죽일 것까지야. 종적이 이미 드러났으니 머물 수 없겠습니다."

하고는 마루를 내려가서 눈물을 지으며 하직하고 떠났다. 그로부터 그림자와 말소리가 영원히 끊어졌다. 다음 해에 또 빗속에 앉았더니 여자가 홀연히 문에 들어서는데 한 사납게 생긴 남자가 그 뒤를 따라서 들어왔다. 여자가 이에 마루에 오르더니 안부를 묻고는 이어서

"신첩에게 원수의 집이 있어서 원한을 갚으려고 하였으나, 그대와는 인연이 얇아서 이 사람에게 의탁하려고 합니다. 이 사람은 기가 세어서 족히 큰일을 이룰만하니 다만 내가 하는 바를 살펴보기나 하소서."

라 하고는 드디어 헤어져 가버렸다. 얼마 있다가 대군의 초상이 났는데, 대군의 집안사람들이 보는 곳에 마루 가득히 두옥의 노래와 곡소리가 아닌 것이 없었으며 천가지만가지 괴이한 일이 일어났다. 이로부터 드디어 그 집안이 멸망하기에 이르렀다.

杜玉 本朝中葉一宗英宅有童婢 年十七 貌甚殊 大君心憐之 嘗入朝 杜玉進衣 大君潛握其手 夫人知之 以引刀撲殺之 其後有柳姓武弁 求仕寓青坡 嘗雨中獨坐 見一美妹(姝) 避雨大門 柳心艶之 招入而私焉 情愛甚密 仍問曰 汝家無踪汝者乎 曰吾父家在草廛洞 庭中有大槐樹 夫家又不遠 而 吾到此 無面更歸 因過三年 柳一日醉過草洞 偶見一家庭有大槐 忽思其語 入呼其主 主人出見 與語問子女有幾 主人泣曰 有一女已死矣 柳詰其死 曰吾乃某大君房奴也 有女兒貌美 爲夫人所妬 恚而殺之 問其形貌年紀 果是女也 遂言其由 主人驚曰 是吾女也 今作怪如是 必禍大君宮 君可今日殺之 以絶其祟 柳大驚 懷利刃以歸 女迎謂曰 郎心變矣 逐則便逐 何必殺也 跡已露 不可留也 下堂泣辭而去 自是影響永絶 翌年 又雨中獨坐 女忽入門 一獰漢隨其後 女乃上堂 問安否 仍曰 妾有仇家 欲報怨 而與君緣薄 更托於此人 此人氣麤足成大事 第觀我所爲 遂別去 無何 大君喪逝 大君家人所見處滿堂無非杜玉歌哭 百怪千異 自此遂至滅亡

• 김씨의 여종

호남출신 무인 김우추金遇秋가[747] 북쪽 변방에서 난 사건에 연루되어 의금부에 갇혀서 온갖 형벌을 받아 여러 해가 지났다. 어떤 한 여종이 호남에서 와서는 옥바라지를 하였다. 울부짖으며 저자에서 구걸하고 다니니, 저잣거리 사람들이 그 정성에 감복하여 반드시 죽을 갖추어두었다. 쌀 소금 어육을 남겨서

"응당 김씨의 여종에게 주어야 하겠다."

라고 하였다. 그 때문에 김우추는 비록 구금되어 있었지만 공양 받는 것이 매우 풍족하였다. 사람들이 그 여종에게 시집가기를 권하면

"시집가고 싶지 않은 것은 아니지만, 그러나 서방이 생기면 정성이 빼앗겨서 주인마님의 옥바라지를 오로지 하지 못할 것입니다."

라고 하였다. 조정의 신료들도 그의 충성스러움을 듣고는 그 미담을 서로 전하며 탄식하고 칭찬하며 필경 김씨가 석방되어 감옥에서 나온 것은 여종이 도움이 아니라고 하지는 못할 것이라고 하였다. 김우추가 이미 석방되고 나자 여종은 또 호남으로 돌아가며

"주인집이 파산한지 오래되었습니다. 빨리 돌아가서 안주인 마님을 봉양해야할 뿐입니다."

라고 하였다.[『강국포집姜菊圃集』에 나온다.]

金氏婢 湖南武人金遇秋 坐北邊生事 囚王府受刑百端 屢閱歲 有一婢 自湖南來養獄 號泣乞市 市人感其誠 必置鬻 餘米鹽魚肉曰 當遺金婢 以故金雖在拘掠中 供養甚豊 人勸之嫁 則曰 非不欲也 顧有夫則 誠奪不專於養主也 朝臣亦聞其忠 傳相嗟賞 畢竟金之放出 未必非婢爲之助也 金旣得出獄

---

747 김우추金遇秋 : 본관은 고성固城, 자字는 명부鳴夫, 호號는 이우재二憂齋이다. 홍문관 교리, 구례 현감, 평해 군수, 순천 부사 등을 지냈다.

又卽歸湖南曰 主家破産久矣 亟歸且養主母耳[姜菊圃集]

• 전씨의 여종

전응정全應楨이 장물죄를 범하여 여러 해 동안 옥에 갇혔다. 친족도 없고 노비도 없었다. 오직 여종 하나가 있었는데 시종 지성으로 옥바라지를 하였다. 저자의 사람들이 그 정성에 감동되어 모두 재물을 내어서 서로 다투어 그에게 주었다. 어떤 사람이 그녀를 범하려 하자, 이를 거부하고

"서방이 생기면 반드시 옥바라지를 오로지 하지 못할 것입니다. 정말 나를 배우자로 구하려 한다면 주인마님이 석방되기를 기다린 뒤에 응당 따를 것입니다."

라고 하였다. 사대부들이 그 명성을 듣고 또 그녀를 불러 보고는 물건을 주기도 하였는데, 나도 그를 불러 보았다. 양사언이 말한바,

"얼굴은 바람 앞의 꽃처럼 생겼으나, 그 마음은 눈 속의 대나무 같다."

라는 것이 진실된 말이다. 그 일은 선조 임금 계미(1583)년간의 일이다.[『동계잡록東溪雜錄』[748]에 나온다.]

全氏婢 全應楨以犯贓累年繫獄 無族屬 無奴子 惟一婢 終始至誠養獄 市上之人 感其義 皆拈出所貨之物 爭相贈之 人欲奸之 則拒之曰 作夫 必不專於養獄 誠欲求我 待見放後 當從之矣 士大夫聞其名 亦招見贈遺 余亦招見 楊士彦所謂風花顔面雪竹其心者 眞實語也 事在 宣廟癸未年間[東溪雜錄]

<김혈조>

---

748 『동계잡록東溪雜錄』: 조선 선조 때의 문신 우복룡禹伏龍이 당론黨論·시정時政·인물평·기문이적奇聞異蹟 등을 기술한 책이다.

색인

ㅊ

ㅌ

ㅍ

ㅎ